Chr. Staack

Walter-Jörg Langbein

Lexikon der Irrtümer des Neuen Testaments

Meiner Frau Barbara
in Liebe und Dankbarkeit
für 25 gemeinsame Jahre

Walter-Jörg Langbein

Lexikon der Irrtümer des Neuen Testaments

Von A wie Apokalypse
bis Z wie Zölibat

Langen Müller

Vor- und Nachsatz:

Kreuzigung Jesu: Der Grabhügel von Golgatha.
Künstlerische Nachempfindung (Aquarell/Pastell) von Christiane Staack
(http://www.atelier-staack.de)

Besuchen Sie uns im Internet unter
http://www.langen-mueller-verlag.de

Gedruckt auf chlorfrei gebleichtem Papier

Schutzumschlag: Wolfgang Heinzel
Schutzumschlagmotiv: Das Abendmahl, Gemälde von Philippe
de Champaigne (akg-images, Berlin)
Herstellung und Satz: VerlagsService Dr. Helmut Neuberger
& Karl Schaumann GmbH, Heimstetten
Gesetzt aus der 11/14 Punkt Stempel-Garamond
Druck und Binden: Ueberreuter Buchproduktion, Korneuburg
Printed in Austria
ISBN 3-7844-2975-0

»Einen Menschen vom Irrtum zu befreien,
heißt geben, nicht wegnehmen.
Wissen, dass etwas falsch ist, ist eine
Wahrheit.
Irrtum schadet immer:
Früher oder später wird er demjenigen,
der ihn hegt, Nachteile bringen.«

Arthur Schopenhauer

Inhalt

Vorwort: Judas, Jesus und die Irrtümer des »Neuen Testaments«

»Judas war kein Verräter!« Diese These mutet kühn an. Sie widerspricht vollkommen wichtigen Aussagen, die nach allgemein verbreiteter Ansicht im Zentrum der Bibel stehen. Menschen, die nie zur Bibel greifen, aber auch emsige Bibelleser glauben sicher sein zu können, dass Jesus von Judas verraten wurde. Aber eine sorgsame Analyse verschiedener Texte des »Neuen Testaments« kommt zu einem geradezu revolutionär anmutenden Resultat.

Judas Ischariot, dessen Name seit vielen Jahrhunderten so etwas wie ein Synonym für Untreue, Lug und Trug ist, wird seit fast zwei Jahrtausenden gründlich missverstanden. Die Wahrheit steht im »Neuen Testament«. Man muss sich nur von lieb gewordenen biblischen Irrtümern verabschieden. Erst dann wird offenbar, was wirklich in der Bibel steht. (Siehe hierzu: »Verrat: Judas war kein Verräter«!)

Wer wirklich wissen will, was im »Neuen Testament« steht, muss sich vorurteilslos mit den biblischen Irrtümern auseinander setzen.

»Der Weltuntergang steht unmittelbar bevor! Die heutige Generation wird ihn erleben!« Diese düstere Prophezeiung ist fast zwei Jahrtausende alt. Sie stammt von Jesus. Ganz offensichtlich ist sie nicht in Erfüllung gegangen. Der Weltuntergang blieb zum Glück bis heute aus.[1]

Wir leben im »Abendland«, dessen Geschichte wesentlich vom Christentum geprägt wurde. Die christlichen Kirchen haben das Leben viele Jahrhunderte lang maßgeblich bestimmt. Dabei wollte Jesus gar keine neue Religion gründen. Seine Absicht war es vielmehr, das Judentum zu reformieren. Jesus war und blieb Jude. Offensichtlich irrte er sich, was die Einschätzung seiner eigenen Wirkung angeht.[2]

Demütig betreten die Könige Caspar, Melchior und Balthasar den Stall von Bethlehem: Was für ein Ort für die Geburt des neuen Königs der Juden! Die Monarchen legen ihre kostbaren Geschenke zu Füßen des Jesusbabys ab, das da auf Stroh gebettet und in Windeln gewickelt in einer Krippe liegt. Die »Heiligen Drei Könige« fallen auf die Knie und beten den Messias an.

Wer kennt sie nicht, diese anheimelnde fromme biblische Geschichte? Nur: Im »Neuen Testament« steht nichts von »drei Königen«. Es ist lediglich von »magoi« die Rede. Es werden weder Namen noch eine konkrete Zahl genannt. Es waren Astrologen, die aus dem fernen Persien ins »Heilige Land« kamen, weil eine konkrete Konstellation die Geburt eines neuen Königs versprach: Jupiter und Saturn im Zeichen der Fische. Übersetzt man den Text korrekt, verschwindet einer der am weitesten verbreiteten Irrtümer. Den Übersetzern unterlief ein Irrtum, weil sie von Astrologie keine Ahnung hatten. Erkennt man den Irrtum, lässt sich errechnen, wann Jesus wirklich geboren wurde: einige Jahre vor dem ominösen Jahr »Null«.[3]

Übersetzungsfehler sind eine häufige Ursache für Irrtümer. So entstanden befremdlich barbarisch wirkende »Jesus-Worte«, die so nie gesprochen wurden, wie wir sie in den gängigen Bibelausgaben vorfinden. Jesus forderte niemanden dazu auf, ein »Auge auszureißen«.[4] Jesus befahl niemandem, eine »Hand abzuhacken«.[5] Und Jesus lobte schon gar nicht einen Gauner, auch wenn genau das in unseren Bibeln zu finden ist![6]

Wer dem historischen Jesus näher kommen möchte, ist auf genaue, wortgetreue Übersetzungen angewiesen. Beseitigt man Übersetzungsfehler, erfährt man endlich, wie Jesus das letzte Abendmahl mit seinen Jüngern wirklich feierte.[7] Jesu Aufruf zur Gewalt, sein Befehl zum Schwertkauf, wird – richtig übersetzt – eine Warnung vor gefährlichen Zeiten.[8]

Nicht nur Übersetzer in jüngerer Vergangenheit irrten sich. Jesu »jungfräuliche Geburt« ist das Ergebnis einer fast zwei Jahrtausende alten falschen Übersetzung.[9]

Sorgsame Textuntersuchungen offenbaren: Jesus konnte regelrecht rabiat werden. So forderte er zum Widerstand gegen die römische Autorität auf. Der Widerständler Jesus ist einer falschen Übersetzung zum Opfer gefallen.[10]

Irrtümer sind aber nicht nur das Ergebnis falscher Übersetzungen. Das »Neue Testament« enthält eine Vielzahl von widersprüchlichen Angaben über Jesu Leben, Wirken und Reden.

Wenn ein und derselbe Sachverhalt in zwei einander widersprechenden Versionen erzählt wird, kann nur eine stimmen. Die andere muss dann ein klarer Irrtum sein. Widersprüchliches und damit Falsches gibt es zu vielen zentralen Jesus-Themen: Mussten Maria und Josef mit dem Jesuskind kurz nach der Geburt nach Ägypten fliehen, oder ist diese Episode frei erfunden?[11]

Wurde Jesus als Baby in den Tempel von Jerusalem geschafft, oder hat Lukas diese Episode frei erfunden?[12] Wurde Jesus getauft? Wenn ja: von wem? Oder ist die Geschichte erfunden? Beide Varianten können biblisch belegt werden. Welche stimmt?[13] Wo hielt Jesus seine Bergpredigt?[14] Wollte Jesus dienen – oder bedient werden?[15] Wollte Jesus richten – oder nicht?[16] Wollte Jesus den Tempel zerstören – oder nicht?[17] Wann starb Jesus wirklich?[18] Wo und wann fuhr er gen Himmel?[19]

Neben widersprüchlichen Darstellungen gibt es eindeutig falsche: Der »Prozess« vor dem jüdischen Rat kann nicht so stattgefunden haben, wie er in widersprüchlichen Varianten geschildert wird.[20] Die Römer ließen Aufständische kreuzigen, »Gotteslästerung« wäre kein Hinrichtungsgrund gewesen![21] Nach jüdischem Verständnis waren Jesu Heilungen am Sabbat keine Gotteslästerung! Warum wird aber gerade das behauptet?[22]

Die Bibel ist menschliches Reden über Gott. Deshalb ist es nur zu verständlich, dass die Bibel auch Irrtümer enthält. Das gilt für »Altes« wie für »Neues Testament«. Irrtümer gibt es viele und unterschiedliche: Jesus irrte selbst. Den Verfassern der Evangelien unterliefen Irrtümer ebenso wie den Übersetzern der Evangelien. Irrtümer entstehen seit fast zwei Jahrtausenden, auch heute noch. Vom Zwangszölibat gibt es keine Spur im »Neuen Testament«! Im Gegenteil: Die ersten Bischöfe mussten verheiratet sein![23]

Den Irrtümern des »Neuen Testaments« auf den Grund zu gehen, das bedeutet nicht, die Bibel widerlegen zu wollen. Vielmehr soll versucht werden, den wahren Aussagen der »Heiligen Schrift« näher zu kommen. Und genau das ist das Ziel dieses Buches: die Annäherung an den realen Jesus, sein Leben und Sterben. Wer Irrtümer des »Neuen Testaments« nicht wahrhaben will, muss sich den Vorwurf gefallen lassen, am wirklichen Jesus gar nicht interessiert zu sein.

Wer sich mit den Irrtümern des »Neuen Testaments« auseinander setzt, gewinnt neue, auch erstaunliche Erkenntnisse: Jesus praktizierte geheimnisvolle »Jenseitsreisen«.[24] Jesus war nicht der erste, aber auch nicht der letzte »Jesus« – er hatte Vorgänger[25] und Nachfolger.[26]

Abba: Durfte nur Jesus Gott »Vater« nennen?

Jesus war der Sohn jüdischer Eltern. Seine Jünger waren Juden. Freunde wie manchmal auch Feinde titulierten Jesus ehrerbietig mit dem ehrenvollen »Rabbi«. Christliche Theologen versuchen nun schon seit vielen Jahrhunderten auszumachen, wo sich Jesus von seinen jüdischen Zeitgenossen unterschied.[1]

Der Theologe Joachim Jeremias meint, das Jesus-Merkmal schlechthin ausgemacht zu haben. Demnach ist *das* typische Kennzeichen für die besondere Beziehung Jesu die Anrede »Abba«. Deutlicher wird Eduard Schweizer:[2] »Kein Jude vor oder nach Jesus hat, soviel wir wissen, je mit dieser Form des Vaternamens Gott angerufen.«

Es mutet seltsam an, dass die Abba-Anrede so typisch für Jesus gewesen sein soll. Denn es gibt im ganzen »Neuen Testament« nur eine einzige Stelle, die belegt, dass Jesus eben diesen Terminus verwendet hat. Im Garten Gethsemane bittet Jesus Gott, ihm doch den Tod am Kreuz zu ersparen:[3] »Abba, mein Vater, alles ist dir möglich. Nimm diesen Kelch von mir ...« Diese dramatische und zutiefst anrührende Situation wird auch von den anderen drei kanonischen Evangelisten erzählt. Auch bei Matthäus,[4] Lukas[5] und Johannes[6] redet Jesus Gott flehentlich an, bittet ihn um Hilfe in der schlimmen Stunde der höchsten Gefahr, aber nur bei Markus findet sich das »abba«, bei seinen Kollegen lesen wir übereinstimmend »pater«.

Wieso soll Jesu Verwendung der vertrauensvollen Anrede »abba« so besonders typisch für Jesus gewesen sein, wenn er sie nach dem »Neuen Testament« nur ein einziges Mal verwendet hat? Und wieso wird behauptet, diese besondere Anrede sei nur von Jesus und nicht vor und auch nicht nach ihm verwendet worden?

Der Talmud[7] berichtet nicht ohne eine deutlich humoristische Note über Rabbi Choni. Als eine schreckliche Dürre das Land heimsuchte, baten ihn die notleidenden Menschen um Hilfe. Er möge bei Gott ein gutes Wort für sie einlegen. Choni zeichnete einen Kreis auf den Boden, setzte sich hinein und forderte trotzig Regen. Er werde sich, erklärte er bestimmt und mit Nachdruck, erst dann wieder von der Stelle rühren und seinen Kreis verlassen, sobald Gott den so dringend benötigten Regen geschickt habe. Das scheint Gott beeindruckt zu haben. Tatsächlich fing es bald an zu tröpfeln. Choni blieb trotz dieses ersten Erfolges sitzen. Er gab Gott zu verstehen, dass das viel zu wenig sei.

Gott erhöhte folgsam die Regendosis immer mehr, bis es schließlich wolkenbruchartig vom Himmel schüttete. Empört rief Choni gen Himmel, segensreicher Regen für das ausgedörrte Land sei gewünscht, keine neue Sintflut. Schließlich hatte Gott ein Einsehen und ließ es genau in dem Umfang regnen, wie es das Land brauchte. Choni redete bei seinem Sitzstreik längere Zeit mit Gott. Dabei sprach er ihn immer wieder mit »abba« an, weitaus öfter als Jesus im gesamten »Neuen Testament«.

Waren vielleicht Jesus und Rabbi Choni die Ausnahmen, die Gott mit »abba« anredeten? Keineswegs! Im so genannten »Bußgebet« riefen fromme Juden schon Jahrzehnte vor Jesus Gott mit »Awinu-Malkenu«, mit »Unser Vater, unser König!« an. Jesu »abba« ist die Verkleinerungsform von »aw« oder »ab«. »Abba« war auch die ganz normale Anrede eines Juden für den Rabbi.

Durfte nur Jesus Gott mit »abba« anreden? Ganz und gar nicht. Warum sollten Juden Gott auch nicht als »Vater« bezeichnen? Schon im zweiten Jahrhundert vor Christus entstand das Werk »Die Sprüche Jesus', des Sohnes Sirachs«. Da heißt es:[8] »O Herr, mein Vater und Gebieter meines Lebens, lass nicht zu, dass ich durch sie (die Feinde) zu Fall komme ... O Herr, mein Vater und Gott meines Lebens, überlass mich nicht ihrem Anschlage, den sie gegen mich planen! Lüsterne Augen gib mir nicht, und die Begierde lass fern von mir sein!«

Abendmahl: Jesus feierte kein christliches Abendmahl

Jesu Schicksal ist besiegelt. Er hat nur noch wenige Tage zu leben. Verrat und Kreuzigung stehen unmittelbar bevor. Doch zunächst scheint der Alltag seinen gewohnten Gang zu nehmen. Jesu Jünger wollen wissen, wo sie gemeinsam das anstehende Passah-Fest feiern werden. Jesus gibt seinen Jüngern einen Auftrag:[1] »Geht in die Stadt (Jerusalem). Und es wird euch ein Mann begegnen, der einen Krug mit Wasser trägt. Folgt ihm.«

Diese Aufforderung Jesu muss verwundern: Wasser wurde in Israel zu Jesu Lebzeiten nicht von Männern, sondern von Frauen getragen. Eine Ausnahme gab es allerdings: Die Gemeinschaft der Essener-Mönche lebte zölibatär. In ihrem Orden waren es die Männer, die Wasser vom Brunnen holten. Forderte Jesus also seine Jünger auf, einem Angehörigen des Essener-Ordens zu folgen? Wohin?

Die Jünger sollen sich zu einem Haus führen lassen und dann den Hausherrn fragen:[2] »Der Herr lässt dir sagen: ›Wo ist der Raum, in dem ich das Passahlamm essen kann mit meinen Jüngern?‹« Ein Blick in den griechischen Text zeigt, dass den Übersetzern ein kleiner, ganz entscheidender Jesus-Irrtum unterlief, und das sowohl bei Markus als auch bei Lukas. Während er nämlich in der deutschen Fassung nach *einem* Raum fragen lässt, spricht Jesus in Wirklichkeit von *meinem* Raum:[3] »Wo ist der Raum, der meinige, wo ich das Passahlamm mit den Jüngern, den meinigen, essen kann?« Es gibt nicht den geringsten Zweifel: So wie Jesus von »*meinen* Jüngern« spricht, redet er auch von »*meinem* Raum«.

Entweder Jesus ist der Besitzer des Raumes. Oder Jesus hat ihn angemietet. Auf alle Fälle muss Jesus so verstanden werden, dass er diesen besonderen Raum kennt und schon mehrfach für das jüdische Passahmahl nutzte. Die Vertrautheit Jesu mit dem Raum wird durch ein weiteres Detail deutlich, das allerdings wiederum durch einen »Übersetzungsfehler« getilgt wird.

In den Übersetzungen erfahren die Jünger:[4] »Und er wird euch einen großen Saal zeigen ...« Wortwörtlich heißt es im Griechischen aber:[5] »Und er wird euch *im Obergeschoss* einen Raum, einen großen, zeigen ...« Die Jünger sollen sich also nicht von einem beliebigen Menschen zu einem beliebigen Raum in einem beliebigen Haus führen lassen. Sie sollen sich vielmehr von einem Mann, vermutlich einem Angehörigen des Essener-Ordens, zu einem ganz bestimmten Raum in einem bestimmten Haus führen lassen, das Jesus bestens vertraut ist. Wie sonst konnte Jesus im Voraus wissen, dass *sein* großer Raum im Obergeschoss des Hauses liegt? Eindeutig falsche Übersetzungen erwecken den Eindruck, dass zufällig ein beliebiger Raum in einem beliebigen Haus ausgewählt werden soll. Das ist also eindeutig falsch.

Ansonsten verraten die Evangelien nur noch ein weiteres, aber nur scheinbar belangloses Detail über den Raum. Er ist »mit Polstern versehen«.[6] Was für den heutigen Bibelleser, der mit jüdischem Brauchtum nicht vertraut ist, nebensächlich wirkt, ist in Wirklichkeit ein sehr wichtiger Hinweis von ganz entscheidender Bedeutung. Nach den auch in den Einzelheiten sehr präzisen religiösen Vorschriften muss nämlich das jüdische Passahmahl »bequem und angelehnt« zelebriert werden. Deshalb war es schon immer für jeden auf Einhaltung der religiösen Vorschriften bedachten frommen Juden wichtig, den Raum für die Passahzeremonie reichlich mit bequemen Polstern und Kissen auszustatten.

Nach Beseitigung zweier »kleiner« Irrtümer der Übersetzer wird der wahre Sachverhalt klar: Jesus wollte in einem ihm zumindest sehr vertrauten Raum in einem ihm bekannten Haus anscheinend eine Passahfeier nach altem jüdischen Ritus abhalten. Seltsam ist allerdings, dass auf sonstige typische Riten nicht eingegangen wird. Wurden sie von den Verfassern als selbstverständlich bekannt vorausgesetzt und deshalb nicht im Einzelnen geschildert?

Es war nicht Jesu Absicht, von der alten Überlieferung abzuweichen. Und doch geschieht dann genau das: Jesus macht bei den drei synoptischen Evangelien aus einem jüdischen Passahfest eine christliche Abendmahlsfeier. Die drei Evangelien nach Matthäus, Markus und Lukas beschreiben übereinstimmend, dass Jesus kurz vor seiner Verhaftung das christliche Abendmahl einführte:[7] »Als sie aber aßen, da nahm Jesus das Brot, dankte und brach es und gab es den Jüngern. Und er sprach: ›Nehmt und esst! Das ist mein Leib!‹ Und er nahm den Kelch und dankte und gab ihn ihnen und sprach: ›Trinkt alle daraus. Das ist mein Blut, das vergossen wird zur Vergebung der Sünden.‹«

Diese so genannten Einführungsworte Jesu sind mit an Sicherheit grenzender Wahrscheinlichkeit von Jesus nie gesprochen worden. Der Genuss von Blut war Juden schon immer nach mosaischem Gesetz strengstens untersagt. Jesus hielt eine Passahfeier nach jüdischem Ritus ab. Nie und nimmer hätte er auch nur zum symbolischen Trinken von Blut aufgefordert.

Da Jesus aber vor dem Passahfest gekreuzigt wurde, kann er keine Passahfeier abgehalten haben, es sei denn, Jesus richtete sich nach dem Kalender des mönchischen Ordens der Essener. Die feierten nämlich einen Tag früher das Passahfest. Bei den Juden zur Zeit Jesu nahmen selbstverständlich die Frauen an den Feierlichkeiten teil. Bei den Beschreibungen von Jesu letztem Mahl mit seinen Jüngern fällt aber das Fehlen von Frauen auf. Da Jesu Jünger von einem Mann zum Haus der Feier geführt wurden, der nach Essenerart Wasser trug, liegt eine Vermutung mehr als nahe: Jesus feierte das Passahfest mit seinen Jüngern nach essenischer Zeitrechnung.

Zur Erinnerung: Die Essener waren es, die sich von den übrigen Juden durch besonderen Fanatismus unterschieden. Sie hofften auf den Messias, der die in ihren Augen sündigen Römer vertreiben würde.

Was also feierte Jesus vor seiner Verhaftung mit seinen Jüngern? Ein Passahmahl nach dem Kalender der Essener? Oder war es überhaupt kein religiös-rituell motiviertes Mahl, sondern nur ein Abendessen unter Freunden. Darüber mag man diskutieren. Die theologische Wissenschaft ist sich aber weitestgehend darüber einig, dass die von den Evangelisten berichteten Einsetzungsworte nie gesprochen wurden. Prof. Dr. Gerd Lüdemann fasst zusammen:[8] »Katholische Professoren für ›Neues Testament‹ sind mit den meisten evangelischen Kollegen der Meinung, dass Jesus das Abendmahl gar nicht eingesetzt hat.« Aus wissenschaftlicher Sicht ist die Beschreibung von Jesu letztem Abendmahl unhistorisch.

Sie ist kein Beleg für reales Handeln Jesu. Sie ist die von der jungen Christengemeinschaft Jesus in den Mund gelegte Autorisierung des die christlichen Gemeinschaften einigenden Abendmahls, das es aber zur Zeit Jesu so nicht gegeben hat. Was auch immer Jesus mit seinen Jüngern gefeiert haben mag: Ein christliches Abendmahl war es nicht.

Apokalypse: Prophezeiungen, die sich nicht erfüllten

Apokalypse bedeutet »Offenbarung«, wird aber gern mit »Weltuntergang« gleichgesetzt. Wenn das Ende der Zeit anbricht, kommt es nach christlicher Überzeugung zur Offenbarung Gottes. Der Messias steigt herab. Sünder zittern vor Angst, Fromme frohlocken. Erstgenannten graust es vor der Aburteilung durch das »Jüngste Gericht«, letztere sehen optimistisch einem milden Urteil entgegen.

Wie aber kündigt sich diese apokalyptische Endzeit an? Erst bricht eine schreckliche Zeit der Trübsal an. Dann melden sich falsche Propheten zu Wort. Schließlich geschieht Furchteinflößendes, ja Schreckliches, wie Jesus nach dem Evangelium nach Markus weissagt:[1] »Aber zu der Zeit ... werden Sonne und Mond ihren Schein verlieren. Und die Sterne werden vom Himmel fallen, und die Kräfte der Himmel werden ins Wanken kommen. Und dann werden sie des Menschen Sohn kommen sehen in den Wolken mit großer Kraft und Herrlichkeit.«

Wann aber wird es so weit sein? Wer wird die umwälzenden kataklysmischen Endzeitereignisse erleben? Auch dazu äußerte sich Jesus im Evangelium nach Markus:[2] »Also auch, wenn ihr seht, dass solches geschieht, so wisset, dass es nahe vor der Tür ist. Wahrlich, ich sage euch: ›Dies Geschlecht wird nicht vergehen, bis dies alles geschehe.‹«

Von zentraler Bedeutung in den prophetischen Worten Jesu ist das Wort »Geschlecht«.

Timothy Weber, ein fundamentalistischer US-Theologe, der keinen Zweifel an auch noch so unbedeutenden Versen zulässt, erkennt die Problematik. Hat sich etwa Jesus mit seiner apokalyptischen Prognose geirrt, wie liberale Theologen behaupten? Er bietet gleich zwei Interpretationen des Wortes »Geschlecht« an, die jeden Gedanken an einen möglichen Irrtum vertreiben sollen:[3]

Entweder der Schreiber des Evangeliums nach Markus meinte das »jüdische Geschlecht« oder «das menschliche Geschlecht«. Demnach will Jesus entweder sagen, dass dann, wenn die Endzeit anbrechen wird, entweder das jüdische (Version A) oder das menschliche Geschlecht (Version B) noch existieren werden. Sollte eine dieser beiden Deutungen zutreffen, dann wäre das Jesus-Wort gerettet. Es wäre aber auch wenig hilfreich, um selbst nur einen groben Zeiteindruck zu erhalten, *wann* denn das Ende der Zeit anbrechen werde – nach Jesu prophetischem Kenntnisstand. Denn dann könnte die Apokalypse erst in beruhigend weiter Ferne, sozusagen jenseits des Zeithorizonts, auf die Menschen warten. Hätte es dann Sinn, schon Jahrtausende zuvor auf die Dinge, die da kommen sollen, hinzuweisen?

Aber ist die Übersetzung »Dieses Geschlecht wird nicht vergehen, bis dies alles geschehe« überhaupt korrekt? Und selbst wenn: Darf sie als Prophetie für ferne Zeiten verstanden werden? Bei der Übersetzung war wohl der Wunsch der Vater des Gedankens! Im griechischen Text ist der Sachverhalt eindeutig anders, als er nach Übersetzungen scheinen könnte. Der profunde, mehrbändige Bibelkommentar »Das Neue Testament« stellt klar:[4]

»*Wenn ihr* (das ›ihr‹ ist im Griechischen durch die Satzstellung hervorgehoben), die Jünger im Gegensatz zu den anderen Menschen, *seht, dass dies geschieht*, so wisst, dass die drohende Krise *nahe vor der Tür ist,* ein vertrautes und beliebtes Bild für ein unmittelbar bevorstehendes Ereignis. Wenn die Jünger also auf solche Zeichen, wie sie ihnen Jesus beschrieben hatte, sorgfältig achteten, sollten sie eigentlich in der Lage sein, sie richtig zu deuten.«

Mit anderen Worten: Jesus sah das apokalyptische Ende nicht in ferner Zukunft hereinbrechen. Seiner Ansicht nach stand es unmittelbar bevor. Letzte Zweifel zerstreut ein Blick in den griechischen Text: Da ist nämlich nicht von »Geschlecht« die Rede, sondern von »Generation«:[5] »Wahrlich, ich sage euch: ›Diese Generation wird nicht vergehen, bis dass dies alles geschehe.‹« Jesus vertagte die Apokalypse nicht auf einen fernen »Sankt Nimmerleinstag«. Sie stand seiner Überzeugung nach unmittelbar bevor: im Laufe von nur einer Generation! Diese Aussage deckt sich mit zwei weiteren Prognosen Jesu. In beiden Fällen wird der Ausbruch der Apokalypse für die unmittelbare Zukunft avisiert.

Matthäus:[6] »Wahrlich, ich sage euch: ›Es stehen etliche hier, die nicht schmecken werden den Tod, bis dass sie des Menschen Sohn kommen sehen in seinem Reich.‹«

Markus:[7] »Und er sprach zu ihnen: ›Wahrlich, ich sage euch: Es stehen etliche hier, die werden den Tod nicht schmecken, bis dass sie sehen das Reich Gottes mit Kraft.‹«

Drei Visionen von Jesus über das Ende der Zeit decken sich in ihrer Aussage. So klar die Worte Jesu waren, so falsch war die Prophezeiung. Denn Fakt ist: Die Apokalypse lässt seit nunmehr fast zwei Jahrtausenden auf sich warten.

Bleibt eine Frage: War der historische Jesus vom unmittelbar bevorstehenden Ende der Welt überzeugt? Sind die Worte über die Apokalypse echt? Hat Jesus wirklich gesagt, was ihm unterstellt wird? Oder wurden die teilweise schrecklichen Zukunftsbilder von den ersten Missionaren der sehr frühen, jungen christlichen Kirche als Argument für einen Beitritt zur Gemeinschaft erfunden? Wollte man Anhänger mit »Zuckerbrot und Peitsche« werben nach dem Motto: »Schließe dich unserer Gemeinschaft an, dann stehst du auf der richtigen Seite, wenn die Apokalypse Angst und Schrecken unter den Menschen verbreitet.«

Der protestantische Theologe Herbert Braun bemühte sich um Schadensbegrenzung. Auch »wenn der apokalyptische Horizont versinkt«,[8] behielten große Teile der Verkündigung Jesu ihre Bedeutung.

Man tut Jesus keinen Gefallen, wenn man seine apokalyptischen Visionen durch falsche Übersetzungen zu retten versucht.

Arm – an Geld, im Geist?

»Selig sind die, die arm sind im Geist«, verkündet Jesus in seiner berühmten Bergpredigt, nach dem Evangelium nach Matthäus zitiert.[1] Was meint er damit? Wer wird, wie es weiter bei Matthäus heißt, mit dem »Himmelreich« belohnt? Sind es die Dummen? Oder sind es, wie häufig übersetzt wird, die geistlich Armen?

Ein Blick in die erhaltene ursprünglichere Fassung, also die in Aramäisch, der Sprache Jesu, löst das Problem. Jesus hat das Wort »rokha« benutzt: »Selig sind die, die arm an Hochmut sind, ihnen gehört das Himmelreich.« Es sind also weder die Dummen noch die geistlich (theologisch?) Armen, die in den Himmel kommen, sondern die Bescheidenen, die Demütigen! Der wirkliche Sinn des Jesus-Wortes geht also durch eine falsche Übertragung, vom ursprünglichen Aramäischen ins Griechische und dann ins Deutsche, verloren.[2]

Problem gelöst? Sicher, der Vers im Evangelium nach Matthäus ist jetzt wieder verständlich geworden. Allerdings findet sich der Vers in der »Bergpredigt«, aufgezeichnet im Evangelium nach Lukas, ganz anders formuliert. Da sagt Jesus:[3] »Selig seid ihr Armen, denn euch gehört das Reich Gottes.«

Wer kommt nun in den Himmel? Sind es, wie es bei Matthäus heißt, die Demütigen und Bescheidenen? Oder sind es, wie das nach Lukas benannte Evangelium Jesus sagen lässt, die Armen, im Gegensatz zu den Reichen?

Astrologie: Korrektur eines Übersetzungsfehlers

Fest im Volksglauben verankert sind die »Drei Könige aus dem Morgenland«: Caspar, Melchior und Balthasar. Doch diese Namen tauchen im »Neuen Testament« gar nicht auf. Im Evangelium nach Matthäus ist lediglich von »Weisen aus dem Morgenland« die Rede.[1] Eine Zahl wird nicht genannt. Im griechischen Text wird der Terminus »magoi« benutzt. Dabei handelte es sich um Astrologen aus dem Osten, vermutlich aus dem persischen Kulturkreis. Nach Matthäus teilen die Männer dem Herodes mit:[2] »Wir haben seinen Stern gesehen im Osten und sind gekommen, ihn anzubeten.«

Diese einfache Aussage enthält einen offensichtlichen Fehler. Für die Astrologen im persischen Raum lag das Heilige Land im Westen. Wenn die Geheimwissenschaftler nun einen Stern über dem »Heiligen Land« erspäht haben, dann können sie ihn nur im Westen, nicht aber im Osten gesehen haben. Besonders unkritische Interpreten bemühen eine fadenscheinige Erklärung, um den ins Auge springenden Irrtum wie eine Klippe zu umschiffen: Gemeint sei nämlich, dass sich die »Weisen« selbst im Osten aufhielten. Im Osten beziehe sich auf den Standpunkt der Astrologen zum Zeitpunkt ihrer Beobachtung. Diese Antwort ist aber nicht befriedigend. Bei der Beschreibung eines Sterns nennt man nicht den Platz des Beobachters, sondern den Platz des Sterns am Himmel. Wo sich der Sterngucker befindet, ist uninteressant.

Ist die biblische Aussage also absurd? Ein Blick in den griechischen Text bringt Klärung: »en anatola« lesen wir im Evangelium nach Matthäus. Das ist ein Fachausdruck aus der Astrologie. Korrekt übersetzt lautet der Vers:[3] »Wir haben einen Stern im (heliakischen) Aufgang gesehen.« Das bedeutet: Die Beobachtung erfolgte kurz vor Sonnenaufgang. Dieses unscheinbare Detail, das einem Irrtum des Übersetzers zum Opfer fiel, belegt: Es geht bei dem Bibelvers tatsächlich um Astrologisches. Einzelne Sterne sind allerdings für Astrologen völlig uninteressant. Wenn ein Geschehnis am Himmel persische »magoi« ins »Heilige Land« lockte, dann kann es sich nur um eine Planetenkonstellation gehandelt haben.

Wir kennen die astrologische Interpretation des »himmlischen Geschehens«. Das »Zeichen« soll bedeuten: den Juden ist ein neuer König geboren worden. Deshalb können wir rekonstruieren, welche Konstellation vermutlich zu dieser Aussage geführt hat.

Jupiter wurde als der »Königsstern« angesehen, Saturn als der »Stern Judas«. Treten die Planeten Jupiter und Saturn zusammen, so deutet dies auf einen König der Juden hin. Werden beide im heliakischen Aufgang, also vor Sonnenaufgang, sichtbar, dann heißt das: Ein König der Juden ist geboren worden.

Jupiter-Saturn-Konstellationen sind so selten nicht. Deshalb hätte kein Astrologe einer solchen Himmelserscheinung größere Aufmerksamkeit geschenkt. Diese Planetenverbindung allein, hätte kaum persische Astrologen in das ferne Juda gelockt. Niemand hätte deswegen die Strapazen einer langen und gefährlichen

Reise auf sich genommen. Es muss also noch etwas astrologisch Bedeutsames hinzugekommen sein. Aber was? Jupiter und Saturn müssen in einem besonderen Tierkreis gestanden haben. In welchem? Welches Zeichen verstärkt den Hinweis auf einen »König der Juden«?

Eine Jupiter-Saturn-Konstellation im Zeichen der Fische war für jeden Astrologen um die Zeitenwende so etwas wie eine riesige, weithin sichtbare Neonleuchtreklame, die ihre Botschaft förmlich in die Nacht hinausschrie: Im Land der Juden ist ein neuer König geboren worden.

Just diese ungewöhnliche Kombination gab es im Jahre 7 v. Chr. dreimal besonders schön zu sehen: am 29. Mai, am 3. Oktober und am 4. Dezember. An diesen Tagen verschmolzen die beiden Planeten im Sternbild Fische scheinbar zu einem »Stern«.

Wir können rekonstruieren: Im Mai wurden die Astrologen auf das »prophetische Himmelsgeschehen« erstmals aufmerksam. Anfang Oktober wiederholte sich die Konstellation. Die Astrologen machten sich auf den Weg. Nach fünf bis sechs Wochen dürfte ihre Karawane angekommen sein: Gerade rechtzeitig, um die dritte Konstellation am 4. Dezember freudig vor Ort sehen zu können.

Nehmen wir an, sie fanden das gesuchte Kind Anfang Dezember des Jahres 7 v. Chr. Können wir nun den Geburtstag Jesu errechnen? Leider nein! Leider macht dies ein Irrtum der Übersetzer unmöglich. Denn im griechischen Text des Evangeliums nach Matthäus heißt es nur:[4] »Wo ist der König der Juden geboren?« Der Text verrät also lediglich, dass im Dezember des Jahres 7 v. Chr. bereits der »König der Juden« geboren war, aber nicht in welchem Jahr. In die gängigen Übersetzungen wurde sinnentstellend ein »neu« hineingeschmuggelt: »Wo ist der König der Juden *neu* geboren.«

Zudem widersprechen sich die Angaben der Evangelisten:

Bei Matthäus[5] wird Jesus als »paidion«, also als kleines Kind bezeichnet. Lukas hingegen[6] spricht von einem »brephos«, also von einem Säugling. Demnach könnte Jesus noch ein Säugling oder bereits ein ein- oder zweijähriges Kind gewesen sein, als die »magoi« ihre Aufwartung machten.

Die »magoi« des griechischen Textes des Evangeliums nach Matthäus wurden in der Überlieferung zu drei »Königen«. Geschah dies bewusst, um die anrüchige Astrologie aus der »Heiligen Schrift« zu tilgen? Oder wollte man die Bedeutung Jesu schon als Kind besonders unterstreichen? Stilisierte man Jesus zum bedeutsamen Messias hoch, der schon bald nach der Geburt von Königen angebetet wurde?

Schon die einfache Korrektur eines Übersetzungsfehlers bringt die ursprüngliche Aussage der Bibel zurück ans Licht.

Auferstehung: Wann und wo verließ Jesus die Welt?

Jesu größter Triumph war nach menschlichem Ermessen seine Himmelfahrt. Man möchte annehmen, dass zu diesem wirklich zentralen Thema des »Neuen Testaments« Übereinstimmung besteht zwischen den verschiedenen Autoren. Dem ist aber nicht so.

Im Evangelium nach Lukas wird der Sachverhalt so dargestellt:[1] Jesus stand von den Toten auf und verließ sein Grab. Einige Frauen besuchten das Grab und fanden es leer. Ein Engel erklärte ihnen: Jesus ist auferstanden. Es ist eindeutig der gleiche Tag, an dem Jesus den Emmaus-Jüngern begegnet. Am gleichen Tag erschien Jesus seinen elf verbliebenen Jüngern. Judas ist nicht mehr dabei, er hat ja Selbstmord verübt. Jesus speiste mit seinen Jüngern und forderte sie dazu auf, Mission zu betreiben. Dann »hob er die Hände und segnete sie, schied von ihnen und fuhr auf gen Himmel«.[2]

Nach der präzisen Beschreibung der letzten irdischen Stunden im Evangelium nach Lukas kann es keinen Zweifel geben: Jesu Himmelfahrt fand am gleichen Tag seiner Auferstehung von den

Toten statt, also am »Ostersonntag«. Dieser Sachverhalt ist eindeutig beschrieben. Das Evangelium nach Lukas lässt keine andere Interpretation zu. Die »Apostelgeschichte des Lukas«, angeblich gleichfalls von Lukas geschrieben, ist nicht minder präzise, erzählt aber eine ganz andere Geschichte:[3] Nach seiner Auferstehung von den Toten blieb Jesus noch im Kreise der ihm lieben und vertrauten Menschen. Er »ließ sich sehen unter ihnen vierzig Tage lang und redet mit ihnen vom Reich Gottes«.

Erstes Fazit: Im Evangelium nach Lukas fanden Auferstehung und Himmelfahrt am gleichen Tag statt, in der Apostelgeschichte des Lukas fuhr Jesus erst 40 Tage später in den Himmel auf.

Im Evangelium nach Lukas wird auch der exakte Ort der Himmelfahrt angegeben:[4] »Er führte sie aber hinaus nach Betanien ... schied von ihnen und fuhr gen Himmel.« Die Auferstehung erfolgte also am Ostersonntag von Betanien aus. Anders im Evangelium nach Matthäus!

In einem bemerkenswert knappen Kapitel berichtet der Verfasser des Evangeliums, wie ein Engel vom Himmel kam und den schweren Stein vom Eingang des Grabes Jesu wälzte. Ohnmächtig sinken die entsetzten Hüter des Grabes nieder. Die Auferstehung selbst und Jesu Weggang aus dem Grab werden übersprungen. Dann erscheinen »die Frauen« und erfahren: Jesus ist von den Toten auferstanden. Nach Galiläa ist er unterwegs, teilt der Engel mit. Sie teilen die frohe Botschaft den Jüngern mit. Kurze Zeit später begegnet ihnen Jesus selbst. Er gibt einen Befehl aus:[5] »Gehet hin und verkündigt es meinen Brüdern, dass sie gehen nach Galiläa: Daselbst werden sie mich sehen!«

Wie von Jesus angeordnet, finden sich die Jünger erwartungsvoll in Galiläa ein, schließlich wollen sie sich von Jesu Rückkehr ins Reich der Lebenden überzeugen. Der letzte Kontakt findet auf einem ganz bestimmten Berg statt. Jesus erteilt den Jüngern den Befehl, Mission zu betreiben, die fremden Völker zu taufen und ihnen alles zu verkünden, was die Jünger selbst von Jesus gelernt haben.[6] Die Himmelfahrt selbst wird nicht beschrieben, dem

Kontext nach aber kann sie nur von jenem Berg in Galiläa erfolgt sein.

Zweites Fazit: Uneinigkeit herrscht nicht nur über den Termin der Himmelfahrt, sondern auch über den genauen Ort. Im Evangelium nach Lukas ist es Betanien, im Evangelium nach Matthäus ein Berg in Galiläa. Die biblischen Texte widersprechen sich in Sachen Himmelfahrt in genau den wichtigen Angaben, nämlich wann und wo Jesus gen Himmel fuhr.

Die Zeugenaussagen sind nach heutigem Verständnis alles andere als verlässlich. Einig sind sie sich nur darüber, dass Jesus im Himmel entschwand, nicht aber darin, wann und wo das geschah.

Die Widersprüche sind unübersehbar und können nicht harmonisiert werden. Auch Zahlensymbolik hilft nicht weiter. Der eher konservative Theologe Prof. Raymond E. Brown weist in seiner Einführung zum »Neuen Testament« darauf hin, dass die vierzig Tage, die Jesus nach der Apostelgeschichte nach seiner Auferstehung aus dem Grabe noch bei den Menschen blieb, nicht als historisch korrekter Zahlenwert zu verstehen sei. Er erinnert daran, dass sich das Volk Israel vierzig Jahre in der Wüste aufhalten musste, bevor es schließlich ins Heilige Land einziehen durfte.[7]

In Anlehnung an diese vierzig Jahre Wüstenaufenthalt musste Jesus schon vierzig Tage lang in der Wüste fasten.[8] Und nun bleibt er noch vierzig Tage, bevor er gen Himmel entschwebt. Demnach steht »vierzig« für eine Frist, die abzuwarten ist, bevor man einen neuen, sehr wichtigen Abschnitt des Lebens beginnt. Das »Gelobte Land«, welches das Volk Israel nach vierzig Jahren in der Wüste betritt, entspricht dem »Himmel«, in den Jesus nach vierzig Tagen Wartezeit bei den Menschen gelangt. Der neue Lebensabschnitt nach vierzig Tagen Wüste zu Beginn von Jesu Laufbahn wurde mit der Taufe durch Johannes eingeleitet.

Man mag diese Zahleninterpretation für nachvollziehbar halten oder auch nicht. Sie beseitigt nicht den eindeutigen Widerspruch zwischen dem Evangelium nach Lukas und der Apostelgeschichte. Nach dem Lukas-Evangelium entschwebte Jesus an dem Tag, als er das Grab verließ, in den Himmel. Nach der Apostelgeschichte verging mehr Zeit, ob es nun genau vierzig Tage waren oder nicht.

Der erste Brief an die Korinther benennt keine konkrete Frist, die zwischen Jesu Rückkehr aus dem Totenreich in die Welt der Lebenden und seiner Himmelfahrt verging. Hier[9] wird eine ganze Reihe von Begegnungen aufgelistet, die unzählige Menschen mit dem wieder lebendigen Gekreuzigten hatten. Es muss vermutet werden, dass diese Begegnungen in einer Zeitspanne erfolgten, die deutlich länger war als die vierzig Tage der Apostelgeschichte.

Drittes Fazit: Die wichtigen Widersprüche lassen sich nicht harmonisierend beseitigen.

Widersprüchlich sind die Angaben der Bibel in Sachen Auferstehung. Widersprüchlich konträr sind die Ansichten der Theologen auch heute noch, wenn es um die Auferstehung geht:

– Der protestantische Theologe Heinz Zahrnt lässt keinen Zweifel daran aufkommen, was seiner Meinung nach geschehen ist. Jesus ist auferstanden. Die Ereignisse, die etwa von Paulus geschildert werden, sie sind keine frommen Wunschvorstellungen, sie sind »klare, bestimmte historische Fakten«.[10] Aber wie kann der Bericht des Paulus historisch stimmen, wenn er die wichtigen weiblichen Zeugen verschweigt, die Matthäus und Markus benennen?[11]
– Für den ebenso protestantischen Theologen Gerd Lüdemann ist die Auferstehung Jesu »unentbehrliches Requisit der Theologie und vielfach eine Leerformel«.[12] Nach Lüdemann hat es eine Auferstehung Jesu nicht gegeben:[13] »Wir können die Auferstehung Jesu nicht mehr im wörtlichen Sinne verstehen, also nicht blutig …, denn konkret gesprochen, war das Grab nicht leer, sondern voll, wenn es überhaupt ein Einzelgrab gegeben hat, und der Leichnam Jesu ist jedenfalls nicht entwichen, sondern verwest.«

In seinem »Brief an Jesus« schreibt er:[14] »Aber Deine Wiederkunft fällt aus, da Deine Auferstehung gar nicht stattfand, sondern nur ein frommer Wunsch war. Das ist sicher, weil Dein Leib im Grab verwest ist, wenn er überhaupt ins Grab gelegt und nicht von Geiern und Schakalen aufgefressen wurde.«

Die Frage nach dem Themenkomplex »Auferstehung und Irrtum« ist aktueller denn je. Wo irrt die Bibel? Sie bietet Widersprüche. Wenn die eine Aussage richtig ist, muss die dazu widersprüchliche irrig sein. Wo irren die Theologen, die es sich zur Aufgabe gemacht haben, der Wahrheit der »Heiligen Schrift« auf den Grund zu gehen? Wo beginnt »Wissen« und wo endet »Glaube«?

Auge ausreißen: Was Jesus wirklich damit meint!

Wer Jesus zu kennen meint, kennt die Bibel nicht. Denn *den* Jesus der »Heiligen Schrift« gibt es nicht. In vielen Sonntagspredigten geht es um den liebevollen und sanftmütigen Jesus. Im krassen Gegensatz zu diesem positiven Jesusbild steht ein anderes. Da wirkt Jesus brutal und hart, etwa wenn er fordert:[1] »Wenn dir dein rechtes Auge Verdruss verschafft, so reiß es aus und wirf es weg. Es ist besser, dass eines deiner Glieder zugrunde gehe und nicht der ganze Leib in die Hölle komme!«

Erschreckend wirkt auf den heutigen Leser der brutale Vorschlag Jesu – doch nur für den Unkundigen, der dadurch in die Irre geleitet wird, dass er meint, den Text wortwörtlich zu nehmen. Dabei gibt es doch in unserem eigenen Sprachgebrauch auch bildhafte Ausdrücke, die jeder versteht. Wenn man von einem jungen Mann sagt, er habe »ein Auge auf eine junge Frau geworfen«, so versteht das jeder. Er interessiert sich für sie. Niemand wird auf die Idee kommen zu vermuten, damit könnte wirklich wortwörtlich gemeint sein, dass er sich ein Auge aus dem Kopf gerissen und auf die junge Frau geworfen hat.

Der mit seinen hebräischen Vorstellungen verwurzelte Jesus benutzte in seinen bildhaften Reden gern landestypische Ausdrücke und Bilder, die seine Landsleute sofort verstanden haben. Wer »ein gutes Auge hat« bedeutet im tieferen, übertragenen Sinn, dass er großzügig und freigebig ist und seinen Mitmenschen wohlwollend gegenübertritt. Wer ein »böses Auge hat«, der ist neidisch und alles andere als großzügig. Sein Leben wird nicht von freundlichem Entgegenkommen, sondern von Misstrauen und Habgier bestimmt. Sein Motto lautet: Dem Mitmenschen nicht mehr geben als unbedingt erforderlich, und wenn er schwächer ist, ihm lieber das Wenige nehmen, das er hat!

In dieser Bild-Welt bedeutet ein Auge, das Zufriedenheit schafft, im übertragenen Sinne, dass ein Mensch dank seiner Großzügigkeit und seines Wohlwollens seinen Mitmenschen gegenüber ein gutes und glückliches Leben führen kann. Entsprechend bedeutet ein Auge, das Verdruss schafft, dass ein Mensch dank seiner Missgunst und seines Geizes selbst auch unglücklich lebt.

Jesus sieht als Konsequenz von Habsucht und Geiz die Hölle auf den Menschen zukommen. Prof. Hans Schindler-Bellamy:[2] »Damit kann zweierlei gemeint sein: Bestrafung für missgünstiges Leben im Jenseits, aber auch schon im Diesseits. Wer statt Liebe Hass gibt, der wird schon im Leben dafür wieder mit Hass bestraft.«

Vor diesem Hintergrund gewinnt das Jesus-Wort vom Auge, das ausgerissen werden soll, eine ganz andere Bedeutung: »Wenn dir dein Auge Verdruss verschafft, so reiß es aus und wirf es weg. Es ist besser, dass eines deiner Glieder zugrunde gehe und nicht der ganze Leib in die Hölle komme!« Übersetzt man die bildhaften Ausdrücke, so wird ein ganz anderer Sinn sichtbar: »Wenn dein missgünstiges, von Neid bestimmtes Leben dir Kummer bereitet, so gib diese Lebensweise auf. Denn es ist besser, sich von Lebensweisen zu trennen, als dass das ganze Leben zur unerträglichen Qual wird.« Oder: »Es ist besser, gewisse Einstellungen und Gewohnheiten aufzugeben, als dass man dann dafür in der Hölle bestraft wird.«

Vor diesem Hintergrund wird ein weiteres Jesus-Wort verständlich:[3] » Wenn dein Auge gut ist, so wird dein ganzer Körper gut sein. Aber wenn dein Auge schlecht ist, dann wird dein ganzer Leib schlecht sein.« Die Bedeutung hinter den Bildern: »Wenn du ein gutes, gerechtes Leben führst, dann wird es dir insgesamt gut ergehen. Wenn du ein böses, ungerechtes Leben führst, dann wird es dir insgesamt schlecht ergehen.«

Jesus forderte also nicht dazu auf, sich »böse Augen« auszureißen, sondern negative Verhaltensweisen aufzugeben.

Aussehen: War Jesus hässlich?

Das Christentum ist eine der großen Weltreligionen. Im Zentrum steht Jesus. Die Schriften des »Neuen Testaments« enthalten so gut wie keine Aussagen über das Aussehen Jesu. Im Evangelium nach Johannes gibt es eine vage Altersangabe:[1] »Du bist noch keine 50 Jahre alt …«, sagen einige Juden im Gespräch mit Jesus. Diese vage Formulierung lässt aber einen genaueren Rückschluss auf Jesus zu, als man zunächst vermuten möchte. Man muss aber über einige wichtige Hintergrundinformationen über das Leben im Orient verfügen, um den Nebensatz richtig zu verstehen.

Der Orientale galt mit fünfzig Jahren als alt. Dann gebührte ihm ein Platz im Ältestenrat. Das Alter, so glaubte man, bringe die Weisheit mit sich, die erforderlich ist, um wichtige Entscheidungen zu treffen. »Du bist noch nicht fünfzig«, bedeutet keineswegs, dass Jesus in den Vierzigern war und vor dem 50. Lebensjahr stand. Vielmehr ist diese Floskel eine stehende orientalische Redewendung, die bedeutet, »der Angesprochene sei noch ein junger Mann von vielleicht 30 oder 35 Jahren«.[2]

Ansonsten gibt es im »Neuen Testament« keine Hinweise auf das Aussehen Jesu. Wie kommt dann Robert Eisler dazu zu behaupten, Jesus sei hässlich gewesen? In seinem zweibändigen Werk »Jesus« beruft er sich auf Tertullian als »Zeugen«. Aber was soll der Kirchenschriftsteller über Jesu Erscheinungsbild gewusst haben, was nicht in der Bibel steht?

Immerhin lebte Tertullian in der späten zweiten Hälfte des zweiten Jahrhunderts nach Christus und starb im dritten Jahrhundert!

Eisler zitiert Tertullian (etwa 160–220) so:[3] »Die schmähliche Hässlichkeit des Gesichts würde aufbrüllen, wenn sie könnte.« Allerdings bezieht sich das Tertullian-Wort überhaupt nicht auf Jesus. Warum kam es zu dem Missverständnis? Letztlich gibt es keine sicheren Erkenntnisse darüber, wie das Gerücht, Jesus sei hässlich gewesen, in Umlauf kam. Wurde es in den ersten Jahrhunderten der frühen Geschichte des Christentums von Gegnern des neuen Glaubens verbreitet? Wollte man den ersten Christen ihr »Idol« madig machen?

Denkbar ist, dass ein Wort des Evangelisten gründlichst missverstanden wurde. Da geht es um Jesus als Prediger, der nicht nur Freunde hatte. Jesus predigte in Kapernaum. Er sprach über das Heilen von Kranken. Seine Gegner hielten ihm wohl vor, er solle doch erst einmal in der eigenen Heimat wirken, bevor er in die Stadt komme.

Jesus selbst fasst im Evangelium nach Lukas die Angriffe der ihm nicht Wohlgesonnenen zusammen:[4] »Ihr werdet freilich zu mir sagen dies Sprichwort: ›Arzt, hilf dir selber.‹ Denn wie große Dinge haben wir gehört, zu Kapernaum geschehen!« Aus dem Textzusammenhang wird der Sinn verständlich: Der Prophet aus Nazareth soll doch in seiner Heimatstadt Nazareth Kranken helfen, bevor er nach Kapernaum kommt, um dort als Mediziner aufzutreten.

Ein Hinweis auf Hässlichkeit ist diesem Text so nicht zu entnehmen. Man muss aber wissen, dass er ein altes jüdisches Sprichwort aufgreift, das da heißt: »Arzt, heile deine eigene Lahmheit.« Jetzt muss man, so Professor Georg Fohrer, etwas »um die Ecke denken«.[5] Sagt also Jesus, dass seine Gegner von ihm fordern: »Arzt heile deine eigene Krankheit!« Spielen sie darauf an, dass Jesus lahm war oder hinkte? Diese mehr als gewagte Schlussfolgerung ist nach heutigem Verständnis nicht nachzuvollziehen.

An anderer Stelle bezieht Tertullian[6] den Propheten Jesaja mit ein bei seinen Überlegungen über Jesu Aussehen. Der Prophet schreibt:[7] »Wie sich viele über ihn entsetzen, weil seine Gestalt hässlicher war als die anderer Leute und sein Aussehen als das der Menschenkinder, so wird er viele Heiden erschrecken.« Tertullian versteht nun dieses nebulöse Jesajawort als Prophetie auf Jesus. Wie mag wohl sein Körper beschaffen gewesen sein, fragt er sich. Um seine eigene Frömmigkeit zu betonen: Wie hässlich auch Jesus gewesen sein mag, er wird immer sein Christus bleiben.

Der heutige Leser wundert sich: Will Tertullian »seinen« Jesus unbedingt hässlich schreiben? Offenbar geht es ihm weniger darum zu ergründen, wie Jesus wirklich ausgesehen hat. Sein Anliegen ist es, einen Kontrast aufzubauen: Auf der einen Seite ist es der Messias, der die Sünde und die Schuld der Menschheit auf sich nimmt. Dieser Selbstlose stirbt für das Wohl der Menschheit. Er opfert sich für die anderen auf. Auf der anderen Seite ist es der hässliche Messias des Jesaja. Jesus und der Messias des Jesaja werden gleichgesetzt. Jetzt kann Tertullian seinen Glauben geradezu glorifizieren: Er glaubt an den rettenden Messias, wie hässlich er auch körperlich gewesen sein mag.

Zurück zu den Tatsachen: Das »Neue Testament« sagt nichts über das Aussehen Jesu aus. Es schildert ihn weder als schön noch als hässlich. Wir erfahren nur, dass ihn jüdische Kritiker einmal für einen Mann in den Dreißigern hielten. Mindestens zwei Jahrhunderte nach Jesu Tod entstanden die »Thomas-Akten«. Der Name dieses apokryphen Buches ist irreführend. Es hat mit dem biblischen Thomas nichts zu tun. Um Akten handelt es sich auch nicht. Die durch die Bezeichnung geweckten Assoziationen in Richtung von seriösen Gerichtsdokumenten, die unbedingt verlässlich sein müssen, ist irreführend. In der apokryphen Schrift sagt Jesus angeblich von sich selbst, er sei »klein«.[8]

Die Schriften des »Neuen Testaments« schweigen sich ebenso über das Aussehen Jesu aus wie die Apokryphen. Tertullian will gut 150 Jahre nach der Kreuzigung wissen, dass Jesus hässlich gewesen sei. Dieses Bild hat sich aber nicht durchsetzen können. Zur Zeit Konstantins des Großen (274–337) wird Jesus in der frommen Kunst entweder als Mann mit kurzem oder mit lockigem Haar gezeigt. Er ist jugendlich, ja maskulin schön in diesen Darstellungen, die ganz offensichtlich von Bewunderern Jesu geschaffen wurden. Offenbar war man der Ansicht, dass Gottes Sohn auf Erden nur schön gewesen sein kann.[9]

In jener Zeit kursierten zahlreiche bildliche Darstellungen von Göttern aus dem Mittelmeerraum. Sie werden gern in heldenhafter Pose dargestellt. Besonders beliebt war anscheinend der Sonnengott Helios. Offensichtlich gab es in der Götterwelt Konkurrenzdenken. Und Jesus wurde als Rivale angesehen. Jesus sollte natürlich nicht nachstehen, also schufen christliche Künstler Jesus als Helios im Sonnenwagen. In einem Grabmal ausgerechnet unter der Peterskirche legten Archäologen eine ansprechende künstlerische Arbeit frei. Sie vereint »heidnische« Götterwelt und christliches Missionsstreben. Also verewigte man Jesus als Apollo, der mit starker Hand seinen himmlischen Sonnenwagen durch die Lüfte führt.

Doch auch der heldenhafte Jesus verschwand wieder aus der Kunst und wich einem älteren Jesus, der mehr an einen sorgenvollen guten Hirten als einen olympischen Gott erinnert. Offenbar konnte man sich Jesus nicht mehr als einen feschen, kraftstrotzenden Jungmann vorstellen. Jesus altert zusehends in den Abbildungen.

Erst im 13. Jahrhundert entstand ein Text, der nun vorgibt, Jesus genau darstellen zu können. Demnach hatte Jesus langes, bis zu den Ohren glattes Haar. Dann ging es in Locken über, die bis zu den Schultern reichten. Die Farbe seines Haares wechselte vom Braun einer »unreifen Haselnuss« in ein dunkleres Braun. Jesus, so heißt es in dem so genannten »Lentulus-Brief« weiter, hatte einen Bart, »nicht sehr lang, aber am Kinn leicht in zwei Spitzen auslaufend ..., graue und strahlende Augen«.

Die biblischen Texte schweigen über Jesu Aussehen. Im Lauf der Kirchengeschichte entstanden dann unterschiedliche »Jesus-Bilder«, die keinerlei Anspruch auch nur auf den Hauch von Authentizität haben. War Jesus hässlich? Die Bibel gibt zu dieser Vermutung keinerlei Anlass. Darf man spekulieren? Hätte man in den Evangelientexten Jesu Hässlichkeit erwähnt, wenn er denn von abstoßendem Äußeren gewesen wäre? Oder hätte man dann die Beschreibungen geschönt?

Zu Beginn des dritten nachchristlichen Jahrtausends bot der angesehene englische Fernsehsender BBC ein völlig neues Jesus-Bild:[10] Jesu edle Gesichtszüge sind verschwunden. Sie sind nach unserer Vorstellung nicht mehr fein und edel, sondern eher plump. Jesus hat kein längliches Gesicht mehr, umrahmt von langem braunem Haar. Sein derber rundlicher Kopf wird von einer dicken Nase dominiert. Der Kurzhaarschnitt verleiht dem neuen Bild Jesu einen etwas tumben Ausdruck.

Der Teint Jesu ist dunkler als auf den frommen Darstellungen seit mehr als eintausend Jahren. Die dunklere Hautfarbe dürfte das am ehesten zutreffende Detail der Darstellung sein. Und sonst? Wie kam man zu diesem Konterfei? Stolz verkündete die »BBC« in Presseerklärungen: mit der Technik der Kriminalpolizei und mit Unterstützung von spezialisierten Gerichtsmedizinern. Man nahm zunächst den Schädel eines Juden aus dem ersten Jahrhundert nach Christus. Dann rekonstruierte man sein Gesicht, wobei als Vorlage die Gesichtszüge eines Juden von einem syrischen Fresko aus dem zweiten Jahrhundert dienten.

Das Resultat zeigt uns, wie ein Jude im ersten Jahrhundert nach Christus ausgesehen haben könnte. Aber vermutlich kann man ihn nicht einmal als typischen Vertreter seiner Landsleute jener Zeit bezeichnen. Vor allem: Es gibt nicht den kleinsten Anhaltspunkt dafür, dass diese Kreation mit dem historischen Jesus auch nur eine entfernte Ähnlichkeit hat.

War Jesus hässlich? Die Bibel schweigt dazu ebenso wie die Apokryphen. In den vergangenen zwei Jahrtausenden wetteiferten mehrere Irrtümer miteinander um Anerkennung. Sie kamen auf wie Moden und verschwanden wieder. 2001 bot die »BBC« den aktuellen Irrtum an. Auch wenn er mit teurer Computertechnologie am modernen PC-Bildschirm entstand, so bleibt er doch das, was er ist, nämlich ein Irrtum. Wie alle seine Vorgänger entsprang er der Sehnsucht der Menschen, sich ein Bild des biblischen Jesus machen zu können.

Warum aber schweigen die Evangelien über Jesu Aussehen? Vermutlich weil es ihnen nicht wichtig war. Der Mensch Jesus in seinem äußeren Erscheinungsbild interessierte nicht. Von Bedeutung war nur Jesu Botschaft. Sie sollte im Zentrum stehen. Nichts sollte von ihr ablenken. Je mehr Zeit seit der Kreuzigung verstrich, desto mehr Irrtümer kamen auf, kursierten, gerieten in Vergessenheit und wurden durch neue ersetzt.

Es ist an der Zeit zumindest zu versuchen, dem realen Jesus näher zu kommen. Voraussetzung dafür ist allerdings, dass man sich von Irrtümern trennt, mögen sie einem auch noch so sehr ans Herz gewachsen sein: Und das auch dann, wenn sie in der Bibel stehen. Denn das »Neue Testament« ist menschliches Reden über Jesus. Und Menschen können nun einmal irren!

Bergpredigt: Wo hat Jesus gesprochen?

Es klingt wie eine gequält witzige Frage: Wo fand die so genannte Bergpredigt statt? Die Antwort scheint auf der Hand zu liegen: auf dem Berg! Denn die berühmte Rede Jesu erhielt ja ihren Namen, weil sie auf einem Berg gehalten wurde. So wird auch im Evangelium nach Matthäus vermeldet:[1] »Da aber Jesus das Volk sah, ging er auf einen Berg und setzte sich nieder. Seine Jünger gesellten sich zu ihm. Und er öffnete seinen Mund und sprach …« Es folgen dann Anweisungen für ein frommes Leben.

Die Bergpredigt wurde von vielen Menschen vernommen, auch heute noch gehört sie zu den am häufigsten gelesenen Bibeltexten. Trotzdem ist so gut wie unbekannt, dass das »Neue Testament« zwei Versionen bietet. Bei Matthäus ist sie etwas wortreicher wiedergegeben,[2] bei Lukas hingegen ist sie wesentlich knapper gehalten.[3] Man kann sagen: Lukas bietet eine komprimierte Fassung, so wie es heute gekürzte Versionen von dickleibigen Romanen bei »Reader's Digest« gibt.

Die zwei Bergpredigten unterscheiden sich allerdings in einem ganz entscheidenden Punkt! Bei Matthäus sah sich Jesus anscheinend von den zahlreichen Anhängern, die seinen Worten lauschen wollten, zu sehr bedrängt. Er zog sich auf die Anhöhe eines Berges zurück, um von dort zu den Menschen zu sprechen.

Im Evangelium nach Lukas hingegen war Jesus zunächst auf einem Berg oder einer Anhöhe. Jesus erkannte offensichtlich, dass ihm viele Menschen lauschen wollten. Also stieg er von der Anhöhe hinab, scharte die »große Menge des Volkes« um sich – und hielt seine »Bergpredigt« in der Ebene.[4]

In manchen Übersetzungen heißt es, Jesus habe in einem »Feld« zu den Menschen gesprochen. Der griechische Text hingegen verweist eindeutig auf das Flachland, im Gegensatz zum Gebirge: »epi topou pedinou«.

Wo also wurde Jesu »Bergpredigt« gehalten? Auf dem Berg? Oder im ebenen Flachland? Zwei Schilderungen liegen in zwei Evangelien vor. Sie widersprechen sich. Einer der beiden Evangelisten muss sich irren. Wer mag es sein? Das lässt sich nicht mehr feststellen!

Berufung: Widersprüchliches über Jünger und Apostel

Zu den wichtigsten Episoden der Kirchengeschichte dürfte die »Berufung der Jünger Jesu« zählen. Denn sie steht am Anfang der Entstehung der christlichen Kirche. Die vier kanonischen Evangelisten berichten alle über diese wichtigen Ereignisse, so recht einig sind sie sich aber nicht.

Bei Matthäus und Markus spielt sich ein Idyll am »Galiläischen Meer« ab:[1] Zwei Brüder, Simon und Andreas, gehen gerade ihrem Beruf als Fischer nach. Sie werfen die Netze aus. Jesus fordert die beiden Männer auf, sich ihm anzuschließen. Obwohl sie Jesus nicht kennen, werfen sie ihre Arbeit hin und folgen Jesus nach. Zu dritt marschiert man weiter. Die Brüder Jakobus und Johannes fischen zusammen mit ihrem Vater Zebedäus in einem Boot. Auch sie lassen die Arbeit Arbeit sein, als Jesus sie ruft. Auch sie gehorchen sofort und folgen Jesus ohne den leisesten Widerspruch nach. Weitere Zuschauer hat es offensichtlich nicht gegeben. Die Episode dürfte sich am menschenleeren Ufer des Sees abgespielt haben.

Auch im Evangelium nach Lukas[2] findet die »Berufungs-Szene« am »Meer« statt. Doch aus der Begegnung am einsamen Ufer wird ein Massenauflauf. Jesus wird von einer großen Schar von Menschen bedrängt. Der Volksauflauf ist zusammengekommen, um Jesus reden zu hören. Simon und vermutlich Bruder Andreas sind eben enttäuscht vom Fischfang zurückgekommen. Jesus steigt in Simons Boot und predigt vom See aus dem Volk. Dann fordert Jesus Simon auf, hinaus auf den See zu fahren und die Netze auszuwerfen. Obwohl er das Ansinnen Jesu für absurd hält, gehorcht er. Ein Wunder geschieht: Riesige Mengen von Fisch werden gefangen. Simon, Andreas, Jakobus und Johannes schließen sich an. Dazu bedarf es bei Lukas keiner Aufforderung durch Jesus.

Warum unterscheiden sich die Beschreibungen so stark? Wieso fischen die Männer bei Matthäus und Markus noch, während sie bei Lukas, ohne Beute zurückgekommen, schon die Netze reinigen? Wieso muss Jesus bei Matthäus und Markus seinen Jüngern erst befehlen, sich ihm anzuschließen, während sie das bei Lukas von sich aus tun? Und warum fehlt das bei Lukas so eindrucksvoll geschilderte »Fangwunder«? Und warum erzählt der Text im Evangelium nach Johannes wieder eine völlig andere Geschichte?

Der Verfasser des Evangeliums nach Johannes entwirft ein völlig anderes Szenario:[3]

Jesus beruft seine ersten Jünger nicht am See Genezareth, sondern aus der Jüngerschar von Johannes dem Täufer. Jesus kommt des Weges, Andreas folgt ihm – unaufgefordert – nach. Der wirbt nun seinerseits seinen Bruder Simon an: »Wir haben den Messias gefunden!« Bei Matthäus, Markus und Lukas ist Simon der erste Jünger. Bei Johannes wird Simon erst von Andreas angeworben.

Gewiss: Man mag die falsche Reihenfolge, in der die ersten Jünger gewonnen wurden, für einen nebensächlichen Irrtum halten. Unbestreitbar ist, dass da unterschiedliche Geschichten erzählt werden. Am extremsten weicht Johannes von seinen drei Kollegen Matthäus, Markus und Lukas ab. Was die einen als Begegnung zwischen Fischern und Jesus am See berichten, das beschreibt der andere – Johannes – ohne jegliches Fischereiambiente im Umfeld von Johannes dem Täufer am Jordan. Damit nicht genug der Ungereimtheiten!

Bei Matthäus heilt Jesus zunächst den »Gichtbrüchigen«.[4] Nach diesem Wunder erspäht Jesus ein Mitglied einer damals in Israel höchst unbeliebten Gruppe:[5] »Und da Jesus von dannen ging, sah er einen Menschen am Zoll sitzen, der hieß Matthäus, und er sprach zu ihm: ›Folge mir nach!‹ Und er stand auf und folgte ihm.«

Warum schreibt der Verfasser das Evangeliums nach Matthäus von »einem Menschen, der hieß Matthäus«? Die Vermutung liegt nahe, dass es gar nicht Matthäus war, der das nach ihm benannte

Evangelium verfasste![6] Die »Zöllner-Episode« haben auch die Autoren der nach Markus und nach Lukas benannten Evangelien im Repertoire. Die entsprechenden Verse lauten fast wörtlich gleich, aber nur fast!

– Markus:[7] »Und als er (Jesus) vorüberging, sah er Levi, den Sohn des Alphäus, am Zoll sitzen und sprach zu ihm: ›Folge mir nach!‹ Und er stand auf und folgte ihm nach.«
– Lukas:[8] »Und danach ging er (Jesus) hinaus und sah einen Zöllner mit Namen Levi am Zoll sitzen und sprach zu ihm: ›Folge mir nach!‹ Und er verließ alles, stand auf und folgte ihm nach.«

Warum berichtet Matthäus darüber, dass ein Zöllner Matthäus von Jesus rekrutiert worden sei, während der Mann bei Markus und Lukas Levi heißt? Nur eine Fassung der Geschichte, über die das Evangelium nach Johannes Stillschweigen wahrt, kann stimmen.

Anhänger folgten Jesus. Manche für kürzere Zeit, manche für längere Zeit. Niemand vermag zu sagen, wie groß die Zahl der frühen Jünger war. Besonders bevollmächtigt waren die zwölf Apostel. Sie stellen nach Überzeugung der christlichen Kirchen den Anfang der christlichen Gemeinde dar. So wichtig diese zwölf offenbar ganz besonders vertrauenswürdigen Menschen waren, so merkwürdig mutet es an, dass sich die Evangelisten nicht darüber einig sind, wer nun zu der Elite der zwölf Apostel gehörte und wer nicht.

Verwirrend sind die doch sehr wichtigen Listen der zwölf Jünger bei den drei Evangelisten Matthäus, Markus und Lukas und der Apostelgeschichte allemal.[9] Manche Namen tauchen doppelt auf. Und fremdartig klingen die meisten Namen sowieso für den Westeuropäer.

Arbeitet man sich sorgsam durch die Evangelien und die Apostelgeschichte, so entdeckt man bei Markus und Matthäus als Apostel Simon, seinen Bruder Andreas, Jakobus und Johannes (Söhne des Zepedäus), Philippus, Bartholomäus, Thomas, Matthäus, Jakobus (Sohn des Alphäus), Thaddäus, Simon (den Kanaaniter) und Judas Ischariot.

Das Lukasevangelium und die Apostelgeschichte kennen einen Thaddäus überhaupt nicht, führen stattdessen einen zweiten Judas, Sohn des Jakobus, auf. Das Johannesevangelium wiederum weiß nichts von einem Bartholomäus, bezeichnet aber einen Nathanael als Apostel. Matthäus, der Zöllner, erscheint nur bei Matthäus.

Klärung wurde von theologischer Seite angestrebt. So wurde Thaddäus zu einem Beinamen des Judas, des Sohnes von Jakobus, gemacht. Und Bartholomäus, so behauptete man, sei der Vatername von Nathanael. Allerdings gibt es für diese Erklärungen keine handfesten Beweise. Und durchgesetzt haben sie sich nicht: Wohl weil sie eher noch mehr Verwirrung stiften, wo doch die Situation sowieso schon undurchsichtig genug ist.

Zutreffend stellt Marcello Craveri fest:[10] »Die Neugier, etwas mehr als nur die Namen der zwölf Mitstreiter Jesu kennen zu lernen, ist berechtigt, aber die Angaben sind spärlich und nicht gesichert.«

Fazit: Die Angaben über die zwölf Apostel sind spärlich und auch noch widersprüchlich.

Betrug: Lobt Jesus einen Gauner?

Wie wenig die Bibel wirklich gelesen wird, das beweist eine von Jesus erzählte gleichnishafte Geschichte mit verwerflicher Moral.[1] Worum geht es? Der Sachverhalt der ungewöhnlichen Geschichte ist schnell umrissen.

Da beschuldigt ein reicher Mann seinen Verwalter, er habe schlecht gewirtschaftet. Ja vielleicht befürchtet er, betrogen worden zu sein. Und das von einem Mann, der kein einfacher Knecht war. Die Position eines Verwalters war eine angesehene, gehobene, für die nur verlässliche Menschen geeignet waren. Verwalter konnten meist eigenständig handeln und genossen weitreichende Vollmachten.

Der Verwalter ist offensichtlich unehrlich gewesen. Denn als sein Herr von ihm Rechenschaft fordert, wähnt er sich überführt. Man wird ihn also entlassen, sobald seine betrügerischen Machenschaften entdeckt werden. Er wird seinen ehrenvollen Posten verlieren. Man wird ihn mit Schimpf und Schande davonjagen.

Wie soll er dann sein Geld verdienen? Knechtsarbeit kann er nicht leisten. Und betteln? Das ist auch nicht seine Sache.

Dem Hausverwalter fällt nur ein Ausweg ein: Betrug! Er veranlasst zwei Schuldner seines Herrn, wichtige Dokumente ganz erheblich zu verfälschen. Der eine, so heißt es im Evangelium nach Lukas, schuldete dem Herrn »hundert Tonnen Öl«, der andere »hundert Scheffel Weizen«. Auf dem Papier werden nun diese Verpflichtungen stark reduziert. Jetzt muss der eine Mann dem Herrn nicht mehr hundert, sondern nur noch fünfzig Tonnen Öl zurückgeben. Und der andere schuldet nicht mehr hundert, sondern nur noch achtzig Scheffel Weizen.

Das Kalkül des betrügerischen Verwalters: Wenn er wegen der Unregelmäßigkeiten seiner Geschäftsführung entlassen wird, findet er vielleicht bei den Schuldnern seines Herrn eine neue Anstellung. Denn immerhin hat er ihnen durch die eklatanten Fälschungen einiges Geld gespart. Der Betrug aber fliegt auf. Und was ist die Moral von der Geschichte? Jesus »lobte den ungerechten Haushalter« – für seine »Klugheit«.

Fassungslos reagiert Ulrich Wilckens auf das unerwartete Ende der Geschichte:[2] »Das Gleichnis ist unter allen sonstigen Gleichnissen Jesu einzigartig: Ein skandalöser Betrug wird zum Bild für die richtige Einstellung zum Gottesreich!« Ist dem wirklich so? Lobt Jesus einen Gauner, der sich doch höchst unmoralisch verhalten hat? Wie lautet der entscheidende, so unverständliche Satz? »Und der Herr lobte den ungerechten Haushalter.« Im

Hebräischen gibt es nun Worte, die ganz konträre Bedeutungen haben können. »Barech« zum Beispiel hat die Hauptbedeutungen »loben« und »segnen«. »Barech« kann aber auch den entgegengesetzten Sinn haben, nämlich »verdammen« und »verfluchen«. »Arúm« ist auch »doppelt besetzt«: mit »klug« und «einsichtig« einerseits – und mit »verschlagen« und »hinterlistig« andererseits.

Das nach dem Evangelisten Lukas benannte Werk liegt in griechischer Sprache vor. Es handelt sich also eindeutig um eine Übersetzung. Denn die Juden zu Jesu Lebzeiten sprachen nicht Griechisch, sondern das dem Hebräischen nah verwandte Aramäisch. Wenn Jesu im Griechischen so befremdendes Gleichnis basierend auf der mündlichen Erzählfassung schriftlich fixiert wurde, dann natürlich zunächst in aramäischer oder hebräischer Sprache. Es ist anzunehmen, dass es Mitschriften der wichtigsten Worte Jesu gab. Schließlich wollten die, die ihn leibhaftig erleben durften, seine Worte mit anderen teilen, die Jesus allenfalls vom Hörensagen kannten. Jesu Jünger reisten mit ihm, viele Anhänger blieben zurück. Mitschriften entstanden, zirkulierten. Solchen Quellen will der Verfasser des Evangeliums nachgegangen sein, um sie zu prüfen und dann in eigener Version schriftlich festzuhalten.[3]

Die Rekonstruktion des entscheidenden Jesus-Satzes, der im Griechischen einen unlogischen Einschub darstellt, führt zu zwei möglichen Varianten:

– »Und Jesus lobte den ungerechten Verwalter, weil er klug gehandelt hatte.«
– »Und Jesus verfluchte den ungerechten Verwalter, weil er hinterlistig gehandelt hatte.«

Professor Pinchas Lapide, jüdischer Theologe, Religionswissenschaftler und Neutestamentler, entscheidet sich für die zweite Variante. Sie ist seiner festen Überzeugung nach die ursprüngliche, deren Sinn durch eine irrige falsche Übersetzung nicht nur verändert, sondern ins Gegenteil verwandelt wurde.[4]

Blutacker: Sehnsucht nach Prophetie

Judas hat Jesus verraten und dafür von den Hohen Priestern ein Blutgeld erhalten. Als er aber sieht, dass Jesus zum Tod verurteilt wird, bekommt Judas ein schlechtes Gewissen:[1] »Es reute ihn und er brachte die 30 Silberlinge den Hohen Priestern und Ältesten zurück.«

Hohepriester gab es aber niemals mehrere, sondern nur einen. Der Verfasser der zitierten Aussage kann nicht viel über die religiöse Welt der Juden gewusst haben. Zurück zu Judas: *Die* Hohen Priester wollen das Geld nicht zurücknehmen, da wirft es Judas »in den Tempel«: und zwar in das Allerheiligste. So löst die als Sakrileg empfundene »Rückzahlung« Unbehagen aus. Was tun mit dem Geld? Zu den anderen Geldstücken des Tempelschatzes wollte man die Münzen nicht legen:[2] »Aber die Hohen Priester nahmen die Silberlinge und sprachen: ›Es ist nicht Recht, dass wir sie in den Gotteskasten legen, denn es ist Blutgeld. Sie beschlossen aber, den Töpferacker davon zu kaufen zum Begräbnis für Fremde. Daher heißt dieser Acker Blutacker bis auf den heutigen Tag. So wurde erfüllt, was gesagt ist durch den Propheten Jeremia, der da spricht: ›Sie haben die 30 Silberlinge genommen, den Preis für den Verkauften, der geschätzt wurde bei den Israeliten und haben das Geld für den Töpferacker gegeben, wie mir der Herr befohlen hat.‹«

Auf welchen Text beim Propheten Jeremia wird hier Bezug genommen? Internet und Computer bieten dem heutigen Bibelforscher erstaunlich praktische Hilfsmittel. Unzählige Bibelausgaben stehen zur Verfügung. Mit Hilfe von Suchmaschinen kann man sie auf bestimmte Begriffe hin untersuchen. Aber selbst der klügste Computer ist dazu nicht in der Lage, beim Propheten Jeremia einen Text ausfindig zu machen, der auch nur annähernde Ähnlichkeit mit dem bei Matthäus zitierten »Prophetenwort« hat. Bei Sacharja[3] geht es um den Lohn für einen Schäfer – 30 Silberstücke. Der Mann wirft das Geld in den Tempel. Weitere Ähnlichkeiten mit dem Text bei Matthäus finden sich nicht bei Sacharja.

Bei Jeremia wiederum werden wir fündig, wenn es um einen Acker geht:[4] Die Zukunft sieht mehr als trübe aus für Israel. Es ist zum Verzweifeln. Da befiehlt Jahwe, einen Acker zu kaufen. Das soll ein Zeichen sein, das positiv stimmt. Bei allem Unheil, das auf Israel zukommen mag, es wird wieder bergauf gehen. »Man wird wieder Häuser, Äcker und Weinberge kaufen in diesem Lande.«[5]

Wo aber ist eine Prophezeiung, die sich mit dem Matthäustext von Judas, den 30 Silberlingen und dem Blutacker deckt? Bei Sacharja ist – Übereinstimmung – von 30 Silberlingen die Rede. Die 30 Silberlinge werden in den Tempel geworfen – Übereinstimmung. Doch was geschieht mit dem Geld? Der »Schmelzer« bekommt es. Das war ein wichtiger Mann im Tempel, der für die Finanzierung der Tempelgeräte zuständig war. Er nahm Spenden an, die für eben diesen Zweck benutzt wurden. Mag sein, dass bei ihm nicht nur Geld, sondern auch Metall für diese sakralen Gerätschaften abgegeben werden konnte. Schon enden die Übereinstimmungen abrupt: Von einem Acker, der für die 30 Silberlinge zu kaufen sei, ist bei Sacharja nicht die Rede. Und: Es wird bei Sacharja nichts prophezeit!

Um einen Ackerkauf geht es allerdings bei Jeremia – Übereinstimmung.[6] Bezahlt werden dafür »siebzehn Lot Silber« – nicht »30 Silberlinge«, also keine Übereinstimmung. Der Acker bei Jeremia ist ein Zeichen der Verheißung. Jerusalem wird vom König von Babel belagert. Der fremde Herrscher wird die stolze Metropole einnehmen, und das mit Gottes Einverständnis. Die Israeliten werden in die Hände eines fremden Potentaten fallen. Die Zukunft sieht angesichts der drohenden Unterwerfung extrem schlecht aus. Eigentlich kann man da als Israelit doch nur Pessimist sein. Und doch lässt Jahwe einen Acker kaufen, einen Acker der Verheißung. Der Kauf ist ein Symbol der Hoffnung. Mit dem Blutacker des Matthäus hat das überhaupt nichts zu tun!

Es sei denn, man übt sich in Genügsamkeit. Man wird wieder Äcker kaufen ..., sagt Jahwe bei Jeremia. Und die Priesterschaft kaufte einen Acker für das Blutgeld des Judas. Nur wenn man das Acker-Wort bei Jeremia aus dem Zusammenhang reißt, wird daraus eine allgemeine Weissagung über einen Ackerkauf. Ein Acker wurde auch nach Matthäus gekauft. Darf man aber jeden Kauf eines Ackers als Erfüllung des Jeremia-Textes sehen?

Bei Sacharja gibt es keinerlei Prophetenwort. Und bei Jeremia steht eine spezifische, konkrete Prophezeiung: Es wird mit Israel wieder aufwärts gehen! Eine »Erfüllung« durch Judas und den Kauf des Blutackers durch die Priesterschaft ist nicht zu erkennen. Auch wenn man die Worte von Sacharja und die von Jeremia miteinander vermengt, entsteht keine Weissagung, die sich durch Judas erfüllte. Zudem ist keinerlei Grund zu erkennen, warum man Sacharja mit Jeremia vermischen sollte.

Deutlich wird die Sehnsucht des Matthäus nach Prophetie. Er glaubt daran, dass sich Gottes Plan erfüllt – mit Judas, mit Jesus. Dieser Plan muss doch schon im »Alten Testament« deutlich geworden sein. Von Wunschdenken geleitet, findet er Prophetenworte, die nur der Glaubende zu sehen vermag. Sehen heißt nicht glauben, glauben heißt sehen – und wenn es Prophezeiungen sind.

Christenverfolgungen: Hat Jesus sie vorausgesehen?

Für seine Anhänger war Jesus der Messias. Äußeres Zeichen des Messiastums sollte seine prophetische Gabe sein. Aus der Geschichtsschreibung wissen wir von den teilweise exzessiven Christenverfolgungen durch römische Kaiser. Hat Jesus diese Wellen von Gewalt vorhergesagt?

Im Juli 64 n. Chr. wütete eine gewaltige Feuersbrunst sechs Tage lang in Rom. Von den dreizehn Regionen der Stadt brannten zehn zum überwiegenden Teil ab. Verschont wurden unter anderen die Judenviertel. Das führte zu konkreten Verdächtigungen. Die Juden, hieß es, waren die Brandstifter! Bald wandte sich die Wut Kaiser Neros gegen die junge Christengemeinde seiner Metropole. Unzählige Christen wurden verhaftet, gefoltert und auf grausame Weise öffentlich hingerichtet. Manche wurden als lebende Fackeln verbrannt, andere wurden in Tierfelle eingenäht von Bluthunden zerfleischt.

Unter Kaiser Domitian (81 n. Chr. – 96 n. Chr.) kam es zu einer zweiten Christenverfolgung in Rom. Opfer waren hauptsächlich einflussreiche Christen in hohen Positionen, gegen die sich das krankhafte Misstrauen des Kaisers richtete. Wer auch nur zögerte, Domitian als Gott zu verehren, musste mit Folter und Tod rechnen. Das Todesurteil lautete häufig auf »Gottlosigkeit«: »Nichtanerkennung der römischen Götter sowie Ablehnung des angeordneten Kaiserkults.«

Zu weiteren schweren Christenverfolgungen kam es unter den Kaisern Decius (249 n. Chr. und 251 n. Chr.), Valerian (253 n. Chr. und 260 n. Chr.) sowie Diokletian (284 n. Chr. und 305 n. Chr.). Die grausamen Exzesse wurden immer wieder von den Imperatoren ausgelöst. Sie konnten besonders dann gut gedeihen, wenn in der Bevölkerung starke antichristliche Tendenzen vorherrschten. Das so genannte Toleranzedikt von Kaiser Konstantin anno 313 n. Chr. beendete schließlich die Christenverfolgungen, rund drei Jahrhunderte nach Christi Geburt.

Hat Jesus diese Epoche der Gewalt gegen Christen vorhergesehen? Tatsächlich spricht er im Evangelium nach Markus von »Verfolgungen« von Christen.[1] Findet sich da in einem Nebensatz Jesu Vorausschau auf die über Jahrhunderte hinweg immer wieder aufwallende, manchmal systematische mörderische Bekämpfung der Christen?

Gegen diese Vermutung spricht zunächst einmal prinzipiell Jesu Überzeugung vom nahenden Weltuntergang. Er erwartete noch in seiner Generation das apokalyptische Ende der Zeit. Das heißt, Jesus war davon überzeugt, dass der Weltuntergang allenfalls nur noch wenige Jahrzehnte auf sich warten lassen würde. Deshalb ist es ausgeschlossen, dass Jesus Ereignisse für die nächsten Jahrhunderte vorhersagte. Jahrhunderte würde seiner Überzeugung nach die Weltordnung gar nicht mehr bestehen.

Schließlich muss das Prophetenwort Jesu im textlichen Zusammenhang gesehen werden. Er sprach im konkreten Fall nicht über Ereignisse, die die Allgemeinheit betrafen. Es ging vielmehr um den kleinen Personenkreis seiner Jünger, also um Jesu direktes Umfeld. Diese seine Jünger würden einerseits »Verfolgungen« erleiden, andererseits aber gleichzeitig in materiellem Reichtum schwelgen:[2] »Wahrlich, ich sage euch: Es ist niemand, der Haus oder Brüder oder Schwestern oder Mütter oder Vater verlässt um meinetwillen, der nicht hundertfältig empfange jetzt in dieser Zeit Häuser und Brüder und Schwestern und Mütter und Kinder und Äcker mitten unter Verfolgungen ...«

Fazit: Jesus sagte nicht die über Jahrhunderte immer wieder aufwallenden Fälle teilweise gelenkter Massenhysterie der allgemeinen Christenverfolgungen vorher. Was die Prognosen für seine treue Jüngerschaft angeht, so erfüllten sie sich nicht: Keiner der Jünger der »ersten Stunde« wurde wie Jesu prophezeit verfolgt und materiell belohnt.

Chronologie: Wie lange wirkte Jesus?

Die Evangelien nach Matthäus, Lukas und Markus werden als »Synoptiker« bezeichnet. Dieser Begriff entstand im 18. Jahrhundert, als man in der Theologie bemerkenswerte Übereinstimmungen zwischen den Texten dieser Evangelien ausmachte. Um das zu verdeutlichen, stellte man die Ausführungen von Matthäus, Lukas und Markus in Spezialausgaben des »Neuen Testaments« nebeneinander: in Synopsenform.

Über die Beziehungen der drei Texte zueinander wurde schon sehr viel spekuliert. Gab es einst eine oder mehrere Quellen, woraus die Synoptiker schöpften?

Die Gemeinsamkeiten zwischen den drei Synoptikern sind bemerkenswert: Neun Zehntel der Verse des Markusevangeliums finden sich auch im Evangelium nach Matthäus. Mehr als jeder zweite Vers des Evangeliums nach Markus kann auch im Lukasevangelium ausfindig gemacht werden. Heißt das, dass Markus für Matthäus und Lukas als Vorlage diente? Oder gab es einen älteren Text, der von den drei Evangelisten unabhängig voneinander genutzt wurde?

Die drei Synoptiker sind in wesentlichen Aussagen einer Meinung. Nimmt man sie ernst in ihrer Berichterstattung, dann dauerte das öffentliche Wirken Jesu – vom ersten öffentlichen Auftreten bis zur Kreuzigung – anderthalb Jahre.[1] Demnach wäre das Wirken Jesu, das zur Entstehung einer der größten Glaubensgemeinschaften der Welt führte, nur von recht kurzer Dauer gewesen. Folgt man aber den Ausführungen des Evangeliums nach Johannes, dann entsteht ein ganz anderes Bild. Auch wenn dem Evangelium nach Johannes nicht zu entnehmen ist, wie lange Jesus im »Heiligen Land« unterwegs war, so muss man doch von einem Zeitraum von mehreren Jahren ausgehen. So erlebte Jesus nach dem Evangelium nach Johannes drei oder vier Passahfeste.[2] Daraus muss man ableiten, dass er nach Johannes mindestens zwei oder drei Jahre öffentlich auftrat.

Wie lange wirkte Jesus? Etwa ein Jahr, wie man nach den Synoptikern schließen kann? Oder etwa drei Jahre, wie es das Evangelium nach Johannes nahe legt? Exakte Angaben, nach denen man diese Frage mit Sicherheit beantworten kann, wird man im »Neuen Testament« nicht finden. Denn selbst ganz einschneidende Daten werden nicht übereinstimmend genannt. Dabei handelt es sich um wirklich wichtige Geschehnisse, von denen man annehmen möchte, dass sie Jesu Biographen bestens bekannt waren.

Um berechnen zu können, wie lange Jesus öffentlich auftrat,

müsste man wissen, wann er in Erscheinung trat. Dazu gibt es zwei widersprüchliche Angaben: Nach den Synoptikern begann Jesus seine im »Neuen Testament« beschriebene Wirksamkeit erst nach der Gefangennahme von Johannes dem Täufer. So heißt es bei Markus:[3] »Nachdem aber Johannes gefangen gesetzt war, kam Jesus nach Galiläa ...« Darin stimmen die Evangelien nach Matthäus[4] und Markus[5] überein. Das Evangelium nach Johannes hingegen widerspricht: Jesus begann seine Arbeit keineswegs erst als Johannes in den Kerker geworfen worden war. Beide wirkten vielmehr sozusagen »kollegial« einige Zeit lang gleichzeitig nebeneinander:[6]

»Danach kam Jesus mit seinen Jüngern in das Land Judäa und blieb daselbst eine Weile mit ihnen und taufte. Johannes aber taufte auch noch zu Änon, nahe bei Salim ... denn Johannes war noch nicht ins Gefängnis gelegt.« Beide wirkten also gleichzeitig für eine gewisse, leider nicht bestimmbare Zeit und nicht nacheinander.

Ein weiteres wichtiges Ereignis belegt die Widersprüchlichkeit der Angaben bei Johannes und bei den Synoptikern. So fand die berühmte »Tempelreinigung« nach Johannes ganz am Anfang von Jesu öffentlicher Tätigkeit statt.[7] Die Evangelien nach den Synoptikern Matthäus, Markus und Lukas verlegen hingegen Jesu Aktion an den Schluss seines Wirkens.[8] Dabei löste Jesus mit seinem Vorgehen im Tempel erhebliches Aufsehen aus.

Fazit: Die Angaben über Jesu Wirksamkeit im »Heiligen Land« sind widersprüchlich, so wie zentrale Daten auch nicht übereinstimmend genannt werden.

Diener – oder doch Bedienter?

»Des Menschensohn ist (aber) nicht gekommen, auf dass er sich bedienen lasse, sondern damit er selbst diene und gebe sein Leben hin zur Erlösung für Viele.« So lauten Jesu bescheidene Worte über sich als Messias im Evangelium nach Matthäus.[1] Praktisch wortgleich definiert er seine Rolle auch bei Markus.[2] Lukas formuliert kürzer, lässt den Teil über den Opfertod weg und begnügt sich mit:[3] »Ich aber bin bei euch wie ein Diener.«

So sehr diese Demut mit dem christlichen Ideal der Selbstverleugnung auch konform geht, so steht dennoch Jesu Auffassung von seiner Rolle als Messias in unüberbrückbarem Gegensatz zum Messias-Bild der Propheten des »Alten Testaments«. Das muss befremden, berufen sich die Evangelisten doch gern und häufig darauf, dass Jesus jener segensreiche Messias sei, von dem die Propheten des »Alten Testaments« angeblich so schwärmerisch künden.

Nach den Worten des Propheten Daniel erhält der Messias von Gott »Macht, Ehre und Reich, so dass ihm Völker und Leute aus sehr vielen verschiedenen Sprachen dienen ... und alle Mächte werden ihm dienen und gehorchen.«[4] Kurz und bündig sagt der unbekannte Verfasser von Psalm 72 über den Messias vorher:[5] »Alle Könige, sie sollen vor ihm niederfallen! Und alle Völker, sie sollen ihm dienen!«

Der Widerspruch ist nicht überbrückbar: Auf der einen Seite beschreibt Jesus sich selbst als den mächtigen Messias, der aber ungeachtet seiner Position in demütiger Weise als »Diener« zu den Menschen kommt. Auf der anderen Seite prophezeien Schriften des »Alten Testaments« einen herrschenden Messias, der keineswegs selbst dient, sondern dem vielmehr gedient wird. Selbst »alle Könige« werfen sich ihm zu Füßen.

Welche Könige würden das sein? Diese Frage mag man sich schon zu Lebzeiten Jesu gestellt haben. Vielleicht war man in der näheren Umgebung Jesu darüber enttäuscht, dass die vom Psalmisten und vom Propheten für den Messias angekündigten Ehrerbietungen Jesus nicht zuteil wurden. So machten sich die ersten Christen in den Schriften auf die Suche. Sie »entdeckten« die Magier aus dem Morgenlande. Aus den Männern, von denen bei Matthäus weder Zahl noch Namen überliefert sind,[6] wurden so die »Heiligen Drei Könige« Caspar, Melchior und Balthasar. Aus der

Prophetie des »Alten Testaments« und einem Vers aus dem »Neuen« entwickelten sich über Jahrhunderte hinweg nach und nach Könige. So ging die Prophezeiung in Erfüllung.

Drei: Vom Wal zum Grab und zum Irrtum Jesu

Die Zeitgenossen Jesu konnten im »Heiligen Land« den Wundermann aus Bethlehem leibhaftig sehen. Oder sie konnten den Berichten von Menschen lauschen, die ihm selbst begegnet waren. In den Jahren nach dem Kreuzigungstod Jesu gab es immer noch Zeitzeugen. Je mehr Zeit seit dem Tod Jesu verstrich, desto größer wurde das Bedürfnis, zumindest in schriftlicher Form möglichst glaubwürdige Berichte über Jesu Wirken als Beleg für die eigene Glaubensüberzeugung zu haben.

Prof. Dr. Georg Fohrer:[1] »Die junge Gemeinde glaubte daran, dass Jesus der Messias war. Folglich musste er über messianische Fähigkeiten verfügt haben. Zu diesen gehörte die prophetische Sehergabe. Es entstanden Texte, die Jesus als seherischen Menschen beschrieben. Jesus wusste schon lange vor seinem Ende, dass er am Kreuz enden würde. Davon war man in der jungen Gemeinde überzeugt.«

Mit anderen Worten: Jesu Prophezeiungen, etwa über seinen Tod und seine Auferstehung, sind von der Gemeinde *nach* seinem Tode geschaffen worden. Nach dem Motto: Wenn sich eine Prognose Jesu über seinen Tod erfüllte, dann handelt es sich um eine nachträgliche Erfindung der frühen Gemeinde. Bei aller Sympathie für kritische Theologie-Wissenschaft: Wer behauptet, ein erfülltes Jesus-Wort müsse also erfunden sein, weil es sich bewahrheitet habe, verlässt den Boden der Wissenschaftlichkeit. Denn dann dominiert reines Wunschdenken nach dem Motto: Was nicht sein darf, das nicht sein kann!

Diese »wissenschaftliche« Haltung ist genauso naiv wie die Behauptung, Jesus sei ein echter Prophet gewesen, denn schließlich stehe das ja so in der Bibel. Auf beiden Seiten werden Glaubenssätze vorgetragen. Dagegen ist nichts einzuwenden. Nur: Man darf eine Glaubens-Vermutung nicht für eine wissenschaftliche Tatsache ausgeben.

Im Evangelium nach Matthäus verkündet Jesus Exaktes über seinen eigenen Tod, genauer gesagt über die Dauer, die er begraben in der Erde ruhen wird:[2] »Denn so wie Jona drei Tage und drei Nächte in des Fisches Bauch war, so wird der Menschensohn drei Tage und drei Nächte im Schoß der Erde sein.«

Man kann darüber streiten, ob dieses Wort Jesu echt ist oder nicht. Eine definitive, wirklich gesicherte Antwort kann es nicht geben. Man kann aber über die Frage nachdenken, ob sich denn die konkrete Prognose Jesu erfüllte, die sich in dieser Form bei den übrigen Evangelisten Markus, Lukas und Johannes nicht findet.

Wann wurde Jesus begraben? Vermutlich am Nachmittag eines Freitags. Auferstanden sein dürfte er in der Nacht des folgenden Samstags oder am Morgen des folgenden Sonntags. Dann wäre er etwa eineinhalb und nicht drei Tage bestattet gewesen, bevor er von den Toten auferstanden ist. Auch im Glaubensbekenntnis heißt es, ganz im Gegensatz zur Prophetie, Jesus sei gekreuzigt worden und gestorben, man habe ihn begraben – und schließlich sei er »auferstanden *am dritten Tage*«. Jesus müsste am vierten Tage auferstanden sein, wenn er davor drei Tage im Leib der Erde geruht haben soll, so wie Jona drei Tage lang im Magen des Wals verbrachte.

Gleason L. Archer vertritt eine amerikanische Theologie, die zusehends an Zulauf und Bedeutung gewinnt. Kritik an den biblischen Schriften gilt als verpönt. Man kehrt zu der Überzeugung zurück, dass die Bibel als von Gott inspiriertes Werk keine Irrtümer enthalten könne. Offensichtliche Widersprüche werden dann mit Vehemenz wegerklärt und als gar nicht wirklich existent verdrängt. Wortgewaltig versucht Gleason L. Archer darzulegen, dass der Text eben nicht drei Tage zu jeweils 24 Stunden meine. Vielmehr zähle er auch »angebrochene« Tage als »Tage«. Wenn also Jesus am Freitag gekreuzigt und begraben wurde, dann war er einen Teil des Freitags im Grab. Dort ruhte er auch den ganzen Samstag. Wenn er nun am Sonntag auferstand, kommt auch der Sonntag als ein Teiltag hinzu. Wenn man nun zwei Teiltage und einen Tag als drei Tage rechnet, dann könne man sagen, dass sich Jesu Prophezeiung erfüllte.[3]

Dem ist aber nicht so. Denn nach Matthäus gibt es an Jesu Aussage nichts zu deuteln. Drei Tage und drei Nächte werde er begraben sein, heißt es da. Wenn man von einem Tag und einer Nacht spricht, dann kann damit nur ein ganzer Tag gemeint sein, bestehend aus Tag und Nacht und keinesfalls ein ganzer Tag *oder* ein Teiltag. Darauf weist auch der jüdische Gelehrte Gerald Sigal hin:[4] »Zunächst ist es wahr, dass gemäß jüdischem Gesetz ein Teil eines Tages einem vollen Tag entspricht, Mattäus' Jesus versprach, er werde präzise drei Tage und drei Nächte beerdigt sein ... Die Beweise des ›Neuen Testaments‹ addieren sich aber nicht zu drei Tagen und drei Nächten, so wie es Jesus konkret versprochen hatte. Deshalb erfüllte Jesus nicht seine ureigenste Vorhersage.«

Der sehr konservative, ja fundamentalistische Theologe Dr. M. R. DeHaan (1891–1965) hat eine ganze Reihe von Artikeln und einige Bücher zu den zentralen Fragen der historischen Korrektheit von Aussagen Jesu verfasst. Er zweifelt lieber an den ältesten kirchlichen Traditionen, als dass er zugibt, Jesus könne sich geirrt haben.

DeHaan glaubt, eine »Lösung« für das Problem gefunden zu haben. Seiner Ansicht nach kann es keinen Zweifel daran geben, dass einerseits die so präzise Formulierung Jesu wirklich so von Jesus ausgesprochen worden ist. Und andererseits muss sie auch in Erfüllung gegangen sein, weil sich Jesus als Messias nicht geirrt haben kann. Seine Schlussfolgerung:[5]

»Es ist meine feste Überzeugung, dass Christus am Mittwoch gekreuzigt wurde und auferstand gleich nach Sonnenuntergang der Samstagnacht … In keiner anderen Weise kann Rechenschaft abgelegt werden für drei Tage und drei Nächte. ›Karfreitag‹ ist nur eine nicht der Heiligen Schrift entsprechende Traditon.« Leider kann DeHaan seine »Überzeugung« nicht glaubhaft belegen. Auch er argumentiert letztlich: So muss es gewesen sein, denn es kann nicht anders gewesen sein, denn schließlich darf es nicht anders geschehen sein.

Jesus nimmt bei seiner Prophezeiung auf das kleine Büchlein des Propheten Jona Bezug. Das an eine fromme Kurzgeschichte erinnernde, nur vier kurze Kapitel umfassende Werk berichtet, wie Jona von Gott als Prophet nach Ninive gesandt wurde. Er weigerte sich zunächst und floh. Auf hoher See schließlich warf man ihn von Bord. Ein Wal verschlang ihn:[6] »Aber Jahwe ließ einen großen Fisch kommen, Jona zu verschlingen. Und Jona blieb im Leibe des Fisches drei Tage und drei Nächte.«

Jona dürfte eine historische Gestalt gewesen sein. Vermutlich wurde er von König Jeroboam II. (783–743 v. Chr.) in politischer Mission nach Assyrien gesandt. Nach Ninive schickte ihn nur der Verfasser des nach Jona benannten Buches, weil Ninive so etwas wie das Symbol der lasterhaften, gottlosen Stadt war. Die Geschichte sollte zeigen, dass Jahwe bereit ist, umzudenken. Er mag beschlossen haben, eine sündhafte Stadt auszulöschen. Wenn aber sein Prophet die »bösen« Menschen dazu bringt, auf den Pfad der Tugend zurückzukehren, kann er sein Urteil revidieren und Gnade vor Recht ergehen lassen. Jahwe erscheint also als wahrhaft gerechter Gott, der allen Menschen gegenüber barmherzig sein kann.

Drei hat für den hebräischen Zahlenkundigen eine ganz besondere Bedeutung. Sie ist die vermutlich wichtigste Vollkommenheitszahl. Drei Tage lang war Jona im Riesenfisch, auf diese Weise vollkommen geschützt von Gott. Nur so überlebte er eine Situation, die eigentlich den sicheren Tod hätte bringen müssen. Denn schließlich wurde er bei einem schlimmen Sturm auf hoher See von den Seeleuten in die Fluten geworfen.

Diese drei Tage stehen für den Zahlenkundigen im konkreten Fall für die Vollkommenheit der Schöpfung, die sich in dieser kleinen Drei offenbart. Von dieser symbolischen Bedeutung ist man offensichtlich zu Jesu Lebzeiten abgerückt. Dem »Handbuch der Bibelkunde« entnehmen wir:[7]

»Es kann keinen Zweifel darüber geben, dass in der Zeit Jesu das Jonasbuch wortwörtlich genommen wurde; somit hat wohl auch Jesus es wortwörtlich genommen. Jedenfalls bezieht sich das ›Neue Testament‹ mehrmals darauf im Sinne eines solchen Verständnisses.«

Kann sich aber Jesus geirrt haben? Ist es möglich, dass er eine uns heute in ihrer Absurdität kindlich erscheinende bildhafte Geschichte für bare Münze nahm? Für das »Handbuch der Bibelkunde« musste Jesus glauben, was auch seine Mitmenschen für wahr hielten, denn sonst wäre er ja nicht wirklich Mensch gewesen. Mertens schreibt weiter: »Daraus jedoch eine Bestätigung der Erzählungen des Buches Jonas als historischer Vorgänge abzuleiten, ist eine Verkennung der Person Jesu. Er musste die Dinge dieser Art so sehen, wie seine Zeitgenossen sie gesehen haben. Wer etwas anderes fordert, nimmt die Menschwerdung der zweiten Person Gottes in Jesus nicht ernst; er würde verlangen, dass Gott nicht göttliche Wahrheiten, sondern irdische Wissenschaft hätte offenbaren müssen.«

Hier fordert also ein wichtiges Werk der »wissenschaftlichen Theologie«, dass sich Jesus irren musste, weil sich seine Zeitgenossen irrten. Nur so konnte der göttliche Jesus zum menschlichen Jesus werden. Diese Vermenschlichung Jesu geht dann eben so weit, dass er falsche, ja unmögliche Dinge für richtig hält: Kein Wal oder sonstiger Großfisch kann einen lebenden Menschen im ganzen Stück so verschlucken, dass er unverletzt bleibt und drei Tage und Nächte im Fischleib überlebt. Das ist nach den Gesetzen der Natur schlicht unmöglich!

Irrte Jesus? Oder irrt der Interpret? Oder geht er zu weit? Ist er »nur« unwissenschaftlich?

Duplizität: Josef und Jesus

Von »Duplizität der Ereignisse« spricht man, wenn sich ein bestimmtes Geschehnis wiederholt. Das merkwürdige Phänomen, das nicht nur Statistiker beschäftigt, taucht auch in der Bibel auf. So gibt es erstaunliche Parallelen zwischen Josef und Jesus: zwischen Jakobs Sohn und dem »Messias« am Kreuz.

Josefs Leben wird ausführlich bei Mose beschrieben.[1] Josef war bei seinen Brüdern nicht gerade beliebt. Als er ihnen auch noch seine Träume offenbarte, in denen er von der gesamten Familie ehrfürchtigst behandelt wurde, beschlossen sie seinen Tod. Josef kam aber dann doch mit dem Leben davon. Er wurde nach Ägypten verkauft. Im Reich des Pharao machte er bald eine kometenhafte Karriere. Doch bevor er zum zweitwichtigsten Mann im Land am Nil werden kann, wird er – unschuldig – ins Gefängnis geworfen. Im Kerker trifft Josef auf zwei Mitinsassen: Bäcker ist der eine, Mundschenk ist der andere – beim Pharao.[2]

Wieder deutet Josef Träume: Der Bäcker hat im Schlaf drei Körbe mit feinem Backwerk auf seinem Haupt gesehen, Vögel fraßen daraus. Josefs Interpretation: Der Bäcker wird in drei Tagen sterben. Wortwörtlich aus dem Hebräischen übersetzt heißt es:[3] »In noch drei Tagen wird er, der Pharao, deinen Kopf haben von dir und er wird ihn hängen ans Holz.«

In den gängigen Übersetzungen ist meist von »Aufhängen am Galgen« die Rede. Das hebräische Original aber kann, speziell zu Jesu Lebzeiten, sehr wohl als Ankündigung einer Kreuzigung verstanden werden. Der Terminus des »Aufhängens« hingegen, der in den Übersetzungen verwendet wird, erweckt beim heutigen Leser eindeutig falsche Assoziationen. Der Traum des Mundschenks klingt ähnlich symbolhaft wie der des Bäckers:[4] »Mir hat geträumt, dass ein Weinstock vor mir wäre, der hatte drei Reben, und er grünte, wuchs und blühte und seine Trauben wurden reif. Und ich hatte den Becher des Pharao in meiner Hand und nahm die Beeren und zerdrückte sie in den Becher und gab den Becher dem Pharao in die Hand.« Josef interpretiert als günstige Weissagung: In drei Tagen wird der Mundschenk wieder in Amt und Würden am Hof des Pharaos sein.

Schon die Ankündigung »In noch drei Tagen wird er, der Pharao, haben deinen Kopf von dir und er wird ihn hängen ans Kreuz« weist deutlich auf die Kreuzigung Jesu hin. »Gedenke meiner, wenn es dir wohl ergeht, und tu Barmherzigkeit an mir!«[5] bittet Josef den Mundschenk. Jesus wird zusammen mit zwei Verbrechern gekreuzigt. Der eine verspottet ihn, der andere »sprach: ›Jesus, gedenke an mich, wenn du in dein Reich kommst!‹«[6] Jesus soll sozusagen beim himmlischen Vater ein gutes Wort für den reuigen Sünder einlegen, so wie der Mundschenk sich für Josef einsetzen soll.

Was geschah wirklich in den letzten Minuten Jesu am Kreuz? Wir wissen es nicht. Rudolf Schnackenberg, einer der angesehensten katholischen Theologen, stellt nüchtern fest:[7] »Eine geschichtliche Rekonstruktion (oder eine Konstruktion) ist nicht möglich.« Was wir aber feststellen können, das ist, dass der Text des nach Johannes benannten Evangeliums die Szene von Josef im Kerker des Pharao als Vorlage mit einarbeitete.

Schriften des »Alten Testaments« wurden von den Verfassern des »Neuen Testaments« wie Versatzstücke verwendet. Sie verfuhren dabei so wie ein Künstler, der sich aus verschiedenen alten Mosaikbildern da und dort einzelne Steine herausnimmt. Sie werden dann zu einem neuen Bild zusammengefügt. Man muss schon einigen detektivischen Spürsinn aufbringen, um zu erkennen, von wo was weggenommen wurde.

Bleiben wir bei der Kreuzesszene, bei Jesus und den beiden Leidensgefährten. Über den Hohen Priester und die Schriftgelehrten heißt es, sie seien spottend, ja beleidigend und schadenfroh gewesen:[8] »Die aber vorübergingen, lästerten ihn und schüttelten ihre Köpfe und sprachen: ›Er hat Gott vertraut, der erlöse ihn nun, wenn er Gefallen an ihm hat; denn er hat gesagt: Ich bin Gottes Sohn.‹« Fast wortwörtlich heißt es beim Psalmisten:[9]

»Alle, die mich sehen, verlachen mich, verziehen die Lippen und schütteln den Kopf: Er wälze die Last auf den Herrn, der soll ihn befreien! Der reiße ihn heraus, wenn er an ihm Gefallen hat.«

Der Historiker versucht, an Hand von Dokumenten und archäologischen Funden die Vergangenheit zu rekonstruieren. Je mehr er in Erfahrung bringt, desto klarer wird die Erkenntnis. Es ist ein Irrtum anzunehmen, im Falle des Jesus des »Neuen Testaments« könne ähnlich verfahren werden. Man kann nur auf die Texte der Bibel zurückgreifen. Wirkliches Wissen wird aber nicht erlangt, allenfalls Glaube. Man kann glauben oder nicht, dass sich mit Jesus »Prophezeiungen« des »Alten Testaments« erfüllten. Wissen kann man es nicht. Oder man kann vermuten, dass die Texte des »Neuen Testaments« ganz bewusst aus Versatzstücken des »Alten« zusammengefügt wurden. Sicher sein kann man auch in diesem Punkt nicht.

Der »wissenschaftlich« arbeitende Theologe mag sich dem Gläubigen überlegen fühlen. Wenn er aber ehrlich ist, so muss er zugeben, dass auch er letztlich nicht wirklich weiß, sondern auch »nur« glaubt.

Ehescheidung: Dachte Jesus wie ein Römer?

»Auch eine Frau begeht Ehebruch, wenn sie ihren Mann aus der Ehe entlässt und einen anderen Mann heiratet«, sagt Jesus nach dem Markus-Evangelium.[1] Wieso »auch«? Weil Jesus im Vers zuvor erklärt hat: »Wenn ein Mann sich von seiner Frau scheiden lässt und eine andere heiratet, dann begeht er Ehebruch.« Jesus vertritt also die Gleichberechtigung, ist man versucht verwundert und anerkennend zu sagen. Seiner Meinung nach mag sich ein Mann von seiner Frau oder eine Frau von ihrem Mann scheiden lassen, eine Neuvermählung kommt aber nicht in Frage. So inakzeptabel für heutige Begriffe Jesu Gleichsetzung der Wiederverheiratung eines geschiedenen Menschen mit Ehebruch ist, so modern mutet Jesu gleiche Bewertung der Rechte von Mann und Frau an. Er macht ja offensichtlich keinen Unterschied zwischen Ehefrau und Ehemann: Beide dürfen sich nach seiner Meinung nicht wieder vermählen.

Doch die rückblickende Interpretation aus heutiger Zeit basiert auf einem Irrtum. Er postuliert: »Auch eine Frau begeht Ehebruch, wenn sie ihren Mann aus der Ehe entlässt und einen anderen Mann heiratet.« Das ist schlicht und ergreifend unsinnig. Der beschriebene Fall konnte zu Jesu Zeiten nach jüdischem Recht gar nicht eintreten. Eine jüdische Frau war gar nicht in der Position, ihren Mann aus der Ehe zu entlassen. Sich vom Partner zu trennen, das war nur dem Mann vorbehalten. Nach wie vor galt das mosaische Recht: Nur ein Mann konnte sich von seiner Frau scheiden lassen. Die Formalität war einfach: Er musste nur einen Scheidebrief ausstellen, schon war er seine Frau los.[2]

Wieso konnte sich Jesus so gravierend irren? Der Sachverhalt ist einfach: Die von Jesus beschriebene juristische Möglichkeit der Frau, »ihren Mann aus der Ehe zu entlassen«, hatte die Jüdin nicht, wohl aber die Römerin. Da Jesus ganz sicher mit jüdischen Rechtsfragen nach mosaischen Vorschriften bestens vertraut war, kann der zugeschriebene Satz gar nicht von Jesus stammen.

Er wurde von einem Menschen geschrieben, der keine Ahnung von jüdischem Recht hatte. Jüdische Lebensweise und jüdische Denkungsart waren ihm fremd. Das wird auch an anderer Stelle deutlich. Umständlich wird erklärt:[3] »Denn die Pharisäer und alle Juden essen nicht, es sei denn, sie haben sich vorher die Hände mit einer Hand voll Wasser gewaschen und halten so die Satzungen der Ältesten ein. Und wenn sie vom Markt heimkommen, so essen sie nicht, es sei denn, sie waschen sich.«

Aus dem griechischen Text geht eindeutig hervor: Hier ist nicht von »Pharisäern« im Sinne von Männern und Frauen die Rede, sondern nur von Männern. Gleiches gilt für Juden: Auch hier sind nur männliche Juden gemeint. Und diese männlichen Juden, so behauptet Markus, haben vom Markt heimkehrend erst einmal die Hände gewaschen, bevor sie sich zum Essen niedersetzten. Über solch eine Behauptung hätte man in jüdischen Kreisen zur Zeit Jesu nur den Kopf geschüttelt. Männer gingen nicht zum Markt. Deshalb kamen sie auch gar nicht in die Verlegenheit, sich nach Einkauf auf dem Markt vor dem Essen die Hände zu waschen.

Fazit: Jesu »gleichberechtigtes« Denken entspringt nicht jüdischem, sondern römischem Hintergrund. Jesus dachte aber nicht wie ein Römer, sondern jüdisch. Auch irrte sich Jesus nicht in einer so fundamentalen Frage wie, wer sich von wem scheiden lassen kann. Vielmehr irrte sich der unbekannte Verfasser, dem die Welt der Juden und des Judentums völlig fremd gewesen sein muss. Der unbekannte Verfasser kann also nicht aus jüdischen Kreisen stammen und schon gar nicht in Jesu Umfeld gelebt haben. Von Markus kann das nach Markus benannte Evangelium also nicht stammen. Von wem dann? Das ist vollkommen unklar. Es muss ein Mensch gewesen sein, der aus römischem Umfeld stammte. Oder das Evangelium wurde römerfreundlich bearbeitet.

Elia: Erwartetes Ende

Jesus irrte sich, als er von sich behauptete, kein Mensch vor ihm sei zum Himmel aufgefahren.[1] Diese Auszeichnung war vor ihm bereits dem Propheten Elia zuteil geworden. Jesus irrte auch, als er wiederholt verkündete, das Ende der Welt stehe unmittelbar bevor.[2]

Rechtzeitig vor dem Weltgericht, so erwartete man im Judentum besonders zu Jesu Lebzeiten, werde vor dem Ende der Messias auf die Erde zurückkehren. Zuvor aber werde Elia wieder erscheinen:[3] »Und seine Jünger fragten ihn und sprachen: ›Was sagen denn die Schriftgelehrten, zuvor müsse Elia kommen?‹ Jesus antwortete und sprach zu ihnen: ›Elia soll freilich kommen und alles zurechtbringen. Denn ich sage euch: Elia ist schon gekommen, aber sie haben ihn nicht erkannt, sondern haben mit ihm getan, was sie wollten.‹«

Offensichtlich war zu diesem Zeitpunkt Johannes der Täufer bereits hingerichtet worden. Als nämlich Jesus seinen Jüngern prophezeite, auch er selbst werde so leiden, begriffen sie – so der Text des Evangeliums nach Matthäus – Jesu düstere Worte:[4] »Da verstanden die Jünger, dass er von Johannes dem Täufer zu ihnen geredet hatte.«

Die gleiche Episode wird im Text des Evangeliums nach Markus fast wortwörtlich wiederholt:[5] Wieder geht es um den nahenden Messias als dem Erlöser, wiederum heißt es, dass Elia vor dem Messias zur Erde zurückkehren werde. Und wieder beteuert Jesus, dass Elia bereits wieder im Lande Israel eingetroffen sei.

Elia wirkte nach theologischer Überzeugung im 9. Jahrhundert v. Chr. als »Verfechter der jüdischen Religion gegen die anderen Kulte«.[6] Nach Überzeugung wahrscheinlich einer Mehrheit der Juden zu Jesu Lebzeiten war es dringend erforderlich, dass zunächst Elia und dann der Messias zurück ins Heilige Land kämen, um die als frevlerisch empfundene römische Herrschaft zu vertreiben. Herbeigesehnt wurde Elia als starker Mann, der das Volk zum wahren Glauben zurückführen würde. Jesus war nun davon überzeugt: Elia ist längst wieder auf Erden gewesen. Man hat ihn nur nicht erkannt, gepeinigt und hingerichtet.

Jesus irrte allerdings: Denn Johannes war es ja eben aus Sicht eines gläubigen Juden nicht gelungen, »alles zurechtzubringen«. Es gab keinerlei Erneuerung im Glauben, kein Erstarken der jüdisch-religiösen Kräfte: weder zu Lebzeiten von Johannes noch danach zu Lebzeiten Jesu und auch nicht nach Jesu Kreuzigung. 73 n. Chr. erloschen die noch einmal aufkeimenden Hoffnungen auf die Wiederkehr von Elia und Jesus.

Jüdische Freiheitskämpfer eroberten die Bergfestung von Masada über dem Südwestufer des Toten Meeres. Zwei Jahre lang konnten sie zwar wacker die exponierte Stellung halten und der massiven Übermacht der Römer trotzen. Mehrere Attacken wehrten sie mit Erfolg ab. Auf Dauer mussten sie aber verlieren. Vermutlich glaubten sie auch nicht an einen militärischen Sieg, sondern an das unmittelbar bevorstehende Erscheinen des Messias. Unternahmen sie deshalb militärische Operationen, die von Anfang an zum Scheitern verurteilt waren?

Meinten sie, so ihr Land auf den neuen Herrscher vorbereiten zu können, sozusagen als kämpferische Vorhut? Doch als die Römer eine künstliche Rampe errichteten und so die 300 Meter hohen Steilwände überwanden, begingen die Widerstandskämpfer Selbstmord. Damit trat das Gegenteil von dem ein, was Jesus prophezeit hatte: Statt der Erstarkung des Judentums in einem neuen, unabhängigen Israel endete im ersten Jahrhundert nach Christus die Geschichte des einst freien Staates Israel.

Irrte Jesus? Seine konkrete Aussage über Elia erwies sich als falsch. Aber sagte der historische Jesus wirklich, was wir in den Evangelien nach Matthäus und Markus lesen? Der Theologieprofessor Dr. Gerd Lüdemann meint:[7] »Das Wort entstand in der Zeit nach dem Tod und der ›Auferstehung‹ Jesu, als die Erwartung des Kommens Jesu vom Himmel lebendig war, etliche seiner Jünger jedoch unverhofft gestorben waren. Diesen noch lebenden Jüngern sichert das Wort Jesu als Trost zu: Wenigstens ein kleiner Rest der ersten Generation wird den Anbruch des Reiches Gottes noch erleben.«

Schließlich urteilt der gelehrte Neutestamentler kritisch in der Zusammenfassung:[8] »Die Rekonstruktion der Entstehung des Wortes beweist seine Unechtheit. Gleichzeitig macht es … die brennende Naherwartung der ersten christlichen Generation deutlich, die am besten verstehbar ist, wenn Jesus selbst mit dem Kommen des Reiches Gottes in allernächster Zukunft gerechnet hat.« Legte man also Jesus nachträglich das Wort über Elia in den

Mund, um die nach Jesu Tod langsam schwächer werdende Hoffnung auf das bald beginnende Ende zu stärken?

Viele biblische Schriften des »Neuen Testaments« sind keine Werke der Geschichtsschreibung. Sie sind vielmehr Zeugnis vom Glauben und von der Hoffnung der Menschen. Man kann sich kaum vorstellen, wie verzweifelt die Christen der ersten Generationen gewesen sein müssen, als das erwartete Weltende ausblieb. Umso erstaunlicher ist es, dass dennoch die christliche Gemeinde wuchs.

Erscheinungen: Wem begegnete der Auferstandene wann und wo?

Zu den markantesten Punkten in Jesu Biographie gehört für den gläubigen Christen sein Erscheinen nach dem Tode. Man kann sich gut in die Vertrauten Jesu und in seine nächste Anhängerschaft hineinversetzen: Der geliebte Messias ist gekreuzigt worden. Dann ist er von den Toten auferstanden. Und schließlich begegnete er als Wiederlebender – wem, wann und wo?

Im Evangelium nach Johannes erlebt Maria von Magdala einen freudigen Schrecken. Am Ostertag selbst tritt ihr der leibhaftige Jesus am Grab gegenüber. Erst erkennt sie ihn nicht, dann spricht sie ihn liebevoll mit einem Kosenamen an:[1] »Da wandte sie sich um und spricht zu ihm: Rabbuni! Das heißt Meister!« Die »Übersetzung« ist nicht korrekt. Rabbuni bedeutet »kleiner Meister« oder »Meisterchen« und lässt auf eine gewisse Vertrautheit schließen.

Bei Lukas sucht Maria Magdalena auch das Grab Jesu auf. Sie findet es aber leer vor. Die bei Johannes so dramatische Begegnung mit dem Auferstandenen wird nicht erwähnt. Hier tritt Jesus bei Emmaus zwei Jüngern entgegen, die ihn aber zunächst nicht erkennen. Sie berichten, dass ihr Messias gekreuzigt worden sei. Aber was ist mit seinem Leichnam geschehen? Offenbar sind die Männer beunruhigt. Glauben sie also nicht, dass Jesus auferstanden ist? Das hat Jesus doch angeblich zu Lebzeiten immer wieder prophezeit. Wenn nun Jesu Grab leer ist, wieso freuen sie sich nicht über die erfüllte Prophezeiung?

Die Jünger zu Jesus:[2] »Auch haben uns erschreckt etliche Frauen aus unserer Mitte; die sind früh bei dem Grabe gewesen, haben seinen Leib nicht gefunden, kommen und sagen, sie haben eine Erscheinung von Engeln gesehen, welche sagen, er lebe.« Erst am Abend wird ihnen klar, dass sie mit dem leibhaftig Auferstandenen gesprochen haben: »Da er mit ihnen am Tische saß ..., da wurden ihnen die Augen geöffnet und sie erkannten ihn.«

Die zwei Berichte widersprechen sich: Nach Johannes zeigte sich Jesu als erstem Menschen noch am Grabe seiner Verehrerin Maria Magdalena. Bei Lukas findet diese erste Begegnung nicht statt. Jesus zeigt sich erstmals den beiden Jüngern von Emmaus. Wer hat Recht? Keiner von beiden, wenn man Paulus Glauben schenken möchte. In seinem Brief an die Korinther behauptet er nämlich, dass Jesus zunächst als Wiederlebender von Petrus gesehen wurde.[3]

Dem Evangelium nach Markus ist eine vierte Variante zu entnehmen: Auch hier ist es Maria Magdalena, die das Grab Jesu aufsucht. Sie findet es leer vor. Ein »Jüngling« in Weiß vermeldet, Jesus sei auferstanden:[4] »Entsetzt euch nicht! Ihr suchet Jesus von Nazareth, den Gekreuzigten. Er ist auferstanden ... Geht hin und saget seinen Jüngern und Petrus, dass er vor euch hingehen wird nach Galiläa, da werdet ihr ihn sehen.« Später soll sich dann Jesus Maria Magdalena gezeigt haben – in Galiläa?

Erste kurze Zusammenfassung: Vier Berichte über Jesu Erscheinen nach seinem Tod und seiner Beisetzung unterscheiden sich in den zentralen Aussagen. Wann, wo und von wem Jesus gesehen wurde, darüber gibt es keine übereinstimmenden Aussagen.

Nicht verständlicher wird das Phänomen der Erscheinungen Jesu nach seiner Auferstehung, wenn man dazu theologische Fachliteratur konsultiert. So schreiben Gerd Theißen und Annette Merz in ihrem sehr gründlichen Standardwerk »Der historische Jesus«:[5] »Auch Epiphanien (Erscheinungen) werden von Jesus erzählt, er erscheint nach Ostern in göttlicher Herrlichkeit seinen Jüngern. Hier werden tatsächliche visionäre Erfahrungen gestaltet. Eine dieser Erscheinungen wird in Gestalt der Verklärungsgeschichte wohl ins Leben Jesu zurückverlegt (Markus Kapitel 9, Verse 2 folgende). Sie zeigt, wie Jesus in die himmlische Welt aufgenommen wurde.«

Solche »Erklärungen« werfen letztlich mehr Fragen auf, als dass sie Fragen beantworten. Was bedeutet die Aussage konkret, dass »tatsächliche visionäre Erfahrungen gestaltet« werden? Handelt es sich also um echte, physisch-leibhaftige Begegnungen oder um sich nur im Geist abspielende Visionen?

Verschiedene Jünger wollen Jesus bereits zu Lebzeiten »verklärt« gesehen haben, auf »einem hohen Berg« zwischen Elia und Moses, die mit Jesus sprachen.[6] Fand dieses Erlebnis nun wie von den Evangelisten geschildert zu Lebzeiten Jesu statt? Oder ereignete sich der wundersame Kontakt von Jesus mit den längst verstorbenen fast mystischen Gestalten des »Alten Testaments« Elia und Moses erst nach Jesu Auferstehung. Wurde sie in dichterischer Freiheit »ins Leben Jesu zurückverlegt«?

Oder darf man gar nicht von einem »Erlebnis« sprechen? Handelte es sich also nicht um eine reale Begebenheit, sondern um eine Vision, also um eine geistige Erscheinung, die einige Jünger erst nach dem Tode Jesu hatten? Und wurde dann diese Erscheinung – aus welchen Gründen auch immer – von einem Einzelautor oder einem ganzen Redaktionsteam zeitlich vorverlegt? Wenn ja, warum sollte das geschehen sein? Gab es also eine weitere, zusätzliche Erscheinung des vom Tod auferstandenen Jesus, die allerdings in allen Bibeln gar nicht mehr als solche erkannt werden kann?

Wenig hilfreich ist das »Handbuch der Bibelkunde«, wenn es um Erscheinungen geht:[7] »Scheinbar entzieht sich das Phänomen der Erscheinungen des auferstandenen Jesus völlig dem Bereich der Realien; es ist ins irdische Leben eingebrochene Transzendenz und gehört deshalb genau so wenig wie Gott zu den Realien.«

Zweite kurze Zusammenfassung: Vier unterschiedliche Versionen der ersten Erscheinung Jesu nach seiner Auferstehung finden sich im »Neuen Testament«. Die Widersprüche sind nicht zu übersehen. Die unterschiedlichen Autoren geben unterschiedliche Antworten auf die Frage, wer, wann, wo als Erster dem auferstandenen Jesus begegnete. Theologische »Erklärungen« aus neueren Zeiten versuchen, das Mysterium mit dem Mittel der wissenschaftlichen Analyse und der Definition begreifbarer werden zu lassen. Sie machen aber das mystische Geschehen nur noch unverständlicher. Vielleicht sollte man das Wundersame einfach ohne für den Laien unverständliche, verklausuliert formulierte Kommentare in seiner Unbegreifbarkeit belassen.

Das aber erfordert eine gewisse menschliche Größe. Wer sich selbst als Maß aller Dinge versteht, der ist nicht in der Lage, staunend das Unbegreifbare als solches anzuerkennen. Man kann auch von christlicher Demut sprechen.

Feiertag: Brach Jesus das Sabbatgebot?

Das »Alte Testament« berichtet, dass Gott, nachdem er seine Schöpfung vollendet hatte, am siebenten Tag ruhte.[1] Davon leitete er eines seiner zentralen Gebote ab: Auch der Mensch soll den Sabbat einhalten. Wie alle wichtigen mosaischen Gesetze findet es sich sowohl im 2.[2] als auch im 5. Buch Mose.[3] Wer den Sabbat entheiligt, muss mit der Todesstrafe rechnen.[4]

Das Evangelium nach Markus überliefert eine der vielen Wundertaten Jesu: die »Heilung eines Blinden«. Das Evangelium nach Johannes schildert das gleiche Ereignis ebenfalls, nur sehr viel ausführlicher. Und bei Johannes taucht ein Vorwurf auf, der bei Markus fehlt: Jesus hat gegen das »Sabbatgebot« verstoßen, indem er am Feiertag heilte, an dem jede Arbeit untersagt war.[5] Am Teich von Bethesda soll Jesus nach Johannes wiederum am Sabbat geheilt haben: Ein Lahmer konnte wieder gehen. Verstieß Jesus auch hier gegen die angeordnete Sabbatruhe?[6]

Prof. Pinchas Lapide, jüdischer Experte in Sachen »Neues Testament«, verweist auf einen möglichen Übersetzungsfehler. Er meint: Jesus befahl gar nicht dem geheilten Gelähmten, sein Bett zu ergreifen und wegzuschleppen. Durch einen Lesefehler beim Abschreiben sei aus der Anweisung, den *Stock (»matte«)* zu nehmen ... der Befehl geworden, sein *Bett (»mitta«)* zu tragen.[7] Gegen diese Vermutung spricht die Parallelstelle bei Lukas.[8] Da wird der Mann, der nicht gehen kann, auf seinem Bett zu Jesus geschafft.[9] Man wird ihn wohl kaum auf einem Stock transportiert haben. Ließ also Jesus den Genesenen doch sein Bett wegtragen? Hat Jesus also doch gegen das mosaische Gesetz verstoßen? Dabei beteuerte er doch, die mosaischen Vorschriften nicht aufheben, sondern bis aufs Tüpfelchen genau befolgen zu wollen.[10]

Prof. Lapide verweist darauf, dass in der Praxis des Alltagslebens sehr wohl Ausnahmen geregelt waren:[11] Die Sabbatruhe durfte »gebrochen« werden, wenn es um Beistand für Kranke ging. Kranken durfte geholfen werden, auch wenn keine Lebensgefahr bestand. Linderung von Zahnschmerz am Sabbat ist zum Beispiel statthaft und nicht verboten. Nach jüdischem Verständnis versündigte sich Jesus also nicht, wenn er Kranken am Sabbat half. Und doch wird ihm dieser Vorwurf angeblich gemacht.[12]

Man muss von einem Irrtum sprechen! Gegen Jesus wurde ein Vorwurf erhoben, den ihm in Wirklichkeit kein Jude gemacht hätte, weil nämlich Jesus gar kein Gesetz übertrat. Entweder die Anklage wurde gegen besseres Wissen erhoben. Oder die biblischen Autoren, die darüber berichten, hatten keine Ahnung von mosaischem Gesetz im Alltag.

Feigenbaum: Von der symbolhaften Sprache Jesu

Irrtümer werden begangen, seitdem sich Menschen mit den Texten des »Neuen Testamentes« auseinander setzen. Der Irrtum, der wohl am häufigsten vorkommt, besteht darin, sich ein Bild von Jesus zu machen und dann in allen Texten nur Bestätigungen für die eigene vorgefasste Meinung zu sehen. Es geht dann nicht mehr wirklich darum, sich um Sinn und Bedeutung eines Bibelwortes zu bemühen. Die vorgefasste Meinung lässt aber keine echte Interpretation mehr zu.

Das »Neue Testament« verstehen, das heißt aber, seine Aussage ernst nehmen. 35 Wunder Jesu vermeldet das »Neue Testament«. 21 davon finden sich allein bei Markus. Für viele Bibelleser ist Jesus deshalb der »Wundermann«. Wer so voreingenommen die Bibel liest, muss zwangsläufig Irrtümern unterliegen, sich dabei aber stets bestätigt sehen.

Die Evangelisten Matthäus und Markus berichten über eine Szene aus Jesu Alltagsleben.[1] Jesus findet am Wegesrand einen Feigenbaum. Er tritt näher, möchte einige Früchte essen und muss enttäuscht feststellen, dass keine einzige Feige am Baum hängt. Wütend verflucht Jesus den Baum und dieser verdorrt. Wer Jesus nur als den »Wundermann« sehen will, versteht den Text als Beweis für Jesu übernatürliche Kräfte. Wer aber Texte des »Neuen Testaments« immer als »Reportagen« wahrnimmt, ohne auf symbolische Bedeutungen zu achten, der irrt sich leicht.

Biblische Propheten waren keine Hellseher, die unabwendbare Zukunft vorhersagten. Das Buch Jona verdeutlicht, dass sie mögliche Ereignisse der Zukunft vom Handeln in der Gegenwart abhängig machten. Vereinfacht ausgedrückt lässt sich vermeintliche Schreckensprophetie so verstehen: Die Zukunft wird düster aussehen, wenn ihr heute vom rechten Weg abkommt. Jesu »Verfluchung« des Feigenbaums ist keine Zurschaustellung übernatürlicher Macht. Es ist vielmehr eine symbolhafte Warnung.

Der Feigenbaum steht als Symbol für Israel.[2] Der Feigenbaum ohne Früchte ist Israel ohne Glauben. Die Verfluchung des Feigenbaumes steht symbolisch verschlüsselt für eine mögliche, düstere Zukunft Israels. Man kann Jesu symbolhaftes Handeln auch in Worte fassen – als Mahnung: »Israel, du wirst verdorren, wenn du deinen Glauben an Gott aufgibst!«

Der Evangelist Lukas überliefert ein anderes Gleichnis vom Feigenbaum, das hoffnungsfroh stimmt:[3] Ein Feigenbaum hat Jahre Früchte getragen. Sein Besitzer will ihn abhauen lassen, als er einmal keine Früchte trägt. Der Gärtner weigert sich. Er will den Baum umhegen und pflegen, ihn düngen. Er gibt ihm noch eine Chance.

Die Symbole sind die gleichen: Wenn Israel vom Glauben abfällt, ist es – prophezeit Jesus – verloren. Aber es gibt Hoffnung.

Fels: Wann nannte Jesus Petrus »Fels«?

Im »Neuen Testament« wird erzählt, dass Jesus seinem Jünger Simon den Beinamen »Petrus« oder »Fels« verlieh. Die wichtige Episode wird mehrfach vermeldet: in den Evangelien nach Markus und nach Matthäus. Die Beschreibungen widersprechen sich in einem ganz zentralen Punkt.

Im Evangelium nach Markus[1] wird Simon von Jesus ganz zu Beginn seiner Laufbahn bereits als »Petrus« oder »Fels« bezeichnet. Jesus hat sich aus der Anhängerschaft, die Johannes dem Täufer lauschte, gelöst. Er schart eigene Jünger um sich, die er auch benennt. Dann beginnt Jesu Zeit des Wirkens. Von Anfang an wird er von Simon begleitet, den Jesus von Anfang an auch »Petrus« nennt.

Im Widerspruch dazu berichtet das Evangelium nach Matthäus, dass Jesus erst sehr spät den Namen »Petrus« verlieh: sozusagen als Belohnung für besondere Treue. Weil Simon in Jesus den Messias erkennt, ernennt ihn Jesus zu seinem Hoffnungsträger:[2] »Und ich sage auch: ›Du bist Petrus, auf diesen Felsen will ich meine Gemeinde bauen.‹« So anrührend die Geschichte klingt, sehr wahrscheinlich ist sie nicht. Denn Jesus sprach Aramäisch und nicht Griechisch. Warum sollte er dann einem Jünger einen griechischen Namen verpassen? Die Chronologien von Markus und Matthäus widersprechen sich also ganz erheblich. Es wird aber noch kurioser:

Matthäus Kapitel 16:[3] Simon erhält nach dem Matthäus-Evangelium von Jesus erst in Caesarea Philippi den Beinamen Petrus, unter dem er bis heute bekannt ist. Dieses Ritual spielte sich gegen Ende von Jesu Wirkungszeit ab.

Kapitel 10:[4] »Die Namen aber der zwölf Apostel sind diese: der erste Simon, genannt Petrus …«

Wieso wird Simon von Jesus in Kapitel 16 mit dem Beinamen Petrus belohnt, obwohl er unter diesem Namen bereits in Kapitel 10 bekannt ist? Eine Überprüfung der Texte führt zu einer Auflösung des Problems. Die Chronologie bei Matthäus stimmt nicht. Die Episode von Kapitel 10 spielt sich auch gegen Ende von Jesu Laufbahn ab! Geschildert wird nicht die Berufung der zwölf Jünger, sondern ihre Aussendung! Es geht nicht darum, dass Jesus, bevor er durch das »Heilige Land« zieht, seine Jünger um sich schart. Es geht um die Aussendung der Jünger. Jesus erteilt ihnen den Missionsbefehl. Er ordnet, an sein nahendes Ende denkend, an, was sie dann zu tun haben.

Im Evangelium nach Lukas wird diese Instruierung der Jünger, anders als bei Matthäus, zeitlich richtig eingeordnet: Jesus erteilt seinen Jüngern Vollmacht, in seinem Namen und Geist zu handeln. Von der inneren Logik her kann diese Episode nur ans Ende einer Jesus-Biographie gestellt werden.

So bleibt der unüberbrückbare Widerspruch zwischen Markus und Matthäus: Nach Markus hieß Simon am Anfang Petrus, bei Matthäus erst am Ende. Nur eine der beiden Versionen kann stimmen. Ein Verfasser eines der beiden Evangelien irrt. Aber wer? Vielleicht irren sich beide und Simon hieß sein ganzes Leben lang Simon und bekam den »Petrus« erst posthum von der jungen Christus-Gemeinde verliehen, als nachträgliche Legitimation. Doch Vorsicht: Das ist dann Spekulation nach dem Motto, dass eine Aussage, die den Glauben trägt, erfunden sein muss. Man kann glauben, weil etwas in der Bibel steht. Man kann skeptisch ablehnen, weil etwas in der Bibel steht. Der Skeptiker wird dadurch aber nicht zum Wissenden. Er glaubt auch, auf seine Weise.

Flucht: Warum musste das Jesuskind nach Ägypten gebracht werden?

Das Evangelium nach Matthäus lässt Jesu Leben gleich spannend beginnen.[1] Kaum ist Jesus geboren, da tauchen die »Weisen aus dem Morgenland« auf. Dank ihrer Sterndeuterei wissen sie, dass ein neuer König der Juden geboren worden ist. König Herodes erfährt davon. Er bittet die »Weisen« zu sich und trägt ihnen auf, doch auch für ihn das »Kindlein« zu suchen. Auch er wolle es anbeten. Die Astrologen finden Jesus, fallen vor dem Jesuskind nieder und beschenken es reich. Im Traum befiehlt ihnen Gott, Herodes nicht zu verraten, wo genau Jesus geboren wurde. Die »Weisen« kehren in die ferne Heimat zurück.

Herodes ist empört darüber, dass ihm die Sterndeuter nicht verraten haben, wo genau der potenzielle Konkurrent von übermorgen zu finden ist. Also befiehlt er den berühmten Kindermord, der allerdings in keinem historischen Werk außerhalb der Bibel bezeugt wird.

Auch Josef, Jesu Vater, erhält im Traum göttliche Botschaft: Er soll sofort mit »Kindlein« und Frau nach Ägypten fliehen. Warum? Nach Matthäus erfolgte die Flucht, weil sonst Jesus dem »Kindermord des Herodes« zum Opfer gefallen wäre, der allerdings in Wirklichkeit niemals stattgefunden hat.

Nach dem Tod des Herodes kehrte die »Heilige Familie« wieder in die Heimat zurück, »damit erfüllt werde, was der Herr dem Propheten gesagt hat, der da spricht: ›Aus Ägypten habe ich meinen Sohn gerufen.‹«

Der »Prophet«, auf den sich das nach Matthäus benannte Evangelium beruft, ist Hosea. Bei Hosea aber findet sich keine Weissagung, wonach Jesus zusammen mit seiner Familie nach Ägyptenland werde fliehen müssen, weil er sonst ermordet würde. Der Prophet Hosea bezieht sich auf ein konkretes Ereignis in der Vergangenheit! Worum ging es nach der »Geschichtsschreibung« der Bibel konkret?

Mose erhielt einen Befehl von Gott, sich an den Pharao zu wenden und zu fordern:[2] »So spricht der Herr: ›Israel ist mein erstgeborener Sohn, und ich gebiete dir, dass du meinen Sohn ziehen lässt, dass er mir diene. Wirst du dich aber weigern, so will ich deinen erstgeborenen Sohn töten.‹« Von Jesus ist nicht die Rede, auch nicht von einem künftigen Sohn. Es geht um Israel in ägyptischer Gefangenschaft und um die Rückkehr der Sklaven in das »Gelobte Land«.

Auf diese Situation bezog sich auch Hosea:[3] »Als Israel jung *war*, da hatte ich ihn lieb, und rief ihn, meinen Sohn, aus Ägypten.« Auch der Prophet Hosea berichtet ein vergangenes Ereignis aus Ägyptens angeblicher Historie und weissagt nicht: Es geht um Israel aus dem »Alten Testament«, auf keinen Fall um Jesus.

Es erhebt sich eine Frage: Hat Matthäus die Flucht nach Ägypten lediglich erfunden, um eine vermeintliche »Prophezeiung«, die gar keine war, in Erfüllung gehen zu lassen?

Während die Evangelien nach Markus und Johannes Geburt und Kindheit Jesu einfach überspringen, liefert das Evangelium nach Lukas einen detailreichen Bericht.[4] Bei Lukas erscheinen keine »Weisen aus dem Morgenland«, also kann der böse Herodes auch nichts vom neugeborenen König der Juden erfahren. Somit entfällt bei Lukas auch der Kindermord, was wiederum die angebliche Flucht nach Ägypten überflüssig macht.

Nach Lukas wird Jesus in Bethlehem geboren. An Stelle der »Weisen« erscheinen Hirten, um das Kind anzubeten. Acht Tage nach der Geburt wird Jesus beschnitten und erhält seinen Namen. Nach Ablauf der »unreinen Tage« Marias bringen die stolzen Eltern ihr kleines Kind nach Jerusalem in den Tempel. Erst dann kehrt die Familie nach Nazareth zurück.

Fazit: Matthäus lässt Jesus nach Ägypten schaffen, um einem Kindermord zu entgehen, der vermutlich nie stattgefunden hat und um eine angebliche »Prophezeiung« zu erfüllen, die in Wirklichkeit gar keine war. Die von Matthäus so dramatisch geschilderte Flucht finden die Evangelisten Markus und Johannes zumindest nicht erwähnenswert, während sie nach Lukas definitiv überhaupt nicht stattfand.

Fresser: Asket oder Prasser?

Die vier biblischen Evangelien nach Matthäus, Markus, Lukas und Johannes stimmen darin überein, dass Jesus vor seinem öffentlichen Wirken dem Täufer Johannes nahe stand. Jesus wurde nach biblischem Verständnis von Johannes angekündigt und von Johannes getauft. Der Täufer wiederum stand den Essenern nahe oder gehörte sogar ihrem Geheimbund an. Und aus dem Kreis der Johannes-Anhänger dürfte Jesus zumindest einige seiner Jünger requiriert haben. Diese ersten Jünger Jesu waren demnach Anhänger von asketischer Lebensweise. Sie waren dem Genügsamen, dem Täufer Johannes, gefolgt, haben sich dann aber Jesus angeschlossen:[1] »Des anderen Tages stand abermals Johannes und zwei seiner Jünger; und als er Jesus wandeln sah, sprach er: ›Siehe, das ist Gottes Lamm!‹ Und die zwei Jünger hörten ihn reden und folgten ihm nach.«

Wie ist es dann aber möglich, dass man Jesus so verunglimpfte:[2] »Des Menschen Sohn ist gekommen, isst und trinkt, so sagen sie: ›Siehe, was ist der Mensch ein Fresser und Weinsäufer.‹«

Dieser erste Irrtum entstand, weil Jesus zunächst wie die Essener asketisch lebte. Dann aber muss es in seinem Leben einen wirklich gravierenden Gesinnungswandel gegeben haben. Jesus sah sich dazu veranlasst, das Heil der Erlösung nicht mehr in der Selbstkasteiung zu suchen. Wann kam dieser Gesinnungswandel? Jesus, noch ganz Asket, zog sich vierzig Tage fastend in die Wüste zurück. Kam ihm in der Einsamkeit der Entschluss, wieder ein normales Leben mit normaler Kost zu führen? Wie auch immer: Als Jesus aus der Wüste kam, da löste er sich von seinem Lehrer Johannes, dem Prediger der Askese.

Er wurde sicher kein Fresser und Säufer. Doch in den Augen seiner früheren Freunde, die bei Johannes zurückblieben, war er einer. Wer sich – übertrieben ausgedrückt – hauptsächlich von getrockneten Heuschrecken und Wasser ernährt, sieht einen Menschen mit normalen Essgewohnheiten als Vielfraß. In dem Vorwurf steckt mehr als auf den ersten Blick zu erkennen ist. Der fromme Jude hatte eine Vielzahl von Vorschriften zu beachten, was die Auswahl seiner Speisen anbelangt.

Nach den mosaischen Gesetzen, die ja weit über die berühmten Zehn Gebote hinausgehen, wurde genau vorgegeben, was erlaubte und was verbotene Kost war.[3] Penibel wurde festgelegt, was auf dem Speisenplan stehen durfte und was als »unrein« angesehen und unbedingt gemieden werden musste. Jesus lehnte die Einteilung in reine und unreine Speisen ab. Sein Argument:[4] »Seid ihr denn auch so unverständig und merkt nicht, dass alles, was von außen in den Menschen nicht hineingeht, ihn nicht unrein machen kann? Denn es geht nicht in sein Herz, sondern in den Bauch ... So erklärte er alle Speisen für rein.«

Mit anderen Worten: Nach Jesus wird der Mensch nicht unrein durch Speisen, sondern durch Worte und Taten. Unreine Speise scheidet der Mensch, so Jesus, auf natürlichem Wege wieder aus. Worte vergiften das Herz. Deshalb hob er das umfangreiche Reinheitsgebot auf. Indem er aber »unreine Speisen für rein« erklärte, hob er nicht nur ein einzelnes Gesetz auf. Er erklärte vielmehr ein ganzes Gesetzeswerk für ungültig.

Damit widerspricht sich Jesus aber in ganz massiver Weise selbst. Einerseits streicht er einen wesentlichen Bestandteil des mosaischen Gesetzes, die Reinheitsvorschriften bei den Speisen, deren Nichteinhaltung für den frommen Juden eines der schlimmsten Sakrilege darstellt. Andererseits aber behauptet er:[5] »Ihr sollt nicht wähnen, dass ich gekommen bin, das Gesetz ... aufzulösen; ich bin nicht gekommen aufzulösen, sondern zu erfüllen.« Er beteuert, dass das Gesetz bis zum kleinsten »Tüpfelchen« bleiben werde. Und er droht:[6] »Wenn eure Gerechtigkeit nicht die der Schriftgelehrten und Pharisäer weit übertrifft, so werdet ihr nicht in das Himmelreich kommen.«

Was gilt nun? Sind die Reinheitsgebote durch Jesus aufgehoben? Oder muss jedes, auch das noch so unbedeutsam erscheinende Gesetz befolgt werden? Was bleibt, ist Ratlosigkeit, denn niemand kann zwei Worte Jesu befolgen, die sich gegenseitig vollkommen widersprechen!

Galiläa: Jesu unmögliche Reise

Es gibt Irrtümer, die sind offensichtlich. Und doch geht man über sie hinweg. Man erkennt sie nur, wenn man den betreffenden Text sorgsam und Wort für Wort liest. Ein eklatantes Beispiel sei genannt.

Johannes der Täufer spielte eine große Rolle im Leben des Jesus. Der fast gleichaltrige Johannes übte großen Einfluss auf ihn aus. Vielleicht gehörte Jesus sogar eine Zeit lang zur Jüngerschaft des Johannes, bevor er selbst durchs Land wanderte, predigte und eigene Jünger um sich scharte. So muss es für Jesus eine schlimme Nachricht gewesen sein, als er von der Verhaftung des Täufers erfuhr. Das Evangelium nach Matthäus berichtet:[1]

»Als er (Jesus) aber gehört hatte, dass Johannes überliefert worden war, entwich er nach Galiläa.«

Rekapitulieren wir den kurzen Text. Der Sachverhalt ist klar. Als Jesus die für ihn erschreckende Nachricht von der Verhaftung des Johannes erhielt, eilte er nach Galiläa. Wo er sich bei Entgegennahme der Kunde auch aufgehalten haben mag, es muss außerhalb von Galiläa gewesen sein. Er hätte ja nicht nach Galiläa hasten können, wenn er sich bereits in Galiläa aufgehalten hätte. Denn dann hätte er in Galiläa bleiben können.

Von welchem Ort aus machte er sich auf? Was verrät uns die Bibel über seinen Aufenthaltsort bei Empfang der Nachricht? Lesen wir weiter:[2] »Und er verließ Nazareth und kam und wohnte in Kapernaum, das am See liegt.« Jesus befand sich also in Nazareth, seinem angeblichen Heimatort. Kaum erhielt er die Kunde über die Verhaftung des Johannes, da verließ er also Nazareth und ging nach Galiläa. Dies besagt der Text ganz eindeutig.

Demnach lag Nazareth außerhalb des Gebiets von Galiläa. Nur wenn Nazareth nicht zu Galiläa gehörte, konnte und musste sich Jesus von Nazareth nach Galiläa aufmachen. Andernfalls wäre er bereits in Galiläa gewesen und hätte in Galiläa bleiben können. Die geographische Realität war aber eine andere. Der Verfasser der zitierten Verse irrt gewaltig!

Nazareth und Kapernaum lagen beide auf dem Gebiet von Galiläa. Der geschilderte Sachverhalt ist also geographisch völlig unmöglich! Jesus kann nicht von Nazareth aus nach Galiläa hineingewandert sein, da auch Nazareth schon in Galiläa lag. Der Text aber behauptet genau das: »Als er (Jesus) aber gehört hatte, dass Johannes überliefert worden war, entwich er nach Galiläa.«

Der Verfasser des nach Matthäus benannten Evangeliums schildert also eine Unmöglichkeit!

Gebet: Wünsch dir was?

Nicht nur aus Angst vor dem Tod, sondern auch schon wegen seiner Furcht vor den Unsicherheiten der Zukunft findet der fromme Mensch im Glauben Ruhe, Trost und Hoffnung, ja Zuversicht. Aus psychologischer Sicht ist es das immer wiederkehrende Ritual, das das Gefühl der Sicherheit verleihen kann. Deshalb ritualisieren letztlich alle Religionen ihre Gottesdienste. Der fromme Gläubige weiß genau, welchen Ablauf von Gebet und Gesang er erwarten darf.

Doch vor dem sich in jedem Gottesdienst wiederholenden Gebetsritual, bei dem oft gedankenlos Gebetstexte immer wieder wiederholt werden, warnte Jesus im Evangelium nach Matthäus:[1] »Wenn ihr betet, so sollt ihr nicht viel plappern wie die Heiden, denn sie meinen, dass sie erhört werden, wenn sie viele Worte machen.«

Gleichzeitig gibt er ein Versprechen, das nie gehalten wurde. Es geht ganz konkret um die Erfüllung von Gebeten. Im Evangelium nach Johannes heißt es:[2] »Worum ihr mich bittet in meinem Namen, das werde ich erfüllen.« Der gleiche Vers in etwas anderer Übersetzung: »Was ihr mich bitten werdet in meinem Namen, das will ich tun.« Mit anderen Worten: Jesus gibt da so etwas wie eine »Erfüllungsgarantie«, nach dem Motto »Wünsche in Gebeten werden immer erfüllt«.

In den Evangelien nach Matthäus und Markus gehen die unbekannten Verfasser auch auf dieses Szenario ein. Es bleibt zwar dabei, dass Wünsche, im Gebet vorgetragen, erfüllt werden, aber der erhoffte Erfolg wird vom Betenden selbst abhängig gemacht.

Nur wer wirklich daran glaubt, erhält auch, worum er gebetet hat. Wird ein Gebet nicht erfüllt, dann ist es die Schuld des Hilfesuchenden. Am mangelnden Willen, Wünsche in Erfüllung gehen zu lassen, liegt es dann nicht:[3] »Um alles, was ihr bittet im Gebet, wenn ihr glaubt, dann werdet ihr es erhalten.«

Anders ausgedrückt: Wer daran glaubt, dass er erhält, worum er im Gebet ersucht, der bekommt auch, worum er betet. Die Garantie gilt aber nur, solange keine Zweifel aufkommen. Wer sich nicht sicher ist, ob sein Gebet erhört wird, dessen Gebet wird auch nicht erhört.

Der Autor des vorliegenden Buches erhielt einmal als Journalist von einer kleinen Gruppe von »UFO-Sektierern« eine Einladung. Zu einer bestimmten Stunde an einem bestimmten Ort würde garantiert ein »UFO« landen. Fremde Wesen aus dem All würden sich garantiert zeigen. Wenn aber im Kreis der Wartenden auch nur ein Einziger leiseste Zweifel hegen würde, dann galt die Garantie nicht mehr. Das »UFO« kam erwartungsgemäß nicht. Es liegt in der Natur des Menschen zu zweifeln. Lautet Jesu »Versprechen« nicht genauso? »Wünsch dir was, und es geht in Erfüllung, es sei denn, du zweifelst.«

Gerade wenn Zweifel besonders strikt verboten sind, sind sie geradezu vorprogrammiert. So konnte Jesus sein Versprechen, jeden Wunsch zu erfüllen, leicht geben. Die Zahl derer, die vorbehaltlos daran glauben, dürfte klein sein. Und gerade besonders fromme Menschen werden bei Nichterfüllung sich selbst die Schuld geben: »Da war mein Glaube eben doch nicht stark genug! Ich habe gezweifelt!«

Zurück zu Jesus und seinem Wort von der Wunscherfüllung und dem verbotenen Zweifel. Der Theologe und Bibelkritiker Gerd Lüdemann, Professor für »Neues Testament«, hat die vier Evangelien Vers für Vers einer gründlichen Analyse unterzogen. Sehr viele der angeblichen »Jesus-Worte« sind seiner festen Überzeugung nach falsch. Jesus hat sie nie gesprochen. Nicht wenige davon entstanden nach Ansicht des Wissenschaftlers schon in der frühchristlichen Gemeinde, nämlich als Antwort auf theologische Fragen. Wo man Fragen hatte, die Jesus nach der Kreuzigung nicht mehr beantworten konnte, ersann man »Jesus-Worte«, um den Antworten die richtige Autorität zu verleihen.

Das Wort Jesu über die Stärke des Glaubens »stellt die Kraft des charakteristischen Glaubens heraus und dürfte echt sein«.[4] Den Vers über die Wunscherfüllung hingegen hält er für falsch:[5] »Vers 24 ist ungleich formaler und traditionsgeschichtlich sekundär. Das Wort ist demnach unecht.«

Gebote: Müssen alle Vorschriften befolgt werden?

Die Bibel gilt als Leitfaden für das menschliche Leben – zu Recht! Würden die berühmten »Zehn Gebote« befolgt, wäre die Welt dem Paradies ein sehr großes Stück näher. Doch neben den bekannten Vorschriften wie »Du sollst nicht lügen!« oder »Du sollst nicht töten!« bietet das »Alte Testament« eine Fülle von Geboten, die einfach obskur sind. Kaum jemand kennt sie. Und vor allem: Niemand befolgt sie. Und doch stehen sie im mosaischen Gesetzeswerk, das Befolgung bis ins kleinste Detail fordert.

Zum Beispiel bietet eines der Bücher eine Liste von Vögeln, die nicht als Speise dienen dürfen.[1] Dabei wird die Fledermaus als Vogel bezeichnet. Der unbekannte Verfasser irrt sich gewaltig: Die Fledermaus gehört als Säugetier gar nicht zu den Vögeln. Und wer will schon Fledermäuse essen … Andererseits wird der Verzehr von Tieren untersagt, die es gar nicht gibt:[2] »Auch alles kleine Getier, das Flügel hat und auf vier Füßen geht, soll euch ein Gräuel sein.« Verlockend klingt diese seltsame Klassifizierung sowieso nicht. Andere »Tiere« wiederum, die es ebenfalls nicht gibt, werden trotzdem ausdrücklich als erlaubte Speisen genannt,[3] zum Beispiel solche, die »Flügel und vier Füße haben«, die »auf der

Erde hüpfen«. Auch diese Umschreibung dürfte kaum appetitanregend wirken.[4]

Wer meint, dass solche abstrusen Gebote nur im »Alten Testament« vorkommen, der irrt gewaltig. In erster Linie ist Jesu »Liebe deinen Nächsten so wie dich selbst!« als höchstes Gebot schlechthin bekannt. Aber auch das »Neue Testament« bietet eine Fülle von Geboten, bei denen man fragen muss: Sind sie wirklich zu befolgen? Einige dieser Gebote werden auch im kirchlichen Bereich nicht mehr beachtet.

»Ehrwürdiger Vater« oder nur »Vater« nennt man einen Geistlichen der katholischen Kirche, um dem frommen Mann Respekt zu erweisen. Dabei hat dies doch Jesus verboten, als er recht allgemein forderte:[5] »Ihr sollt niemanden eueren Vater nennen auf Erden, denn nur einer ist euer Vater, der im Himmel.«

Christliche Geistliche männlichen Geschlechts tragen gar nicht so selten wallende lange Haartracht. Dabei ist genau das unziemlich vor Gott, wie es im Brief an die Korinther steht.[6] Langer Haarwuchs bei männlichen Geistlichen stört heute kaum einen christlichen Kirchgänger mehr. Und für Christen protestantischen Bekenntnisses sind Pfarrerinnen genauso selbstverständlich wie Pfarrer. Dabei heißt es wiederum im Brief an die Korinther:[7] »Wie in allen Gemeinden der Heiligen lasst die Frauen schweigen in der Gemeinde; denn es soll ihnen nicht zugelassen werden, dass sie reden, sondern sie sollen sich unterordnen, wie es auch das Gesetz sagt … Es steht der Frau übel an, in der Gemeinde zu reden.«

Wie die klare Sprache des Textes beweist, ist nicht von einem Verbot die Rede, das nur für den Gottesdienstbereich Gültigkeit hat. Die Frau, so wird vielmehr gefordert, habe generell in der Gemeinde zu schweigen. Um die tagtägliche Gemeindearbeit in evangelischen wie katholischen Kirchen sähe es mehr als traurig aus, würde dieses Gebot befolgt. Und in evangelischen Kirchen predigen heute weibliche Geistliche nicht schlechter als ihre männlichen Kollegen: dem biblischen Verbot eindeutig zum Trotz!

Wie verhält sich die Gottesdienstbesucherin in der Kirche – was die Kopfbedeckung angeht? Nun, in heutigen Kirchen sieht man Frauen mit bedecktem Haupt, aber auch solche ohne Kopfbedeckung. Wer weiß schon, was das »Neue Testament« fordert:[8] »Eine Frau aber, die betet oder weissagt mit unbedecktem Haupt, die schändet ihr Haupt; denn es ist genauso als wäre sie geschoren. Will sie sich nicht bedecken, so schneide man ihr auch das Haar ab!«

Gläubige Kirchgänger wie bekennende Atheisten führen heute einen oftmals harten Kampf, um im Leben zurechtzukommen. Die Miete muss bezahlt, für Kleidung, Essen und Trinken muss gesorgt werden. Bei hoher Dauerarbeitslosigkeit und immer mehr leeren öffentlichen Kassen mutet ein Gebot Jesu mehr als weltfremd an:[9] »Sorgt euch nicht um euer Leben, was ihr essen und trinken werdet! Auch nicht um eueren Leib, was ihr anziehen werdet. Ist nicht das Leben mehr als das Essen und ist nicht der Leib mehr als die Kleidung.«

Das »Alte Testament« wie das »Neue Testament« bieten eine Fülle von Geboten, die auch von strenggläubigen Menschen nicht mehr befolgt werden. Und das, obwohl sie neben anderen Geboten und Vorschriften in der Bibel stehen. Dabei fordert Jesus im Evangelium nach Matthäus:[10] »Wer nur eines von diesen kleinsten Geboten auflöst, ... der wird der Kleinste heißen im Himmelreich; wer es aber befolgt und lehrt, der wird groß heißen im Himmelreich.«

Die Bibel ist menschliches Reden über Gott. Die Worte des »Neuen« wie des »Alten Testaments« wurden von Menschen geschrieben, die irren konnten und auch immer wieder irrten. Zudem entstanden die Texte nicht unbeeinflusst von den damals aktuellen Gedanken und Hintergründen der Zeit. Jesus zum Beispiel war davon überzeugt, dass der Weltuntergang unmittelbar bevorstand. Da war es natürlich wichtiger, sich um geistige Dinge zu kümmern als um materiellen Wohlstand. Wer davon überzeugt war, in Kürze vor das »Jüngste Gericht« zitiert zu werden, dem mussten Essen und Trinken relativ bedeutungslos erscheinen.

Doch der prophezeite Weltuntergang ließ bislang auf sich warten. Die Welt hat sich seit Niederschrift der Texte des »Neuen Testaments« immer wieder geändert. Wir leben nicht mehr im ersten, sondern im 21. Jahrhundert nach Christus. So manches Gebot ist heute nicht mehr aktuell. Andere Gebote aber sollten so lange befolgt werden, wie es Menschen gibt. Und sie werden ihre Gültigkeit auch dann nicht verloren haben, wenn einmal keine Menschen mehr auf der Erde leben sollten.

Geschwister: Hatte Jesus Brüder und Schwestern?

Im Lauf der Zeit veränderten sich die Aussagen über Jesu Mutter Maria. Im »Neuen Testament« wird nur von einer jungfräulichen Empfängnis Jesu berichtet. Im Evangelium nach Lukas erfährt die erstaunte Maria von Engel Gabriel, dass sie gebären wird.[1] Aus dem poetischen Text geht eindeutig hervor, dass die Empfängnis ohne irdischen Mann erfolgt, wobei die Jungfräulichkeit Mariens erhalten bleibt. Im Evangelium nach Matthäus will Josef seine junge Frau verlassen, weil sie schwanger ist. Offensichtlich glaubt er, sie habe ihn betrogen. Wie Maria, so erfährt auch Josef: Die Jungfrau ist schwanger vom »Heiligen Geist«.[2]

Die Evangelisten sprechen ausdrücklich von dem Wunder, dass Maria schwanger wurde und dabei Jungfrau blieb. Das »Protoevangelium des Jakobus« geht einen deutlichen Schritt weiter. Der Text, der nicht in den Kanon der Bibel aufgenommen wurde, entstand in Etappen. Man geht davon aus, dass etwa zwei Drittel um 130 bis 140 n. Chr., die restlichen Kapitel aber erst Jahrhunderte später, zwischen dem 4. und dem 6. Jahrhundert, entstanden. Die Beschreibungen der Vorgänge um Jesu mysteriöse Geburt sind allgemein als zum ältesten Teil gehörend anerkannt.

Im »Protoevangelium des Jakobus«[3] ist Maria auch nach der Geburt Jesu immer noch Jungfrau. Obwohl die Geburt in einer abgelegenen Höhle erfolgt, sind rechtzeitig gleich zwei Zeuginnen zur Hand, die das Wunder bestätigen. Nach einer »gynäkologischen« Untersuchung steht fest, so der apokryphe Bericht, dass Maria auch nach der Geburt Jesu immer noch Jungfrau ist. Zeugin Salomo wird für ihre Zweifel an diesem unfassbaren Sachverhalt hart bestraft: Ihre Hand droht abzufallen. Heilung bringt die Berührung des Jesuskindes.[4]

Von der jungfräulichen Empfängnis geht es zur jungfräulichen Geburt. Und schließlich folgt die ewige Jungfräulichkeit Mariens. Der »Katechismus der Katholischen Kirche« hebt den aktuellen Stand des Glaubens in einer Überschrift hervor:[5] »Maria – ›allzeit Jungfrau‹«.

Erläuternd heißt es dann im Text:[6] »Ein vertieftes Verständnis ihres Glaubens an die jungfräuliche Mutterschaft Marias führte die Kirche zum Bekenntnis, dass Maria stets wirklich Jungfrau geblieben ist, auch bei der Geburt des Mensch gewordenen Gottessohnes. Durch seine Geburt hat ihr Sohn ihre jungfräuliche Unversehrtheit nicht gemindert, sondern geheiligt. Die Liturgie preist Maria als die ›allzeitlich Jungfräuliche‹.«

Der Glaube von der jungfräulichen Maria hat sich also im Verlauf von mehr als zwei Jahrtausenden erstaunlich weiterentwickelt: Die Evangelisten beziehen sich auf einen Text des Propheten Jesaja.[7] Da ist von einer »Jungfrau« die Rede, die »schwanger ist und einen Sohn gebären … wird«, zumindest in den Übersetzungen. Im hebräischen Original steht aber »junge Frau«. Daraus machen die Evangelisten eine »jungfräuliche Empfängnis«. Andere Evangelisten, deren Werke nicht in den Kanon aufgenommen wurden, dehnen Marias Zustand aus – bis nach der Geburt. Die Entwicklung blieb nicht stehen, sie führte hin zur ewigen Jungfräulichkeit im heutigen katholischen Glauben. Er drückt sich aus in der heutigen Liturgie der katholischen Gottesdienste.

Die ewig währende Jungfrauenschaft Mariens hat theologische Konsequenzen. Oder genauer formuliert: Die Theologie und die Annahme der immer währenden Jungfräulichkeit haben Konsequenzen. Wenn Maria Jesus gebar und anschließend immer noch »unberührt« war, dann könnte sich dies ja wiederholt haben. Denn was einmal möglich war, kann dann auch ein zweites und drittes Mal möglich sein. Dann aber wären weitere Kinder genauso wie Jesus geboren worden. Die Einzigartigkeit Jesu wäre dann dahin. Deshalb darf Jesus eigentlich keine Geschwister gehabt haben.

Doch genau das berichten die Evangelisten Matthäus und Markus übereinstimmend: Jesus hatte Brüder und Schwestern! Im Evangelium nach Matthäus lesen wir:[8] »Ist dies nicht der Sohn des Zimmermanns? Heißt nicht seine Mutter Maria, und seine Brüder Jakobus und Josef und Simon und Judas? Und seine Schwestern, sind sie nicht bei uns?«

Im Evangelium nach Markus wird der identische Sachverhalt geschildert:[9] Jesus hatte Brüder und Schwestern. Die aufgezählten Namen der Brüder sind identisch, von einer Ausnahme abgesehen: »Josef« heißt einer der Brüder bei Matthäus, »Jose« bei Markus. Beide Texte erwähnen zwar Schwestern Jesu, halten deren Namen aber anscheinend nicht für wichtig genug, um sie ebenfalls zu nennen.

Die Theologie tut sich schwer mit diesen Brüdern und Schwestern Jesu. Man suchte und fand eine »Erklärung«:[10] »Die Kirche hat diese Stellen immer in dem Sinn verstanden, dass sie nicht weitere Kinder der Jungfrau Maria betreffen. In der Tat sind Jakobus und Josef, die als ›Brüder Jesu‹ bezeichnet werden, die Söhne einer Maria, welche Jüngerin Jesu war und bezeichnender Weise ›die andere Maria‹ genannt wird.« Es soll sich um »nahe Verwandte« Jesu gehandelt haben.

Verwirrend wird der Sachverhalt, wenn man einen weiteren Vers aus dem Evangelium nach Matthäus mit einbezieht. Er beschreibt Jesu tragisches Ende am Kreuz. »Viele Frauen« sollen zugegen gewesen sein, darunter auch gleich mehrere Marien: Maria, die Mutter Jesu, dann Maria Magdalena und schließlich »Maria, die Mutter des Jakobus und des Josef«.[11] Sollte nun diese »andere Maria« die Mutter von Jakobus, Josef, Simon und Judas gewesen sein? Oder hatte die »andere« Maria nur zwei Söhne, die zufällig auch Jakobus und Josef hießen?

Auch die »andere Maria« hilft nicht wirklich weiter. Denn nach wie vor heißt es bei Matthäus über Jesus:[12] »Ist er nicht des Zimmernmanns Sohn? Heißt nicht seine Mutter Maria, und seine Brüder Jakobus und Josef und Simon und Judas?« Wie soll nun die »andere Maria« einbezogen werden? War Jesus der einzige Sohn der einen Maria, während die Mutter der »Brüder Jesu« eine »andere Maria« war? Warum werden aber dann die Söhne der anderen Maria als »Brüder Jesu« bezeichnet? Sind damit Halbbrüder gemeint? War der Zimmermann Josef zusammen mit der einen Maria Jesu Vater – und gleichzeitig mit der anderen Maria Vater der »Brüder Jesu«? Da Josef nicht der Mehrweiberei huldigte, müsste die »andere Maria« seine Erst- und Exfrau gewesen sein, von der er sich hat scheiden lassen. Jesus stammt dann aus Josefs zweiter Ehe.

Oder war Josef zunächst mit der »anderen Maria« verheiratet, zeugte mit ihr die »Brüder und Schwestern« Jesu? Starb dann Josefs erste Frau, der dann die zweite Maria heiratete, die Mutter Jesu?

Diese Lösung kommt nicht in Betracht, denn die »andere Maria« war ja mit Jesu Mutter Maria in der Nähe des Kreuzes. Also müsste die »andere Maria« Josefs geschiedene Exfrau gewesen sein.

Eine zweite »Erklärung« sieht den »wahren« Sachverhalt so: Die »andere Maria« war eine Schwester von Maria, der Mutter Jesu. Die »Brüder und Schwestern« der Evangelien sind demnach Söhne und Töchter von Marias Schwester Maria. Die vermeintlichen »Brüder und Schwestern« sind dann nur Cousins und Cousinen Jesu.

Aber sind diese Erklärungen wirklich befriedigend, wenn man sich den Vers vor Augen hält, der sozusagen der »Stein des Anstoßes« geworden ist? Er lautet:[13] »Ist dies (Jesus) nicht der Sohn des Zimmermanns? Heißt nicht seine Mutter Maria, und seine Brüder Jakobus und Josef und Simon und Judas?« Hatte Jesus nun Brüder und Schwestern?

– Das Evangelium nach Markus berichtet, dass Jesus »von den Seinen« nicht verstanden wurde. Als Jesus nach Hause kam, löste das einen Volksauflauf aus. »Und da es die Seinen hörten, machten sie sich auf und wollten ihn halten. Sie sprachen: ›Er ist von Sinnen!‹«[14] Wer sollen diese Verwandten Jesu gewesen sein, die ihn offenbar für verrückt hielten? Seine Geschwister?
– Wenige Verse später wird Markus deutlicher:[15] Wiederum erregt Jesus Aufsehen, was die Familie beunruhigt. Ja offensichtlich ist es den Angehörigen Jesu peinlich, was ihr Verwandter treibt. Deshalb »kamen seine Mutter und seine Brüder … und ließen ihn rufen«. Die Volksmassen machen Jesus darauf aufmerksam: »Siehe, deine Mutter und deine Brüder und deine Schwestern draußen fragen nach dir!«
– Auch die Evangelien nach Matthäus[16] und Lukas[17] beschreiben diese Szene. Jesu öffentliche Auftritte führen zu Volksaufläufen. Die Menschen wollen Jesus zumindest sehen oder, wenn möglich, Fragen an ihn richten. Das Aufsehen, das Jesus erregt, ist den Familienangehörigen Jesu unangenehm, ja peinlich. Seine Mutter, seine Brüder und seine Schwestern wollen ihn zur Räson bringen. Wichtig ist, dass alle drei Evangelisten von »Brüdern und Schwestern« sprechen.
– Jesu Reaktion bestätigt die Vermutung, dass er leibliche Brüder und Schwestern hatte. Denn Jesus macht etwas deutlich, indem er Mutter, Brüder und Schwestern nicht zu sich vor lässt. Das ist die »biologische«, die »genetische« Verwandtschaft – und die lehnt ihn ab. Deshalb bezeichnet Jesus jene, die ihm zuhören, Fragen stellen und begierig auf seine Antworten

warten, als seine wahre Verwandtschaft:[18] »Wer Gottes Willen tut, der ist mein Bruder und meine Schwester und meine Mutter.« Genau diese Antwort überliefern auch die Evangelien nach Matthäus[19] und Lukas,[20] der Wortlaut ist nur geringfügig abgewandelt.

- Das apokryphe »Nazaräer-Evangelium« ist nur noch in Fragmenten erhalten. Es berichtet über Gespräche zwischen Jesus und seiner Mutter, seinen Brüdern und seinen Schwestern. Sie scheinen von Johannes dem Täufer beeindruckt zu sein und fordern Jesus auf, sich von diesem Mann Gottes taufen zu lassen.[21]
- Paulus nennt nicht den Namen von Jesu Mutter. Paulus erwähnt auch nicht den Ausdruck »Jungfrau«. Paulus weist weder auf eine jungfräuliche Empfängnis noch auf eine jungfräuliche Geburt Jesu oder gar auf eine immer währende Jungfräulichkeit der Mutter Jesu hin. Vielleicht hat er deshalb keinerlei Probleme damit, dass Jesus noch Geschwister gehabt haben könnte. Mehrfach erwähnt er Jakobus, »des Herrn Bruder«.[22] Jesu Bruder Jakobus scheint in der jungen Gemeinde einiges Ansehen genossen zu haben. Er wurde offenbar in wichtigen Fragen konsultiert. Paulus scheint ihn, wie wohl viele Glaubensbrüder auch, als wichtige Säule im Glauben geschätzt zu haben.[23]

Bleibt die Frage: Hatte nun Jesus Brüder und Schwestern? Wie urteilt die Theologie? Jahrhundertelang gab es heftigen Streit zwischen den Vertretern der christlichen Theologie. Die katholische Seite bestritt vehement, dass Jesus nicht der einzige Sohn Marias war. Die protestantische Seite hingegen schien die schroffe Haltung der katholischen Glaubensbrüder nicht so recht nachvollziehen zu können. Ob nun Jesus Brüder und Schwestern hatte, das war für Protestanten nie eine wirklich entscheidende Frage. Mehrheitlich bevorzugte man die Lösung »Brüder und Schwestern Jesu« im wortwörtlichen Sinne.

Nun sieht es so aus, als ob in jüngster Vergangenheit Bewegung in die Fronten gekommen ist. Wolfgang A. Bienert schreibt in seiner ausführlichen, wohl fundierten Abhandlung »Jesu Verwandtschaft«:[24] »In der protestantischen Forschung geht man … im Allgemeinen davon aus, dass die Hinweise auf Brüder und Schwestern Jesu im ›Neuen Testament‹ historisch zuverlässig sind und leibliche Geschwister meinen.« Die konfessionelle Gegenseite der katholischen Kollegen, so Bienert weiter, sahen das anders. Sie behaupteten in zahlreichen Publikationen, dass »es sich nicht um leibliche Geschwister, sondern lediglich um Verwandte Jesu entfernten Grades gehandelt habe – Halbgeschwister oder Vettern beziehungsweise Basen Jesu.«

Bienert erinnert daran, dass diese Ansicht nicht neu ist. Sie wurde vielmehr bereits von der »Alten Kirche« vertreten, weil man nur so die Jungfräulichkeit Marias verteidigen zu können meinte. Es ging nicht um wissenschaftliche Erkenntnisse auf Grund von historischen Recherchen. Vielmehr stand die religiöse Überzeugung im Vordergrund. Dann durfte es keine leiblichen Geschwister Jesu geben! Also gab es auch keine! Doch nun scheint sich dieser so lang aufrechterhaltene Gegensatz aufzulösen. Bienert: »Doch setzt sich neuerdings auch in der katholischen Forschung mehr und mehr die Überzeugung durch, dass eine ›unvoreingenommene Exegese‹ (Auslegung) nur die Feststellung erlaube, dass (Markus Kapitel 6, Vers 3) die Namen von vier leiblichen Brüdern und die Existenz von leiblichen Schwestern historisch bezeugt sind.«

Werden einmal alle theologischen Vorbehalte beseitigt werden und Jesu Schwestern und Brüder Anerkennung finden? Ja wird man vielleicht sogar ehrlich bedauern, dass nur die Namen seiner vier Brüder überliefert und so erhalten wurden?

Leider nennt weder einer der Evangelisten noch einer der Briefschreiber wie Paulus die Zahl und die Namen der Schwestern Jesu. Wenn wir schon so gut wie nichts über sie wissen, vollkommen ignorieren und vergessen sollte man sie auf gar keinen Fall!

Gethsemane: Jesu erfundener Irrtum

Jesus nahm mit seinen Jüngern das letzte Abendmahl ein. Seine Verhaftung stand unmittelbar bevor. Judas war schon zur Priesterschaft gegangen, um Jesus zu verraten. Da gingen Jesus und seine Jünger in den Garten Gethsemane. Wenige Stunden später würde Jesus aus dem Kreis seiner Jünger gerissen und vor den jüdischen Rat geschleppt werden. Wie verbrachte er seine letzten Stunden in Freiheit?

Die Berichte der synoptischen Evangelisten Matthäus, Markus und Lukas erzählen etwas ganz anderes als das Evangelium nach Johannes. Bei Johannes ist Jesus betrübt, weil er bald sterben muss. Aber Jesus zaudert nicht einen Moment. Er hat sich in sein Schicksal gefügt:[1] »Was soll ich sagen? Vater hilf mir aus dieser Stunde? Nein, darum bin ich in diese Stunde gekommen.« Jesus hat also den göttlichen Plan akzeptiert, am Kreuz zu sterben.

Bei Johannes bleibt Jesu Gebet nicht unerhört. Gott antwortet vom Himmel. »Da sprach das Volk, das dabeistand und zuhörte: ›Es donnerte.‹« Welches Volk? War Jesus nicht allein mit seinen Jüngern?

Nach den Evangelisten Matthäus[2], Markus[3] und Lukas[4] war Jesus nur in Begleitung von elf seiner Jünger, Judas fehlte natürlich. Von »Volk«, das dabeistand, kann nicht die Rede sein. Und während sich Jesus nach Johannes entschlossen in sein vorbestimmtes Schicksal fügt, bittet er bei den synoptischen Evangelisten Gott darum, ihm den »Kelch« bitte zu ersparen.

Glaubt man den Evangelien nach Matthäus und Markus, dann erlebte Jesus in jener Nacht die vielleicht größte Enttäuschung seines Lebens. Hat er sich doch ganz offensichtlich in seinen Jüngern, also seinen engsten Vertrauten, vollkommen getäuscht. Er hat sich offensichtlich bei der Einschätzung der ihm am nächsten stehenden Menschen geirrt. Jesus befindet sich in höchster Not und Todesangst:[5] »Jesus sprach zu ihnen: ›Meine Seele ist betrübt bis an den Tod, bleibt hier und wacht mit mir!‹«

Es mutet mehr als kurios an: Obwohl Jesus seinen Vertrauten verdeutlicht, wie schlimm seine Lage ist, schlafen sie immer wieder ein. Sie schaffen es einfach nicht, wach zu bleiben und für Jesus zu beten. Lukas versucht die nicht nur für ihn beunruhigend befremdliche Gleichgültigkeit der Jünger zu erklären. Demnach waren die Männer nicht etwa gefühlskalt, sondern das Gegenteil traf zu:[6] »Er (Jesus) fand sie schlafend vor Traurigkeit.«

Hat Jesu bedrohliche Situation seine Jünger nun so wenig berührt, dass sie die letzten Stunden Jesu und fast auch seine Verhaftung verschlafen haben? Oder waren sie so besonders traurig, dass sie deshalb einschliefen? Oder sind derlei Überlegungen müßig? Rudolf Bultmann formuliert nebulös, die Gethsemane-Story sei »eine ursprüngliche Einzelgeschichte ganz legendären Charakters«.[7] Folgt man Bultmann, so wurde das wiederholte Einschlafen der Jünger aus dramaturgischen Gründen erfunden, um den Gegensatz »zwischen ihrer Stumpfheit und dem Todesbangen Jesu ... zu höchster Wirkung«[8] kommen zu lassen. Das wirft die Frage auf, was denn nun erfunden und was wahr ist. Haben sich die unbekannten Evangelienautoren nur das Einschlafen der Jünger ausgedacht, oder die ganze Gethsemane-Geschichte? Die Theologen Hans Conzelmann und Andreas Lindemann urteilen hart:[9] »Der Bericht ist eine Legende.« Zum gleichen Ergebnis kommt auch Prof. Gerd Lüdemann, Fachbereich »Neues Testament«:[10] »Der geschichtliche Ertrag ist gleich null.«

Es fällt auf: Je später der Bericht über Jesu Nacht in Gethsemane verfasst wurde, desto größer wird Jesu Bereitschaft, das ihm nach christlichem Glauben von Gott auferlegte Los zu akzeptieren: Bei Markus, Matthäus und Lukas bittet Jesus Gott zunächst noch, den Kelch an ihm vorübergehen zu lassen. Dann fügt er sich in sein Los. Bei Johannes hat Jesus keinen Zweifel: Er bittet seinen Vater um Hilfe: nicht um am Leben zu bleiben, sondern um seiner Bestimmung gerecht zu werden.

Im Zentrum der Gethsemane-Episode steht ein Irrtum Jesu: Jesus muss erkennen, dass er seine engsten Vertrauten falsch eingeschätzt hat. Die Männer, auf die er sich verlassen zu können meinte, haben ihn allein gelassen, als er dringend Beistand gebraucht hätte. Als er sie nötiger als je zuvor in seinem Leben gebraucht hat, schlafen sie selig ein. Die theologische Textkritik ist sich aber einig: Die Geschichte wurde aus theologisch-dramaturgischen Gründen erfunden.

Diese unter wissenschaftlich arbeitenden Theologen auf breite Zustimmung stoßende Annahme leuchtet ein. Während Jesus verzweifelt betete, schlummerten die Jünger. Jesus selbst hat niemandem offenbart, was er im Gebet gesprochen hat. Niemand war zugegen, der später als Zeuge hätte aussagen können.

Haben die Verfasser der Evangelien also gelogen? Sie haben geglaubt und schilderten die Gethsemane-Szene so, wie sie nach ihrem Glauben abgelaufen sein muss.

Glaube: Wie kommt man in den Himmel?

Es scheint ein Merkmal des Menschseins zu sein, religiösen Glauben zu entwickeln. Dem oft harten und strapaziösen Dasein, so hofft man, folgt im Jenseits eine besserer Welt. Dort wird der Fromme belohnt. Der Böse hingegen erhält dieses Privileg nicht. Er wird bestraft und wandert in die Hölle, wo er schlimme Qualen aushalten muss. Natürlich strebt dann jeder Mensch in den Himmel. Wer möchte schon in der Hölle schmoren?

Wie aber kommt man in den Himmel? Wie muss man sein Leben gestalten, um ins Paradies zu kommen? Wie meidet man die Hölle? Dies ist die zentrale Frage letztlich aller Religionen. Im Buddhismus ist das Leben auf Erden für den Menschen eine Art Schule. Entsprechend seinem Tun und Lassen wird er wiedergeboren. Das gilt für alle Formen des Lebens. Je nachdem, was man vor dem Tod getan oder gelassen hat, steigt man im nächsten

Leben auf oder auch ab. Vereinfacht ausgedrückt: Gute Taten sichern ein gutes Leben nach dem Leben zu.

Im Christentum kam es auch wegen dieser Frage zur Reformation. Luther glaubte, dass es nicht die guten Werke sind, die den Menschen in den Himmel gelangen lassen. Auch genügt es nicht, dass der Mensch im Diesseits die biblischen Gesetze peinlich befolgt, um im Jenseits zu den Glücklichen zu zählen. Dabei stützte er sich auf die Briefe des Paulus an die Römer und an die Galater.

– Brief an die Römer:[1] »Kein Fleisch kann durch des Gesetzes Werke vor Gott gerecht sein.«
– Brief an die Galater:[2] »Doch weil wir wissen, dass der Mensch durch des Gesetzes Werke nicht gerecht wird, sondern durch den Glauben an Jesus Christus.«

Erstes Fazit: Der Mensch schafft es nicht durch sein Handeln in den Himmel, sondern durch den Glauben an Jesus. Auf der einen Seite erreicht der Mensch den Himmel als sein Ziel nur durch den Glauben. Auf der anderen Seite aber widerspricht Jakobus und sagt das Gegenteil.

– Brief des Jakobus:[3] »Willst du aber erkennen, du törichter Mensch, dass der Glaube ohne Werke tot ist?«
– Brief des Jakobus:[4] »So seht ihr nun, dass der Mensch durch Werke gerecht wird, nicht durch Glauben allein.«

Zweites Fazit: Nach Paulus ist es ausschließlich der Glaube, der die Seligkeit bringt. Durch gute Taten kommt man nicht in den Himmel. Nach Jakobus ist es genau umgekehrt: Ohne gute Taten kommt man nicht in den Himmel. Glaube ohne sie ist »tot«.

Noch problematischer wird es, wenn man eine Schrift aus dem »Alten Testament« einbezieht, das Buch Hiob. Hiob vergleicht den Menschen mit einer Wolke:[5] »Eine Wolke vergeht und fährt dahin, so kommt nicht wieder herauf, wer zu den Toten hinunterfährt. Er kommt nicht zurück.« So pessimistisch wie Buch Hiob ist, so optimistisch stimmt der Brief an die Korinther:[6] »Die Posaune wird erschallen, und die Toten werden auferstehen …«

Schlussfazit: Widersprüchlich sind die Aussagen der Bibel, wie man und ob man in den Himmel kommt.

Gotteslästerung: Manipulierte Übersetzungen

Jesu Worte an seine Jünger waren oft als Richtschnur für ein gottgefälliges Leben gedacht. Es lässt sich nicht leugnen, dass wir in einer weit besseren Welt leben könnten, würde nur das Gebot der Nächstenliebe befolgt. So eindeutig sind aber nicht alle Jesus-Worte. Unklar ist ein zentrales Wort Jesu zu dem so wichtigen Thema der Sündenvergebung. Luther übersetzte korrekt:[1] »Wahrlich, ich sage euch: ›Alle Sünden werden vergeben den Menschenkindern, auch die Gotteslästerungen, womit sie Gott lästern; wer aber den Heiligen Geist lästert, der hat keine Vergebung ewiglich, sondern ist schuldig des ewigen Gerichts.‹«

Die Aussage Jesu ist klar: Wie alle Sünden wird auch die der Gotteslästerung vergeben. Ausgenommen aber wird die Lästerung gegen den Heiligen Geist.

Das Jesus-Wort steht im Zusammenhang mit Jesu Fähigkeit, böse Geister auszutreiben. Seine Gegner werfen ihm vor, mit Beelzebub (eigentlich Belzebul), dem schlimmsten der bösen Geister, untergeordnete böse Geister auszutreiben. Sah der Evangelist in dieser Anschuldigung eine Beleidigung des Heiligen Geistes, der Jesus dazu befähigte, als Exorzist zu wirken?

So müßig wie derlei Motivsuche ist, so unvereinbar ist das Jesus-Wort mit der Lehre von der Dreifaltigkeit. Gottvater, Sohn und Heiliger Geist sind demnach eins. Wie kann dann Gotteslästerung vergeben werden, Lästerung gegen den Heiligen Geist aber nicht – wo doch beide ein und derselbe sind? Es gibt nur eine plausible Erklärung: Jesus wusste nichts von der Dreifaltigkeit.

Die Diskrepanz zwischen Jesus-Wort und der Lehre von der Dreifaltigkeit wurde geschickt behoben: Indem man aus allen gängigen neueren Übersetzungen des strittigen Jesus-Wortes Gott verschwinden ließ. So heißt es bei Luther jetzt:[2] »Wahrlich, ich sage euch: ›Alle Sünden werden vergeben den Menschenkindern, auch die Lästerungen, so viel sie immer lästern; wer aber den Heiligen Geist lästert, der hat keine Vergebung ewiglich.‹«

In der weit verbreiteten niederländischen Bibel »Het Boek« heißt es, dass alle Sünden vergeben werden, auch das Lästern. Nicht vergeben aber wird dem, der den Heiligen Geist lästert.[3] Auch hier wurde zunächst die konkrete Gotteslästerung des griechischen Originaltextes zur allgemeinen Lästerung, Gott blieb auf der Strecke. Englischsprachige Bibelausgaben wie »The Message« gehen manchmal noch rigoroser vor. Da heißt es dann nur noch, dass alle Sünden vergeben werden, die Gotteslästerung verschwindet ganz:[4] »Höre dies mit Sorgfalt. Ich warne dich. Es gibt nichts, was getan oder gesagt wird, das nicht vergeben werden kann.«

Der griechische Originaltext spricht eindeutig davon, dass Gotteslästerung vergeben, Lästerung wider den Heiligen Geist hingegen aber unverzeihlich sei. Die gleichen Bibelausgaben, die die Gotteslästerung verschwinden lassen, übersetzen an anderer Stelle korrekt. So sagen an anderer Stelle bei Markus die Schriftgelehrten:[5] »Was redet dieser so? Er lästert Gott!« Und das Evangelium nach Matthäus lässt den Hohen Priester empört seine Kleider zerreißen und ausrufen:[6] »Er hat Gott gelästert!«

Fazit: Gott ist aus vielen gängigen Übersetzungen getilgt worden. Somit ist der eklatante Widerspruch zur Dreifaltigkeitslehre geschickt aus der Welt geschafft worden. Was bleibt ist das Verbot der Lästerung wider den Heiligen Geist. Der Mensch des beginnenden 21. Jahrhunderts kann sich allerdings unter diesem Vergehen nicht so recht etwas vorstellen. Gotteslästerung – das ist auch heute noch ein Begriff. Aber wie geht das mit dem Heiligen

Geist? Schon Martin Luther hatte da seine Probleme. So konstatierte er verunsichert:[7] »Es haben sich auch viele Lehrer damit bekümmert, was solche Lästerung wider den Heiligen Geist sein möge.« Eine konkrete Antwort ist uns die Theologie bis heute schuldig geblieben.

Wusste Jesus selbst, was man sich unter dem Heiligen Geist vorzustellen hat? Warum wertet er das Delikt als schwerste unverzeihbare Sünde? Das muss merkwürdig erscheinen, da ansonsten der Heilige Geist in den Reden von Jesus so gut wie keine Rolle spielt.

Der Theologe Eduard Schweizer löst das Problem auf seine Weise: Das angebliche Jesus-Wort stamme gar nicht von Jesus, sei also nicht echt. Vielmehr habe, so Schweizer,[8] die Gemeinde das Wort »gebildet«. Zu Deutsch: Jesus hat die ihm zugeschriebene Äußerung in Wirklichkeit gar nicht gemacht, sie wurde ihm nach seinem Tode von der jungen Christengemeinde in den Mund gelegt. Es ging nicht um auf nachweisbaren Fakten basierende Historie, sondern um Glaubensüberzeugungen. Religiöse Ansichten wurden rückwirkend dadurch belegt, dass man sie auf »Jesus-Worte« zurückführte.

Götzendienst: Falsch übersetzt, falsch interpretiert

Im Jahre 40 n. Chr. befahl der römische Kaiser Caligula, dass sein Standbild im Tempel von Jerusalem aufzustellen sei. Damit demonstrierte er, dass er auf die religiösen Gefühle der jüdischen Untertanen keinerlei Rücksicht nahm. Mit dem Standbild wurden gleich drei der zentralen mosaischen Gesetze verletzt.

Die Darstellung eines Menschen verstieß gegen ein sehr weitreichendes Verbot:[1] »Du sollst dir kein Bildnis machen noch sonst irgendein Abbild, weder von dem, was oben im Himmel ist, noch von dem, was unten auf der Erde ist, noch von dem, was im Wasser unter der Erde ist.«

Die Caligula-Statue verstieß zunächst schon einmal gegen das Bildnis-Verbot. Caligula aber befahl zudem, dass der Statue stellvertretend für ihn Ehrerbietung zu erweisen sei. Er selbst musste als Gott akzeptiert, ja angebetet werden. Damit wurden zwei weitere mosaische Gebote verletzt. Jahwe verlangte, als einziger Gott anerkannt zu werden und verbot das Anbeten anderer Götter.[2] Und dann wurde diese Statue auch noch im Tempel von Jerusalem aufgestellt!

So weit ging Pontius Pilatus allerdings nicht. Er ließ »nur« Münzen prägen, die das Abbild des Kaisers trugen. Und mit diesem Geld, das gegen das mosaische Verbot des Bildnis-Machens verstieß, mussten auch noch Steuern direkt an Rom gezahlt werden. Steuerschulden wurden mit äußerster Brutalität eingetrieben. Der Römer Lactantius berichtet darüber in anschaulicher Weise:[3] »Die römischen Steuerbeamten erschienen allerorts und brachten alles in Aufruhr …, überall hörte man das Schreien derer, die mit Folter und Stockschlägen verhört wurden …, wenn der Schmerz gesiegt hatte, schrieb man steuerpflichtigen Besitz auf, der gar nicht existierte.«

Prof. Hans Schindler-Bellamy:[4] »Das Geld mit dem Kaiserbildnis war für den frommen Juden ein doppelter Affront gegen Glaubensgrundsätze. Einmal verstieß es gegen das Bildnis-Verbot. Zum anderen wurde es auch als eine Art Götzendienst betrachtet, mit diesem Geld Steuern zu bezahlen.«

In dieser Situation war es mehr als gesundheitsschädlich, in Sachen Steuerzahlung nicht die befohlene Haltung zu haben. Vor diesem Hintergrund muss die Frage der Pharisäer an Jesus gesehen werden:[5] »Ist es recht, dass man dem Kaiser Steuern zahle?« Jesu Antwort ist bekannt. Er ließ sich eine Steuermünze mit dem Abbild des Kaiser geben und fragte: »Wessen Bild ist das?« Die Antwort lautete: »Des Kaisers!« Und Jesus erwiderte: »So gebt dem Kaiser, was des Kaisers ist und Gott, was Gottes ist!«[6]

Mit dieser Antwort hat sich Jesus allem Anschein nach geschickt aus der Affäre gezogen. Er hat sich dem Gebot der Steuerzahlung an den Kaiser unterworfen, forderte aber gleichzeitig die Einhaltung der göttlichen Gebote. Eine Aufforderung Jesu, dem Kaiser die Steuern zu verweigern, wäre lebensgefährlich gewesen. Offenbar erwarteten die Pharisäer eine römerfeindliche Antwort Jesu, in der Hoffnung, dass er dann sofort als Aufwiegler verhaftet werden würde. Aber ist Jesu Antwort wirklich so diplomatisch, wie sie nach den Übersetzungen klingt?

Martin Luther jedenfalls baute auf Jesu Antwort seine »Zwei-Reiche-Lehre« auf.[7] Demnach existieren zweierlei Ansprüche an den Menschen parallel zueinander. Da ist einmal der Kaiser, also die irdische Macht. Und da ist Gott, also die himmlische Macht. Der Mensch hat beiden Mächten gegenüber Verpflichtungen, denen er nachkommen muss. Diese Theologie Luthers führte im »Dritten Reich« dazu, dass unzählige Christen meinten, das Naziregime müsse hingenommen werden, da ja Jesus selbst gefordert habe, dem Kaiser zu geben, was des Kaisers ist.

Der Obrigkeit musste nach Luther unbedingt gehorcht werden, war sie doch von Gott eingesetzt. Nötig geworden war das durch die Schuld der ersten Menschen. Weil Adam und Eva im obrigkeitsfreien Paradies gegen göttliches Gebot verstießen, mussten sie bestraft werden. Die Einführung von Obrigkeit wurde nötig, zum »Wohle« der Menschen. Sie hatte die Aufgabe, die Menschen, etwa durch Gesetze, vom weiteren Sündigen abzuhalten.

Aktiver Widerstand gegen die Obrigkeit, also Rebellion, war grundsätzlich untersagt. Sie wäre ja letztlich – so Luther – gegen Gott gerichtet, der die Obrigkeit eingesetzt und autorisiert hat. Was aber war zu tun, wenn sich eine Obrigkeit nicht gemäß den Glaubensvorschriften verhielt? Für den Fall, dass die Obrigkeit lutherischen Glauben unterdrückte, sah Luther nur den passiven Widerstand vor.

Allerdings verstand der Reformator Obrigkeitssysteme nur als »Notbehelfe«. Luthers Lehre von den »zwei Reichen« oder von den »beiden Körpern der Christenheit« sollte für mehr Klarheit sorgen. Die Situation vor Luther war in den Augen des Reformators verwirrend. Auf der einen Seite hatte sich die Obrigkeit der Kirche unterzuordnen. Könige und Kaiser wurden von Päpsten gekrönt. Gleichzeitig hatte aber die Obrigkeit die Aufsicht über die Verkündung des Evangeliums durch den geistlichen Stand.

Luthers Zwei-Reiche-Lehre forderte die Beseitigung von Unter- oder Überordnung im Verhältnis zwischen Obrigkeit und Kirche. Stattdessen gab es die Trennung und Koexistenz. Obrigkeit und Kirche waren eben zwei separate Welten, zwei »Reiche«. Und der Christ hatte der Obrigkeit zu geben, was der Obrigkeit zustand und der Kirche (Gott!), was der Kirche zustand.

Luthers Zwei-Reiche-Lehre mag sich auf das übersetzte Jesus-Wort stützen, das griechische Original aber fordert genau das Gegenteil. Lesen wir in den Übersetzungen »geben«, so steht stattdessen im griechischen Original »apodote«, zurückgeben! Korrekt übersetzt fordert also Jesus: »Gebt dem Kaiser zurück, was dem Kaiser gehört!«

Nach dem zu Jesu Lebzeiten gültigen römischen Recht waren die Münzen mit dem Abbild des Kaisers Besitz des Kaisers. Jesus rief die Juden dazu auf, dem Kaiser sein sündiges Geld zurückzugeben. Denn sündig war es in den Augen Jesu wegen der Abbildung des Kaisers auf den Münzen! Jesus sagte nichts, was im Sinne der Zwei-Reiche-Lehre Luthers gedeutet werden könnte. Im Gegenteil!

Prof. Pinchas Lapide, jüdischer Experte in Sachen »Neues Testament«, fasst den Sinn der Worte Jesu zusammen:[8] »Gebt dem Kaiser doch sein sündiges Geld zurück.« Jesus bestreitet also die Autorität des Kaisers. Er anerkennt nur Gottes Autorität. Nur wer dem Kaiser den Gehorsam aufkündigt, kann Gott dienen und ihm geben, was ihm zusteht. Jesu Antwort wurde also durch die Übersetzung ins genaue Gegenteil verfremdet.

Hand abhacken: Was Jesus wirklich damit meint!

Sehr drastisch klingt der Jesus zugeschriebene Befehl: »Hacke deine Hand ab!«. Doch Jesus forderte keineswegs zur Selbstverstümmelung auf. Wer das glaubt, der unterliegt einem sprachlichen Irrtum. Jesus hielt sich mit seinen Jüngern sehr viel in seiner galiläischen Heimat auf. Er sprach nicht das Griechisch des »Neuen Testaments«, sondern galiläisches Aramäisch, eine von gebildeten Juden wegen der Rauheit oft verächtlich angesehene Sprache.[1]

Im Aramäischen sagt man über einen Dieb (»Langfinger«): »Seine Hand ist zu lang!« Beobachtet man einen potenziellen Dieb, der sich einige Äpfel vom Baum aus dem Nachbarsgarten holen möchte, fordert man ihn auf: »Hacke deine Hand ab von den Äpfeln deines Nachbarn!« Kein Aramäisch sprechender Galiläer hätte bei solchen Worten an blutrünstiges Verstümmeln gedacht.

Vor diesem Hintergrund erscheint ein mehr als hart klingendes Jesus-Wort in ganz anderem Licht:[2] »Wenn dir deine Hand Probleme macht, dann hacke sie ab und wirf sie von dir. Es ist besser, dass eins deiner Glieder verderbe und nicht der ganze Körper in die Hölle fährt!«

Der Befehl »Hacke deine Hand ab von ...« hat im übertragenen Sinn die konkrete spezifische Bedeutung: »Stiehl nicht.« Gleichzeitig hat das Bild noch eine allgemeinere Bedeutung im Sinne von: »Höre auf damit! Lass dies nicht zur schlechten Gewohnheit werden!« So lässt sich die Anweisung Jesu übersetzen: »Wenn du eine schlechte Angewohnheit hast, so gib sie auf! Es ist besser, man gibt eine einzelne schlechte Angewohnheit auf, als dass man deswegen in die Hölle kommt!«

Wenn das »Alte Testament« die Todesstrafe für Homosexualität fordert,[3] so ist diese eine heute völlig unakzeptable Forderung. Wenn Jesus vom »Hand abhacken« spricht, kann damit ein sinnvoller Rat gemeint sein.

Haus: Jesus – Obdachloser oder Hausbesitzer?

Wie lebte Jesus? Die Vorstellungen der meisten Menschen, ob sie nun Bibelleser sind oder nicht, sind von romantischen Vorstellungen geprägt. Da zieht Jesus mit seinen getreuen Jüngern rastlos von Ort zu Ort. Er predigt und wirkt Wunder. Irdischen Besitz vermutet man nicht bei ihm. Ob ihm mehr gehörte als er am Leibe trug?

Das Bild vom »obdachlosen Jesus« geht auf ein Mitleid heischendes Bild zurück, das er gemäß den Evangelien nach Matthäus und Lukas selbst prägte. Da beschreibt er sich als besitzlosen Armen, der nicht einmal eine Schlafstätte sein Eigen nennen kann:[1] »Die Füchse haben Gruben, und die Vögel unter dem Himmel haben Nester; aber der Menschensohn, er hat nichts, wohin er sein Haupt lege!«

Weltlichen Besitz bezeichnet Jesus als Hindernis für den Menschen, der ins Himmelreich kommen möchte. Wer an weltlichen Gütern hängt, der kommt so leicht nicht ins Paradies des Jenseits. Das erfährt ein »reicher Jüngling«.[2] Was muss man tun, um das ewige Leben zu erhalten? Jesus zählt einige Gebote auf, die befolgt werden müssen: »Du sollst nicht töten, du sollst nicht ehebrechen, du sollst nicht stehlen, du sollst nicht falsch Zeugnis reden, du sollst niemanden berauben und du sollst Vater und Mutter ehren!« Diese Bedingungen erfüllt der junge Mann. Gegen die Gesetze hat er nicht verstoßen. Dann fordert Jesus ihn auf, seinen Besitz zu verkaufen und das Geld an die Armen zu verteilen. Dazu ist der junge Mann aber nicht bereit. Er schafft es nicht, sich von seinen irdischen Gütern, von denen er offensichtlich viele hat, zu trennen. Jesus kommentiert dies: »Wie schwer werden die Reichen in das Reich Gottes kommen!«

Wie sah es aber um Jesu eigenen Besitz aus? War er tatsächlich ein mittelloser Obdachloser, der mit seiner kleinen Schar vertrauter Menschen durch die Lande zog? Die Antwort des »Neuen Testaments« auf diese Frage ist nicht eindeutig. Bibelkritiker

C. Dennis McKinsey jedenfalls ist überzeugt, dass Jesus Hausbesitzer war.[3] Er verweist auf das Evangelium nach Markus, wo es heißt:[4] »Und es begab sich, dass er zu Tisch saß in seinem Haus, da setzten sich viele Zöllner und Sünder zu Tisch mit Jesus.«

Heißt das, dass Jesus Hausbesitzer war? Die Situation im Zusammenhang: Jesus lehrte eben noch das Volk am See. Dann entdeckt Jesus den Zöllner Levi, der wohl am Straßenrand saß und seiner Arbeit nachging, also Abgaben von Passanten kassierte. Jesus fordert den Zöllner auf, ihm zu folgen. Ohne zu zögern gehorcht der Mann. Wohin geht man? In ein Haus. In wessen Haus? Jesus lädt den Zöllner ein, ihn doch zu begleiten. Da liegt die Vermutung nahe, dass man in das Haus Jesu ging – und nicht in das Haus des Zöllners. Schließlich ist es der Zöllner, der Jesus und seiner Gruppe folgt.

Die Parallelstellen schaffen mehr Unklarheit als dass sie die Besitzverhältnisse aufhellen. Lukas formuliert doppeldeutig. Wieder befiehlt Jesus dem Zöllner Levi, ihm zu folgen. Der lässt alles stehen und liegen, kommt mit – wohin? In das Haus Jesu oder das Levis? »Und er (Levi) verließ alles, stand auf und folgte ihm nach. Und Levi richtete ihm ein großes Mahl in seinem Haus.«[5] Bei Matthäus ist lediglich von »einem«[6] Haus die Rede. Aber auch hier ist die Szene die gleiche: Jesus lädt den Zöllner ein, der folgt. Man geht ins Haus. In Jesu Haus? Eindeutig klar wird die Lage nicht. So bleibt offen, ob Jesus nun ein Haus besaß oder nicht.

In einem Punkt irren aber Markus und Lukas ganz sicher. Denn bei Matthäus heißt der Zöllner Matthäus, bei seinen Kollegen Markus und Lukas aber Levi. Wo also saß man in geselliger Runde beim Essen? Im Haus eines Zöllners namens Levi? Oder hieß er Matthäus? Oder gehörte das Haus Jesus? Wie auch immer: Es wird klar, wie erschreckend wenig über die wichtigsten biographischen Daten Jesu bekannt ist! Eine echte Jesus-Vita fällt da recht kurz aus!

Himmelfahrt: Jesus war nicht der Erste!

Eine Aussage muss klar und eindeutig sein, damit man sie eindeutig widerlegen kann. Das trifft in besonderem Maße auf Jesu Aussage über seine Himmelfahrt zu. Bei Johannes lesen wir:[1] »Und niemand fährt gen Himmel, denn der vom Himmel herniedergekommen ist, nämlich des Menschen Sohn, der im Himmel ist.« Übersetzt man den Text aus dem Griechischen, so wird die Aussage Jesu noch deutlicher:[2] »Und niemand ist in den Himmel aufgestiegen, außer des Menschen Sohn …«

So eindeutig Jesu Aussage ist, so eindeutig ist sie ein krasser Irrtum!

Über Henoch sagt der »Brief an die Hebräer«:[3] »Durch den Glauben ward Henoch weggenommen, dass er den Tod nicht sähe, und er ward nicht gefunden, darum dass Gott ihn wegnahm.« Bestätigt wird dieser Sachverhalt auch im »Alten Testament«. Bei Mose heißt es:[4] »Und dieweil er (Henoch) ein göttliches Leben führte, nahm ihn Gott hinweg, und er ward nicht mehr gesehen.«

Wenig erfahren wir in der Bibel über den geheimnisvollen Henoch. Ausführlich hingegen ist das apokryphe »Buch Henoch«. Der Text, der wie so viele nicht in den Kanon der Bibel aufgenommen wurde, erläutert zu Beginn von Kapitel 39, was wir uns unter der Entrückung oder Hinwegführung vorzustellen haben: Henochs Himmelfahrt![5] Der fromme Mann wurde ans Ende der Himmel, zu den »Wohnungen der Heiligen und Gerechten« gebracht.

Noch deutlicher beschreibt eines der Königsbücher des »Alten Testaments« eine weitere Himmelfahrt lange vor Jesus, nämlich die des Elia:[6] »Und da sie miteinander gingen und redeten, siehe, da kam ein feuriger Wagen mit feurigen Rossen, die schieden die beiden voneinander; und Elia fuhr also im Wetter gen Himmel.«

Jesu konkrete Aussage über seine Himmelfahrt ist also ganz eindeutig ein Irrtum! Jesus war nicht der Erste!

Hinrichtung: Wie starb Jesus wirklich?

Die Bibel ist menschliches Reden über Gott. Weil Menschen sich irren, irrt auch die Bibel.[1] Das gilt für das »Alte« wie auch für das »Neue Testament«. Es gibt Widersprüche in allen Schriften der Bibel, natürlich auch über Jesus. Man kann versuchen, möglichst alle Angaben über Jesus zu erfassen. Dabei erkennt man rasch, dass es unmöglich ist, ein gesichertes Bild über den rätselhaften Mann zu erstellen, den seine Anhänger für den Messias hielten.

Tausende und abermals Tausende von Büchern wurden über Jesus geschrieben. Unzählige Theorien wurden über Jesus erstellt. Bei kritischer Betrachtung stellt sich rasch heraus, dass jede Lösung des Jesus-Rätsels immer nur auf einer Auswahl von Bibelinformationen beruht. Die jeweiligen Autoren wählen aus, worauf sie ihre jeweilige These stützen können. Und sie lassen unter den Tisch fallen, was ihr widerspricht.

Wer wirklich aufmerksam und kritisch die Bücher und Briefe des »Neuen Testaments« liest, muss erkennen, dass es so gut wie keine wirklich gesicherte Information über Jesus gibt. Oder gibt es eine biblische Information über den wundertätigen Mann aus Galiläa, die unbestreitbar feststeht? Man möchte meinen, dass ein Fakt über jeden Zweifel erhaben ist: Jesus wurde gekreuzigt. Um zu demonstrieren, dass es zu jeder fundamentalen biblischen Erkenntnis über Jesus eine durchaus begründbare Gegenthese gibt, soll nun hinterfragt werden, ob Jesus wirklich am Kreuz starb.

Nach seiner Verhaftung bei Nacht wurde Jesus vor den Hohen Rat der Juden gezerrt und verhört. Anschließend zerriss der Hohepriester, so berichtet es das Evangelium nach Matthäus, seine Kleider und rief pathetisch aus:[2] »Er hat Gott gelästert!« Nach Markus kamen die Mitglieder des Rats der Juden zur gleichen Überzeugung:[3] »Sie sprachen alle das Urteil über ihn, dass er des Todes schuldig wäre.«

Das mosaische Gesetz verurteilte die Gotteslästerung als eines der schlimmsten Vergehen überhaupt und legte präzise die Strafe dafür fest:[4] »Wer des Herrn Namen lästert, der soll des Todes sterben! Die ganze Gemeinde soll ihn steinigen! Ob Fremdling oder Einheimischer: Wer den Namen lästert, der soll sterben!« Angenommen, Jesus wurde von einem jüdischen Gericht der Gotteslästerei für schuldig befunden, dann kam nur die Hinrichtung als Strafe in Frage, und zwar durch Steinigung.

Nach dem »Alten Testament« sollten Verbrecher durch die Hinrichtung bestraft werden. Man dachte aber auch an Abschreckung. So sollte potenziellen Nachahmungstätern vor Augen geführt werden, was ihnen drohte. Man brachte die Verbrecher nicht nur zu Tode, man stellte sie anschließend auch noch öffentlich zur Schau. Allerdings sollte er noch am Tage der Exekution beerdigt werden. Das mosaische Gesetz ist sehr präzise:[5] »Wenn jemand eine Sünde begangen hat, die des Todes würdig ist, und wird getötet, dann hängt man ihn an ein Holz. Aber sein Leichnam soll nicht über Nacht am Holz hängen bleiben, sondern du sollst ihn am selben Tag begraben.«

Ein zum Tode Verurteilter wurde also zunächst auf die für sein Verbrechen vorgesehene Art hingerichtet. Ein Gotteslästerer wurde also gesteinigt. Anschließend hängte man den Leichnam »ans Holz«. Am gleichen Tag noch wurde er beerdigt.

Wäre also Jesus von einem jüdischen Gericht der Gotteslästerei für schuldig befunden worden, dann hätte man ihn zum Tode durch Steinigen verurteilt. Nach Vollstreckung des Urteils hätte man den toten Jesus ans »Holz« gehängt. Wie muss man sich so ein »Holz« vorstellen?

Das mosaische Gesetz hatte da keine Vorschriften parat. Die toten Hingerichteten wurden an Bäume gebunden oder an Pfähle.

Liest man die Beschreibungen der vier Evangelien nach Matthäus, Markus, Lukas und Johannes im Original,[6] so finden wir im Griechischen immer das Wort »staurós«. Jesus kam an den »staurós«. Staurós aber steht im klassischen Griechisch für einen »aufrechten Pfahl« oder »Pfahl«.

Bleiben wir bei unserer Überlegung: Wenn Jesus, von einem jüdischen Gericht zur Steinigung verurteilt und auf diese Weise hingerichtet wurde, dann hat man anschließend seinen Leichnam an einen Pfahl gehängt. Und genau so könnte man auch die Grundinformation der vier Evangelien werten.

Francesco Carotta postuliert in seinem Buch »War Jesus Caesar?«,[7] dass es sich bei Jesus in Wirklichkeit um eine fiktive Gestalt handelte, die nach Caesar gestaltet wurde. So befremdlich seine Thesen und Gedanken auch sein mögen, man muss dem Verfasser des umfangreichen Werkes ein Verdienst zusprechen: Er weist nach, dass sehr viele vermeintlich klare Textaussagen oft auch ganz anders verstanden werden können.

Zurück zu unserer Hypothese: Wenn Jesus also als Toter an den Pfahl gehängt wurde, müsste er schon vorher zu Tode gekommen sein. Bei Markus lesen wir:[8] »Und sie brachten ihn an die Stätte Golgatha.« Brachten ihn …, führten sie ihn? Im Griechischen steht »pherousin«, das lässt sich auch mit »tragen« übersetzen: »Und sie trugen ihn an die Stätte Golgatha.« Warum? Carotta ist überzeugt davon, dass Jesus bereits bei seiner Verhaftung getötet wurde. Posthum habe man ihm den Prozess gemacht.[9]

Das »Neue Testament« bietet eine große Fülle von Fakten, vergleichbar mit unzähligen Mosaiksteinchen. Alle Steinchen zusammen lassen sich nie in ein schlüssiges Bild einsetzen. Vielmehr nimmt sich jeder, der das Rätsel Jesus lösen möchte, eine Auswahl an Segmenten und setzt sie zu einem Bild zusammen. Dabei wird leicht vergessen, dass es eben nicht *das* richtige Bild gibt, sondern verschiedene, ganz unterschiedliche Bilder möglich sind.

Das »Neue Testament« hält sogar Steinchen parat, die ein ganz ungewohntes Bild vom Tod Jesu ergeben: Jesus von einem jüdischen Gericht verhört und verurteilt, wird als Toter an einen Pfahl gehängt und nicht gekreuzigt. Das Gedankenspiel hat aber ein Manko: Es gibt im »Neuen Testament« nicht die Spur eines Hinweises auf die Steinigung Jesu durch das Volk. Es sei denn, man interpretiert die grausam-blutige Geißelung Jesu[10] etwas frei als eben diese Steinigung durch das Volk, das lautstark grölend Jesu Tod verlangte.

Oder was meint der Verfasser des Evangeliums nach Lukas, wenn er düster formuliert, dass Pilatus vergeblich versuchte, Jesus zu retten, bis er schließlich resigniert aufgab und der schreienden Volksmenge ihren Willen ließ, den Barnabas freigab, »aber Jesus ... ihrem Willen ... übergab? Sollte Pilatus Jesus zur Steinigung durch das Volk freigegeben haben? Sollte er es hingenommen haben, dass an Jesus die vom mosaischen Gesetz geforderte Strafe für Gotteslästerei, die Steinigung, vollzogen wurde?

Genug der Spekulation um die Frage, ob Jesus vielleicht doch gesteinigt wurde. Die Bibel enthält nicht wenige Irrtümer. Die meisten Irrtümer finden sich aber nicht im Buch der Bücher: Sie werden vielmehr von Jesus-Interpreten begangen. Der am weitesten verbreitete ist der, dass es *die wahre* Antwort auf alle Fragen über Jesu Leben, Wirken und Sterben gibt.

Das »Neue Testament« bietet eine Fülle von Fakten, die ganz unterschiedlich gedeutet und die zu unterschiedlichen, widersprüchlichen Jesus-Lehren führen können.

Ich aber sage euch: Zustimmung, nicht Widerspruch

Wie war Jesus? Was dachte er? Welche Lehren verbreitete er? Wie stand er zu den jüdischen Gelehrten seiner Zeit? Solche Fragen beschäftigen unzählige Menschen schon seit Jahrhunderten. Weil die meisten Bibelleser auf Übersetzung des »Alten« wie des »Neuen Testaments« angewiesen sind, können Übersetzungsfehler zu ganz entscheidenden Jesus-Irrtümern führen. Manchmal entsteht der deutliche Eindruck, solche Irrtümer bei den Bibellesern könnten beabsichtigt sein.

Zu den häufigsten von Jesus geradezu formelhaft verwendeten Redewendungen gehört sein »Ich aber sage euch ...« Die Bedeutung dieser Worte scheint offensichtlich zu sein. Sie wird sehr häufig in Gesprächen mit Schriftgelehrten und sonstigen Schriftkundigen angewandt. Zunächst wird von den Schriftgelehrten eine These formuliert. Dann antwortet Jesus: »Ich aber sage euch ...« Offensichtlich wird Jesus dann widersprechen. »Ihr sagt dies, ich aber sage euch ...« Offensichtlich will sich Jesus von den Schriftgelehrten abheben und seine eigene Meinung der der Schriftgelehrten entgegensetzen. Etwas spitz formuliert: Jesus stellt den falschen Ansichten der Schriftgelehrten seine eigenen, wahren und richtigen Ansichten gegenüber. Jesus hebt die Aussagen der Schriftgelehrten auf, ersetzt sie durch seine. Ist das aber wirklich so? Entspricht der äußere Schein der Übersetzung der wirklichen Aussage des Textes der Jesus-Worte?

Der theologische Gelehrte Karl Barth sieht im »Ich aber sage euch ...« auf der einen Seite Widerspruch, auf der anderen Seite Jesu Anspruch auf Anerkennung seiner Autorität. Mit seiner Floskel »Ich aber sage euch ...« positioniert sich Jesus als Gegenpol zur jüdischen Gelehrsamkeit. Die jüdischen Schriftdeuter verstehen die Texte so. Ich aber sage euch.

Wenn sich Jesus als Gegenpart der jüdischen Gelehrsamkeit sah, so verwundert es doch sehr, dass er sich mit dem Ehrentitel eben dieser Gelehrtenwelt anreden ließ, nämlich mit »Rabbi«. In den Übersetzungen verschwindet dieser Titel allerdings weitestgehend und wird durch das deutsche, aber nicht adäquate »Meister« ersetzt. Besonders deutlich wird dies im Evangelium nach Johannes:[1] »Sie aber sprachen zu ihm: ›Rabbi – das ist verdolmetscht Meister – wo bist du zu Hause?‹«

Von Verdolmetschung kann eigentlich nicht die Rede sein: Nach heutigem Sprachgebrauch ist ein Meister ein Handwerker mit Meisterbrief oder eine besonders erfolgreiche Fußballmannschaft. Der jüdische Rabbi war ein Schriftgelehrter, der über die mosaischen und anderen Texte des »Alten Testaments« predigte. Und der Rabbi beantwortete Fragen über das tägliche Leben, unter Berücksichtigung der Texte der »Heiligen Schrift«. Wenn nun Jesus sich immer wieder mit seinem »Ich aber sage euch …« gegen die Schriftgelehrten stellte, wieso wurde dann Jesus mit dem ehrenvollen Titel eines Rabbi angesprochen?

Ein willkürlich gewähltes Beispiel aus dem Evangelium nach Matthäus:[2] »Ihr habt gehört, dass zu den Alten gesagt wurde: ›Du sollst keinen falschen Eid tun und du sollst Gott deinen Eid halten.‹ Ich aber sage euch, dass ihr überhaupt nicht schwören sollt.« Die Seite der Schriftgelehrten vertritt also die mosaische Haltung, dass man keinen Meineid leisten soll. Jesus hält dagegen: »Ich aber sage euch, dass ihr überhaupt nicht schwören sollt.« Hält er wirklich dagegen? Setzt er der anderen Haltung seine völlig widersprüchliche dagegen? Der vordergründig ins Auge springende »Gegensatz« kommt nur in der Übersetzung, nicht aber in der griechischen Vorlage zur Geltung. Da heißt es nämlich: »Ego de logo hymin.« Diese Redewendung entspricht dem hebräischen »Wa'ani omer lachem«.

Mit diesen Worten setzten jüdische Rabbis ihre Erklärungen vom zu erklärenden Schrifttext ab. Damit sollte verdeutlicht werden: Dies war nun der Text der Schrift. Dazu sage ich nun … Und es folgte die fachkundige Erklärung. Natürlich sollte die Auslegung keine Gegenthese zum Schrifttext aufbauen, vielmehr solle die Erklärung konform mit dem Text gehen. Damit wird klar, dass die Übersetzung »Ich aber sage euch …« einen Gegensatz konstruiert, ja einen Konflikt aufbaut, der gar nicht existiert.

Zurück zum Beispiel aus dem Evangelium nach Matthäus:[2] »Ihr habt gehört, dass zu den Alten gesagt wurde: ›Du sollst keinen falschen Eid tun und du sollst Gott deinen Eid halten.‹ Ich aber sage euch, dass ihr überhaupt nicht schwören sollt.« Es gibt keinen Gegensatz zwischen »Du sollst keinen Meineid schwören!« und »Du sollst überhaupt nicht schwören!« Die These wird nicht durch eine Antithese aufgehoben, sie wird vielmehr noch verschärft. Das falsche »Ich aber sage euch!« muss durch eine nicht so sinnentstellende Alternative ersetzt werden. »Dazu sage ich.«

Übersetzt man richtig, verschwindet der im griechischen Original gar nicht vorhandene Gegensatz: »Die Alten sagten, man soll keinen Meineid leisten. Dazu sage ich: Man soll überhaupt nicht schwören.«

Ein weiteres Beispiel. Jesus lehrt:[3] »Ein guter Mensch bringt Gutes hervor aus dem Schatz seines Herzens, und ein böser Mensch bringt Böses hervor aus seinem bösen Schatz. Ich aber sage euch, dass die Menschen Rechenschaft ablegen müssen am Tage des Gerichts ...« Bei sorgsamer Lektüre fällt auf, dass der durch »Ich aber sage euch« aufgebaute Widerspruch zwischen den beiden Aussagen gar nicht existiert. Jesus entkräftet keine Aussage, er unterstreicht sie und führt ihren Gedanken fort.

Es geht nicht um die Erörterung eines sprachlichen Übersetzungsproblems. Es geht darum, eine falsche Übersetzung zu monieren, die aus einem in der rabbinischen Gelehrsamkeit verwurzelten Jesus einen Gegenpol zu den rabbinischen Schriftkundigen macht. Dieser Gegensatz ist in den griechischen Originalen nicht vorhanden.

Ich will: Sei rein!

Kurz und bündig wird von den synoptischen Evangelisten Matthäus, Markus und Lukas die »Heilung eines Aussätzigen« überliefert:[1] Ein Aussätziger nähert sich ehrfurchtsvoll Jesus, fällt vor ihm nieder und bittet ihn um Heilung. Schon die Formulierung der Frage weist auf eine Besonderheit hin. Bei den drei Evangelisten steht Jesu Wille im Vordergrund:[2] »Herr, wenn du willst. Kannst du mich reinigen.« Und Jesu Antwort lautet, wiederum übereinstimmend: »Ich will's tun, sei rein!«

Liest man den Text im griechischen Original, so erweist sich Jesu Antwort als noch knapper: »Ich will, sei rein!« In den Übersetzungen wurde das Wörtchen »tun« ergänzt, somit aber die Aussage Jesu stark verändert. Jesus wird nur in den Übersetzungen zum Handelnden, durch dessen Wirken der Aussätzige geheilt wird. Das griechische Original hingegen weiß von Jesu »Tun« nichts: Jesus *will*, also geschieht es.

Liest man die »Heilung eines Aussätzigen« bei den drei Evangelisten, so fällt bei sorgsamer Lektüre auf, dass nirgendwo der Begriff »Heilung« auftaucht. Nirgendwo ist auch vom Glauben des Kranken die Rede. Nirgendwo taucht die sonst für Jesus geradezu typische Wendung »Dein Glaube hat dir geholfen!« auf. Warum verläuft hier das Geschehen so ganz anders als bei der typischen Jesus-Heilung?

Hilfreich ist es bei solchen Fragen, den griechischen Text ins Hebräische/Aramäische zurückzuübersetzen. Das fast trotzig barsche »Ich will, werde rein!« dürfte gelautet haben »Retzoni hitaher«. Die hebräischen Texte kannten weder Groß- und Kleinschreibung noch Zwischenräume zwischen den einzelnen Worten. Jesu Ausspruch sah demnach so aus: »RETZONIHITAHER«. Wie würde Jesu Aussage lauten, wenn er zum Ausdruck hätte bringen wollen: »Möge es Gott wohlgefällig sein, dass du rein seiest!«?[3] So: »Ratson Jehi Taher«.

In der zeitgemäßen Urfassung, die keine Unterscheidung zwischen Groß- und Kleinschreibung kennt und die ohne Trennungen zwischen den einzelnen Worten auskommt, sah dies so aus: »RATSONJEHITAHER«. Die Ähnlichkeit ist verblüffend:

»RETZONIHITAHER« und

»RATSONJEHITAHER«.

Die starke Ähnlichkeit legt einen Abschreibfehler mehr als nahe. Ursprünglich verlief der kurze Dialog zwischen Jesus und dem Aussätzigen dann ganz anders. Der Kranke bittet um Heilung. Jesus antwortet: »Möge es Gott wohlgefällig sein, dass du rein wirst!« Durch einen entstellenden, aber leicht möglichen Kopierfehler wurde daraus dann: »Ich will, sei rein!« Und eifrige Übersetzer ergänzten noch: »Ich will es *tun*, also sei rein!«

Gott ist es also, der heilt, nicht Jesu barscher Wille. Dies wird durch die Rückübersetzung besonders deutlich. Jesus selbst nimmt keinerlei Handlung vor. Prof. Pinchas Lapide betont diesen Sachverhalt nachdrücklich, indem er auf eine sprachliche Besonderheit hinweist: Im 3. Buch Mose wird ausführlichst der Umgang mit Aussätzigen beschrieben.[4] Sehr intensiv wird dabei die Frage der Feststellung einer eingetretenen Heilung erörtert. TAHER hat dann immer[5] die Bedeutung von »rein sprechen«. Der Genesene hatte sich dem Priester zu zeigen. Der sprach ihn dann rein, das heißt, er erklärte ihn als nunmehr vom Aussatz genesen. Erst dann durfte der wieder gesunde Mensch in die Gemeinschaft seines Dorfes zurückkehren, da ja nun keine Ansteckungsgefahr mehr bestand.

Fazit: Ein Abschreibfehler und eine Ergänzung der Übersetzer hat den ursprünglichen Sinn der »Heilung eines Aussätzigen« vollkommen entstellt. Nicht Jesus heilte den Kranken, sondern Gott. Jesus stellte nur die erfolgte Heilung fest. Dann aber schickte er den Mann zum Priester. Erst der Priester konnte offiziell die Heilung konstatieren. Somit erweist sich Jesus als frommer Jude, der die mosaischen Gesetze streng befolgt:[6] »Geh hin und zeige dich dem Priester und opfere die Gabe, die Mose befohlen hat.«

Immanuel – war nicht Jesus

Die Situation ist aussichtslos. König Achaz wird von zwei Feinden gleichzeitig bedroht. Die Niederlage ist nur eine Frage der Zeit. Da tritt Jesaja als Prophet auf, als Sprecher für Gott: Eine junge Frau ist schwanger. Bald wird sie gebären. Schon in wenigen Jahren wird das Kind Milch und Honig essen können. Dann wird die Belagerung des Landes vorbei sein. So lautet die klare Aussage eines Jesajawortes.[1] Der zentrale Satz: »Siehe die ›alma‹ ist schwanger und wird einen Sohn gebären, den wird sie nennen Immanuel.«

Die Situation ist eindeutig: Während des Gesprächs zwischen König Achaz und Jesaja ist die »alma« bereits schwanger. Wenige Monate später kommt ihr Kind zur Welt. Da sich der Dialog zwischen 746 und 716 v. Chr. ereignet hat, muss das angekündigte Kind auch in dieser Zeit geboren worden sein. Jesaja erklärt das Kind zum Zeichen der Hoffnung auf eine gute Zukunft, weshalb das Kind Immanuel heißen soll, zu Deutsch: »Gott (ist) mit uns« oder etwas freier »Gott hilft«. Es ist unbestreitbar: Jesaja beschreibt eine konkrete Situation aus der Zeit um 750 v. Chr., er prophezeit kein Ereignis der fernen Zukunft.

Im Evangelium nach Matthäus aber geschieht genau das: Der Jesajavers wird aus dem Zusammenhang gerissen und neu interpretiert:[2] »Siehe, eine Jungfrau wird schwanger sein und sie wird einen Sohn gebären, und sie wird ihn Immanuel nennen, Gott ist mit uns.« Irrtümer treten hier geballt auf:

– Jesaja spricht von einer »alma«, einer »jungen Frau«, nicht von einer Jungfrau. Jungfrau heißt »betulah« im Hebräischen.
– Die junge Frau bei Jesaja ist bereits schwanger, sie wird es nicht erst noch werden.
– Das Kind der jungen Frau wird, sagt Jesaja, Immanuel heißen, nicht Jehoschua.

Fazit: Erst durch eine nachträgliche Veränderung des Jesajatextes durch den Verfasser des Evangeliums nach Matthäus wird ein Bezug zu Jesus hergestellt. Tatsache ist aber: Jesajas Immanuel hat mit Jesus nicht das Geringste zu tun.

Israelit: Tadel oder Lob?

Übersetzungen können den Sinn des Originals verfälschen, ja manchmal geradezu ins Gegenteil verkehren. Das trifft in besonderem Maße auf einen unscheinbar wirkenden Satz aus dem Evangelium nach Johannes zu. Es geht um einen Jünger, um Nathanael. Jesus sagt etwas über ihn, aber wie hat er seine knappen Worte gemeint? Je nach Übersetzung ändert sich der Sinn der Aussage total.

In seinem Brief an die Römer findet Paulus harte Worte der Kritik für die Israeliten:[1] »unvernünftig, treulos, lieblos, unbarmherzig«. Wen wundert es da, dass er Thomas ermahnt, »nicht ungläubig« zu sein.[2] Ganz anders aber war Nathanael. Als Jesus ihn zum ersten Mal sah, redete er ihn begeistert an:[3] »Siehe, ein rechter Israelit, in dem kein Falsch ist.« Generationen von Antisemiten interpretierten dieses Wort auf ihre eigene Weise.

Demnach wird Nathanael gelobt: Kein Falsch sei an ihm. Und das, obwohl er ein rechter Israelit war. Aus dem Lob für einen einzelnen Menschen wurde so ein Tadel – an »den Israeliten«. Es wurde Jesus unterstellt, Nathanael als löbliche Ausnahme zu werten. Er sei ohne Falsch, obwohl er Israelit sei. Sagt das nicht aus, dass alle anderen oder doch die meisten Israeliten eben nicht ohne Tadel sind?

Diese gefährliche Interpretation ist Folge einer falschen Übersetzung. Prof. Pinchas Lapide:[4] »Und dennoch straft der Wortlaut selbst – in seinem griechischen Grundtext – diese polemische Selbstgefälligkeit Lügen.«

Auch der aramäische Text, der das Zitat so bringt, wie es Jesus vermutlich gesagt hat, ist in seiner Aussage eindeutig ganz anders zu verstehen: »Siehe, er ist wirklich und wahrhaftig ein echter Israelit, denn kein Falsch ist in ihm.« Oder anders übersetzt: »Siehe, ein wirklich und wahrhaftiger echter Israelit: Kein Falsch ist in ihm.«

Nathanael stellt nicht die löbliche Ausnahme, sondern die Regel dar. Der begeisterte Ausruf ist also kein versteckter Tadel an den Israeliten, sondern ganz im Gegenteil ein Lob für Nathanael, den einzelnen, und das Volk, aus dem er stammt.[4]

Wieder einmal wird deutlich, dass Übersetzungen oft tendenziös verfasst sind. Manche Übersetzer neigen dazu, die persönliche Voreingenommenheit in einen Text hineinzutragen.

Jenseitsreisen: Jesus als Schamane

»Was kommt nach dem Tod auf den Menschen zu? Wird das Schicksal der Sterblichen von mächtigen Göttern bestimmt? Wo hausen die Himmlischen?« Mit solchen Fragen setzen sich Menschen schon seit ewigen Zeiten auseinander. Unterschiedliche Religionen versuchen seit ungezählten Jahrtausenden, Antworten zu finden. Theologen entwickeln Glaubenstheorien, Schamanen gehen einen Schritt weiter. Sie begnügen sich nicht damit, mehr oder minder intellektuell religiöse Fragen zu beantworten. Sie versuchen, selbst die Welt des Jenseits und der Götter zu besuchen.[1] Im Schamanismus strebt der Geistliche einen Zustand der Trance an. Drogen werden konsumiert. Oder es wird Entrückung durch lang andauernde rituelle Tänze angestrebt. Auf geistiger Ebene tritt der Schamane Reisen ins Jenseits an.

Jenseitsreisen waren aber nicht nur auf die Geistlichkeit beschränkt. Jenseitsreisen gehörten auch zum Machtantritt von Königen. Um sich von den übrigen Sterblichen abzusetzen und um ihre Machtposition zu begründen, galt es für künftige Regenten, die Welt der Götter aufzusuchen. Theologieprofessor Bernhard Lang:[2] »Die Jenseitsfahrt des Königs ist mit dessen Thronbesteigung verbunden. Am Tag der Inthronisierung wird der König selbst ein Gott und, ins Jenseits fahrend, nimmt er seinen Platz auf dem Götterberg ein.«

Das Judentum des »Alten Testaments« entfernte sich in seiner Theologie weit vom Schamanismus, übernahm aber den Brauch der Jenseitsreise. Es sind die Propheten, die sich im Zustand der Ekstase in die göttlichen Sphären aufmachen. Bernhard Lang:[3] »Die Reise ins Jenseits führt einen Menschen in die Gegenwart des Herrn der Weisheit.«

Auch bei schamanischen Jenseitsreisen gab es bereits Klassenunterschiede. Der einfache Priester begnügte sich, das Totenreich oder die Gefilde der Götter zu besuchen. Stolz berichtete er dann seiner Gemeinde, was er gesehen und erlebt hatte. Damit mochte sich so manch bedeutsamer Machtmensch nicht begnügen. Der babylonische König Emmeduranki begibt sich nicht nur in die Versammlung der Götter, er besteigt daselbst einen Thron und wird zumindest gottähnlich.[4] In der altehrwürdigen ugaritischen Mythologie des legendären Zweistromlandes verwandelt sich der irdische Herrscher in einen Gott. Er wird dann Irdischer und Himmlischer zugleich. Er ist dann Mensch und Gott.

Im zweiten Jahrhundert v. Chr. wird bei »Ezechiel dem Tragiker«[5] ganz Ähnliches von Mose berichtet. Mose begibt sich empor zu Gott und darf den göttlichen Thron besteigen. Somit wird der Mensch zu einem gottgleichen Wesen. Im apokryphen Buch »Jesus Sirach« lesen wir:[6] »Er (Gott) hat ihn auch geehrt wie die heiligen Väter und hocherhoben, dass ihn die Feinde fürchten mussten und ließ ihn mit Worten viel Zeichen tun.« In der griechischen Version heißt es deutlicher: »Er (Gott) machte ihn (Mose) den Heiligen gleich an Herrlichkeit.« Und das nur als Fragment erhaltene hebräische Buch »Jesus Sirach« lässt verlauten: »Er nannte ihn einen Gott.«[7]

Die schamanische Vorstellung der Reise in die jenseitige Welt der Götter war im Umfeld der Autoren des »Alten Testaments« durchaus bekannt. Hinweise auf die uns heute unbiblisch erscheinende Vorstellung, finden sich vorwiegend in apokryphen Texten, die nicht in den als heilig empfundenen Kanon aufgenommen wurden. Die Vorstellung vom sich wandelnden »Jenseitsfahrer« geriet keineswegs in Vergessenheit, als das »Neue Testament« entstand. Eine provokativ anmutende Frage drängt sich auf: Stand Jesus selbst in der uralten Tradition des Schamanentums? Wurden konkrete Hinweise über den historischen Jesus in der langen Geschichte der theologischen Geschichtsforschung missachtet, weil sie ein ganz anderes, befremdliches Jesusbild vermittelt haben?

Bei Theologen wie Laien gleichermaßen wurden die sensationellen Forschungsergebnisse von Jan-Adolf Bühner geflissentlich missachtet. Bühner kam zu der Überzeugung: Jesus praktizierte die uralte Jenseitsreise des Schamanen.[8] In geistiger Entrückung steigt der Schamane zu Gott empor, um dann wieder zur Erde zurückzukehren. Just dieser Sachverhalt wird im Evangelium nach Johannes beschrieben:[9] »Kein anderer ist in den Himmel hinaufgestiegen als jener, der vom Himmel (wieder) hinabgestiegen ist: der Menschensohn.«

Trat Jesus seine geistigen »Jenseitsreisen« alleine an? John Pilch[10] sieht Jesus als Lehrmeister, der nicht nur selbst Jenseitsreisen praktizierte, sondern seine Jünger auch an seinen spirituellen Erlebnissen teilhaben ließ. Vor diesem Hintergrund versteht man ein sich sonst unserem logischen Verständnis entziehendes Erlebnis. Jesus führt seine auserwählten Jünger Petrus, Jakobus und Johannes auf einen »Berg«. In der Sicht des Schamanen: Gemeinsam treten sie eine geistige Jenseitsreise an und sehen die längst verstorbenen Mose und Elija.[11] Bernhard Lang, Professor für »Altes Testament« und Religionswissenschaft, Paderborn, und der »University of St. Andrews«, Schottland:[12] »Religionsgeschichtlich ist das Ereignis als eine in hypnotischer Trance erlebte Halluzination zu bewerten.« Und weiter: Jesus »leitete seine Jünger zur Jenseitsfahrt an und gelangte mit ihnen in den dritten Himmel, d. h. das Paradies, in dem sich die verstorbenen Gerechten befinden.« Der viel zitierte Theologe Morton Smith pflichtet bei:[13]»Jesus war davon überzeugt, bereits zu Lebzeiten zum Himmel emporgefahren zu sein. Er sprach darüber mit seinen vertrautesten Jüngern und leitete einige von ihnen zu ähnlichen halluzinativen Erlebnissen an.«

Der bislang kaum beachtete Aspekt von Jesus als Schamane öffnet vielleicht ein Fenster auf eine wichtige Seite des historischen Jesus, die bislang weitestgehend unbeachtet blieb.[14]

Auf der Suche nach dem »echten« Jesus müssen wir uns immer wieder fragen: Wo irrten die Bibelinterpreten? Irrtümer können das historische Bild der geschichtlichen Realität verdecken. Sind wir bereit, gewöhnungsbedürftige Informationen über Jesu Wirken zumindest in Erwägung zu ziehen?

Jojachin: Jeremias vertuschte Prophezeiungen gegen Jesus

In der langen Litanei der Ahnentafel Jesu heißt es:[1] »Josia zeugte Jojachin und seine Brüder um die Zeit der Babylonischen Gefangenschaft. Nach der Babylonischen Gefangenschaft zeugte Jojachin Schealtiel …« Mehrere Generationen später wird schließlich Josef als ein direkter Nachkomme des Jojachin geboren. Diese Information mutet nicht besonders interessant oder gar spannend an. Sieht man sich aber den Text nicht in der Übersetzung, sondern im griechischen Original an, so macht man eine seltsame Entdeckung: Da heißt es nämlich: Josia zeugte den Jechonia und seine Brüder um die Zeit der Babylonischen Gefangenschaft. Nach der Babylonischen Gefangenschaft zeugte Jechonia Schealtiel.«

Nach der Übersetzung ist Jesus ein Nachkomme des Jojachin, nach dem griechischen Original aber ist Jesus ein Spross aus dem Hause Jechonias. Brisant wird diese Information erst, wenn man weiß, was der Prophet Jeremia über Jechonia alias Konia sagt:[2] »So spricht der Herr: Schreibt diesen Mann auf als einen, der ohne Kinder ist, einen Mann, dem sein ganzes Leben lang nichts gelingt! Denn keiner seiner Nachkommen wird das Glück haben, dass er auf dem Thron Davids sitzen und in Juda herrschen wird.«

Es ist eindeutig: Nach der Prophezeiung wird kein Nachkomme Jechonias den Thron Davids besteigen. Ließ man deshalb in den Übersetzungen Jechonia verschwinden? Denn das Prophetenwort schließt ja aus, dass Jesus eben diesen Thron besteigen wird. Denn Jesus gehört nach Jeremia zu dem Personenkreis, der nicht auf dem Thron Davids sitzen wird. Aber genau das behauptet das »Neue Testament«: Jesus ist der Messias, weil er als Nachkomme Davids dessen königliches Erbe antritt.

Es mutet kurios an: Da gibt es ein klares Prophetenwort, das Jesus als Messias ausschließt. Diese Prophezeiung wird in Übersetzungen des »Neuen Testaments« vertuscht, indem man König Jechonia im Stammbaum Jesu in Jojachin umbenennt. Ein anderes Prophetenwort, das nun mit Sicherheit nicht auch nur das Geringste mit Jesus zu tun hat, wird in der Theologie als »Hinweis auf Jesus« umgedeutet:[3] »Und es wird ein Zweig hervorgehen aus dem Stamm Isais und ein Zweig aus seiner Wurzel Frucht bringen. Auf ihm wird ruhen der Geist des Herrn …«

Doch kehren wir zurück zu König Jechonia: Nach den Aufzeichnungen der Chronik[4] war Jechonia ein Sohn des Jojakim. Wenn Jojakim der Vater des Jechonia war, dann wird Jesus als Nachkomme des Jechonia automatisch zum direkten Nachkommen auch des Jojakim. Denn nach dem Evangelium nach Matthäus war Jesus ein Nachkomme des Jechonia. Wenn Jesus von Jechonia abstammt, dann trifft dies natürlich auch für dessen Vater zu. Über eben diesen Jojakim gibt es wiederum beim Propheten Jeremia eine sehr konkrete Aussage Gottes:[5] »Es soll keiner von den Seinen auf den Thron Davids steigen. Und sein Leichnam soll hingeworfen werden, am Tag in der Sonnenhitze und nachts in der Kälte des Frosts.«

Fazit: Es gibt zwei Prophezeiungen des Propheten Jeremia, die Jesus als Nachfolger Davids ausschließen.

Josef von Arimathäa: Jesu Grab und der »Gottesknecht«

Nach dem qualvollen Tod Jesu taucht bei den vier kanonischen Evangelisten Josef von Arimathäa auf. So knapp die Angaben über ihn sind, so widersprüchlich sind sie. Folgen wir Johannes, dann war[1] »Josef … ein Jünger Jesu, doch heimlich aus Furcht vor den Juden«. Bei Matthäus heißt es klipp und klar:[2] »Am Abend aber kam ein reicher Mann aus Arimathäa, der hieß Josef und war auch ein Jünger Jesu.«

Bei Markus ist nicht davon die Rede, dass Josef ein Jünger war, im Gegenteil: als »Ratsherr«, also als Mitglied des Synedrium, muss er ein überzeugter Jude gewesen sein:[3] »ein angesehener Ratsherr, der auch auf das Reich Gottes wartete«. Jeder Jude tat das.

Bei Lukas ist überhaupt nichts von heimlicher oder offener Jesus-Anhängerschaft zu spüren:[4] »Josef, ein Ratsherr, der war ein guter, frommer Mann und hatte ihren Rat und ihr Handeln nicht gebilligt.« Im »Evangelium nach Petrus«, das nicht in den Kanon des »Neuen Testaments« aufgenommen wurde, finden wir Josef von Arimathäa gar als »Freund des Pilatus«[5] beschrieben.

Die Aussagen der Evangelientexte über Josef sind, vorsichtig ausgedrückt, uneinheitlich. Die wissenschaftliche Jesusforschung ist gespalten. Für den Theologen Ulrich Wilckens gibt es keine Unklarheit. Seiner Meinung nach ist Josef[6] »zweifellos eine historische Gestalt«. Woher er diese Information bezieht, verrät er nicht. Denn Josef von Arimathäa wird ausschließlich in den Evangelien erwähnt. Der Theologe Dominic Crossan kommt zum entgegengesetzten Ergebnis. Seiner Meinung nach wurde die Gestalt des Josef frei erfunden.[7] Warum?

Jesus wurde von seinen Feinden hingerichtet. Für sie war er ein Verbrecher, der in Schande gestorben ist. Mit toten Verbrechern ging man wenig pietätvoll um. Man ließ sie rasch verschwinden. Der Theologe Herbert Braun fasst zusammen:[8] »Angesichts des bezeugten jüdischen Brauches, Verbrecher in einer Art Schindanger zu verscharren, lässt sich der Zweifel nicht von der Hand weisen, ob die jetzigen Grablegungsgeschichten der Evangelien überhaupt einen historischen Kern enthalten.«

Jesus wurde von seinen Feinden hingerichtet. Dann soll sein Leichnam von seinen Freunden wie ein hoher Würdenträger balsamiert und würdevoll beigesetzt worden sein. Wie aber konnte das möglich sein? Wie soll der Leichnam von den Henkern zu den Anhängern Jesu gelangt sein? Für Dominic Crossan ist der Sachverhalt klar: Josef von Arimathäa wurde erfunden. Seine einzige Aufgabe bestand daran, Pilatus um die Herausgabe des toten Jesus zu bitten und ihm dann seine eigene Grabstätte zur Verfügung zu stellen. Nach dem Motto »Der Mohr hat seine Schuldigkeit getan, der Mohr kann gehen!« verschwindet Josef dann ebenso abrupt wie er aufgetaucht war. Er wird nicht mehr erwähnt: Wie ein Statist betritt er die Bühne nur kurz.

Wenn Texte für das »Neue Testament« komponiert wurden, dann ließen die Autoren ihrer Fantasie nicht einfach freien Lauf. Vielmehr suchten sie in den Schriften des »Alten Testaments« nach Texten, die sozusagen als fromme »Regieanweisungen« verwendet werden konnten. Immer wieder wurde die Biographie Jesu so gestaltet, dass »Prophezeiungen« aus dem »Alten Testament« in Erfüllung gingen, auch wenn es sich dabei gar nicht um Vorhersagen handelte.

Beim Propheten Jesaja gibt es den »Gottesknecht«. Über ihn heißt es, wenn auch in der Vergangenheitsform und nicht als Vorhersage von Künftigem:[9] »Fürwahr, er trug unsere Krankheit und lud auf sich unsere Schmerzen. Wir aber hielten ihn für den, der geplagt und von Gott geschlagen und gemartert wäre. Aber er ist um unsere Missetat willen verwundet und um unserer Sünde willen zerschlagen. Die Strafe liegt auf ihm, auf dass wir Frieden hätten, und durch seine Wunden sind wir geheilt.«

Der »Gottesknecht« Jesajas hat bereits gelebt und war längst gestorben als Jesus geboren wurde. Und dennoch: Auch der kritische Bibelleser muss zugeben, dass die Parallelen zu dem Jesusbild der Evangelisten nicht zu übersehen sind. Wenn wir nun bei Jesaja eine Aussage über das Grab des Gottesknechtes suchen, so werden wir wiederum fündig:[10] »Und man gab ihm sein Grab bei den Gottlosen und Übeltätern.«

Auch dieses Jesajawort könnte man auf Jesus beziehen: Wenn man davon ausginge, dass er nach der Abnahme vom Kreuz auf einem Schandanger verscharrt wurde, auf dem zahllose andere Hingerichtete formlos beigesetzt wurden. Davon aber wollen die Evangelisten nichts wissen. Übereinstimmend sagen sie aus, dass der reiche Josef von Arimathäa Jesus in das Felsengrab legte, das er eigentlich für sich gedacht hatte:[11] »Und Josef legte ihn in sein eigenes neues Grab, das er in einen Felsen hatte hauen lassen.«

Der vornehme, wohlhabende Ratsherr Arimathäa wird sich natürlich ein Grab in vornehmer Umgebung ausgesucht haben. Wenn Jesus dort beigesetzt wurde, dann geschah dies aber nicht, so wie es bei Jesaja heißt, »bei den Gottlosen und Übeltätern«. Des Rätsels Lösung: Der Verfasser des Berichts von Jesu Grablegung hat sich schlicht und einfach verlesen! Die hebräischen Wörter für »Übeltäter« und »Reiche« sind nämlich zum Verwechseln ähnlich!

Der fromme Verfasser vertat sich gewaltig. Wo im hebräischen Original steht »Und man gab ihm sein Grab bei den Gottlosen und Übeltätern«, da las er statt »Übeltätern« … »Reichen«. Und schon war das Grab verlegt. Wurde Josef von Arimathäa also zum Reichen, weil sich der Evangelist verlesen hatte?

Im Evangelium nach Johannes wird der Irrtum am perfektesten umgesetzt. Jesus wird, was kaum möglich zu sein scheint, bei Reichen und Gottlosen zugleich bestattet: Das Grab des Josef von Arimathäa war das eines Reichen. Johannes siedelt es in unmittelbarer Nähe der Kreuzigungsstätte an, also bei den »Gottlosen«, die so schmählich endeten:[12] »Es war aber an der Stätte, wo er gekreuzigt wurde, ein Garten, und im Garten ein neues Grab.«

Es ist nicht ganz klar, bei welchem Text die irrtümliche Verwandlung von »Übeltätern« in »Reiche« erstmals erfolgte. Unterlief der Fehler dem unbekannten Verfasser des später nach Markus benannten Evangeliums? Schrieben die anderen Evangelisten dann von ihm ab? Oder wurde der Lesefehler mehrfach begangen?

Judas: Widersprüche um seinen Tod

Nach Matthäus bereute Judas seinen Verrat an Jesus.[1] Das Blutgeld brannte ihm förmlich in den Händen. So versuchte er die Silbermünzen seinen Auftraggebern zurückzugeben. Die Herren von der Priesterschaft zeigten sich jetzt erstaunlich pietätvoll. Zunächst hatten sie keinerlei Bedenken gehabt, ein Kopfgeld auf Jesus auszuloben. Sie wussten genau: Judas' Verrat würde Jesus ans Kreuz bringen. Jetzt aber weigerten sie sich schamhaft, den Preis für den Verrat zurückzunehmen. An dem Geld klebte doch Blut! Judas war verzweifelt, wie von Sinnen. Er warf das Silber, das er unter keinen Umständen behalten wollte, zurück in den Tempel. Ob er glaubte, so seine Schuld seinen Auftraggebern aufzubürden? Dann »erhängte er sich selbst«.[2]

In der »Apostelgeschichte« erinnert Petrus die kleine Schar der Jünger, dass ja nach dem Abgang des Judas ein Platz im Kreis der einstmals zwölf unbesetzt sei. Bevor man zur Wahl eines neuen Jüngers schritt, vermeldete Petrus das traurige Ende des Verräters: Für den Lohn seines Verrats habe sich der Gottlose »einen Acker« erworben.[3]

Der Widerspruch ist eklatant. Bei Matthäus heißt es:[4] »Aber die Hohen Priester nahmen die Silberlinge und sprachen: ›Es taugt nicht, dass wir diese in den Gotteskasten legen, denn es ist Blutgeld.‹ Sie hielten aber einen Rat und kauften den Töpfersacker dafür zum Begräbnis der Pilger. Dafür ist dieser Acker genannt der Blutacker bis auf den heutigen Tag.« Bei Matthäus sind es die Hohen Priester, die den Acker kaufen. In der Apostelgeschichte ist es Judas selbst, der das Stück Land kauft, bevor er Selbstmord verübt. Allerdings hängt er sich nicht auf wie bei Matthäus:[5] Er »stürzte vornüber und ist mitten entzweigeborsten und all sein Eingeweide ist ausgeschüttet. Und es ist kundgetan worden allen, die zu Jerusalem wohnten, so dass dieser Acker genannt wird Blutacker.«

Bei Matthäus sind es die Hohen Priester, die für den Judaslohn einen Acker kaufen. Sie nennen ihn Blutacker, weil er mit dem Blutgeld bezahlt wurde. In der Apostelgeschichte kauft Judas das Land vor seinem Tod selbst. Es erhält den Namen Blutacker, weil Judas darauf aufplatzte. Es gibt also zwei sehr kurze Anmerkungen in zwei verschiedenen biblischen Büchern des »Neuen Testaments« über den Tod des Judas. Die wenigen Fakten aber, die übermittelt werden, widersprechen sich in den wesentlichen Punkten diametral. Das ist erstaunlich, wenn man bedenkt, dass es sich nur um jeweils kurze Verse handelt!

Nur eine Version kann stimmen, die andere muss falsch sein. Beide Versionen schließen einander aus, möchte man meinen. Es gelingt aber Gleason L. Archer, beide Versionen miteinander in Einklang zu bringen. Diese Harmonisierung der Texte mutet haarsträubend an:[6] Judas erhängte sich demnach an einem Baum. Der muss nicht nur einen morschen Ast gehabt, sondern auch noch an einer steilen Klippe gestanden haben. Der besagte Ast nun ragte über den Abgrund. Ein heftiger Windstoß ließ den Ast abbrechen, der tote Judas stürzte in die Tiefe. Dann schlug er mit den in der Apostelgeschichte vermerkten unappetitlichen Folgen auf dem Feld auf. Und schon sind aus zwei widersprüchlichen Meldungen über Judas' Tod zwei Hälften einer Geschichte geworden. Wirklich?

Archer beweist noch mehr Fantasie: Jener Windstoß, der den Tempelvorhang entzweiriss, als Jesus starb,[7] habe auch den Ast brechen lassen, an welchem Judas hing. Beide müssten dann fast gleichzeitig gestorben sein. Aber wie war das mit dem Ackerkauf? In diesem Punkt versagt Archers reichlich konstruiert wirkende »Harmonisierung« kläglich. Der Kauf kann natürlich nicht von den Priestern und von Judas selbst mit den identischen Münzen getätigt worden sein! Wie man die Szenenabfolge auch in Gedanken durchspielt: Die Widersprüche lassen sich nicht überbrücken!

Beispiel: Judas wirft verzweifelt das Geld in den Tempel. Die Hohen Priester beraten sich rasch, um dann im Eiltempo den Acker zu kaufen. Das muss sehr schnell geschehen sein. Denn Judas erhängt sich umgehend, nachdem er sich des Blutgelds entledigt hat. Dann bricht der Ast und der tote Judas fällt just auf jenes Feld, das die Hohen Priester eben gekauft haben. Aber nach der Apostelgeschichte hat doch Judas selbst den Acker gekauft … Erwarb also Judas ein Stück Land mit Silbermünzen, die er gar nicht mehr besaß, weil er sie ja zuvor in den Tempel geschleudert hatte? Und wählte er an einer Klippe über dem Acker dann einen Baum zum Aufhängen, um dann auf den Acker zu fallen, den er gekauft hat, obwohl ihm das gar nicht mehr möglich war?

Es mag müßig erscheinen, diese abstrusen Unmöglichkeiten in Gedanken durchzuspielen. Aber erst dann wird wirklich klar, wie in sich widersprüchlich die Berichtslage über den Tod des Judas Ischariot ist!

Und noch ein eklatanter Widerspruch: Drei Tage nach seinem Tod am Kreuz kam es zum grandiosen Wunder der Auferstehung, zum Kernstück des christlichen Glaubens. Dieser Triumph Jesu über den Tod ist die Basis christlicher Hoffnung. Bei Paulus heißt es, dass Jesus zunächst von Kephas und dann von den *zwölf* Jüngern gesehen wurde.[8] Das aber ist unmöglich: Zu diesem Zeitpunkt hatte sich Judas erhängt und der »Ersatzjünger«, ein gewisser Matthias,[9] war noch nicht gewählt worden.

Ein Kuriosum am Rande: Der Gegenkandidat, der beim Losentscheid unterlag, war ein gewisser Barsabas oder Barabbas. Ein Mann dieses Namens stand bei einer anderen »Wahl« zur Verfügung: Als angeblich das Volk entscheiden sollte, wem der Prozess gemacht werden solle: Jesus oder Barabbas. Jesus verlor gegen Barabbas.[10] Jetzt zieht ein anderer Barabbas den Kürzeren.

Jungfrauengeburt:[1] Jesus war nicht der Erste

Der große protestantische Theologe Karl Barth (1886–1968) stellte in seinem Werk »Die kirchliche Dogmatik« fest:[2] »Die Kirche weiß wohl, was sie getan hat, indem sie dieses Dogma (von der jungfräulichen Geburt) sozusagen als Wache vor die Tür zu dem Geheimnis der Weihnacht stellte. Sie wird als kirchliche Ordnung verkündigen: ›Es gehört zum wirklich christlichen Glauben auch die Bejahung der Lehre von der Jungfrauengeburt.‹«

Die Jungfrauengeburt Jesu ist ohne Zweifel ein wichtiger Bestandteil christlichen Glaubens. Millionen von Gläubigen bekennen beim Gottesdienstbesuch im Glaubensbekenntnis, was nur noch wenige Zeitgenossen wirklich für wahr halten: die jungfräuliche Geburt Jesu. Sie steht ohne Zweifel im Zentrum des christlichen Glaubens evangelischer wie katholischer Prägung.

Dabei unterliegt fast jeder zeitgenössische Christ einem erstaunlichen Irrtum. Gerade das Thema Jungfrauengeburt beweist, dass es eine große Diskrepanz geben kann zwischen dem, was wir als Aussage der Bibel vermuten, und dem, was wirklich in der Bibel zu finden ist. In den biblischen Kindheitsgeschichten ist nämlich nur von jungfräulicher Empfängnis die Rede, nicht aber von Jungfrauengeburt! Sowohl das Evangelium nach Matthäus[3] als auch das Evangelium nach Lukas[4] erwähnen bei der Schilderung von Jesu ersten Lebenstagen keine Jungfrauengeburt. Sie gehen nicht darauf ein, ob Maria die Geburt des Jesusknaben als Jungfrau überstand.

Sie ist aber dessen ungeachtet kein besonderes Charakteristikum der christlichen Religion. So stellt Joseph Wheless in seinem kritischen Werk »Is it God's Word?« mit einem Schuss Ironie fest:[5] »Wir können hier festhalten, dass jungfräuliche Geburten von Göttern in alten Religionen kein Novum darstellen. Es war eine alltägliche Sache, die jeder zum Abergläubischen neigende Heide oder Hebräer bereitwillig glauben würde.«

Vielleicht unterschied man schon in den Urreligionen der frühesten Tage der Menschheit zwischen Normalsterblichen und Göttern. Im Gegensatz zu den auf nach alter Väter Sitte gezeugten und geborenen Menschen kamen die Söhne der Himmlischen von jungfräulichen Müttern auf die Welt. Die Urreligionen verfügten aber über keine schriftlichen Aufzeichnungen. Wann das »Jesus-Wunder« zum ersten Mal geschah, wissen wir also nicht.

1882 erregte der kritische Bibelinterpret T. W. Doane erhebliches Aufsehen mit seiner vergleichenden Studie zu Parallelen zwischen der Bibel und anderen grundlegenden religiösen Werken.[6]

Sehr zum Ärger mancher christlicher Theologen wies Doane nach, dass es sich bei der Jungfrauengeburt um keinen Sonderfall des »Neuen Testaments« handelt. Vielmehr ist es ein weit verbreitetes Motiv.[7]

- Der vermutlich älteste Bericht stammt aus China. Anno 3468 v. Chr. soll dort Fo-hi das Licht der Welt erblickt haben. Seine Mutter soll dabei jungfräulich geblieben sein. Mit dem so mirakelhaft geborenen Göttlichen soll eine ganz besondere Ära ihren Anfang genommen haben.
- Für chinesische Verhältnisse jung, ist die Geschichte von Lao-kiun, auch Lao-Tsze oder Laotse genannt. 604 v. Chr. soll auch er jungfräulich geboren worden sein. Eigentlich soll er schon seit Anbeginn der Zeit gelebt haben. Er ließ sich herab, auf der Erde durch eine Jungfrau zur Welt gebracht zu werden. Seine Jünger bemühten sich um einen liebevollen Umgang mit allen Kreaturen. Sie lebten in klosterähnlichen Gemeinschaften keusch und glaubten an den Zölibat.
- Im Alten Indien wurde der Menschheit angeblich vor langer Zeit Salivahana, ein »Retter«, geschenkt. Sein Vater, so wird überliefert, hieß Taishaca, spielte aber eine ansonsten eher unbedeutende Rolle. Seine Mutter war nämlich bei der Geburt Jungfrau und wäre auch ohne den Gemahl zurechtgekommen.
- Maria wird seit vielen Jahrhunderten in der christlichen Welt als jungfräuliche Mutter Jesu verehrt. Auf unzähligen, manchmal verkitschten Bildern sieht man rührende Szenen: Maria und Kind. Maya und Kind Buddha sind in Indien nicht seltener und ganz ähnlich dargestellt. Und auch hier glaubt man an die jungfräuliche Geburt des angebeteten Kindes. Devaki stand Jesus und Buddha nicht nach. Auch von ihr heißt es, dass sie auf wundersame Weise trotz der Niederkunft ihre Jungfräulichkeit bewahrte.
- Dieses Mirakel wird auch aus dem Land der gewaltigen Pyramiden vermeldet. Isis gebar den himmlischen Horus. Als segensreicher Retter für das Land am Nil wird Horus gepriesen.

»Himmlische Mutter«, »Mutter Gottes« und »Unbefleckte Empfängnis« sind einige der Titel, die man seiner stolzen Mama verliehen hat.

- Der heldenhafte Perseus war ein Sohn des göttlichen Jupiter und der jungfräulichen Danae, Tochter des königlichen Acrisius.
- Bereits anno 140 n. Chr. schrieb Justin der Märtyrer durchaus offen:[8] »Indem wir behaupten, der Erstgeborene Gottes, unser Herr, Jesus Christus sei von einer Jungfrau geboren worden, sagen wir nicht mehr als das, was ihr Heiden sagt, wenn ihr ein Bild von den Söhnen Jupiters entwerft. So wie er (Jesus Christus) von einer Jungfrau geboren wurde, so habt ihr als Ausgleich Perseus.«
- Lange bevor Amerika von den plündernden Europäern entdeckt wurde, hatte sich in Mexiko der Glaube an den Gott Quetzalcóatl entwickelt. Ein himmlischer Bote soll seiner erstaunten Mutter angekündigt haben, dass sie einen Sohn gebären werde, ohne dass sie Kontakt mit einem Mann hatte. Bei den Mayas hatte der Gott mit dem komplizierten Namen ein Pendant: Zama. Auch der war der »eingeborene Sohn« des höchsten Gottes Kinchahan. Auch Zama war das leibhaftige Ergebnis einer Jungfrauengeburt.

Zu Zeiten der jungen christlichen Gemeinde war die Vorstellung, dass eine jungfräuliche Geburt stattfinden kann, wenn ein Gott für Nachwuchs sorgen will, nicht befremdlich, sondern durchaus glaubwürdig. Im christlichen Abendland hatte man bald Probleme mit dem Thema. Man versuchte, das Unbegreifliche zu erklären. Jakobus de Voragine fabulierte :[9] »Wenn Licht auf einen Körper fällt, entsteht ein Schatten. Die Jungfrau konnte als Menschenwesen das ganze Maß der Göttlichkeit nicht fassen; aber die Kraft des Allerhöchsten überschattete sie, während das körperlose Licht der Gottheit in ihr menschliche Gestalt annahm, und so war es ihr möglich, Gott zu gebären.«

Im Zeitalter der Vernunft wich das Mythologisch-Märchenhafte. Doch rationale Erklärungen, die verständlich und glaubhaft zugleich sind, fanden sich nicht. So wurde eine schlichte Wahrheit deutlich: Die Jungfrauengeburt ist eine Frage des Glaubens, die intellektuell-rational nicht beantwortet werden kann.

Kanon: Von den Stiefkindern des »Neuen Testaments«

Der fromme Jude hat als Richtschnur für sein Leben die Thora, das »Alte Testament« der christlichen Bibel. Zu Jesu Lebzeiten war das nicht anders. Auch Jesus und seine Jünger orientierten sich in religiösen Fragen an der Thora. Das »Neue Testament« konnte es damals naturgemäß noch gar nicht geben. Es mag sein, dass schon zu Jesu aktiven Zeiten als Wanderprediger getreue Anhänger wichtige Worte des Rabbi Jesus notierten. Womöglich wurden solche Texte auch in Jesu Gefolgschaft herumgereicht. Wenn es solche Texte gab, so sind sie alle verloren gegangen.

Nach dem grausamen Tod Jesu am Kreuz dürfte der Wunsch entstanden sein, das Leben Jesu aufzuzeichnen. So heißt es in den einleitenden Worten zum Evangelium nach Lukas:[1] »Nachdem es schon viele unternommen haben, Bericht zu geben von den Geschichten, die unter uns geschehen sind, entsprechend dessen, was uns jene überliefert haben, die es von Anfang an erlebt haben, habe ich es für richtig angesehen, nachdem ich alles sorgsam recherchiert habe, dass ich alles aufschreibe.«

Tatsächlich dürften schon in den ersten Jahrzehnten nach Jesu Tod schriftliche Berichte entstanden sein, die Jesu Leben und Taten beschrieben. Neben biographischen Texten entstanden in der Anfangszeit des Christentums Briefe, in denen den verstreuten Gemeinden Ratschläge für ein Leben im Geiste Jesu erteilt wurden. Damals wurden wohl auch die Briefe des Apostels Paulus verfasst. In Briefform verschickt wurden wahrscheinlich auch biographische Texte. Man wollte den Anhängern des sich vom Judentum lösenden neuen Glaubens vermitteln, was als das Fundament der religiösen Überzeugung angesehen wurde.

Bis 150 n. Chr. dürften die vier Evangelien nach Matthäus, Markus, Lukas und Johannes in der uns heute vorliegenden Form bereits existiert haben. Bis etwa 200 n. Chr. nahm man diverse Briefe wie die des Paulus zu den Evangelien, so dass langsam ein zweites »Testament« entstand. Schon damals stritt man sich aber darüber, was nun in den Kanon (was so viel heißt wie »Richtschnur«)[2] des »Neuen Testaments« gehörte und was nicht.

Marcion (etwa 85 n. Chr. – 160 n. Chr.) war von seinem Vater, dem Bischof von Sinope, aus der Kirche ausgeschlossen worden. 138 n. Chr. wurde er wieder aufgenommen, 144 n. Chr. aber erneut verstoßen. Marcion, der eine mächtige Sonderkirche in der Kirche aufbaute, ließ nur die ersten zehn Briefe des Paulus und das Evangelium nach Lukas gelten. Alles andere sah er als judenchristliche Verfälschungen an. Das »Alte Testament« wollte er überhaupt ganz verwerfen. Diese ablehnende Haltung war es, die anno 180 n. Chr. zu einer Einigung der jungen Amtskirche führte, welche Texte als die heiligen Schriften der christlichen Kirche anzusehen waren: die Evangelien nach Matthäus, Markus, Lukas und Johannes, die Apostelgeschichte des Lukas, die zehn Paulusbriefe, der 1. und 2. Timotheusbrief, der Titusbrief und die Apokalypse des Johannes.

Marcion trug so wesentlich zur Entstehung unserer Bibel, so wie sie heute vorliegt, bei. Er selbst wurde zum Ketzer erklärt. Hätte er sich durchgesetzt, sähe die Bibel heute ganz anders aus. Sie wäre kein dickleibiges Buch, sondern nur ein schmales Heft.

190 n. Chr. verkündete Irenäus von Lyon in seinem Werk »Gegen die Irrlehrer« einen etwas anderen Kanon. Demnach zählte einer der Paulusbriefe (»Philemonbrief«) nicht zu den heiligen Texten des »Neuen Testaments«. Er listet aber einen »Petrusbrief« und zwei »Johannesbriefe« auf, die unbedingt zum »Neuen Testament« gehören.

Im »Muratorischen Fragment« wird die Apokalypse des Johannes als »zweifelhaft« bezeichnet. Der Hebräerbrief wird nicht genannt, dafür wird eine Petrus-Apokalypse aufgezählt, die man heute vergeblich in der Bibel suchen wird.

Erst 405 n. Chr. schreibt Papst Innozenz I. an den Bischof von Toulouse und zählt jene Bücher auf, die auch heute das »Neue Testament« bilden. 1442 wurde diese Auswahl durch das Konzil von Florenz bestätigt, was 1546 durch das Konzil von Trient bekräftigt wurde.[3]

Der heutige Text des »Neuen Testaments« ist das Ergebnis einer Entwicklung, die sich über Jahrhunderte erstreckte. Während sich nach und nach der Kanon der christlichen Kirchen durchsetzte, wurden aber gleichzeitig immer noch andere Schriften im Gottesdienst verwendet. Nach den erhaltenen Aussagen von Justin wurden selbst in Rom im zweiten nachchristlichen Jahrhundert auch andere Evangelien im Gottesdienst eingesetzt und offiziell neben den heute noch benutzten Texten des »Alten« wie des »Neuen Testaments« verlesen. Das Evangelium nach Johannes zählte zwar zum amtlichen Kanon, wurde aber kaum verwendet.[4]

Es gab eine Entwicklung hin zur einheitlichen Anerkennung der Schriften des »Neuen Testaments«. Offenbar gab es aber neben dem Kanon weitere Schriften, die oft als gleichwertig gesehen wurden. Im 7. Jahrhundert listete ein eifriger Schreiber nicht nur die bekannten Werke des »Neuen Testaments« auf, sondern weitere Schriften: »Geschichte des Jakobus«, »Offenbarung des Petrus«, »Wege und Lehren der Apostel«, »Brief des Barnabas«, »Paulusakten«, »Offenbarung des Paulus«, »Lehre des Klemens«, »Lehre des Ignatius«, »Lehre des Polykarp«, »Evangelium nach Barnabas« und das »Evangelium nach Matthias«.

Neben den kanonischen Büchern verehrte man in der christlichen Kirche weitere Werke, die als »apokryph« bezeichnet wurden. Diese Bezeichnung, sie lässt sich mit »verborgen« übersetzen, ist irreführend. Verborgen waren diese Texte nie. Prof. Georg

Fohrer schlug deshalb eine Umbenennung der apokryphen Texte vor:[5] »Zutreffender könnte man sie deuterokanonische Bücher nennen, die eine Art Anhang zum Kanon bilden.« (Deuterokanon: 2. Kanon.) Ist also der Unterschied zwischen den Büchern, die wir heute in unseren Bibeln vorfinden, und jenen, die außen vor bleiben müssen, gar nicht so groß?

Gegen Ende des 4. Jahrhunderts wurde von einer Gruppe von Kirchenfürsten darüber abgestimmt, welche Texte für die Bibel als unverzichtbar galten und welche nicht in das Buch der Bücher aufgenommen werden sollten. Nach welchen Kriterien ausgewählt wurde, ist nicht überliefert. Das Ergebnis der Abstimmung war, wie wir wissen, denkbar knapp. Dazu der Bibelkenner Richard Sisson in seinem umfangreichen Werk über die erstaunlichsten Fragen des Christentums und deren Beantwortung:[6]

»Die Bücher, aus denen sich unsere geliebte Bibel zusammensetzt, wurden zur Heiligen Schrift erklärt bei einem Abstimmungsverhältnis von 568 zu 563.« Mit anderen Worten: Die Abstimmung hätte auch ganz anders verlaufen können. Dann wäre heute eine andere Bibel Grundlage für den christlichen Gottesdienst und für die christliche Glaubenslehre. Wie die Bibel aussehen könnte, kann man kaum auch nur erahnen. Bis in unsere Tage hat sich ein Berg von »Schriften« erhalten, die nicht in die Bibel aufgenommen wurden, die vom Umfang her ein Vielfaches der Bibel ausmachen.

Wie sind diese anderen Texte zu bewerten? Darüber streitet man in der Kirche seit nunmehr fast zwei Jahrtausenden. Und was sagt die theologische Wissenschaft? Sie ist sich nicht einig. Prof. Gerd Lüdemann fasst zusammen:[7] »Der Wert der außerkanonischen Jesusüberlieferungen ist in der Forschung sehr umstritten. So beziehen einige Forscher sie in ihre Rekonstruktion der Lehre und des Lebens Jesu als den kanonischen Überlieferungen gleichwertig mit ein (Köster; Cameron; Mayeda), wohingegen andere den historischen Wert weitgehend bestreiten (Evans, Charlesworth).«

Der Laie fragt: Kann die theologische Wissenschaft nicht die außerbiblischen Jesustexte analysieren und bewerten? Das ist in der Tat nicht nur möglich, sondern auch schon geschehen. Ergebnis: Es gibt in den Texten des »Neuen Testaments« echte und falsche Jesus-Worte. Und es gibt in den apokryphen Texten auch echte und falsche Jesus-Worte.

Festzuhalten ist: Die römisch-katholische Kirche wertete auf dem »Trienter Konzil« (1545–1547, 1547 und 1551/52) die Mehrzahl der apokryphen Schriften zum »Alten Testament« als dem Kanon gleichwertig oder gar kanonisch. Ein besonders stiefmütterliches Dasein fristen apokryphe Texte zum »Neuen Testament«. Dabei sind ihre »Jesus-Worte« oft von jenen der Bibel kaum oder gar nicht zu unterscheiden. Das heißt: So wie die Bibel menschliches Reden über Glaubensfragen ist, so trifft dies auch für die außerbiblischen Texte zu. Es ist ein Irrtum zu glauben, dass nur der Bibel »wahre Erkenntnisse« über Jesus aus Galiläa zu entnehmen sind. Es ist ein Irrtum anzunehmen, dass apokryphe Texte nur Unwahres über Jesus sagen und dass sie deshalb nicht in den Kanon aufgenommen wurden.

König der Juden – oder nicht?

Zu Jesu Zeiten war die Situation im »Heiligen Land« eindeutig. Die Juden hatten kaum oder nichts im eigenen Land zu sagen. Die militärische und damit auch die politische Macht lag bei den römischen Besatzern. Die Rechtsprechung erfolgte entsprechend durch die Römer. Todesurteile wurden ausschließlich von den Römern gesprochen und vollstreckt. Religiöse Querelen zwischen Juden interessierten die Römer nicht. Die römische Justiz hätte keinen Anlass gesehen, etwa auf Grund einer Klage durch die Priesterschaft gegen einen Juden wegen der Missachtung mosaischer Gesetze vorzugehen.

Es wäre aber sehr wohl ein Anlass gewesen, Jesus zu verhören, wenn man ihn für einen Aufrührer gehalten hätte. Die Behauptung, König der Juden zu sein, konnte in den Augen der Römer als politischer Anspruch gewertet werden, der keinem Juden zukam. Wenn es einen politischen Prozess gegen Jesus gab, dann dürfte man Jesus vorgeworfen haben, als Revolutionär die römischen Herrscher stürzen und ihre Position übernehmen zu wollen. Entsprechend kann die Frage des Pilatus an Jesus beim Verhör verstanden werden, die von allen vier kanonischen Evangelisten wortwörtlich zitiert wird:[1] »Bist du der König der Juden?«

In den Texten der Evangelien nach Matthäus, Markus und Lukas antwortet Jesus weder eindeutig mit einem Ja oder einem Nein, sondern ausweichend:[2] »Du sagst es!« Seine Antwort kommt aber sinngemäß einem Nein gleich: Ob ich König der Juden sei? Das sagst du! Unausgesprochen bedeutet dies: Ich aber nicht.

Im Text des Evangeliums nach Johannes stellt sich der Sachverhalt komplexer und ganz anders dar.[3] Als Pilatus fragt, ob Jesus König der Juden sei, erhält er eine Gegenfrage: »Sagst du das von dir aus, oder haben es dir andere über mich gesagt?« Pilatus beteuert, sich nicht auszukennen, er sei ja kein Jude. Er fragt Jesus: »Was hast du getan?« Pilatus kann mit Jesu Antwort nichts anfangen: »Wäre mein Reich von dieser Welt, meine Diener würden darum kämpfen, dass ich den Juden nicht überantwortet würde, nun ist aber mein Reich nicht von dieser Welt.«

Pilatus hört nur etwas von »Reich« und von Dienern, die für Jesus kämpfen würden. Er wiederholt eindringlich, suggestiv: »So bist du dennoch ein König?« Jetzt erhält Pilatus von Jesus ein klares Ja:[4] »Du sagst es, ich bin ein König.«

Wenn wir den im Evangelium nach Johannes geschilderten Sachverhalt akzeptieren, dann wird etwas klar: Wenn die römische Obrigkeit Jesus als Aufrührer kreuzigen wollte, dann konnte sie die Aussage »Du sagst es, ich bin ein König.« durchaus als »Geständnis« akzeptieren und Jesus als umstürzlerischen Rebellen hinrichten.

Berücksichtigt man aber nicht nur den Text nach Johannes, sondern auch die Texte der Evangelien nach Matthäus, Markus und Lukas, dann gibt es keine klare Antwort auf die Frage, ob sich Jesus als König der Juden ausgab oder nicht.

Falsch ist die Darstellung im Text nach Matthäus:[5] »Und als er von den Hohen Priestern verklagt wurde ...« Es hat niemals »Hohepriester« (Mehrzahl), sondern stets nur einen Hohen Priester gegeben, so wie es in der römisch-katholischen Kirche stets nur einen Papst gibt. Und Klage führten bei Prozessen stets die Römer selbst, nicht der Hohepriester! Hier irrt der Verfasser des Evangeliums ganz eindeutig! Oder versuchte er bewusst, die Römer zu exkulpieren und die eigentliche Schuld am Tode Jesu den Juden zuzuschieben? Das ist dann allerdings bereits Interpretation oder der Versuch einer Motivsuche.

Eindeutig falsch ist die Autoritätsfrage auch im Evangelium nach Johannes geschildert: Es ging in einem »Prozess« gegen Jesus auf keinen Fall darum, ob er denn nun den Juden zur Hinrichtung ausgehändigt werde oder nicht. Es ist nicht so, dass Pilatus Jesus der Mordlust der Juden hätte entziehen können, weil die Auslieferung an die Juden zu keinem Zeitpunkt zur Diskussion stand. Die geschilderte Gefahr bestand nie in der Realität der römischen Rechtsprechung. Es war ganz eindeutig, und Jesus muss das gewusst haben: Sollten die Römer ihn als eines todeswürdigen Verbrechens überführt ansehen, dann oblag es den Römern und nicht den Juden, das Todesurteil zu vollstrecken.

Kreuzigung: Wer ließ Jesus kreuzigen?

Die Geschichte Israels mag nicht in allen Punkten geklärt sein. Fest steht aber: Als Jesus im Heiligen Land lebte und wirkte, da lag die Gerichtsbarkeit bei den Römern. Todesurteile wurden ausschließlich von den Römern verhängt und umgesetzt. Johannes schildert den Sachverhalt völlig falsch:[1] Pilatus, der keine Schuld an Jesus findet, händigt ihn den Juden aus. Von den Juden wird er dann hingerichtet, gekreuzigt. Dem Verfasser des Evangeliums nach Johannes unterlief ein fundamentaler Irrtum. Es war den Juden keineswegs gestattet, Hinrichtungen auszuführen, schon gar nicht zu kreuzigen.

Etwas näher an der Wahrheit sind die Evangelien nach Matthäus und nach Lukas. In beiden Fällen sind es die Römer, die Jesus zu Tode bringen. Jesus »weissagt« bei Matthäus:[2] »Und sie werden ihn überantworten den Heiden (Römern), ihn zu verspotten und zu geißeln und zu kreuzigen.« Fast wörtlich gleichlautend heißt es bei Lukas:[3] »Denn er wird überantwortet werden den Heiden (Römern), und er wird verspottet und geschmäht werden. Und sie werden ihn geißeln und töten.«

Bei Johannes töten die Juden Jesus selbst. Bei Matthäus und Lukas sind zwar die Römer die Henker, aber sie lassen sich nur als Werkzeuge der Juden missbrauchen. Jeglicher historischer Wahrheit zum Trotz heißt es bei Matthäus:[4] »Siehe, wir ziehen hinauf nach Jerusalem und des Menschen Sohn wird den Hohen Priestern und Schriftgelehrten überantwortet werden; und sie werden ihn verdammen zum Tode.«

Völlig zutreffend kommentiert Theologieprofessor Gerd Lüdemann:[5] »In Vers 19 erscheinen die Heiden (= Römer) als bloße Instrumente der in Vers 18 geschilderten Bosheit der jüdischen Oberen.« Um eine Bewertung des fehlenden historischen Hintergrundes drückt er sich aber und lässt nur kurz und bündig vernehmen:[6] »Historisches: Die Behandlung dieser Frage entfällt.« Dabei ist der Sachverhalt aus Sicht des Historikers klar: Die drei Evangelien nach Johannes, Matthäus und Lukas schreiben an der geschichtlichen Realität vorbei. Verantwortlich für Jesu Kreuzigung waren – so er denn tatsächlich gelebt hat und hingerichtet wurde – einzig und allein die Römer.

Die Juden kannten mehrere Hinrichtungsarten: Steinigen, Verbrennen, Enthaupten und Erdrosseln. Die Kreuzigung gehört nicht dazu. Irreführend ist ein Vers bei Mose:[7] »Wenn jemand eine Sünde getan hat, die des Todes würdig ist, und wird getötet und man hängt ihn an ein Holz, so soll sein Leichnam nicht über Nacht an dem Holz bleiben, sondern du sollst ihn am selben Tage begraben, denn ein Aufgehängter ist verflucht bei Gott.« Man muss den Text sehr genau lesen, um ihn zu verstehen.

Fakt ist: Hier ist nicht die Hinrichtungsmethode der Kreuzigung beschrieben. Vielmehr geht es um einen aus heutiger Sicht barbarischen Brauch. Thematisiert wird hier das nachträgliche Zurschaustellen eines bereits Hingerichteten. Ein Gotteslästerer, zum Beispiel, wurde gesteinigt. Anschließend wurde sein Leichnam zur Abschreckung an gut sichtbarer Stelle aufgehängt. Das konnte an einem Baum geschehen oder an einem Pfahl.

Paulus zitiert in seinem Brief an die Galater, ohne die Quelle näher anzugeben, aus eben diesem Mose-Text, der in Wirklichkeit gar nicht die Kreuzigung zum Thema hat:[8] »Christus aber hat uns erlöst von dem Fluch des Gesetzes, da er zum Fleisch wurde für uns, denn es steht geschrieben: ›Verflucht ist jeder, der am Holz hängt.‹«

Paulus, der seine Texte längst geschrieben haben soll, als die Evangelien nach Matthäus, Markus, Lukas und Johannes noch gar nicht existierten, gibt keine klare Antwort auf die Frage, wer denn nun für die Kreuzigung Jesu verantwortlich war. Er bietet in zwei Briefen einmal die Juden, einmal die Römer als Verantwortliche an. In seinem Brief an die Thessalonicher beschuldigt er die Juden:[9] »Denn ihr habt erlitten von eueren Landsleuten, was jene von den Juden (erlitten haben). Denn die haben den Herrn Jesus getötet und die Propheten und haben uns verfolgt und gefallen Gott nicht und sind allen Menschen feind.«

In seinem ersten Brief an die Korinther hingegen sind es jedoch die Römer, denen Paulus die Schuld am Tode Jesu gibt. Paulus ist allerdings wesentlich milder im Ton. Er bescheinigt nämlich den Römern, die er als »Herrscher dieser Welt« tituliert, dass sie Jesus nicht gekreuzigt hätten, wenn sie die »verborgene Weisheit Gottes« erkannt hätten:[10] »Sondern wir reden von der heimlichen, verborgenen Weisheit Gottes ...,welche keiner von den Herrschern dieser Welt erkannt hat; denn wenn sie sie erkannt hätten, so hätten sie den Herrn der Herrlichkeit nicht gekreuziget.«

Wer nun für Jesu qualvollen Tod am Kreuz verantwortlich ist, wer Jesus hinrichten ließ, darüber finden wir in den Schriften des »Neuen Testaments« keine eindeutige Antwort. Der historische Sachverhalt ist klar: Die Römer ließen hinrichten, nicht die Juden. Im Lauf der letzten zwei Jahrtausende wurden aber immer wieder »die Juden« als »Gottesmörder« tituliert. Schlimmste antisemitische Verbrechen wurden damit »begründet«, dass »die Juden« Jesus getötet hätten.

Krippe: Irrtümer über die weihnachtliche Geburt

Josephus listet 63 Orte im kleinen Galiläa auf: Nazareth findet sich nicht darunter. Der jüdische Jesus-Experte Schalom Ben-Chorin:[1] Jesus bekam Nazareth als Heimatort angedichtet, um eine Prophezeiung aus dem »Alten Testament« in Erfüllung gehen zu lassen. Das Evangelium stellt die Verbindung zum »Alten Testament« her:[2] »Und im Traum empfing er (Josef, Jesu Vater) Befehl von Gott und zog ins galiläische Land und kam da und wohnte in der Stadt, die da heißt Nazareth, auf dass erfüllt werde, was da gesagt ist durch den Propheten: ›Er soll Nazarener heißen‹.«

Dem heutigen Zeitgenossen steht die Bibel zur Verfügung, bestehend aus den Schriften des »Alten« und des »Neuen Testaments«. Zu Zeiten Jesus gab es natürlich das »Neue Testament« noch gar nicht. Und die verschiedenen Texte, die heute zum Kanon des »Alten Testaments« zusammengefügt vorliegen, kursierten nicht als Buch im heutigen Sinn. Vielmehr gab es Schriftrollen von einzelnen Texten. Sie waren in hebräischer Sprache verfasst. Die Rollen waren nicht in Kapitel oder gar Verse unterteilt, Buchstabe reihte sich an Buchstabe. Satzzeichen gab es auch nicht.

So konnte der Autor des Evangeliums nach Matthäus noch nicht so wie heute üblich zitieren. Wie hätte er auch die benutzten Stellen versgenau benennen sollen, als es die Unterteilung in Verse noch gar nicht gab! Allerdings etwas präziser hätte er schon sein können! Statt nur auf »den Propheten« zu verweisen, wäre eine konkrete Benennung eben dieses Propheten sehr hilfreich. Leider unterblieb diese wichtige Quellenangabe. So wissen wir heute nicht mit Sicherheit, auf welches Buch des »Alten Testaments« Bezug genommen wird und welcher Vers in welchem Kapitel gemeint ist.

Bezug genommen wird mit großer Wahrscheinlichkeit auf Jesaja:[3] »Und es wird ein Reis hervorgehen aus dem Stamm Isais, und ein Zweig wird aus seiner Wurzel Frucht bringen. Auf ihm wird ruhen der Geist des Herrn, der Geist der Weisheit und des Verstandes, der Geist des Rates und der Stärke, der Geist der Erkenntnis und der Furcht des Herrn.« Wo aber ist da von Nazareth die Rede?

Nun, »Zweig« oder »Sprössling« heißt auf Hebräisch »nezer«. Und aus »nezer« machte man den Wohnort Nazareth.[4] Weil Jesus aus theologischen Gründen in Nazareth aufwachsen musste, entstand ein Problem. Der Messias sollte in der Davidstadt Bethlehem das Licht der Welt erblicken. Heißt es doch beim Propheten Micha:[5] »Und du, Bethlehem, die du klein bist unter den Städten in Juda, aus dir soll der kommen, der in Israel Herr sei, dessen Ausgang von Anfang und von Ewigkeit her gewesen ist.«

Ist nun der Geburtsort Bethlehem ebenso erfunden wie der Familienwohnsitz der Eltern Jesu Nazareth? Die astrologische Spur[6] verweist mit einiger Sicherheit auf das Jahr 7 v. Chr. als das Geburtsjahr Jesu. Bereits 27 v. Chr. veranlasste Augustus eine Reichsreform. Da wurde eine genaue Erfassung der Bevölkerungszahl im Imperium erforderlich. Er ordnete also einen

Zensus an. Begonnen wurde mit der Erhebung der statistischen Zahlen in Gallien. Vier Jahrzehnte benötigten die emsigen Beamten, um die enormen Datenmengen zu erheben und zu verarbeiten.

Im Raum Syrien, also auch in Judäa, begann man mit der ersten Stufe der Zählung 10 v. Chr. Sie dürfte 7 v. Chr. abgeschlossen worden sein. Das wiederum bedeutet: Im vermutlichen Geburtsjahr Jesu lief eine Volkszählung. Quirinus war es, der für den geregelten Ablauf dieser sehr aufwändigen Maßnahme verantwortlich war, auch wenn er nicht immer selbst vor Ort war.

Just diesen Sachverhalt spricht das Evangelium nach Lukas an:[7] »Es begab sich aber zu der Zeit, dass ein Gebot von dem Kaiser Augustus ausging, dass alle Welt geschätzt werde. Und diese Schätzung geschah ... zur Zeit da Cyrenius Landpfleger in Syrien war. Und jedermann ging, dass er sich schätzen ließe, ein jeglicher in seine Stadt. Da machte sich auf auch Josef aus Galiläa, aus der Stadt Nazareth, in das jüdische Land zur Stadt Davids, die da heißt Bethlehem.«

Volkszählungen hatten den Sinn festzulegen, wer wo wie viele Steuern zu entrichten hatte. Sie wurden also am jeweiligen Wohnort der Menschen durchgeführt: Wo sie das Zentrum ihrer Existenz hatten, wo sie lebten, arbeiteten, ihr Geld oft mühsam verdienten und ausgaben. Dort wurden sie gezählt, nirgendwo anders. Es war dabei völlig unerheblich, wo die Vorfahren einst herkamen. Demnach ist es geradezu absurd anzunehmen, Josef und die hochschwangere Maria hätten vom fiktiven Nazareth nach Bethlehem ziehen müssen.

Maria und Josef wurden an ihrem Wohnort für die Statistiken erfasst. Nur so machte die ganze Zählerei Sinn. An ihrem Wohnort zahlten sie Steuern und entrichteten ihre Abgaben. Wenn Jesus in Bethlehem geboren wurde, dann war dieses Bethlehem auch der Wohnort der Familie. Oder Jesu Eltern wohnten in der Nähe von Bethlehem. Ein beschwerlicher Marsch war also nicht erforderlich.

Und doch ist ein anrührendes Bild schon längst nicht mehr nur der Glaube der frommen, gläubigen kirchenorientierten Menschen: Josef und Maria brechen auf, quälen sich bis nach Bethlehem durch. Vergeblich klopfen sie, in Bethlehem schließlich angekommen, bei Herbergen an. Es gibt aber nirgendwo ein freies Zimmer in den Herbergen. Dieses Bild ist zu einem auch heute noch lebenden Mythos geworden, der auch von Menschen im Herzen getragen wird, die sonst wenig oder gar keinen Kontakt mehr mit einer Institution Kirche haben.

Maria steht die Geburt bevor. Josef kann kein noch so bescheidenes Kämmerchen in einem Gasthof auftreiben. Schließlich sieht man sich genötigt, in einem Stall Unterschlupf zu suchen. Derlei Bilder hat der Volksglaube entwickelt. Sie sind anrührend und bezeugen auch heute, in einer Zeit des verkommerzialisierten Weihnachtsfestes, wie tief verwurzelt die Sehnsucht nach einem »Heiligen Christfest« ist.

Diese Volksfrömmigkeit ist auch zu Beginn des dritten Jahrtausends nach Christus lebendiger als die Kirchen zu hoffen wagen. Sie hat sich verselbständigt und ein Eigenleben entwickelt. Sie wird von vielen Menschen als wahr angesehen. Sie wird vermutlich umso stärker werden, je kälter der Umgang der Menschen untereinander wird. Der Volksglaube eignet sich ideal als Refugium von Menschen, die Sehnsucht nach dem vergrabenen Paradies der Bibel und der Kindheit haben. Die Basis dieser reichen Bilderwelt in der Bibel ist relativ klein. Da heißt es lediglich im Evangelium nach Lukas:[8] »Und sie gebar ihren ersten Sohn und wickelte ihn in Windeln und legte ihn in eine Krippe, denn sie hatten keinen Raum in der Herberge.«

Das Bethlehem jener Tage war aus heutiger Sicht kein Ort, sondern ein unscheinbares Dorf mit vielleicht tausend, höchstens 1500 Einwohnern. Auch wenn sich der mitteleuropäische Bibelleser wohl eher ein mittelalterliches europäisches Dorf mit urigen Bauernkneipen vorstellt, die biblische Realität sah ganz anders aus. Auch gab es keine Ställe für das Vieh, wie viele von uns meinen. In Bethlehem gab es damals vermutlich nur eine einzige »Herberge«. Sie dürfte wegen der Volkszählung belegt gewesen sein. Ställe, wie wir sie aus christlichen Krippenspielen kennen, gab es nicht. Vielmehr sind in der näheren Umgebung von Bethlehem Höhlen bekannt, die vermutlich schon sehr lange immer wieder vorübergehend als Behausungen verwendet wurden. Professor Hans Schindler-Bellamy:[9] »Diese Höhlen dienten vor allem Hirten als Unterschlupf. Stallungen im heutigen Sinne waren in ihnen nicht untergebracht. Es kam aber immer wieder vor, dass kranke Tiere von den Hirten mit in die Höhlen genommen wurden, wo sie gepflegt und versorgt wurden.«

In diesem Sinne schreibt auch das »Handbuch der Bibelkunde«:[10] »Es gab viele solcher Höhlen am Rande Bethlehems, wo man nicht nur wohnen konnte, sondern die auch bewohnt wurden. Sie wurden wahrscheinlich benutzt als Unterkünfte für schwaches Herdenvieh ... oder auch als Hirtenwohnungen oder ähnliches.« In solch einer Höhle mögen Maria und Josef untergekommen sein. Es handelte sich dann aber nicht um einen Stall, der Jesu Eltern als Notunterkunft diente, sondern um eine durchaus akzeptable, einfache Bleibe.

»Krippen« nach unserem heutigen Verständnis gab es nicht in solchen Höhlen, wohl aber einfache Futtertröge. Sie waren gewöhnlich im Boden aus dem Stein herausgeschlagen oder waren aus Lehm an den Seitenwänden angebracht. Solch ein Trog mag von den jungen Eheleuten benutzt worden sein, um dem neugeborenen Baby ein »Bett« zu schaffen.[11]

Das »Protoevangelium des Jakobus« wurde nicht in den Kanon des »Neuen Testaments« aufgenommen. Dabei könnte die Schilderung der Geburt Jesu in wichtigen Punkten der Wahrheit recht nahe kommen. So heißt es da:[12] »Und er fand dort eine Felsengrotte; da hieß er Maria eintreten.« Auch das ebenfalls apokryphe »Evangelium des Pseudo-Matthäus« behauptet, Jesus sei in einer Grotte geboren worden:[13] »Und ein großer Stern leuchtete über der Grotte vom Abend bis zum Morgen, mit solchem Glanze, wie man ihn seit dem Anbeginn der Welt nie gesehen hatte ... Am dritten Tage aber nach der Geburt des Herrn verließ Maria die Grotte.« Im »armenischen Kindheitsbuch« wird ausführlich darüber berichtet, wie drei persische Könige nach Judäa kommen, um den neuen König anzubeten. Sie finden Maria, Josef und das Jesuskind in einer »Grotte«.[14]

Kurzer Einschub: »Geburtsgrotten« haben sich bis in unsere Tage im Volksglauben erhalten. Allerdings stattet man sie oft mit einem Inventar aus, das besser in einen bayerischen Stall und gar nicht in das »Heilige Land« passt.

Deutliche Verwirrung angesichts der erstaunlichen Harmonie der Apokryphen in Sachen »Höhle« stiftet das in die Bibel aufgenommene kanonische Evangelium nach Matthäus. Hier besuchen die Weisen aus dem Morgenlande Maria, Josef und das Kind weder in einem Stall, noch in einer Grotte, sondern in einem Haus:[15] »Als sie den Stern sahen, wurden sie hocherfreut und gingen in das Haus und fanden das Kindlein mit Maria, seiner Mutter, und fielen nieder und beteten es an.«

Je intensiver man sich mit Jesu Geburt beschäftigt, desto deutlicher werden verschiedene Irrtümer. Der wichtigste mag sein, dass unsere Vorstellungen über die ersten Stunden und Tage Jesu auf Erden nicht auf biblischen Texten beruhen, sondern auf einem fest im Bewusstsein der heutigen Zeitgenossen verankerten Volksglauben.

Irrig ist die biblische Angabe, Jesu Eltern seien von »Nazareth« nach Bethlehem gewandert, wo dann Maria mit dem Jesuskind niederkam. Vermutlich lebten Maria und Josef schon länger (oder immer?) in Bethlehem. Irrig sind die vertrauten Bilder von Jesu Geburt in einem Stall. Jesus kam vermutlich in einer Höhle oder Grotte zur Welt. Irrig ist die Vorstellung, dass Jesus sozusagen als ausgestoßenes Menschenkind das Licht der Welt erblickte, weil in den Herbergen der wohl situierten, aber herzlosen Zeitgenossen kein Platz war. Das Ambiente seiner Geburt war aus heutiger Sicht bescheiden, ja ärmlich, nicht aber aus Sicht der Hirten jener Zeit.

Sind nun alle Zweifel ausgeräumt, alle Irrtümer aufgeklärt? Um zwischen einer Tatsache und einem irrtümlich als wahr akzeptierten Fehler unterscheiden zu können, muss man einen klar umrissenen Begriff von Wahrheit haben. In der Theologie aber scheinen diese Grenzen so klar nicht zu sein. John P. Meier, Theologieprofessor für »Neues Testament« an der »University of Notre Dame«, Indiana, verdeutlicht dies gerade am Beispiel von Jesu Geburt:[16] Die Kindheits-Erzählungen, so Meier, »mögen darauf hinweisen, dass Jesu Geburt in Bethlehem nicht als historische Tatsache zu nehmen ist, sondern als ein theologoumenon, das ist eine theologische Bekräftigung (zum Beispiel: Jesus ist der wahre Sohn Davids, der prophezeite königliche Messias), in Form einer anscheinend historischen Erzählung.«

Das heißt: Biblische Texte müssen nicht nach heutigem Verständnis Berichte im Sinne von historischer Berichterstattung sein. Es kann sich vielmehr auch um in Form einer historischen Erzählung gepressten festen Glauben handeln. Das umfangreiche Werk »Der historische Jesus« bringt es auf den Punkt:[17] »Bei der Kindheit Jesu war ein ›Informationsdefizit‹ auszufüllen.« Ernüchternd stellen die Autoren fest, dass den Autoren der Texte über Jesu Kindheit nur »wenige Fakten« vorlagen. Wie haben sie sich dann beholfen?

Der Verfasser der Kindheitsgeschichte nach Matthäus »entwickelt« Beschreibungen wie die Geburt in Bethlehem nach Texten aus dem »Alten Testament«. Mit anderen Worten: Der Autor des nach Matthäus benannten Evangeliums wusste gar nicht, wo Jesus »wirklich« geboren wurde. Ihm lag allerdings der Text des kleinen Buches »Der Prophet Micha« aus dem »Alten Testament« vor. Da heißt es:[18] »Und du Bethlehem, die du klein bist unter den Städten in Juda, aus dir soll der kommen, der in Israel Herr sei, dessen Ausgang von Anfang und von Ewigkeit her gewesen ist.« Diese Worte aus dem »Alten Testament« als Richtlinie nehmend, baute man die Story von Jesu Geburt in Bethlehem.

Wer nun aber glaubt, damit seien Autoren des »Neuen Testaments« zumindest der frommen Schwindelei oder gar des Betrugs überführt, weil sie im »Neuen Testament« das »Alte Testament« nachdichteten, der irrt. Sie glaubten so fest, dass sie zu wissen meinten. Sie wollten Glauben vermitteln und unterschieden nicht mehr zwischen felsenfester religiös motivierter Überzeugung und historischer Wirklichkeit.

»Lästai«: Räuber-Propaganda für Rom

Drei Kreuze stehen auf dem Hügel von Golgatha unweit der Stadtmauer von Jerusalem. Schwarz heben sie sich ab vom wolkenbehangenen Himmel. Neugierige betrachten von weitem das blutige Schauspiel. Verwandte der Sterbenden begleiten sie auf dem schmerzhaften Weg in den schmachvollen Tod.

Die Kreuzigung Jesu hat in den vergangenen Jahrhunderten unzählige Künstler zu unzähligen Darstellungen inspiriert. Ergreifende Kunstwerke entstanden, basierend auf den Berichten der vier biblischen Evangelien und eigenen individuellen Glaubensvorstellungen. Auch die vier Verfasser der nach Matthäus, Markus, Lukas und Johannes benannten Evangelien waren keine Augenzeugen. Woher bezogen sie ihr Wissen? Standen ihnen ältere Quellen zur Verfügung, die verloren gegangen sind?

Übereinstimmend vermelden die vier Evangelisten, dass zusammen mit Jesus zwei weitere Männer gekreuzigt wurden. Johannes formuliert neutral. »Zwei andere zu beiden Seiten« habe man mit Jesus ans Kreuz geschlagen.[1] Lukas hingegen bezeichnet die beiden Leidensgenossen Jesu als »Übeltäter«.[2] Bei Matthäus[3] und Markus[4] herrscht Einigkeit: Es waren zwei »lästai«.

Wie aber übersetzt man diesen griechischen Terminus? Viele Bibelausgaben benutzen »Räuber«, manche »Mörder«.

Diese Ausdrücke wecken schon seit Jahrhunderten beim »modernen« Leser bestimmte Assoziationen. Man denkt an Wegelagerer, die arglose Reisende überfallen. Derlei Verbrecher gab es natürlich auch schon zu Jesu Zeiten. Die römische Justiz machte aber wenig Aufhebens mit solchen Gesellen. Man brachte sie meist erst gar nicht vor Gericht, sondern machte oft gleich an Ort und Stelle kurzen Prozess mit ihnen. Gekreuzigt wurden sie nicht.

Wie kam Jesus zu den beiden Leidensgefährten? Markus gibt einen Hinweis:[5] »Da wurde die Schrift erfüllt, die da sagt: ›Er ist unter die Übeltäter gerechnet.‹« Die Anspielung auf den Propheten Jesaja ist unverkennbar:[6] »Darum will ich ihm die Vielen zur Beute geben, und er soll die Starken zum Raube haben, dafür, dass er sein Leben in den Tod gegeben hat und den Übeltätern gleichgerechnet ist und er die Sünde der Vielen getragen hat und für die Übeltäter gebeten.«

Hat Markus seinen Text so formuliert, dass die »Jesaja-Prophezeiung« in Erfüllung ging? Dabei ist nicht zu übersehen, dass der Hinweis auf das vermeintliche Prophetenwort bei Markus eindeutig nicht vom ursprünglichen Verfasser stammt, sondern erst später eingefügt wurde. Auch seine Kollegen erwähnen die beiden Mitleidenden Jesu, aber auch sie sprechen wie der ursprüngliche Markus *nicht* von erfülltem Prophetenwort.

Bei Matthäus und Markus werden zwei »lästai« zusammen mit Jesus gekreuzigt. Bei diesem Ausdruck handelt es sich um ein Wort aus der Propaganda-Sprache der Römer, das von den Verfassern der beiden Evangelientexte kritiklos übernommen wurde.

Interessant ist der historische Hintergrund. Schon vor Herodes hatte es in Galiläa massive Opposition gegen die römischen Herrscher gegeben. Seit 47 v. Chr. wuchs die Macht des Antipater. Als Antipater seine beiden Söhne Phasael und Herodes zu Generälen und Anführern der beiden Heeresgruppen machte, wuchs der Widerstand im »Heiligen Land« gegen Rom und Roms Vertreter. Schließlich sickerte immer wieder durch, dass Herodes die Königswürde anstrebe.

Das versuchten empörte Juden zu verhindern. Sie taten sich zu Gruppen zusammen und griffen in Syrien immer wieder römische Stellungen an. So sollte der weit überlegene Feind von einer Minderheit guerillaartig kämpfender Rebellen bezwungen werden. In Galiläa, so war es offensichtlich geplant, sollte das Zentrum der Widerstandsbewegung etabliert werden.

Herodes, damals General der Heeresgruppe in Galiläa, setzte massiv Militär ein im Kampf gegen die Widerständler. Dabei ging er mit äußerster Brutalität vor. Er wütete dabei so grausam, dass, wie Flavius Josephus vermeldet, die Forderung laut wurde und öffentlich vorgetragen wurde, dass Herodes »zur Verantwortung gezogen werden« müsse.[7] Zu einer Bestrafung des Herodes kam es nicht. Sein eigenmächtiges, dabei letztlich sogar ungesetzliches Vorgehen gegen die Aufständischen wurde nachträglich von Rom sanktioniert. Die Proteste gegen Herodes waren wohl von Anfang an chancenlos gewesen.

Sprache konnte schon immer parteiisch sein, je nach Wortwahl. Was für die einen eine »Gruppe« ist, das ist für die anderen eine »Bande«. Herodes jedenfalls versuchte die Aufständischen schon sprachlich zu brandmarken und damit zu kriminalisieren und bezeichnete sie als »lästai«, als mörderische Räuber. Der Ausdruck wurde von ihm eindeutig propagandistisch verwendet: bereits lange vor der Zeit Jesu. Sein Ziel war es dabei auch, durch die sprachliche Bezeichnung die gutbürgerliche Bevölkerung gegen die »mörderischen Räuber« einzunehmen.

In Syrien hatte die Guerillataktik zunächst Erfolg. Herodes floh über Ägypten nach Rom. Dort wurde er 40 v. Chr. auf Vorschlag des Antonius durch den Senat zum »König der Juden« bestimmt. 37 v. Chr. nahm er Jerusalem ein. König Herodes wurde alles andere als begeistert von seinen Untertanen empfangen. Er musste sein Königreich militärisch erobern. Wiederum waren es, in der Sprache des Herodes, Gruppen von »lästai«, die den Römern zusetzten. Die römische Staatsmacht behielt die Oberhand, auch wenn sie immer wieder in arge Bedrängnis geriet.

Das Motto der »lästai« lautete: »Kein Herr ist über uns als Gott!« Sie waren religiös motivierte Aufständische, keine »Räuber«. Aus dieser massiven Widerstandsbewegung gingen 7 n. Chr. die Zeloten hervor, die mit Gewalt die Römer vertreiben wollten. Aus dem näheren oder weiteren Umfeld dieser militanten Gruppe dürften mehrere Jünger Jesu gekommen sein. Verwundert es da noch, wenn Jesus mit zwei »lästai« gekreuzigt wurde?

Es ist an der Zeit, dass die verunglimpfende propagandistische Bezeichnung »Räuber« einer zumindest neutraleren Bezeichnung weicht. »Aufständische« wäre in jedem Fall zutreffender.

Legitimation: Zwei Irrtümer und eine versuchte Fälschung

»Niemand ist in der Lage, ein Leben Jesu zu beschreiben«, stellte der Theologe Günther Bornkamm mutig resignierend fest. Er setzte diesen schwerwiegenden Satz nicht ans Ende, sondern ganz an den Anfang seines Werkes »Jesus von Nazareth«.[1] Aber finden sich denn in den vier Evangelien des »Neuen Testaments« keine Hinweise auf das Leben des Jesus »von Nazareth«?

Beim Lesen des »Neuen Testaments« muss sich der interessierte, unvoreingenommene Bibelleser vor Augen halten, was der Bibelexperte Manfred Barthel kurz und bündig so formuliert:[2] »Keines der vier Evangelien wurde in der Absicht geschrieben, künftigen Generationen einen chronologisch exakten Bericht vom irdischen Dasein als Jesus Christus zu hinterlassen.« Welche Absicht hatten dann die Autoren der Bücher des »Neuen Testaments«?

Ein heutiger Autor, spezialisiert auf geschichtliche Themen, mag sich durch Quellen und zeitgenössische Dokumente arbeiten, um eine möglichst seriöse Biographie Napoleons oder Caesars zu erstellen. Wenn er wirklich sauber arbeitet, dann macht er sich ohne vorgefasste Meinung ans Werk. Er lässt sich von den Fakten leiten. Anders gingen die Evangelisten ans Werk. Ein wenig süffisant stellt Barthel fest:[3] »Der reale Jesus war für den Zweck, den die Evangelien erfüllen sollten, nicht so wichtig. Viel wichtiger war, die Taten und Leiden als Erfüllung jener Prophezeiungen des ›Alten Testaments‹ zu deuten, die sich auf den Messias bezogen.«

Die Verfasser der Evangelien sahen ihre Aufgabe nicht darin, mühsam den verschlungenen Pfaden von Jesu Lebensweg zu folgen. Für sie war er der Messias. Deshalb musste er aus dem Königsgeschlecht Davids abstammen. Für den Juden war es Allgemeinwissen: Samuel hatte David zum König gesalbt. Und zwar in Bethlehem. Der sehnsüchtig erwartete Messias würde ein Nachkomme Davids sein. Wichtigste Voraussetzung für das Messiastum war, dass er aus der David-Dynastie stammten musste!

Deshalb offenbart der Engel der erstaunten Maria bei Lukas etwas, was sie nicht versteht:[4] »Siehe, du wirst schwanger werden und einen Sohn gebären, und du wirst ihm den Namen Jesus geben. Der wird groß sein und Sohn des Höchsten genannt werden, und Gott der Herr wird ihm den Thron seines Vaters David geben.« Deshalb lässt Lukas den Engel frohlocken:[5] »Fürchtet euch nicht! Siehe ich verkündige euch große Freude, die allem Volk widerfahren wird; denn es ist euch heute geboren der Heiland, welcher ist Christus, der Herr, in der Stadt Davids.«

Für den gläubigen Evangelisten stand fest: Jesus war der Messias. Also musste er aus dem Hause Davids abstammen. Geburtsregister gab es keine, die man hätte einsehen können. Zu seinen Ahnen musste David gehören. Aktenrecherche, so es denn Dokumente gegeben hätte, hätte man für unnötig gehalten. Wieso sollte man sich um recherchierbare Fakten bemühen? Man glaubte doch, also wusste man! Nicht um Erforschung und Darstellung der Historie ging es, sondern um die Legitimation, die man Jesus verpassen wollte. Deshalb fabrizierten die Verfasser der Evangelien nach Matthäus und Lukas unabhängig voneinander Jesu

»Stammbaum«.[6] Jesu Stammbaum? Nein! Geschaffen wurden deren zwei. Dass historische Korrektheit völlig nebensächlich war, erkennt man schon bei oberflächlicher Betrachtung der beiden angeblichen Herkunftsableitungen.

Ein Beispiel. Nach Matthäus lagen zwischen Zerubabel und Josef neun Generationen, bei Lukas sind es 18. Vergeblich haben sich Generationen von Bibellesern darum bemüht, diese so eklatant abweichenden Angaben zu »harmonisieren«. Das gelingt aber beim besten Willen nicht. Darum ging es auch den Verfassern gar nicht: Sie wollten nur ihrem Glauben Ausdruck verleihen, dass der Messias Jesus eben tatsächlich aus dem Hause Davids stammte.

Was aber nützen die extrem voneinander abweichenden »Stammbäume«, wenn dann doch die »jungfräuliche Empfängnis Mariens« in die Quere kommt! Maria wurde schwanger, so berichtet Lukas, ohne Kontakt mit einem Mann im Allgemeinen oder mit Ehegatten Josef im Besonderen gehabt zu haben. Erstaunt fragte sie daher den Engel, der sie über ihr Mutterglück informierte:[7] »Wie soll das zugehen, da ich doch von keinem Manne weiß?«

Matthäus weist ausdrücklich daraufhin, dass das Jesuskind nicht von Marias Ehemann Josef, sondern vom »Heiligen Geist« stammt:[8] »Die Geburt Jesu Christi geschah so: Als Maria, seine Mutter, dem Josef vertraut war, fand es sich, ehe er sie heimholte, dass sie schwanger war von dem Heiligen Geist.« Josef war also nicht der biologische Vater Jesu. Da nützen die schönsten, noch so ausführlichen Stammbäume nichts, die »nachweisen«, dass Josef ein Nachkomme des legendären Königs David war! Deutlich drückt es Peter de Rosa aus:[9] »Doch wenn Maria ohne den Samen eines Mannes empfing, war Jesus nicht der Same Davids.«

Betrachtet man den Sachverhalt nüchtern, so bieten sich zwei Irrtümer an. Für einen muss man sich entscheiden. Beide Irrtümer können nicht ausgeschlossen werden!

– Möglichkeit 1: Josef war nicht nur der Ehemann Marias, sondern auch Jesu biologischer Vater. Josef hat Jesus auf altherkömmliche Weise gezeugt. Jungfräulich kann die Empfängnis dann aber nicht gewesen sein. Nur wenn die angebliche jungfräuliche Empfängnis ein Irrtum war, kann Jesus die Messias-Bedingung erfüllen, Nachkömmling Davids zu sein. Nur dann macht es überhaupt Sinn, Josefs Stammbaum zu David zurückzuverfolgen. Allerdings kann nur einer der beiden Stammbäume richtig sein.
– Möglichkeit 2: Josef war nur der Ehemann Marias, nicht aber der leibliche Vater Jesu. Empfangen wurde Jesus vom Heiligen Geist – jungfräulich. Dann erfüllt Jesus aber nicht die Messias-Bedingung. Dann sind die stark widersprüchlichen Stammbäume überflüssig, weil Jesus schon mit seinem Vater erbbiologisch nichts zu tun hat.

Unbekannte Kopisten versuchten das unlösbare Problem durch eine Fälschung geschickt aus der Welt zu schaffen. Wann das geschah, das lässt sich nicht so genau feststellen. Wie oft die »Korrektur« versucht wurde, ist auch unbekannt. Die Texte der Evangelien wurden ja unzählige Male abgeschrieben. Die Texte kursierten. Sie wurden weitergereicht und neuerlich kopiert.

Offensichtlich waren die Abschreiber keineswegs nur menschliche Kopiermaschinen. Sie haben sich ganz offensichtlich mit dem Problem der beiden Irrtümer auseinander gesetzt. Die »Lösung« war simpel. Zwei Worte mussten bei Lukas geändert werden. So hieß es bei Lukas:[10] »*Er* (Josef) *war* aus dem Hause und Geschlecht Davids.« Einige spätere Abschriften machten daraus:[11] »*Sie waren* aus dem Hause und Geschlecht Davids.« Oder: »*Beide waren* aus dem Hause und Geschlecht Davids.« Wenn man auch Jesu Mutter, ohne dass es dafür den geringsten Anhaltspunkt gibt, zur Nachkommin von David machte, verschwand das Problem: Jetzt konnte Jesus auch dann als Nachkomme Davids angesehen werden, wenn er ohne biologische Mitwirkung Josefs jungfräulich empfangen wurde. Dann erfüllte er trotzdem die wichtigste Voraussetzung dafür, der Messias zu sein.

Es mag sein, dass es noch einige weitere Verfälschungen von Evangelienabschriften gab, um Jesus über seine Mutter zum David-Spross zu machen. Unzählige Textkopien gingen ja leider im Verlauf von nunmehr fast zwei Jahrtausenden verloren. Es blieb aber bei diesen Versuchen der Korrektur, die sich nicht durchsetzten.

Das nach dem Stand der Wissenschaft älteste Evangelium ist das nach Markus benannte. Hier ist weder ein Hinweis auf Josef als den Vater Jesu, noch auf die Abstammung von David zu finden. Im Evangelium nach Markus wird der Stoff für unzählige religiöse Abhandlungen und Predigten bietende Themenkomplex »Vorfahren und Verwandtschaft, Zeugung und Geburt Jesu« übersprungen. Markus stellt kurz Johannes den Täufer als den Mann vor, der Jesus den Weg bereitet. Dann schildert er auch schon die Taufe Jesu durch Johannes. Seine Legitimation als Sohn Gottes und damit wohl auch als Messias erhält Jesus durch Gottvater selbst, dessen Stimme vom Himmel her zu vernehmen ist:[12] »Du bist mein lieber Sohn, an dem ich Wohlgefallen habe.«

Dieser einfache Satz macht Überlegungen über eine wundersame Empfängnis Jesu ebenso überflüssig wie über seinen Stammbaum. Doch ohne den Hinweis auf David fehlt die alttestamentarische Messiaslegitimation Jesu. In schöner Übereinstimmung bringen auch die Evangelisten Matthäus, Lukas und Johannes diese Episode, allerdings noch zusätzlich.[13]

Lücken: Weiße Flecken auf Jesu »Lebenskarte«

Betrachtet man die Schriften des »Neuen Testaments« als eine Landkarte, so muss man feststellen, dass es »weiße Flecken« gibt. Bei näherem Betrachten erweist es sich, dass die Lücken bei weitem überwiegen. Die Evangelien nach Johannes und Markus beginnen mit dem bereits erwachsenen Jesus. Die Evangelien nach Lukas und Matthäus widmen sich auch Jesu Geburt und seinen Kindertagen.

Lukas vermeldet, dass bei Jesus alles nach alter Väter Sitte ablief: Geburt Jesu, Beschneidung Jesu, Marias Besuch im Tempel und Darbringung der vorgeschriebenen Opfer.[1] Beschrieben werden also die ersten Wochen im Leben Jesu. Dann klafft eine Lücke von etwa zwölf Jahren. Dann finden wir ein kleines Fleckchen »bekannten Landes« auf Jesu Lebenskarte: Mit zwölf Jahren begegnet uns Jesus mit seinen Eltern in Jerusalem.[2] Dann folgt wieder eine beachtliche Lücke. Der Bericht setzt erst wieder mit Johannes dem Täufer und dem Beginn des öffentlichen Wirkens von Jesus ein. Er endet mit Jesu Tod und Auferstehung.

Noch lückenhafter ist das Evangelium nach Matthäus. Nach Jesu Geburt wird sein junges Leben bereits bedroht: Herodes erfährt von den »Weisen aus dem Morgenland«, der neue König der Juden sei geboren worden. Er bekommt es mit der Angst zu tun. Wächst da ein Mensch heran, der zumindest zum gefährlichen Rivalen werden könnte? Also lässt ihm der äußerst misstrauische Despot nachstellen und ordnet den »Kindermord von Bethlehem« an. Rechtzeitig kann die Familie Jesu nach Ägypten fliehen.[3]

Wie lang der Auslandsaufenthalt dauerte, wird nicht ganz klar. Es dürften allenfalls einige wenige Jahre gewesen sein, denn bei der Rückkehr in die Heimat, so heißt es bei Matthäus, war Jesus noch ein »Kindlein«.[4] Der von Lukas so eindrucksvoll geschilderte Auftritt des Jesusknaben im Tempel von Jerusalem fehlt bei Matthäus. Er setzt mit seiner Beschreibung wieder ein, als Jesus bereits ein erwachsener Mann ist und Johannes dem Täufer begegnet.[5]

Schon die Angehörigen der jungen christlichen Kirche werden die erste Lücke – Jesu Kindheit – als schmerzhaft empfunden haben. Die Sehnsucht nach Wissen ließ fromme Erzählungen entstehen, die die »Lücke Kindheit Jesu« schließen sollten. In diesen

Texten erschien Jesus keineswegs immer nur positiv. Der Jesusknabe wird häufig als unberechenbar, manchmal als geradezu bösartig beschrieben. In ihm schlummert gewaltige Macht, eine Art Zauberpotenzial, das er zum Schlechten wie zum Guten nutzen kann.

Die Menschen aus Jesu Umgebung müssen vor dem kleinen Knaben, so wie er in der »Kindheitserzählung des Thomas«[6] geschildert wird, in Angst und Schrecken gelebt haben. Sie wussten nie, ob er seine Kräfte für Gutes oder Böses einsetzen würde. Beides war möglich. Was der erwachsene Jesus vermochte, das konnte der Jesusknabe auch schon: heilen! So heißt es zu Beginn des 10. Kapitels:[7] »Nach wenigen Tagen entfiel einem jungen Manne, der in einem Winkel Holz spaltete, die Axt, und sie spaltete ihm seinen ganzen Fuß entzwei, und da er verblutete, war er am Sterben. Als nun Geschrei und Auflauf entstand, lief auch der Jesusknabe dorthin. Mit Gewalt drängte er sich durch die Menge, fasste den verletzten Fuß an, und sogleich wurde er geheilt. Er aber sagte zu dem jungen Mann: ›Steh jetzt auf, spalte das Holz und gedenke mein.‹ Als die Menge sah, was geschehen war, da fiel sie vor dem Knaben nieder und sagte: ›Wahrhaftig, der Geist Gottes wohnt in diesem Knaben.‹«

Die »Kindheitserzählung des Thomas« wartet aber auch mit negativem Beispiel auf. Offenbar ging man davon aus, dass auch das Jesuskind launisch war und nicht zögerte, seine Wunderkräfte zum Nachteil anderer einzusetzen: »Als dieser Knabe Jesus fünf Jahre alt geworden war, spielte er an der Furt eines Baches; das vorbeifließende Wasser leitete er in Gruben zusammen und machte es sofort rein; mit dem bloßen Worte gebot er ihm. Er bereitete sich weichen Lehm und bildete daraus zwölf Sperlinge.

Es war Sabbat, als er dies tat. Auch viele andere Kinder spielten mit ihm. Als nun ein Jude sah, was Jesus am Sabbat beim Spielen tat, ging er sogleich weg und meldete dessen Vater Josef: ›Siehe, dein Knabe ist am Bach, er hat Lehm genommen, zwölf Vögel gebildet und hat den Sabbat entweiht.‹ Als nun Josef an den Ort gekommen war und (es) gesehen hatte, da herrschte er ihn (Jesus, der Autor) an: ›Weshalb tust du am Sabbat, was man nicht tun darf?‹ Jesus aber klatschte in die Hände und schrie den Sperlingen zu: ›Fort mit euch!‹

Die Sperlinge öffneten ihre Flügel und flogen mit Geschrei davon. Als aber die Juden das sahen, staunten sie, gingen weg und erzählten den Ältesten, was sie Jesus hatten tun sehen. Der Sohn des Schriftgelehrten Annas aber stand dort bei Josef; er nahm einen Weidenzweig und brachte das Wasser, das Jesus zusammengeleitet hatte, zum Abfließen. Als Jesus sah, was geschah, wurde er aufgebracht und sprach zu ihm: ›Du Frecher, du Gottloser, du Dummkopf, was haben dir Gruben und das Wasser zuleide getan? Siehe, jetzt sollst du auch wie ein Baum verdorren und weder Blätter noch Wurzeln noch Frucht tragen.‹

Und alsbald verdorrte jener Knabe ganz und gar. Da machte Jesus sich davon und ging in das Haus Josefs. Die Eltern des Verdorrten aber trugen diesen, sein Jugendalter beklagend, weg, brachten ihn zu Josef und machten ihm Vorwürfe: ›Solch einen Knaben hast du, der so etwas tut!‹«

Die umfangreichen weißen Flecken auf Jesu »Lebenskarte« wurden in den Jahrhunderten nach Jesu Tod am Kreuz gefüllt, indem man von seinem Verhalten als Erwachsener auf Jesus als Kind schloss. Als Vorlagen dienten die in den Kanon des »Neuen Testaments« aufgenommenen Evangelien. Im »Neuen Testament« beschriebene Handlungsweisen Jesu wurden mit reichlich Fantasie vermengt zu »Kindheitsevangelien« verarbeitet.

1894 machte Nikolaj Notowitsch weltweit Schlagzeilen, als er in seinem Buch »La vie inconnue de Jésus-Christ« behauptete, großflächige weiße Flecken auf Jesu »Lebenskarte« durch neue Informationen füllen zu können. Das Opus erschien in mehreren Übersetzungen, auch in Deutsch: »Die Lücke im Leben Jesu«. Kosakenoffizier Notowitsch will als Korrespondent der Petersburger Zeitung »Novoe vremja« 1887 mehrere buddhistische Klöster in Kaschmir und Ladakh besucht haben.

Immer wieder sei er auf Spuren Jesu gestoßen. Gewissheit will er gewonnen haben, als er bei seiner Abreise aus Ladakh einen Unfall hatte und sich das rechte Bein brach. Er wurde nach Hemis geschafft und drei Tage lang fürsorglich gepflegt. Der Oberlama selbst habe »zwei dicke in Pappe gebundene Bücher« angeschleppt und daraus vorgelesen. Damit schien sich eine wesentliche Lücke in Jesu Biographie zu schließen. War Jesus in jungen Jahren in Indien? Fehlen deshalb in den Schriften des »Neuen Testaments« jegliche Hinweise auf Jesu Leben vor seinem öffentlichen Auftreten bei Johannes dem Täufer?

Bis heute wird Notowitsch gern als »Zeuge« für die »Jesus-war-in-Indien-Theorie« herangezogen. Dabei wird übersehen, dass bereits 1895 der englische Professor J. Archibald Douglas auf der von Notowitsch angegebenen Route nach Ladakh reiste. In mühsamer Kleinarbeit vor Ort recherchierte er und kam zu einem niederschmetternden, vernichtenden Urteil: Der offensichtlich sehr fantasiebegabte Notowitsch hat seinen Bestseller über Jesus in Indien ausschließlich auf Lügen aufgebaut.

1899 erschien in Urdu-Sprache ein Werk von Mirza Ghulam Ahmad (1839–1908): »Masih hindustan mein«. Später wurde es in englischer Übersetzung publiziert: »Jesus in India«. Mirza Ghulam Ahmad, der sich für den wiedergekommenen Messias hielt, gilt als der Urheber der islamischen Ahmadiyya-Sekte. Er behauptete, Jesus habe die Kreuzigung überlebt, sei mit einem Wunderöl wieder ganz kuriert worden und habe schließlich den langen Marsch nach Indien angetreten. In Kaschmir sei er schließlich nach einem erfüllten Leben im Alter von stolzen 120 Jahren verstorben und in Srinagar beigesetzt worden. Auch diese Behauptung wurde noch im 20. Jahrhundert immer wieder aufgegriffen. Immer wieder wurde das Grab des YuzÄsaf in Srinagar als die wahre letzte Ruhestätte Jesu gezeigt.

Dr. Günter Grönbold, er studierte Indologie, Tibetologie und

Germanistik, setzte sich mit YuzÄsaf auseinander. Ihm gelang der schlüssige Beweis, dass YuzÄsaf auf keinen Fall Jesus gewesen sein kann.[8] Er konnte sogar nachweisen, wer YuzÄsaf wirklich war: ein Prinz namens Budhasaf, auch Yudhasaf und YuzÄsaf genannt. Im siebten Jahrhundert wurde sein Leben in einem in griechischer Sprache verfassten Roman beschrieben. Angeblich hat ihn Johannes Damascenus (etwa 675 n. Chr. – 749 n. Chr.) verfasst.

Der edle Prinz, am königlichen Hof vom liebenden Vater verwöhnt, soll sich nach einem Schockerlebnis dem frommen, christlichen Leben zugewandt haben. 1583 wurde er von der römisch-katholischen Kirche heilig gesprochen, in der zweiten Hälfte des 20. Jahrhunderts aber wieder aus der Liste der Heiligen gestrichen, weil er nur noch als legendärer Charakter und nicht mehr als historische Person verstanden wurde. Doch für eine Legende genoss der Fromme eine recht erstaunliche Langlebigkeit. Und er kam nicht nur in der christlichen Welt des Glaubens zu hohen Ehren.

In islamischen Erzählungen nahm man sich des Mannes, der nie gelebt hat, auch an. In der frommen Fabel »Bilauhar wa-Budasaf« stirbt der Prinz, der vom gelangweilten Lebemann zum enthaltsamen Asketen wurde, zum Heiligen gewandelt in Kaschmir.

Im 14. Jahrhundert brachte Derwisch Syed Abdur RahmÄn den Islam nach Kaschmir. Nun ist es ein typisches Merkmal menschlicher Frömmigkeit, sich nicht nur mit schönen Gedanken zu begnügen. Glauben soll möglichst greifbar gemacht werden. Heilige Stätten stehen deshalb überall hoch im Kurs. Fromme Gedanken werden frommen Menschen zugeordnet, die in der Bewunderung der Menschen zu Heiligen werden. Besonders gern gedenkt man ihrer, wenn es anschauliche Reliquien gibt … oder wenn man gar an ihr Grab pilgern kann.

So wurde im 14. Jahrhundert ein Grab in Srinagar, das zuvor als hinduistisch verehrt worden war, einfach umfunktioniert. Von nun an galt es als die letzte Ruhestätte eines islamischen Propheten. Aber welcher Prophet mochte wohl bestattet worden sein? Der Volksglaube suchte und fand: Prinz Budhasaf, so hieß es bald, wurde hier feierlich beigesetzt. 600 Jahre später wurde das Grab wiederum »neu interpretiert«. Mirza Ghulam Ahmad erklärte: Hier liegen die sterblichen Überreste von Jesus, der die Kreuzigung überlebte.

Ein interessantes, wichtiges Detail darf nicht verschwiegen werden: 1887 besuchte der fantasiebegabte Nikolaj Notowitsch das indische Srinagar. Der leidenschaftliche Verfechter der »Jesus-war-in-Indien«-Theorie erwähnt das angebliche »Jesus-Grab« mit keinem Wort. Das beweist, dass vor Ghulam Ahmad niemand auf die Idee gekommen war, Prinz Budhasaf mit Jesus gleichzusetzen.

Ob überhaupt jemand im Grab an der Khanyar-Straße in Srinagar beerdigt wurde, sei dahingestellt. Bislang wagte niemand eine wissenschaftliche Überprüfung des Sachverhalts.

Sind es Irrtümer, wenn fromme Christen weiße Flecken in Jesu »Lebenskarte« füllen, indem sie Erlebnisse und Taten des Jesusknaben nachdichten? Aus Sicht des Historikers sind sie es schon, weil nachprüfbare Fakten durch frommes Wunschdenken ersetzt wurden.

Mirza Ghulam Ahmads Identifizierung des »Jesus-Grabes« in Srinagar ist wissenschaftlich nicht haltbar.[9] Das wird an den Glaubensüberzeugungen der Anhänger der Ahmadiyya-Sekte nichts ändern. Es ist auch das Privileg des Glaubenden, seine Überzeugung über verifizierbare Tatsachen zu stellen. Das unterscheidet ihn vom Wissenden.

So muss man nüchtern konstatieren: Es ist ein Irrtum anzunehmen, die weißen Flecken in Jesu »Lebenskarte« seien verkleinert oder gar ganz ausgefüllt worden. Sie bleiben auch weiterhin im »Neuen Testament« bestehen. Sie machen ohne Zweifel einen großen Teil des Reizes aus, den der geheimnisvolle Jesus auch heute noch selbst auf »Ungläubige« ausübt.

Magie: Glaube statt Zauber wirkt Wunder

Offensichtlich wurde von Gegnern Jesu der Vorwurf erhoben, Jesus betreibe verbotene Magie:[1] »Siehe, da brachten sie zu ihm (Jesus) einen Menschen, der war stumm und besessen. Als aber der böse Geist ausgetrieben war, redete der Stumme. Und das Volk verwunderte sich ... Aber die Phariäser sprachen: Er treibt die bösen Geister aus durch ihren Obersten.« Mit anderen Worten: Jesus wird als Betreiber verbotener schwarzer Magie angeklagt, auf die in Israel die Todesstrafe stand. Betrieb Jesus also Magie?

Bei Markus lautet der Vorwurf ähnlich:[2] »Die Schriftgelehrten aber, die aus Jerusalem herbeigekommen waren, sie sprachen über ihn: Er ist vom Teufel besessen und treibt den Teufel mit dem Teufel aus!«

Dieses Argument wurde vom Historiker Morton Smith aufgegriffen, der aus spärlichen biblischen Belegen ein umfangreiches Buch zauberte: »Jesus der Magier«.[3] Dabei vermengt er aber gestriges und heutiges Verständnis vom Begriff des Magiers. Die »magoi«, die aus dem persischen Raum ins »Heilige Land« kamen, waren angesehene Wissende, denen niemand schwarze Magie unterstellt hätte.

Aus Sicht eines Religionswissenschaftlers[4] betrachtet ist die Bezeichnung »Magier« weder positiv noch negativ, sondern wertneutral zu gebrauchen. Man versteht Magie als die »von einem Einzelnen ausgeübte Kunst der Beeinflussung des übermenschlichen Bereiches der Geister, Dämonen, Engel und Götter. Smith dagegen lässt die negativen Beiklänge des Schimpfwortes ›Magier‹ durch seine religionsgeschichtliche Analyse hindurchklingen.«

Für Wissenschaftler wie Graham H. Twelftree[5] war Jesus nicht der böse Zauberer, wie ihn Smith zu verstehen scheint, sondern ein Heiler, der in erster Linie mit charismatischer Ausstrahlung und nicht mit magischen Ritualen half. Damit gehörte Jesus, so

Professor für »Neues Testament« Twelftree, zu einem zu Jesu Lebzeiten weit verbreiteten Berufsstand.

War also Jesus ein Magier? Oder war er ein charismatischer Heiler? Der Magier nutzt Zauberformeln, die mysteriöse rituelle Handlungen begleiten. Von Jesus sind weder magische Zauberformeln noch rituelle Handlungen überliefert. Während bei einer magischen Heilung der »Patient« passiv bleibt, kommt es gleichzeitig nur auf die Fähigkeiten und die Handlungen des Zauberers an. Ganz anders verhält es sich bei Jesu charismatischen Wundern:[6] »Sie geschehen im Rahmen einer personalen Zuwendung von Wundertäter und Hilfesuchenden: Ohne ›Glauben‹, Vertrauen und positive Erwartungen sind sie unmöglich. Sie geschehen auf Grund der Autorität einzelner Wundertäter.«

Wo Jesus auf keinen Glauben stößt, so wie in seiner Heimat, da muss er versagen:[7] »Und er konnte allda nicht eine einzige Tat tun.« Wo Kranke an Jesus glauben, werden sie von ihm geheilt. So ist es bei Jesu Heilungen schon fast zu einer immer wiederkehrenden Floskel geworden, wenn Jesus nach erfolgter Heilung auf Dankesbekundungen für die geleistete Hilfe antwortet:[8] »Dein Glaube hat dir geholfen.«

Offensichtlich wurde von Gegnern Jesu der Vorwurf erhoben, Jesus betreibe verbotene Magie. Morton Smith übernimmt diesen Vorwurf, weil so eine einfache Erklärung für Jesu wundersames Wirken gefunden werden kann. Doch erweisen sich scheinbar einfache »Lösungen« leicht als Irrtümer. Was aber ist ein Irrtum?

Die Frage nach Irrtum oder Wahrheit wird je nach der zur jeweiligen Zeit gültigen Sicht der Dinge unterschiedlich bewertet. Das gilt ganz besonders für Jesu »Wunderheilungen«.

Die synoptischen Evangelisten beschreiben die Heilung eines »fallsüchtigen Knaben«.[9] Für den westeuropäischen Arzt zu Beginn des dritten Jahrtausends handelt es sich dabei um einen an Epilepsie erkrankten jungen Mann. Für Jesus war er von einem

Geist besessen, der ausgetrieben werden musste. Aus Sicht der modernen Medizin irrte Jesus. Aber ist das wirklich so? Auch heute heilen Schamanen, etwa in Afrika, Kranke durch »Geistaustreibungen«. Anscheinend können sie immer wieder Erfolge vorweisen. Gilt auch für sie: der Glaube heilt – im Sinne von Autosuggestion? Im Falle des »fallsüchtigen Knaben« soll der Glaube des Vaters an Jesu Kräfte den Buben geheilt haben. Von »Autosuggestion« kann nicht die Rede sein.

Nicht vergessen werden darf, dass für Jesus die gelungenen Heilungen eine apokalyptische Bedeutung haben. Jesus war davon überzeugt, dass die Endzeit unmittelbar bevorstand. In dieser letzten Phase war die Macht des Bösen bereits überwunden. Prof. Gerd Lüdemann:[10] »Die Flucht der Dämonen ist ein Zeichen dafür, dass die Macht des Bösen überwunden ist, auch wenn die endgültige Zerstörung der bösen Mächte erst im unmittelbar bevorstehenden Endgericht stattfinden wird.« Deshalb gelingen die Heilungen Jesu nach seinem Weltverständnis auch, weil, so Lüdemann weiter, für Jesus gilt: »Die Gottesherrschaft ist schon angekommen, denn die Dämonenaustreibungen ereignen sich bereits in der Gegenwart ständig, da die Herrschaft Gottes, irreversibel und für alle sichtbar, Platz greift.«

Der »Weltuntergang« würde sich für Jesus nicht von einem Moment zum anderen ereignen: Vielmehr würde es einen stufenweise ablaufenden Prozess geben. Und der hatte seinem Verständnis nach bereits begonnen. Der Anfang vom Ende war demnach bereits eingeleitet. Er selbst hatte schon die Gewalt über die Welt der Dämonen, die die Menschen krank machten. Wie war das möglich? Weil das Böse bereits verloren hatte, bevor es bald endgültig vernichtet werden würde. Der eigentliche »Weltuntergang« würde sich schon bald ereignen. Das »Jüngste Gericht« stand schon vor der Tür.

Fast zwei Jahrtausende sind seither verstrichen. Jesus hat sich also ganz entschieden geirrt: Der Weltuntergang ist bisher ausgeblieben.

Mammon: Geld oder Gott – Göttin oder Gott?

Martin Luther war nicht der Erste, der die Bibel ins Deutsche übersetzte. Auch hat sich die Sprache seit dem 16. Jahrhundert weiterentwickelt, so dass echtes Lutherdeutsch heute oft schwer verständlich geworden ist. Und doch haben sich Ausdrücke aus Luthers kraftvollem Sprachschatz bis in unsere Zeiten gehalten. Auch noch zu Beginn des 21. Jahrhunderts sagt man, ein Politiker jagt dem »schnöden Mammon nach«, wenn ihm Geld wichtiger als alles andere ist.

Jesus benutzt »Mammon« in deutlich negativem Sinne:[1] »Kein Knecht kann zwei Herren dienen: Entweder er wird den einen hassen und den anderen lieben oder er wird dem einen anhangen und den anderen verachten. Ihr könnt nicht Gott dienen und dem Mammon.«

Dazu im Gegensatz steht eine Aufforderung Jesu, im gleichen Kapitel des gleichen Evangelisten:[2] »Und ich sage euch: ›Macht euch Freunde mit dem ungerechten Mammon, auf dass, wenn es damit zu Ende ist, sie euch aufnehmen in die ewigen Hütten.‹« Zum besseren Verständnis muss erklärt werden, was Jesus mit den »ewigen Hütten« meint. In bildhafter Sprache umschreibt er das Jenseits!

Der Widerspruch zwischen beiden Aussagen ist evident. Einmal postuliert Jesus, man könne nicht Mammon und Gott zugleich dienen. Wer für den Mammon arbeitet, der handelt gegen Gott. Dementsprechend kann er dann natürlich nicht hoffen, mit Gottes Hilfe »in den Himmel« zu kommen. Wenige Verse zuvor sagt er das genaue Gegenteil: Man solle sich gut mit Mammon stellen, damit man dann auch in den Himmel kommt. Was gilt nun: Sind Mammon und Gott nun Gegensätze oder nicht?

Noch verwirrender wird der Sachverhalt, wenn man dem Begriff »Mammon« auf den Grund geht. In der mittelalterlichen Dämonologie war Mammon der Gott des kaufmännischen Geschäftssinns. Man sagte aber auch, dass ein Mensch, der vom

Mammon besessen sei, krankhaft geizig werde. Der Ursprung von Mammon ist aber jahrtausendealt. Im Mittleren Osten war der Name vor Jahrtausenden höchst positiv besetzt. Man sprach davon, dass unerschöpfliche Ströme von Milch aus den Brüsten der Muttergöttin Mammitu flossen. Unzählige himmlische Gotteskinder wurden so gestillt. Auch im vielleicht ältesten Urepos der Weltliteratur taucht die Himmlische auf, im rätselhaften Gilgameschepos. Hier[3] heißt sie »Mammetun« und war als »Mutter des Schicksals« hoch angesehen. So wundert es nicht, dass sie auch Eingang ins »Alte Testament« fand.

Wiederholt ist von einem Ort namens Mamre zu lesen.[4] Warum die Ortschaft den Namen trug, wird nicht verraten. Man kann aber davon ausgehen, dass im alten Namen die Erinnerung an ein uraltes Heiligtum der Göttin Mamre am Leben erhalten werden soll. Andere Bibelstellen werden deutlicher. Im 1. Buch Mose lesen wir:[5] »Und Abraham zog weiter mit seinem Zelt und kam und wohnte im Hain Mamre, der bei Hebron ist und baute Jahwe einen Altar.«

Archäologieprofessor Dr. Hans Schindler-Bellamy:[6] »Uralte Heiligtümer einst mächtiger Gottheiten wurden im ›Alten Israel‹ noch verehrt, als man schon längst zum Monotheismus übergegangen war. So wie man häufig an heidnischen Kultstätten Europas später christliche Kirchen errichtete, so setzte man gern genau dorthin Jahwealtäre, wo sich die Anhänger älterer Kulte zu Andacht und Gebet versammelten. Auf diese Weise sollten Erinnerungen an frühere Kulte verdrängt werden.«

Manchmal soll Jahwe selbst an Orten gesichtet worden sein, die einst anderen Gottheiten geweiht waren. Wieder ist es bei Mose nachzulesen:[7] »Und Jahwe erschien ihm (dem Abraham) im Hain Mamre, während er an der Tür seines Zeltes saß, als der Tag am heißesten war.« Nach Schindler-Bellamy sollte so die Überlegenheit Jahwes über die ältere Gottheit demonstriert werden.

Mythenkenner Richard Cavendish macht die über Jahrtausende fast »global« verehrte Gottheit auch im »Neuen Testament«

ausfindig.[8] In der Apostelgeschichte des Lukas[9] werde sie Diana genannt, doch sei hinter dem Pseudonym die Urgöttin Mamre unschwer zu erkennen.

Mythologin Barbara G. Walker erkennt in Jesu Gleichnis eine tiefere versteckte Botschaft.[10] Die wirkliche Alternative ist nicht Gott oder Geld, sondern Gott oder Göttin. Natürlich kann der gläubige Mensch nur Gott Jahwe oder Göttin Mamre (verballhornt zu Mammon) dienen, niemals beiden zugleich. Wie weit man nun in der Interpretation geht, das ist Ermessenssache.

- Variante 1 geht von der Annahme aus, dass mit »Mammon« Geld gemeint ist. Das bedeutet: Innerhalb eines Kapitels macht Jesus zwei konträre Aussagen, die nicht wirklich miteinander in Einklang gebracht werden können. Jesus stellt gleich zwei Forderungen, von denen aber immer nur eine erfüllt werden kann. Denn Jesus sagt einerseits:[11]Man muss sich für Gott oder für Geld entscheiden, Geld und Gott schließen einander aus. Jesus sagt aber andererseits:[12] Man muss sich mit Geld Freunde machen, damit man in den Himmel kommt.
- Variante 2 geht von der Annahme aus, dass »Mammon« nicht vordergründig Geld bedeutet. Vielmehr steht der Ausdruck für die Göttin und ihre Macht. Jetzt verschiebt sich die Bedeutung der Forderungen Jesu vom Vordergründigen zum Verborgenen. Er erklärt, man könne nicht Göttin und Gott dienen. Interessant wird nun die Interpretation der zweiten Aussage Jesu[13]:

Freundet euch mit Mamre an – mit der Göttin, mit der weiblichen Seite Gottes. Und schon sind beide Aussagen keineswegs mehr gegensätzlich. Jetzt schließt nicht mehr eine die andere aus. Jetzt ergänzen sie sich: Freundet euch mit der weiblichen Seite Gottes an, denn sonst sind Gott und Göttin unüberwindbare Gegensätze. Es geht nun nicht mehr um Göttin oder Gott, sondern um das Göttliche mit seinen männlichen und weiblichen Aspekten!

Folgt man dieser Interpretation, dann wird eine überaus moderne Botschaft sichtbar, die hinter den scheinbar so widersprüchlichen Aussagen steckt. Sind die Jesusworte des Kapitels 16 im Evangelium nach Lukas auch unserem Bibelverständnis zu Beginn des dritten Jahrtausends nach Christus noch weit voraus?

Menschensohn: Erfindung der ersten Christen?

Das Buch Henoch wurde nicht in den Kanon der Bibel aufgenommen. Dabei ist das Gedanken- und Glaubensgut von außerbiblischen Texten oft nicht von dem des »Alten« oder des »Neuen Testaments« zu unterscheiden. Im Buch Henoch zum Beispiel heißt es über die mysteriöse Gestalt des »Menschensohns«:[1] »Und ich sah dort einen, der ein Haupt der Tage hatte, und sein Haupt war wie Wolle so weiß, und bei ihm war ein anderer, dessen Gestalt wie das Aussehen eines Menschen war, und sein Angesicht voller Güte wie das von einem der heiligen Engel. Und ich fragte einen der Engel, den, der mit mir ging und mir alle Geheimnisse zeigte, nach jenem Menschensohn, wer er sei, woher er stamme und weshalb er zu dem Haupt der Tage ginge. Und er antwortete und sprach zu mir: ›Dies ist der Menschensohn, der die Gerechtigkeit hat und bei dem die Gerechtigkeit wohnt, der alle Schätze des Verborgenen offenbart, denn der Herr der Geister hat ihn erwählt ... Und dieser Menschensohn wird die Könige und ihre Mächtigen hochreißen.«

Die Sprache des Buches Henoch ist eindeutig: Der »Menschensohn« ist der Messias, auf den jeder gläubige Jude wartet. Davon geht auch der im Gegensatz zum Buch Henoch in den Kanon der Bibel aufgenommene »Prophet Daniel« aus:[2] »Und ich sah in diesem Gesicht in der Nacht, und siehe, es kam einer mit den Wolken des Himmels wie eines Menschen Sohn, und gelangte zu dem der uralt war, und wurde vor ihn gebracht. Der gab ihm Macht, Ehre und Reich, dass ihm alle Völker und Leute aus so vielen Sprachen dienen sollten. Seine Macht ist ewig und vergeht nicht, und sein Reich hat kein Ende.«

Der gläubige Jude erwartet für die Endzeit den Messias. Auch Jesus spricht sehr häufig von dieser nahenden Apokalypse. Er lässt keinen Zweifel daran aufkommen, dass auch in seiner Terminologie der »Menschensohn« eben dieser Messias ist. Das belegen zahlreiche Verse des »Neuen Testaments«. Bei Matthäus warnt Jesus vor Gefahren für seine Anhänger. Man wird sie verfolgen, sie müssen fliehen. Doch schon ist der Hoffnungsstreifen am Horizont zu sehen! Sie werden auf ihrer Flucht durch das Heilige Land nicht in alle Städte kommen, denn der Menschensohn-Messias naht.[3]

Und ganz Kind seiner Zeit sieht Jesus die Rückkehr des erwarteten Menschensohns als imposantes Schauspiel. Matthäus, Markus und Lukas stimmen miteinander überein:[4] »Dann wird geschehen, dass der Menschensohn kommt in der Herrlichkeit seines Vaters mit seinen Engeln, und dann wird er jeden vergelten nach seinem Tun.« Am Ende der Zeit taucht also der Messias-Menschensohn wieder auf, in der göttlichen Herrlichkeit, begleitet von der Schar der Engel. An anderer Stelle heißt es, dass es auf der Erde zu gewaltigen Katastrophen kommen wird, die die »Kräfte des Himmels ins Wanken«[5] bringen. Ein himmlisches Zeichen wird dann sichtbar. Es verbreitet Furcht und Schrecken. Wie wird man für seine Sünden büßen müssen? Wie werden einem die guten Taten vergolten werden? Kläglich jammern die Menschen in aller Welt aus Angst vor der Verurteilung beim »Letzten Gericht«. Starr vor Entsetzen sehen sie »den Menschensohn kommen auf den Wolken des Himmels mit großer Kraft und Herrlichkeit«.[6]

Der Sachverhalt ist klar: Am Ende der Zeit wird, bevor die Menschheit vor Gottes Gericht steht, der Messias kommen, »zu richten die Lebenden und die Toten«, wie es im Glaubensbekenntnis heißt. Man kann nun glauben, dass Jesus dieser Messias ist. Vertrat Jesus selbst auch diese Ansicht? Eine definitive, eindeutig belegbare Antwort auf diese Frage gibt es nicht. Studiert man nämlich die rund neunzig Menschen-Sohn-Erwähnungen des »Neuen Testaments«, so erkennt man, wie komplex und verwirrend der Sachverhalt ist. Denn das »Etikett Messias« kann ganz unterschiedliche Bedeutungen haben.

– »Menschensohn« kann der Titel eines Menschen sein, der unter den Menschen lebt, der aber die »Vollmacht hat, Sünden zu vergeben auf Erden«.[7]
– »Menschensohn« kann aber auch für den schwachen, elenden Menschen stehen, der der Gewalt der Machthabenden hilflos ausgeliefert ist, die ihn töten werden. Dann wird er auferstehen.[8]
– »Menschensohn« heißt aber auch der Messias der Endzeit, der mit Macht vom Himmel kommen wird.

Wenn Jesus den Terminus »Menschensohn« verwendet, dann stets in der dritten Person. Doch wen meint er damit? Spricht er von sich selbst als von dem Menschensohn-Messias? Meint er immer sich selbst, wenn er den Ausdruck verwendet? Und wenn er in den Evangelientexten sich als den Menschensohn-Messias bezeichnet, sind diese Worte dann auch als echt anzusehen?

In der wissenschaftlichen Theologie gibt es in dieser wichtigen Frage keine Übereinstimmung. Weit verbreitet ist die Annahme, dass jene Worte Jesu falsch sind, in denen er sich als den Messias bezeichnet, der demnächst leiden und sterben müsse. Theologieprofessor Georg Fohrer:[9] »Diese Leidensvorhersagen sind als vaticinia ex eventu, also als nachträgliche Weissagungen anzusehen, die erst formuliert wurden, als die ›vorhergesagten‹ Ereignisse bereits eingetreten waren.«

Der Theologe Hans Conzelmann geht sogar einen Schritt weiter. Für ihn muss als gesichert angesehen werden, dass der geschichtlich-reale Jesus überhaupt nie vom Menschensohn gesprochen hat. Vielmehr seien alle Menschensohn-Worte ein Ergebnis der späteren Gemeindetheologie.[10] Zu diesem Ergebnis kam auch der katholische Theologe Anton Vögtle, der sich Jahrzehnte lang mit der Menschensohn-Thematik auseinander setzte. Demnach nahm Jesus den Begriff »Menschensohn« nie in den Mund. Die »junge Gemeinde« sei es gewesen, die auf den Menschensohn hoffte. Sie erfand angeblich die zahlreichen Jesus-Worte: Weil die frühen Anhänger an eine Wiederkehr des Jesus als Messias geglaubt hätten, so Vögtle,[11] legten sie ihm ihre Überzeugung immer wieder in den Mund.

Brisant wird der »Menschensohn-Komplex«, wenn man liest, was beim Psalmisten steht. In den gängigen Übersetzungen lesen wir:[12] »Verlasst euch nicht auf Fürsten, sie sind Menschen, sie können ja nicht helfen.« Übersetzt man aber etwas genauer, bleibt man näher am hebräischen Text, dann taucht wieder der »Menschensohn« auf – und das ganz und gar nicht in positivem Licht: »Verlasst euch nicht auf Prinzen, nicht auf (einen) Menschensohn, von ihm kommt keine Rettung.«

Das Buch Henoch wurde nicht in den Kanon der Bibel aufgenommen. Warum? Das lässt sich nicht wirklich begründen. Mancher Theologe mag sich heute wünschen, dass man Henoch doch in die kanonischen Schriften aufgenommen hätte. Denn im Buch Henoch wird ganz eindeutig vom Menschensohn berichtet, der als Messias am Ende der Zeit zu den Menschen kommen wird. Im Gegensatz zu den Belegstellen im »Neuen Testament« für den »Menschensohn« zieht niemand die Echtheit des entsprechenden Wortes bei Henoch in Zweifel.

Wird sich die Theologie von morgen und übermorgen verstärkt auch den Texten zuwenden, die heute noch als außerbiblisches, apokryphes Schrifttum ein sehr bescheidenes Stiefmütterchendasein fristen? Dem Laien sind sie so gut wie unbekannt. Nur wenige Experten setzen sich mit ihnen auseinander, während das Hauptaugenmerk der wissenschaftlichen Theologie nach wie vor dem anerkannten Kanon der Bibel geschenkt wird. Werden Werke wie das nach Henoch benannte Buch aufgewertet und mit in die Texte eingereiht werden, die für den Gottesdienst herangezogen werden? Das ist sehr gut möglich!

Missionsbefehl: Widersprach sich Jesus?

Zu den am häufigsten im christlichen Gottesdienst zitierten Jesus-Worten gehört der so genannte Missionsbefehl, den Jesus nach dem nach Matthäus benannten Evangelium ausgegeben haben soll. Wie wichtig der Auftrag in den Augen des Evangelisten war, das ist daran abzulesen, dass es die letzten Worte Jesu waren, die er seinen Jüngern mitteilte, bevor er gen Himmel fuhr:[1] »Darum gehet hin und machet zu Jüngern alle Völker: Taufet sie auf den Namen des Vaters und des Sohnes und des Heiligen Geistes und lehret sie halten alles, was ich euch befohlen habe.«

Jesu Worte sind eindeutig: Seine Jünger sollen ausschwärmen und in die Fremde ziehen. Sie sollen dort Missionsarbeit leisten. Was Jesus seinen Jüngern beibrachte, die Gesetze und Vorschriften, die sie einhalten sollen, muss auch den Fremden nahe gebracht werden.

Wie die Geschichte des Christentums zeigt, wurde dieser Missionsbefehl befolgt. Deshalb wurde der christliche Glaube auch verbreitet. Nur so konnte aus einer kleinen Schar überzeugter Anhänger im Verlaufe der letzten zwei Jahrtausende eine der großen Religionsgemeinschaften der Erde werden. Nun gibt es aber im Evangelium nach Matthäus einen weiteren Befehl Jesu, der im krassen Gegensatz zum präzise formulierten Missionsauftrag steht. Da heißt es:[2] »Diese zwölf (Jünger) sandte Jesus, gebot ihnen und sprach: ›Geht nicht auf der Heiden Straße und ziehet nicht in die Städte der Samariter.‹«

Peter de Rosa weist in seinem Weltbestseller »Der Jesus-Mythos« auf diesen zweiten Befehl hin. Er interpretiert ihn so:[3] »Jesus hat nichts mit Nichtjuden zu tun und weist seine Jünger an, ihnen nicht nahe zu kommen.« Dabei unterläuft ihm ein kleiner Flüchtigkeitsfehler. De Rosa irrt sich und gibt als Quelle fälschlich Markus an.

Was hat Jesus nun befohlen? Sollten seine Jünger missionieren, so wie sie es getan haben? Oder sollten sie den Nichtjuden fernbleiben? Dann aber wäre ja eine Verbreitung seines jesuanischen Glaubens gar nicht möglich gewesen. Wie lautete nun Jesu Befehl? Peter de Rosa begeht einen Fehler, weil er wortwörtlich nimmt, was sinnbildlich gemeint ist. Wiederum ist es sehr hilfreich, wenn man einen biblischen Text nicht nur in der Übersetzung in der eigenen Muttersprache liest. Wenn man zusätzlich noch im griechischen Text nachsieht, kann man immer noch irren. Wichtig ist es für das richtige Verständnis, den Vers in Aramäisch zu lesen, also in der Sprache Jesu. Jesus hat auf Aramäisch, so das Zitat historisch ist, befohlen. Mag sein, dass eifrige Zeugen Notizen machten.

Hat Jesus wirklich verlangt, seine Jünger sollen sich von Nichtjuden fern halten? Keineswegs! George M. Lamsa, profunder Kenner von Jesu Sprache, betont:[4] »Das Wort ›Straße‹ bedeutet in diesem Zusammenhang nicht ›Landstraße‹ oder ›Weg‹, sondern ›Art‹. ›Gehet nicht auf der Heiden Straße‹ heißt also: ›Nehmt nicht der Heiden Gewohnheit und Sitten an.‹«

Somit gibt es den scheinbaren Irrtum nicht: Der Widerspruch löst sich auf! Jesus befiehlt, seine Jünger sollen Missionsarbeit leisten. Dabei sollen sie aber die eigene Idendität behalten und sich nicht anpassen. Diese Missionsarbeit begann in Jerusalem. Gerade in der Situation der frühen Urkirche war die Lage für die eifrigen Missionare mehr als kompliziert. Sie selbst waren Juden, wurden aber von den anderen Juden als ketzerische Heiden beargwöhnt, die vom wahren jüdischen Glauben abgefallen waren.

Bei den Heiden hingegen wurden die ersten Christen als Juden angesehen. Nun wurden die Jünger von den jüdischen Glaubensbrüdern teils heftig angegriffen, etwa weil sie angeblich die mosaischen Gesetze nicht hinreichend genau befolgten. Nun kam eine Versuchung auf: Wenn die anderen Juden die Jünger schon nicht mehr als Glaubensbrüder haben wollten, war es da nicht einfacher, sich den Lebensweisen der »Heiden« anzupassen? Jesus mag diese Gefahr gesehen haben. Deshalb erteilte er zwei keineswegs widersprüchliche, sondern sich ergänzende Befehle: Missionsarbeit war angesagt, aber keine Anpassung an andere Glaubensvorstellungen sollte erfolgen.

Jesu Befehle entbehren nicht einer gewissen Brisanz, wenn man die Situation der christlichen Kirchen zu Beginn des dritten Jahrtausends betrachtet. Es geht um die Frage der Ökumene. Eine Angleichung an andere Glaubenslehren kann förderlich sein, wenn es darum geht, andere in den eigenen Glauben zu integrieren. Gerade zu Zeiten, da die Kirchen einen Rückgang der Mitgliederzahlen zu beklagen haben, besteht die Verlockung des Sich-Anpassens, um neue Glaubensgenossen zu finden. Dieser Verlockung sollte die Kirche aber widerstehen, wenn sie das Gebot Jesu ernst nimmt. Denn dabei verstößt man leicht gegen den Befehl Jesu, »nicht auf der Heiden Straße« zu gehen.

Fazit: Wenn sich zwei Texte zur gleichen konkreten Aussage widersprechen, dann kann einer der Texte einen Irrtum enthalten. Oder aber der Irrtum liegt in Wirklichkeit beim Interpreten, der einen Widerspruch auszumachen meint, wo es gar keinen gibt. Ein gründlicher, sorgsamer Umgang mit den Texten tut also Not!

N wie Nazoräer: Probleme mit Nazareth

Jesu Leben verlief, glaubt man den Evangelien, von Anfang an dramatisch. Herodes stellte dem Jesuskind nach und wollte es ermorden lassen. Dank himmlischer Warnungen floh die »Heilige Familie« nach Ägypten. Nach dem Tod des Herodes kehrte man zurück. Bei Matthäus heißt es:[1] »Und er (Josef) kam und wohnte in der Stadt, die Nazareth heißt, so dass sich erfüllen möge das Wort des Propheten: Er soll Nazarener heißen.«

Welcher »Prophet« ist gemeint? Dazu fehlt jeder Hinweis. Deshalb mussten emsige Bibelforscher das gesamte »Alte Testament« nach einer Prophetie durchsuchen, die ankündigt, dass man den Messias Nazarener nennen werde. Ein solches Wort wurde nicht gefunden. Schließlich suchte man großzügiger nach dem Namen Nazarener, egal in welchem Zusammenhang. Das Ergebnis enttäuschte: Der Ausdruck »Nazarener« kommt im »Alten Testament« nicht ein einziges Mal vor.

Vielversprechend war eine Spur im »Buch der Richter«:[2] »Und der Engel des Herrn erschien der Frau und sprach zu ihr: ›Siehe, du bist unfruchtbar und hast keine Kinder, aber du wirst schwanger werden und einen Sohn gebären. So hüte dich nun, Wein oder starkes Getränk zu trinken und Unreines zu essen ... Der Knabe wird ein Geweihter Gottes sein.‹« Erst ein Blick in den hebräischen Text erinnert etwas an den Nazarener bei Matthäus, wenn auch nur entfernt: Der Knabe wird ein Nasir der Götter sein. Die Ähnlichkeit zwischen Nazarener und Nasir oder Nasiräer ist allenfalls auf den dritten Blick zu erkennen. Ein Nasir oder Nasiräer hat mit dem Ort Nazareth überhaupt nichts zu tun.

Es ist, laut dem »Hebräischen und aramäischen Wörterbuch zum Alten Testament«:[3] »einer, der sich von gewissen profanen Dingen (Weingenuss etc.) fern hält, sich dadurch vom gewöhnlichen Menschenleben absondert und eben dadurch zugleich der Gottheit weiht.« Die zitierte Stelle aus dem Buch der Richter bezieht sich also nicht auf einen Ort namens Nazareth. Nirgendwo ist im Umfeld davon die Rede, dass jemand in Nazareth das Licht der Welt erblicken wird. Geboren wird, so kündigt es der Engel an, der Superman des »Alten Testaments«, Simon. Mit Jesus hat das offensichtlich überhaupt nichts zu tun.

Eine zweite Spur kann bei Jesaja aufgenommen werden. Sie ist heiß, denn immerhin geht es um die Hoffnung auf den Messias, die in bildhaft-blumiger Sprache zum Ausdruck gebracht wird. Da heißt es:[4] »Und es wird ein Zweig hervorgehen aus dem Stamm Isais und ein Zweig aus seiner Wurzel Frucht bringen. Auf ihm wird ruhen der Geist des Herrn ...«

Verdeutscht heißt das: Aus der Familie des Isai, des Vaters von König David, wird eine Hoffnungsgestalt hervorgehen, der Messias. Auf diesem Messias wird der Geist Gottes ruhen. Daraus kann man ableiten, dass der künftige Messias ein Abkömmling aus dem Hause Davids sein wird. Diese Verwandtschaft sagte man ja auch Jesus nach. Doch wo ist der Hinweis auf Nazareth?

Wieder muss man sich den hebräischen Text vornehmen, um einen Anklang an Nazareth erkennen zu können. In der Übersetzung geht er verloren. Gibt es ihn im hebräischen Original? Der »Zweig« oder »Spross« heißt auf Hebräisch »nezer«. Dieser »nezer« steht im bildhaften Vergleich des Jesaja für den Messias. Die Ähnlichkeit zwischen »nezer« und »Nazareth« ist wiederum nicht besonders augenfällig. Selbst bei großzügiger Interpretation lässt sich aus einem »nezer« kein Einwohner von Nazareth machen.

Doch zurück zu Matthäus. Wie heißt es da? Bei Matthäus steht in den Übersetzungen mehr oder minder gleich lautend:[1] »Und er (Josef) kam und wohnte in der Stadt, die Nazareth heißt, so dass sich erfüllen möge das Wort des Propheten: Er soll Nazarener heißen.« Eine solche Prophezeiung findet sich aber nirgendwo im »Alten Testament«. Nehmen wir an, es hat eine solche Vorhersage gegeben, die aber irgendwann verloren ging: Sollte Josef wegen der Ähnlichkeit von »Nazareth« und »nezer« nach Nazareth gezogen sein, um eben die ehrwürdige Prophezeiung zu erfüllen? Wenn man dies bejaht, ergeben sich weitere Probleme:

- Wenn es in Übersetzungen heißt »Er soll Nazarener heißen.« so ist das eine bewusste oder unbewusste Angleichung der griechischen Bezeichnung an Nazareth. Im griechischen Text aber ist nicht von »Nazarener«, sondern von »Nazoräer« die Rede. Wortgetreuer müsste es also heißen: »Und er (Josef) kam in die Stadt, die Nazareth heißt, so dass sich erfüllen möge das Wort des Propheten: Er soll Nazoräer heißen.« Was auch immer »Nazoräer« bedeuten mag, Einwohner von Nazareth heißt es mit Sicherheit nicht.
- Ein Ort namens Nazareth ist weder in den umfangreichen Auflistungen von Orten im Buch Josua, noch in den sehr exakten Aufzeichnungen des Historikers Josephus zu finden. Angeb-

lich hat es zu Jesu Zeiten bei Japha in Galiläa ein Nazareth gegeben. Ob das heutige Nazareth wirklich das Nazareth Jesu ist, ist fraglich. Die »heiligen Stätten«, die man dort heute gerne zeigt, sind mit Sicherheit nicht historisch.

Die kritische Textforschung geht barsch mit der längst in den Volksglauben übernommenen Vorstellung von Nazareth als Wohnort Jesu und seiner Eltern um. Theologieprofessor Gerd Lüdemann bringt es auf den Punkt:[5] »Da er (Matthäus) ein alttestamentliches Zitat für die Heimatstadt Jesu brauchte, füllte er diese Lücke kurzerhand selbst und verstand Nazoräer sinnwidrig als Bewohner Nazareths.«

Auch wenn es zu Jesu Lebzeiten ein Dörfchen Nazareth gegeben haben sollte, so wird doch niemals aus einem Nazoräer ein Bewohner von Nazareth.

Nachfolger: Größere Wunder als Jesus

Die Wunder, die Jesus nach den Berichten der Evangelien tat, sind bekannt. Er heilte Aussätzige, gab Blinden das Augenlicht und Tauben das Gehör zurück. Jesus erweckte sogar Tote wieder, führte Verstorbene ins Leben zurück.

Im Evangelium, das nach Markus benannt wurde, verkündet Jesus über die Menschen, die ihm nach seinem Tod folgen werden, Erstaunliches:[1] »Die Zeichen aber, die da folgen werden ..., sind die: In meinem Namen werden sie böse Geister austreiben, in neuen Zungen reden. Schlangen werden sie vertreiben, und wenn sie etwas Tödliches trinken, so wird es ihnen nicht schaden.«

In der Tat wurden bis ins 20. Jahrhundert von Exorzisten unterschiedlicher Couleur »Geisteraustreibungen« vorgenommen. Einige Fälle gingen durch die Medien, weil die »Besessenen« nicht genasen, sondern an den Folgen der »Geisteraustreibung« starben. Todesfälle gab es auch bei amerikanischen Sekten durch

Schlangenbisse und Gift. Fanatiker wollten beweisen, wahre Nachfolger Christi zu sein. Experimente mit Schlangen und Gift sind lebensgefährlich und haben nichts mit Frömmigkeit, wohl aber mit Leichtsinn und großer Dummheit zu tun.

Im Evangelium nach Johannes findet sich ein Gespräch zwischen Jesus und seinen Jüngern. Da äußert sich Jesus über seine »Nachfolger«:[2] »Wahrlich ich sagen euch: ›Wer an mich glaubt, der wird die Werke auch tun, die ich tue. Und er wird viel größere vollbringen als ich, denn ich gehe zum Vater ...‹« Nach Jesu Worten bei Johannes würden seine Nachfolger noch größere Wunder vollbringen als er selbst.

Da muss die Frage erlaubt sein, welche Wunder Jesus vorschwebten, die seine eigenen noch übertreffen würden. Ein größeres Mirakel als die Auferweckung von Toten gibt es wohl kaum. Oder erwartete Jesus, dass seine Nachfolger wahre Massentotenerweckungen vornehmen würden, während er selbst ja nur einzelne Tote ins irdische Leben zurückholte. Galt das auch für Heilungen? Meinte Jesus, dass Gläubige nach seiner Zeit Massenheilungen durch Wunder bewirken können würden?

So muss man nüchtern konstatieren: Jesus irrte sich, was die Wundertätigkeit seiner »Nachfolger« angeht. Bislang blieben Wundertäter aus, die sich auch nur mit Jesus vergleichen lassen könnten, von solchen ganz zu schweigen, die ihn übertreffen.

Nächstenliebe: Jesu »neues Gebot«?

Worin besteht der wesentliche Unterschied zwischen dem »Alten« und dem »Neuen Testament«? Selbst in Theologenkreisen sieht man das »Alte Testament« gern als Gegensatz zum »Neuen«. Das »Alte« wird gern als »Gesetz« bezeichnet. Schon diese Benennung hat einen negativen Beigeschmack. Da geht es also um Gesetz, um Vorschriften, die einzuhalten sind. Doch dieses Denken basiert auf einem Irrtum. Die »Torah« ist für den gläubigen Juden nicht »Gesetz«, sondern »Lehre«. Gewiss, zur Lehre gehören auch die Gesetze, aber der ältere Teil der Bibel hat zum überwiegenden Teil überhaupt nichts mit Gesetzen zu tun.

Für den gläubigen Juden ist das, was der Christ »Altes Testament« nennt, vergleichbar mit dem »Neuen Testament« für den Christen: »Evangelium« oder »Eu-angelium«, also Frohe Botschaft. Es geht um die Geschichte Israels und um Gottes Zuwendung zu seinem Volk.

Die positive Seite des »Alten Testaments« wurde in der Theologie oft verdrängt. Stattdessen wurde immer wieder gern auf die angebliche negative Aussage hingewiesen. In diesem Sinne behauptete der Theologe Joachim Jeremias:[1] »Diese ganze Gesetzgebung ist Menschenwerk und ist im Widerspruch zu Gottes Gebot.« Heinrich Schlier betont diese Meinung über das »Alte Testament« noch stärker, wenn er schreibt:[2] »Das Gesetz ... ist ... für die Juden eine Schlinge geworden, in die sie sich verfangen haben.«

Im Gegensatz zum »Alten Testament« mit seiner strengen Regulierung des Lebens durch Gesetze wird dann das »Neue Testament« gesehen. Die Frohe Botschaft wird gegen den harten Buchstaben des Gesetzes gestellt. Worin aber besteht die frohe Botschaft des »Neuen Testaments«? Darüber gibt es keinen Zweifel. Auch wer nicht zu den emsigen Kirchgängern gehört, der weiß, dass die »Stimme« der Frohen Botschaft sagt: »Liebe den Fremdling wie dich selbst!«

Die drei Evangelien nach Matthäus, Markus und Lukas berichten übereinstimmend, wie Jesus von Schriftgelehrten aufs Glatteis geführt werden soll. »Welches ist das höchste Gebot im Gesetz?«[3], wird er gefragt. Jesus antwortet nicht mit einem, sondern mit zwei »Gesetzen«:[4] »›Du sollst den Herrn, deinen Gott, lieben, von ganzem Herzen, von ganzer Seele und von ganzem Gemüt.‹ Dies ist das höchste und das größte Gebot. Das andere aber ist ihm gleich: ›Du sollst deinen Nächsten lieben wie dich selbst!‹«

Die Evangelien nach Matthäus, Markus und Lukas berichten also übereinstimmend, dass Jesus die Liebe zu Gott und die Liebe zum Nächsten für erforderlich hält und als gleichwertig ansieht. Dies gilt als *die* Botschaft des »Neuen Testaments«. Unterscheiden sich in diesem zentralen Punkt »Altes« und »Neues Testament«? Im Evangelium nach Johannes bestätigt Jesus diese Annahme:[5] »Ein neues Gesetz gebe ich euch, dass ihr euch untereinander liebt, wie ich euch geliebt habe, damit ihr einander lieb habt!«

Hier aber irrt Jesus ganz gewaltig. Oder ist es gar nicht Jesus, der dem gravierenden Irrtum unterliegt? Wenden wir uns nochmals dem Liebesgebot zu, so wie es von den Synoptikern überliefert wird. Bei Matthäus heißt es:[6] »›Du sollst den Herrn, deinen Gott, lieben, von ganzem Herzen, von ganzer Seele und von ganzem Gemüt.‹ Dies ist das höchste und das größte Gebot. Das andere aber ist ihm gleich: ›Du sollst deinen Nächsten lieben wie dich selbst!‹«

Der Jesus der Synoptiker formuliert die nach seiner Aussage gleichwertigen Gebote am ausführlichsten. Erfunden hat er sie nicht. Er gestaltet den Text auch nicht frei. Er zitiert vielmehr, leicht abgewandelt, zwei Stellen aus dem »Alten Testament« und fügt sie zusammen!

- 5. Buch Mose:[7] »Du sollst Gott, deinen Herrn, lieb haben von ganzem Herzen und von ganzer Seele und mit aller Kraft!«
- 3. Buch Mose:[8] » Du sollst … den Fremdling … lieben wie dich selbst.«

Die Widersprüchlichkeit ist nicht zu übersehen und eklatant: Der Jesus der Synoptiker Matthäus, Markus und Lukas wiederholt sein Liebesgebot nach Zitaten aus dem »Alten Testament«. Somit erscheint die zentrale Forderung Jesu als eine Bestätigung uralten Denkens, längst formuliert. Diese Gesinnung ist Jesus bekannt. So wie ihm die Texte der mosaischen Schriften vertraut sind. Wie sonst könnte er sie so gut als Quelle benützen? Der Jesus des Evangeliums nach Johannes hingegen verkündet zwar auch die

Aufforderung zur Nächstenliebe wie seine Kollegen. Doch er behauptet, es handele sich um ein »neues Gebot«.

Welcher Jesus irrte? Oder welcher Autor irrte, der die Worte Jesu – formulierte oder aufzeichnete? Fakt ist: Das berühmte Doppelgebot von der Gottes- und der Nächstenliebe ist kein Novum des »Neuen Testaments«, sondern war bereits ein fundamentaler Grundsatz im mosaischen Schrifttum.

Narr: Wer im Glashaus sitzt ...

Jesus sagt im Evangelium nach Matthäus:[1] »Wer aber zu seinem Bruder sagt: ›Du Nichtsnutz!‹, der ist des Hohen Rats schuldig, wer aber sagt: ›Du gottloser Narr!‹, der ist des höllischen Feuers schuldig!«

An das Verbot, den Mitmenschen als Narren zu beschimpfen, hält sich Jesus selbst aber nicht. Wiederum im Evangelium nach Matthäus, nur einige Kapitel später, lesen wir, wie Jesus wettert:[2] »Ihr Narren und Blinden!« Bei Lukas scheut sich Jesus ebenfalls nicht, die von ihm selbst als Todsünde bezeichnete Verunglimpfung auszusprechen:[3] »Ihr Narren, hat nicht der, der das Auswendige geschaffen hat, auch das Inwendige geschaffen?«

Auch für Jesus sollte gelten: Wer im Glashaus sitzt, darf nicht mit Steinen werfen! Für uns vollkommen unakzeptabel ist, dass Jesus für einen Menschen, der einen anderen als »Narr« tituliert, den Tod vorgesehen hat. Wenn er schon an andere so extrem strenge Maßstäbe anlegt, dann sollte er die eigene Zunge zügeln und selbst darauf verzichten, andere zu beschimpfen.

Diese Inkonsequenz mag auch Martin Luther aufgefallen sein. Deshalb fügte er beim »Narr-Verbot« ein »gottlos« ein. Jetzt kann man haarspalterisch unterscheiden: Nur jemand, der seinen Mitmenschen als »*gottlosen*« Narren bezeichnet, muss mit dem »höllischen Feuer« rechnen. Wer sich hingegen bei einer Schimpfkanonade auf den einfachen »Narren« beschränkt, hat dann wohl noch einmal Glück gehabt. Irrtum: Den »gottlosen« Narren gibt es nur in der Übersetzung, nicht aber im griechischen Original.

Prof. Gerd Lüdemann hält alle drei Jesus-Worte für »nicht historisch«.[4] Nach den Textanalysen des Theologen sind es durchweg Einschübe oder Ergänzungen der Gemeinde. Jesus hat demnach nicht selbst begangen, was er streng verbot. Die frühe Gemeinde hat es ihm nur angedichtet.

Nathan: Ein klarer Irrtum bei Lukas

Jesus war ein Nachkomme des Nathan, behauptet der Stammbaumschreiber nach Lukas.[1] Vom »Neuen« zum »Alten Testament«: König David verkündete als seinen Nachfolger seinen Sohn Salomo, nicht dessen Bruder Nathan. Begründet wurde diese Entscheidung mit einem Ratschluss Gottes:[2] »Und der König David sprach zu der ganzen Gemeinde: ›Gott hat Salomo, einen meiner Söhne, auserwählt, und er ist noch jung. Die Aufgabe aber ist groß …« Jesus ist als Erbe Nathans somit nicht Erbe des Königsthrones. Den »erbten« Salomos direkte Nachkömmlinge!

Auch der Verfasser des nach Lukas benannten Evangeliums will Jesu Anwärterschaft auf das heilige Messiastum damit begründen, dass Jesus ein direkter Nachkomme des legendären Davids ist und damit die wichtigste Bedingung erfüllt. Nach Überzeugung der frommen jüdischen Apokalyptiker konnte der so sehnsüchtig erwartete Messias nur aus dem Hause David stammen. Er musste ein direkter Abkömmling in der Ahnenfolge sein.

Doch schon in der ersten Generation nach David unterläuft dem Verfasser des nach Lukas benannten Evangeliums ein eklatanter Irrtum: Das Königtum wurde nicht via Nathan auf Jesus übertragen, sondern via Salomo. Nathan wurde eben nicht vom

Vater David zu seinem Nachfolger ernannt, sondern Salomo. Auf diese Weise bleibt die biologische Ahnenlinie beginnend mit David zu Jesus zwar erhalten, aber der Verweis auf Jesu Vorfahren Nathan als Vorgänger im königlichen Amt ist falsch.

Streng genommen schließt die Bevorzugung Salomos durch Vater David Jesus als Messias aus. Denn Jesus wäre eben nur ein biologischer Abkömmling Davids, die »königliche Linie« aber würde bei Nathan enden.

Doch wie auch immer man versucht, König David und den Messias Jesus »stammbaummäßig« miteinander zu verbinden, man kann nur scheitern. Zu Lebzeiten von Maria und Josef war das Geschlecht der Davidianer längst ausgestorben!

Offenbarung: Theorie und Praxis

Die vielleicht markanteste Fähigkeit Jesu, über die er nach den Schriften des »Neuen Testaments« verfügte, ist seine Gabe, Wunder zu vollbringen. Glaubt man der Bibel, dann war Jesus im »Heiligen Land« weithin für seine Mirakel bekannt. Wo er auch auftauchte, warteten gewöhnlich schon Kranke oder wurden von fürsorglichen Verwandten zu Jesus gebracht. Warum aber heilte Jesus? Im Evangelium nach Johannes lesen wir von einem Blindgeborenen, dem Jesus das Augenlicht schenkt.[1]

Jesu Jünger fragen nun, warum denn der Mann schon blind auf die Welt kam. Sie vermuten, dass es eine Strafe für sündhaftes Leben ist. Soll nun der Blinde selbst gestraft werden? Oder muss er ausbaden, was die Eltern Böses getan haben? Der Evangelist lässt Jesus klar antworten:[2] »Es hat weder dieser gesündigt, noch seine Eltern, sondern es sollen die Werke Gottes offenbar werden an ihm.« Der Mann wurde also blind geboren, damit Jesus ihn heilen konnte, so die göttliche Macht demonstrierend. So weit die Theorie.

Diese klare, den heutigen Zeitgenossen etwas befremdende Antwort steht im eklatanten Gegensatz zur Praxis und der oftmals von Jesus anbefohlenen Geheimhaltung. Wie sollen denn Gottes Werke offenbar werden, wenn Jesus von ihm selbst Geheilte immer wieder streng zu Geheimhaltung ermahnt? Bei Matthäus lesen wir:[3] »Da berührte er ihre Augen und sprach: ›Euch geschehe nach eurem Glauben!‹ Und ihre Augen wurden geöffnet. Und Jesus drohte ihnen und sprach: ›Seht zu, dass es niemand erfahre.‹ Aber sie gingen hinaus und verbreiteten die Kunde von ihm in diesem ganzen Lande.«

Die Evangelien nach Matthäus, Markus und Lukas berichten übereinstimmend über die »Heilung des Aussätzigen«.[4] Der überglückliche Gesunde bekommt aber auch einen Befehl mit auf den Weg, den alle drei Evangelisten festhalten: »Sieh zu, sage es niemandem!« Dessen ungeachtet verbreitete der vom Aussatz Befreite die Kunde von Jesu Heilkraft. Er dürfte jedem, den es interessierte oder nicht, erzählt haben, was ihm Außergewöhnliches zugestoßen war.

Manchmal ist Jesu Geheimniskrämerei geradezu absurd. Einen Kranken zu heilen und dann auch noch zu erwarten, dass der Überglückliche über seine wundersame Genesung schweigen werde, das zeugt nicht gerade von großer Menschenkenntnis. Schon Einzelheilungen Jesu machten ihn trotz seiner ausdrücklichen Befehle darüber zu schweigen, zu einem weithin bekannten Prominenten. Wie konnte er dann erwarten, dass Heilungen vor Volksmassen geheim bleiben würden? Und wenn er nicht wollte, dass seine Wundertaten die Runde machten, wieso heilte er dann manchmal sogar vor großen Volksmengen?

Davon berichten die Evangelien nach Matthäus, Markus und Lukas übereinstimmend. Es heißt, dass eine gewaltige Menschenschar vom Ruhm Jesu angelockt wurde. Groß mag die Gruppe der Neugierigen gewesen sein. Groß war aber auch die Schar der hoffnungsvollen Kranken, die zumindest auf Linderung oder gar auf gänzliche Genesung hofften. Bei Matthäus heißt es:[5] »Und die

Kunde von ihm erscholl durch ganz Syrien. Und sie brachten zu ihm alle Kranken, mit mancherlei Leiden und Plagen behaftet, Besessene, Mondsüchtige und Gelähmte; und er machte sie gesund.«

Markus berichtet im Einklang mit Matthäus und Lukas:[6] »Und eine große Menge aus Galiläa folgte ihm, auch aus Judäa und Jerusalem, aus Idumäa und von jenseits des Jordans und aus der Umgebung von Tyrus und Sidon kam eine große Menge zu ihm, die von seinen Taten gehört hatte.«

In dieser Volksfestatmosphäre »heilte ... er (Jesus) sie alle«. Gleichzeitig aber »gebot er ihnen streng, dass sie ihn nicht offenbar machten«.[7]

Da half es dann wenig, wenn Jesus bei anderer Gelegenheit Diskretion sehr groß schrieb. So führte er den »Blinden von Bethsaida«[8] erst einmal »hinaus vor das Dorf«, bevor er ihn heilte und ihm die Sehkraft zurückgab.

Es gibt einen eklatanten Widerspruch: Auf der einen Seite sollen Jesu Heilungen die Kraft Gottes demonstrieren. Sie sollen die Werke Gottes offenbaren. Auf der anderen Seite ist aber Jesus um strikte Geheimhaltung bemüht. Gibt es hier zwei Überlieferungen? In einer wirkt Jesus im Verborgenen, in der anderen macht ihn seine rätselhafte Fähigkeit zum weithin berühmten Wundermann. Welcher Berichterstatter irrte? Oder irrte sich gar Jesus selbst in seiner Einschätzung der menschlichen Natur?

Passah-Amnestie: Fiktion zu Lasten der Juden

Das jüdische Passah-Fest wurde schon zu Jesu Lebzeiten in Erinnerung an uralte Zeiten zelebriert: Hatte nicht Gott selbst das jüdische Volk aus der ägyptischen Gefangenschaft befreit? Dank einer Reihe von Ausgrabungskampagnen und kritischer Überprüfung der Quellenlage steht heute fest: So wie das »Alte Testament« den legendären Auszug aus Ägypten beschreibt, ist er niemals geschehen.[1] Das Passah-Fest ist nicht Erinnerung an ein historisches Ereignis, sondern Symbol für eine frühe Geschichte, wie unzählige fromme Juden sie gern gehabt hätten.

Das »Neue Testament« berichtet von einer Passah-Amnestie: Jesus stand vor dem mächtigen Pontius Pilatus. Der Römer hat großes Mitleid mit dem angeklagten Jesus, den er für unschuldig hielt. Dennoch wagte es der »Statthalter« nicht, Jesus freizusprechen. Also besann er sich listig einer »Gewohnheit«:[2] »Zum Fest pflegte er einen Gefangenen freizugeben. Es war aber einer namens Barabbas ...« Alle vier Evangelien berichten übereinstimmend über die Existenz dieses angeblichen Brauchs. Ansonsten gibt es deutliche Unstimmigkeiten:

Nach Matthäus und Markus gab es den römischen Brauch, einem Strafgefangenen mittels Amnestie zur Freiheit zu verhelfen als Vorrecht der römischen Obrigkeit. Kurios mutet die Formulierung im Evangelium nach Johannes an. Da bestätigt Pilatus den Juden: »Es besteht *bei euch* (also bei den Juden!) die Gewohnheit, dass ich euch einen zum Passahfest freilasse.« Nach Matthäus und Markus handelte es sich um einen römischen, nach Johannes hingegen um einen jüdischen Brauch.

Wie Johannes fabuliert, so kann es aber nicht gewesen sein! Ein solcher Brauch kann nämlich nur ein römischer, niemals aber ein jüdischer gewesen sein. Denn die Obrigkeit war nun einmal römisch, die Juden waren Untertanen. Es wird noch extremer: Bei Lukas schließlich hat Pilatus nicht die Möglichkeit, per Gnadenerlass einen Gefangenen durch Amnestie in die Freiheit zu entlassen, vielmehr »musste er einen nach Gewohnheit des Festes freigeben«. Aus dem souverän in Eigenverantwortung handelnden Römer ist ein zum Handeln genötigter Römer geworden.

Pilatus will nun – das Mitleid der Juden listig einkalkulierend – Jesus zur Freiheit verhelfen. Er bietet zur Passah-Amnestie zwei »Kandidaten« an: Jesus und Barabbas. So recht einig werden sich die Evangelisten nicht, wie sie Barabbas einordnen sollen. Im

Evangelium nach Markus, also im angeblich ältesten, wird relativ neutral festgestellt, Barabbas sei »mit den Aufrührern gefangen genommen worden, die einen Mord begangen hatten«.[3] Somit wird Barabbas in die Nähe von Aufständischen und Mördern gerückt, ihm selbst aber kein konkretes Verbrechen unterstellt. Matthäus macht Barabbas je nach Übersetzung zu einem »besonderen« oder »berüchtigten Gefangenen«.[4] Johannes erklärt ihn kurz und bündig zum »Räuber«,[5] Lukas (gleich an zwei Stellen!) zum »Mörder«.[6]

Was hatte Barabbas verbrochen? Wer war Barabbas? Als was mag er in den Akten der römischen Fahnder vermerkt gewesen sein? War er ein Justizopfer, ein Unschuldiger, der zusammen mit mörderischen Aufständischen in römische Gefangenschaft geraten war? Oder war er ein »berüchtigter Gefangener«, dessen Untaten unbekannt sind? Oder war er ein »Mörder« oder »Räuber«? Die Unstimmigkeiten sind deutlich und nicht zu übersehen. Wieder einmal gibt es in einem wichtigen sachlichen Punkt keine Übereinstimmung bei den Evangelisten.

In einigen wenigen Handschriften des Evangeliums nach Matthäus tragen der Mann aus Nazareth und Barabbas beide den Vornamen Jesus. Dabei muss bedacht werden, dass Jesus kein seltener, sondern ein häufiger Name war. Genau das nimmt auch Paul Winter an.[7] Der milde Pilatus ließ demnach das jüdische Volk zwischen zwei Jesussen entscheiden. Der eine würde freigelassen, der andere am Kreuz hingerichtet werden.

Kurios mutet der Versuch an, Jesus und Barabbas zu ein und derselben Person zu erklären! Ein einfacher Schreibfehler sei verantwortlich! Welcher Fehler zu der Verwirrung führte, darüber ist man sich nicht so recht einig. Zwei Varianten werden angeboten:

- Variante 1: Aus dem »barnasch«, Menschensohn, sei der »barbasch«, Barabbas, geworden.
- Variante 2: Demnach wurde aus »bar rabban«, aus dem Sohn des Lehrers, der Barabbas. »Sohn des Lehrers« wird mit »Sohn Gottes« gleichgesetzt.

Stand also in Wirklichkeit allein Jesus für die Passah-Amnestie zur Wahl? Oder gab es nicht nur einen, sondern zwei Jesusse? Ob man nun von einem oder von zwei Amnestie-Kandidaten ausgeht, macht keinen wirklichen Unterschied. Verantwortlich gemacht für die Kreuzigung Jesu wird bei beiden Varianten das jüdische Volk.

Eine Passah-Amnestie hat es aber unter keinem römischen Präfekten gegeben. Nur die Berichte nach den Evangelisten Matthäus, Markus, Lukas und Johannes wissen von einem solchen Brauch. Theologen haben seit Jahrhunderten vergeblich versucht, eine historische Quelle ausfindig zu machen, die den von den Evangelisten beschriebenen Brauch belegen könnte. Der Theologe Adolf Deißmann war am »erfolgreichsten«. Anno 85 n. Chr. wurde tatsächlich einem Straftäter die Geißelung erspart, weil das Volk seine Freilassung forderte. Allerdings ereignete sich der Einzelfall, so steht es im »Papyrus Florentinus«,[8] nicht in Judäa, sondern in Ägypten. Von einem solchen Einzelfall aus anderer Zeit, aus einem anderen Land kann man schwerlich auf einen »Brauch« in Palästina schließen.

Michael Hesemann verweist darauf, dass auch in Judäa einzelnen Gefangenen von einem Statthalter namens Albinus die Freiheit geschenkt wurde. Es handelte sich dabei aber, wie er richtig festhält, um[9] »Einzelfälle, weit entfernt von der Regel«. Von einer Amnestie kann dabei ebenso wenig gesprochen werden wie von einer Begnadigung von Straftätern nach einer Abstimmung durch das Volk.

Fazit: Die so genannte »Passah-Amnestie« ist historisch nicht belegt. Sie ist wohl von einem Mitglied der jungen Christengemeinde erfunden worden, um die Schuld am Kreuzestod Jesu den Juden zuzuschieben und die historisch verantwortlichen Römer zu exkulpieren. Die von den Evangelisten geschilderte tragische Situation hat es nie gegeben. Es erweist sich als Irrtum anzunehmen, Jesus hätte kurz vor seinem schmerzhaften Tod am Kreuz noch vom jüdischen Volk in Jerusalem gerettet werden können.

Pharisäer: Arme Witwen, Jesus und die Pharisäer

»Wehe euch, ihr ... Pharisäer, die ihr den Witwen ihre Häuser wegfresst und verrichtet zum Schein lange Gebete!«, ruft Jesus nach dem so genannten »Matthäus-Evangelium« aus.[1] Beschwichtigend wenden Theologen ein, dass dieser Vers nicht zum ursprünglichen Text des Evangeliums gehört. In älteren Schriftrollen fehlt er. Das heißt, er wurde nachträglich eingefügt. Allerdings findet sich wortwörtlich das gleiche Zitat auch in den Evangelien nach Lukas[2] und Markus.[3] Damit hat Jesus den Pharisäern ein besonders schlimmes Verbrechen unterstellt, denn gerade die Witwen standen unter dem besonderen Schutz des mosaischen Gesetzes. Da fordert Gott selbst:[4] »Ihr sollt Witwen und Waisen nicht bedrücken.« Wer es dennoch tut, wird von Gott hart bestraft werden:[5] »Dann wird mein Zorn entbrennen, so dass ich euch mit dem Schwert töte und euere Frauen zu Witwen und euere Kinder zu Waisen werden.«

Das Bild von den gemeinen Pharisäern, die sich auf Kosten armer Witwen bereichern, ist historisch falsch. Jesus irrt sich da offensichtlich gewaltig! Die relativ kleine Gruppe der Pharisäer war stets darum bemüht, die mosaischen Gesetze zu befolgen. Ausbeutung von Witwen, wie unterstellt, lag ihnen fern. Wohl nicht zuletzt, weil sie sich so sehr mit den Armen der Gesellschaft identifizierten, waren sie besonders beliebt in der Bevölkerung.[6] In der wohlhabenden und mächtigen Gesellschaft waren die Pharisäer nicht etabliert. Im Gegenteil: Viele von ihnen gehörten selbst zu den Armen und ganz und gar nicht zum »Establishment«. Josephus Flavius berichtet in seinen »Altertümern«, dass sie häufig angefeindet und von den mächtigen Juden angegriffen wurden.[7] So wundert es nicht, dass einerseits die Pharisäer eher passiv auf den Messias als Befreier warteten, dass aber andererseits aus ihren Reihen Widerstandskämpfer rekrutiert wurden.

Ähnlich negativ, wie die Pharisäer im »Neuen Testament« geschildert werden, werden auch die Schriftgelehrten beschrieben.

Immer wieder wird Jesus von Schriftgelehrten herausgefordert. Einmal wird Jesus gefragt, was denn das »größte Gebot« sei.[8] Er antwortet:[9] »Das vornehmste Gebot ist das: … ›Du sollst Gott, deinen Herrn, lieben, von ganzem Herzen, von ganzer Seele, von ganzem Gemüte und von allen deinen Kräften.‹ Das andere ist dies: ›Du sollst deinen Nächsten lieben wie dich selbst!‹ Es ist kein anderes Gebot größer als diese.«

Diese beiden Gebote entsprechen aber ganz genau pharisäischer Lehre. Das pharisäische »Shema«-Gebet, das noch heute im alltäglichen Gebrauch ist, lautet: [10] »Höre, o Israel: Der Herr ist unser Gott und der einzige Gott! Liebe den Herrn, deinen Gott mit all' deinem Herzen, mit all deiner Seele und mit all deiner Kraft!« Nach pharisäischer Vorschrift genügte es, diese wenigen Worte zwei Mal täglich zu zitieren, um von sämtlichen Gebetspflichten befreit zu werden.

Und wie steht es mit Jesu Gebot der Nächstenliebe? Es findet sich ebenso in pharisäischer Lehre. Der große Gelehrte der Pharisäer, Rabbi Hillel, wurde einmal gebeten, das mosaische Gesetz so kurz wie möglich zusammenzufassen. Er antwortete: »Was du nicht willst, dass man dir tu, das füg auch deinem Nachbarn nicht zu!« In der Konsequenz deckt sich dieses Gebot mit Jesu Denken vollkommen.

Bleibt eine Frage: Wieso werden die Pharisäer so negativ dargestellt? Liegt es daran, dass die Evangelien stark römerfreundlich verfasst sind, die Pharisäer aber den Römern gegenüber ablehnend eingestellt waren?

Propaganda: Jesus als Herr der Tiere

Die Ägypter verehrten einen Gott namens Sched. »Erfunden« haben sie ihn allerdings nicht, sondern lediglich übernommen. Vermutlich stammt er ursprünglich aus Vorderasien. Ob er dort das »Licht der Welt« erblickte oder ob er anderswo noch ältere Wurzeln hat, lässt sich allerdings nicht mehr ermitteln.

Im »Alten Testament« begegnen wir dem Vielgereisten auch, allerdings nur, wenn wir gründlich genug suchen.

In unseren Übersetzungen finden wir ihn gewöhnlich nicht. Man muss schon auf die hebräischen Texte zurückgreifen. Bei Mose stellt er sich, überträgt man den Text wörtlich, so vor:[1] »Ich bin El Schaddai, wandle vor mir und sei fromm.« In den Übersetzungen wird der Gottesname entstellt: »Ich bin der allmächtige Gott, wandle vor mir und sei fromm.« Warum?

Das »Lexikon alte Kulturen« stellt zutreffend fest[2]: »Schaddai, im ›Alten Testament‹, vor allem bei Hiob vorkommender Gottesname; die Bedeutung ist umstritten, meist wird der Name in Beziehung gesetzt zu ›sadad‹ (hebräisch = gewalttätig sein, verheeren) und mit ›Allmächtiger‹ übersetzt.« Diese Verdeutschung ist allerdings fragwürdig. Denn statt »allmächtiger Gott« müsste es dann doch wohl eher »der Zerstörer« oder »der Gewalttätige« heißen. Es sieht so aus, als habe man reichlich willkürlich und – sprachwissenschaftlich gesehen – mit Gewalt einen positiv klingenden Ausdruck gewählt.

Logischer und sinnvoller erscheint die Erklärung des renommierten »Lexikons der Götter und Dämonen in der Bibel«. Ausführlich wird dargelegt,[3] dass es sich bei El Schaddai, der allein im hebräischen Original des Buches Hiob 31-mal vorkommt, keineswegs um einen übergeordneten Gott oder gar um den Boss der Bosse in der himmlischen Hierarchie handelte. Er hatte ein genau definiertes Betätigungsfeld. Ihm unterstand das noch nicht vom Menschen kultivierte Urland der Bergregionen mit der dort heimischen Tierwelt. So wild wie das Land waren auch die Tiere, die in freier Wildbahn lebten.

Es ist zu vermuten, dass El Schaddai nicht nur oft verfälscht übersetzt wurde. Vielmehr dürfte dieser frommen monotheistischen Juden anrüchig erscheinende Name bereits da und dort auch schon in den hebräischen Texten getilgt worden sein. So ist es durchaus möglich, dass der Psalmist El Schaddai meinte, als er folgende Worte einem nicht näher bezeichneten Gott in den Mund legte:[4] »Denn alles Wild im Wald ist mein, und die Tiere auf den Bergen zu Tausenden. Ich kenne alle Vögel auf den Bergen; und was sich regt auf dem urwüchsigen Land ist mein.«

Die Bibel verfremdete El Schaddai bis zur Unkenntlichkeit. In Ägypten fand er als Sched viele Anhänger und Verehrer: unter der Bezeichnung »Horus-Sched«. Zum Star unter den Göttern wurde er in der griechisch-römischen Spätzeit. Auf unzähligen steinernen Stelen und kunstvollen Amuletten wird er häufig als nackter Knabe und jugendlicher Herrscher über die unterschiedlichsten Tiere dargestellt. Gern trug man ein Schaddai-Sched-Figürchen bei sich – als Schutzzauber, der vor Skorpion- und Schlangenbiss ebenso wie vor Attacken durch Löwen und Krokodilen bewahren sollte.

Je beliebter der kindliche ägyptische Herr der Tiere wurde, desto mehr geriet die Zentralfigur einer noch jungen neuen Religion ins Hintertreffen: Jesus. Gewiss, als Erwachsener soll er, so erzählten begeistert die ersten Christen in Ägypten, wahre Wunder gewirkt haben. Über seine Kindheit und Jugend aber war so gut wie nichts bekannt. Findige christliche »Missionare« setzten gezielt den Jesusknaben mit »Horus-Sched« gleich. So entstanden nur in Ägypten märchenhaft schöne Kindheitsevangelien.[5]

Bei der Lektüre dieser erbaulichen Texte, die in der Missionsarbeit in Ägypten eingesetzt wurden, in der übrigen Christen- und Heidenwelt aber weitestgehend unbekannt blieben, begegnen wir immer wieder dem gleichen Motiv. Um den von Herodes beauftragten Mördern zu entgehen, muss die »Heilige Familie« nach Ägypten fliehen. Nur so kann das Jesuskind überleben. Nur so bleibt Jesus am Leben, den Herodes als künftigen König von Israel fürchtet.

Dem Jesuskind gelingt es dabei stets, sein Vorbild Horus-Sched zu übertrumpfen. Tiere verneigen sich anerkennend vor dem Jesusbaby. Dem Jesusbuben gehorchen die wildesten Tiere der Wüste. Sie sind durch seine Präsenz sofort handzahm, unterwerfen sich der Autorität des kleinen Jesus. Nicht nur, dass sie keine Gefahr mehr für die Menschen darstellen, die Jesus lieb und teuer sind. Sie alle verschonen jeglichen Vertreter der menschlichen Gattung: Löwen, Panther und Drachen. Der kleine Jesus kennt keine Furcht. Seine Mutter muss das Kind erst noch besänftigen:[6]

»Gleicherweise huldigten ihm (dem Jesuknaben) Löwen und Panther und begleiteten ihn in die Wüste. Wohin Maria und Josef auch gingen, schritten sie ihnen voran, zeigten den Weg und neigten die Köpfe zur Huldigung vor Jesus. Am ersten Tag, als sich Maria von Löwen und allerlei Arten wilder Tiere umgeben sah, befiel sie große Furcht. Der Jesuknabe aber blickte sie mit frohem Blick an und sprach: ›Fürchte dich nicht, Mutter! Sie werden dir kein Leid antun, sondern kommen, dir ihre Dienste anzutragen.‹«

Fazit: Es ist ein Irrtum anzunehmen, die Autoren frommer Texte über Jesus hatten vordergründig die historische Wahrheit im Sinn. Es ging ihnen um fromme Propaganda zur Gewinnung von neuen Anhängern für den neuen Glauben. Verehrte man in Ägypten einen knabenhaften »Herrn der Tiere«, so bekam er rasch einen Konkurrenten. Der Jesusbube wurde zum christlichen Gegenstück stilisiert. Theologieprofessor Bernhard Lang:[7] »Zum Verständnis dieser Legende ist der Ort des Geschehens wichtig: Ägypten. Nur in Ägypten konnte Jesus den Tierherrn Horus-Sched beerben, dessen Name an den biblischen Schaddai erinnert.«

Irrten oder logen die christlichen Autoren? Aus der Sicht eines strengen Historikers – ja. Aus der Sicht des überzeugten Glaubenden mag als »wahr« angesehen worden sein, was die religiösen Überzeugungen unterstützte. »Wahr« in diesem Sinne ist auch eine moderne Nachempfindung des »Grabhügels«, auch wenn die Künstlerin Christiane Staack keine Augenzeugin war.[8]

Prophetenworte: Auch Jesus irrte

Glaubt man den vier Evangelisten, aber auch den eifrigen Briefschreibern des »Neuen Testaments«, dann ist der Lebensablauf des Jesus, genannt Christus aus Galiläa, eine einzige Aneinanderreihung von erfüllten Prophezeiungen aus dem »Alten Testament«. Das musste ihrer Ansicht nach so sein, denn sie sahen so Jesus als den angekündigten Messias bestätigt. Jesus selbst scheint es als sein festgeschriebenes Schicksal angesehen zu haben, den Prophezeiungen gemäß zu leben:[1] »Er (Jesus) sprach zu ihnen: ›Es muss alles erfüllt werden, was von mir geschrieben ist im Gesetz des Mose, in den Propheten und in den Psalmen.‹«

Immer wieder »zitiert« Jesus prophetische Worte, die er auf sich selbst bezieht. So spricht Jesus im Evangelium nach Johannes:[2] »Wer an mich glaubt, wie die Schrift sagt, von dessen Leib werden Ströme von lebendem Wasser fließen.« Was Jesus damit ausdrücken will, ist leicht zu verstehen: Wer an Jesus glaubt, der wird diesen Glauben an andere Menschen weiterreichen und ihnen Gutes tun. Problematisch wird es nur, wenn man in der »Schrift« nach einer entsprechenden prophetischen Stelle sucht. Generationen von Theologen haben sie bisher vergeblich gesucht. Man stritt, ob nicht doch dieser oder jener Vers von Jesus gemeint sein könnte. Es gibt die angebliche Prophezeiung aber im »Alten Testament« ganz offensichtlich nicht.

Im Evangelium nach Matthäus fragt Jesus:[3] »Habt ihr nicht gelesen von der Auferstehung der Toten, was euch gesagt wurde von Gott, der da spricht: ›Ich bin der Gott Abrahams und der Gott Isaaks und der Gott Jakobs.‹ Gott ist nicht ein Gott der Toten, sondern ein Gott der Lebendigen.« Der Text ist unmissverständlich: Jesus fragt seine Jünger, ob sie nicht im »Alten Testament« von der Auferstehung gelesen hätten. Der zitierte Text »Ich bin der Gott Abrahams und der Gott Isaaks und der Gott Jakobs« findet sich tatsächlich bei Mose.[4] Da stellt sich Gott Jahwe dem Mose vor, spricht zu ihm aus einem brennenden Dornbusch. Von

»Auferstehung der Toten« ist allerdings bei Mose nichts zu lesen, dabei sollte doch eben dieser Text eine Aussage über die »Auferstehung der Toten« enthalten. (»Habt ihr nicht gelesen von der Auferstehung der Toten …?«)

Oftmals ist es schwierig, ein angebliches Prophetenwort ausfindig zu machen, wenn im »Neuen Testament« ein konkreter Sachverhalt geschildert wird, der angeblich bereits im »Alten Testament« vorhergesagt worden sein soll. Oft wird keinerlei Hinweis gegeben, welcher Prophet denn da angeblich zitiert wird. Manchmal gibt es aber doch entsprechende Hinweise, die den Bibelleser auf die richtige Fährte setzen sollen. So bleibt es dem Suchenden erspart, das gesamte »Alte Testament« nach Hinweisen zu durchforschen, auch wenn die heutige Computertechnik die detektivische Arbeit wesentlich erleichtert.

So lesen wir im Evangelium nach Matthäus, dass Jesus Galiläa und Nazareth verließ und nach Kapernaum zog,[5] »so dass erfüllt werde, was geweissagt worden ist durch den Propheten Jesaja, der da spricht: ›Das Land Sebulon, und das Land Naphtali, die Straße am See, das Land jenseits des Jordan, das heidnische Galiläa, das Volk, das in Finsternis saß, hat ein großes Licht gesehen, und die da saßen am Ort und Schatten des Todes, ihnen ist ein Licht aufgegangen.«

Die Suche bei Jesaja bringt einen Teilerfolg. Denn tatsächlich gibt es Jesajaverse, auf die sich Jesus nach dem Evangelium des Matthäus zu beziehen scheint:[6] »Doch es wird nicht dunkel bleiben über denen, die in Angst sind. Hat es in früherer Zeit das Land Sebulon und das Land Naphtali in Schmach gebracht, so wird es hernach zu Ehren bringen den Weg am Meer, das Land jenseits des Jordan, das Galiläa der Heiden. Das Volk, das in Finsternis wandelt, sieht ein großes Licht, und über denen, die da im finsteren Lande wohnen, scheint es hell.«

Da stimmen geographische Begriffe überein, da ist vom Licht die Rede, das da aufgeht. Aber bezieht sich das Jesajawort wirklich auf Jesus? Prof. Dr. Pinchas Lapide, Neutestamentler, verneint das und merkt an:[7] »Wenn ein Prophetenwort nicht genau mit einem Detail in Jesu Leben übereinstimmt, wird es zurechtgebogen.«

Bei manchen Prophetenworten kann man bezweifeln, ob sie sich mit Jesus erfüllten oder nicht. Man mag zudem kritisch einwenden, dass man nur dann von einer echten eingetroffenen Vorhersage sprechen kann, wenn sie dem »Gegenstand« der Zukunftsschau unbekannt war. Konkreter ausgedrückt: Wenn ein Wahrsager ankündigt, ein bestimmter Mensch werde eine ganz bestimmte Handlung vollziehen und der Mensch tut, was prophezeit wurde ... kann man dann überhaupt von einer echten erfüllten Prophezeiung sprechen? Wenn Jesus sein Leben bewusst nach Prophetenworten ausrichtete, dann mussten sie ja auch in Erfüllung gehen, weil Jesus sie kannte und sie als »Regieanweisungen« befolgte. Wären sie ihm aber unbekannt gewesen, wären sie dann auch in Erfüllung gegangen? Und haben sie sich denn wirklich erfüllt? Oder wurden die oft vage formulierten Prognosen erst nachträglich durch geschicktes »Zitieren« passend gemacht? Oder wurden Ereignisse aus Jesu Leben schlicht und einfach so erfunden, dass damit »Prophetenworte« bestätigt wurden?

Manche Prophezeiungen, die als solche von Jesus zitiert werden, gingen aber ganz und gar nicht in Erfüllung. So prophezeit Jesus selbst im Evangelium nach Matthäus seinen eigenen Tod und seine Auferstehung so:[8] »Denn so wie Jona drei Tage und drei Nächte in des Fisches Bauch war, so wird der Menschensohn drei Tage und drei Nächte im Schoß der Erde sein.«

Mit anderen Worten: So wie Jonas drei Tage und drei Nächte im Bauch des Fisches war, so wird Jesus drei Tage und drei Nächte im Grabe liegen. Und so wie Jonas nach drei Tagen und drei Nächten vom Fisch wieder ausgespuckt wurde, so wird auch Jesus nach drei Tagen und drei Nächten das Totenreich wieder verlassen und auferstehen. Gerade dieses angebliche Prophetenwort ist aber im kleinen Büchlein »der Prophet Jona«[9] gar nicht als Prophezeiung zu erkennen. Unbestreitbar ist die Tatsache, dass Jesus nie und nimmer drei Tage im Totenreich war. Wie man auch rechnet, die Frist von Jesu Tod am Kreuz bis hin zur Auferstehung war wesentlich kürzer als drei Tage und drei Nächte.

Die Dreitagesfrist, die Jesus nach der eigenen Prophezeiung im Grabe liegen würde, stehen im unauflöslichen Widerspruch zu einer weiteren Prophezeiung. Im Evangelium nach Lukas sagt Jesus zu dem reuevollen Verbrecher, der mit ihm gekreuzigt wird:[10] »Und er (der andere Gekreuzigte) sprach: ›Jesus, gedenke an mich, wenn du in dein Reich kommst!‹ Und Jesus sprach zu ihm: ›Wahrlich, ich sage dir: Heute wirst du mit mir im Paradies sein!‹«

Beide Prophezeiungen schließen einander aus: Wenn Jesus nach drei Tagen und drei Nächten von den Toten aufersteht, dann kann er nicht schon am gleichen Tage, also am Tag des Todes, zusammen mit dem anderen Gekreuzigten im Paradies sein. Das ist unmöglich, selbst wenn Jesus noch am Tage der Auferstehung gen Himmel fuhr.

Das heißt: Auch Vorhersagen Jesu über seine eigene Zukunft erfüllten sich nicht immer. Wir unterliegen auch einem Irrtum, wenn wir annehmen, dass Prophezeiungen stets fromme Inhalte hatten. So machte Jesus selbst ein prophetisches Versprechen von recht profaner Natur, das nie in Erfüllung ging. In den Evangelien nach Markus[11] und Lukas[12] findet sich ein Gespräch zwischen Jesus und seinen Jüngern, das nicht nur eine falsche Prophetie Jesu enthält, sondern auch in sich widersprüchlich ist.

Da tritt ein »reicher Jüngling« auf. Jesus empfindet große Sympathien für ihn und beantwortet geduldig seine Frage. Er will ihm eine Chance einräumen, nach dem Tod ins ewige Leben einzutreten. Der Mann erfüllt zwar in seinem Leben wichtige mosaische Gesetze, kommt wohl aber dennoch nicht in den Himmel. Er ist nämlich nicht dazu bereit, sich von seinen weltlichen Besitztümern zu trennen. Davon hat er wohl einige, an denen er sehr hängt. Alles verkaufen und den Erlös den Armen schenken, das bringt er nicht übers Herz. Jesus erklärt den lauschenden Jüngern, dass wohl ein Reicher kaum in den Himmel gelangen könne.

Dann fragt Petrus, was denn sie, seine treuen Jünger, erwarten dürften. Haben sie nicht alles aufgegeben, um Jesu Jünger werden zu können? Jesus prophezeit, wiederum nach den Evangelisten Markus[13] und Lukas,[14] recht reiche und profane Belohnungen – und zwar nicht für den fernen, nicht näher bestimmbaren »Sankt Nimmerleinstag«, sondern für die unmittelbar bevorstehende Zukunft. Wer Familie, Haus und Äcker aufgibt, um sich Jesus anzuschließen, der wird noch zu Lebzeiten »hundertfach empfangen … Häuser, Brüder, Schwestern und Mütter und Äcker«, später als Zugabe noch »das ewige Leben«.

Man mag unterstellen, dass die zitierte Prophezeiung teilweise tatsächlich in Erfüllung ging. Wer als Jünger Jesus »Haus und Hof« verließ, der gewann sicher unter Gleichgesinnten neue Freunde hinzu. Vielleicht kann man die engere Anhängerschaft Jesu als »neue Familie« verstehen. Der versprochene irdische Reichtum hingegen wurde nach biblischen Berichten keinem der Jünger zuteil. Es klingt zudem sehr befremdlich nach einem Versuch Jesu, neue Jünger anzuwerben: Kommt, folgt mir und ihr werdet Reichtümer erhalten. Solche Worte passen schlecht zum Jesus-Verständnis der christlichen Kirchen. Jesus als Bauernfänger, der mit plumpen Tricks Neuzugänge für seine Anhängerschaft suchte?

Das »Alte Testament« enthält »Prophezeiungen«, lässt das »Neue Testament« immer wieder vernehmen. Davon war auch Jesus überzeugt. In Erfüllung gingen sie aber nicht alle. Bei kritischer Hinterfragung drängt sich die Frage auf: Sind die angeblichen »Prophezeiungen« auch immer welche? Selbstkritisch gibt der evangelische Theologe Markus Barth zu:[15] »Wir geben zu, dass seit dem ersten Jahrhundert nach Christi Geburt Christen prophetische Aussprüche aus der hebräischen Bibel gesucht, gesammelt und wiederholt haben, um den Juden die Messianität Jesu zu beweisen … Aber das tut ihnen noch den Juden etwas Gutes.«

Die Wurzel des Prophetenmissverständnisses ist ein grundlegender Irrtum: Der Prophet des »Alten Testaments« war nicht in erster Linie ein Prophet nach unserem heutigen Verständnis. Er war nicht in erster Linie dafür da, den Menschen vorherzusagen, was die Zukunft für sie bereithält. Ein Prophet war ein Mensch, der für Gott sprach, auch Künftiges kundtat, aber mehr noch eine moralische Funktion ausübte, kritisierend und mahnend.

Wer das nicht versteht, begreift das Wesen des biblischen Prophetentums nicht. Wer Texte des »Alten Testaments« mehr oder minder willkürlich zu Weissagungen macht, der mag seinen eigenen Glauben bestätigen, verfälscht aber biblische Aussagen. Verstand Jesus die Propheten falsch, irrte er? Oder irrten die Verfasser des »Neuen Testaments«, die Jesus die Aussagen über angeblich erfüllte Prophezeiungen zuschrieben? Manche Jesus-Prophezeiungen erwiesen sich zudem auch als Irrtümer.

Prozess: Widersprüchliches und Falsches über Jesus vor »jüdischen Richtern«

Judas hat Jesus verraten. Man hat ihn gefangen genommen. Wohin bringt man nun den Gefangenen? »Zum Hohen Priester!«, antworten die Evangelien nach Markus, Matthäus und Lukas.[1] Es fällt auf, dass nur Matthäus den Inhaber dieses hoch angesehenen Amtes beim Namen nennt: Kaiphas. Im Widerspruch dazu steht das Evangelium nach Johannes. Der lässt Jesus zunächst zum früheren Hohen Priester, zu Hannas, bringen.[2] Wieso zum Vorgänger des Amtsinhabers? Das erscheint mehr als unlogisch. Warum sollte das geschehen sein? Hannas war von den Römern bereits 15 n. Chr. abgesetzt worden.

Wer soll Jesus den Prozess machen? Markus und Matthäus vermelden übereinstimmend, dass Jesus gleich zwei Mal vor den »Hohen Rat« geschafft wurde. Das erste Mal soll unmittelbar nach Jesu Verhaftung in der Nacht erfolgt sein.[3] Zu nächtlicher Stunde wartete »der ganze Hohe Rat« auf Jesus.[4] Zu welchem Zweck hatte man die Herren vermutlich überstürzt einberufen? Um Jesus zum Tode zu verurteilen?

Auf der einen Seite wird der Eindruck erweckt, dass man Jesus einen ordentlichen Prozess machen wollte und deshalb den ganzen »Hohen Rat« versammelt hat. Auf der anderen Seite wird dabei übersehen: Ein Prozess zu nächtlicher Stund wäre ohne jeglichen Belang, ja illegal gewesen. Juristisch bindend könnte die zweite Sitzung des »Hohen Rats« gewesen sein. Wiederum beriet sich der gesamte »Hohe Rat«.[5]

Falsch, protestiert der Verfasser des nach Lukas benannten Evangeliums: Es gab keine zweite Versammlung, sondern nur eine. Die nächtliche Sitzung hat nicht stattgefunden. Es gab nur eine einzige, nämlich[6] »als es Tag geworden war«.

Falsch, wendet auch Johannes ein.[7] Es hat überhaupt keine Verhandlung gegen Jesus vor dem »Hohen Rat« gegeben. Es gab nur ein hastiges Verhör von Jesus durch Hannas. Der reichte den Delinquenten an Kaiphas weiter, der ihn wiederum an Pilatus weitergab. Über einen wie auch immer gearteten Prozess unter jüdischer Federführung weiß das nach Johannes benannte Evangelium gar nichts.

Ein Prozess konnte nur dann zu einem Urteil führen, wenn es Zeugen gab, die eine Schuld des Angeklagten bewiesen. Solche Zeugen kommen nur bei Markus und Matthäus vor. Was die Zeugen gegen Jesus vorbringen, darüber sind sich aber die beiden Evangelisten schon wieder nicht einig. Die Zeugen bekunden nach Matthäus, Jesus habe gesagt, er *könne* den Tempel Gottes zerstören.[8] Nach Markus wird Jesus aber von den Zeugen Schlimmeres nachgesagt. Die Aussage, Jesu habe gestanden, er sei dazu in der Lage, eine Straftat zu begehen, dürfte kaum als Grund für eine Verurteilung gereicht haben. Bei Markus bekunden die Zeugen, Jesus habe gesagt:[9] »Ich *werde* den Tempel Gottes zerstören!« (Manche übersetzen: »Ich will den Tempel …«)

In der Apostelgeschichte des Lukas wird der Vorwurf noch härter:[10] Demnach wollte Jesus nicht nur den heiligen Tempel von Jerusalem abreißen, sondern auch das Volk vom wahren Glauben abbringen, den der weise Mose dem Volk beigebracht hat. Es gibt also nur widersprüchliche Angaben über die genauen Aussagen der Zeugen der Anklage.

Sagten die Zeugen die Wahrheit? Dem nach Markus benannten Evangelium ist zu entnehmen, dass zumindest einige Zeugen logen und »Falsches gegen Jesus ... bekundeten«.[11] Und was die Zeugen vorbrachten, das »stimmte nicht zusammen«.[12] Von falschen Anschuldigungen gegen Jesus ist im Evangelium nach Lukas so explizit nichts zu finden, wohl aber in seiner Apostelgeschichte.[13] Ob die Zeugen nun geschickt logen oder ob sich ihre Aussagen widersprachen, darüber gibt es keine Einigkeit bei den Evangelisten. Markus[14] und Matthäus[15] sind sich aber darin einig, dass Jesus keinerlei Anstalten machte, sich zu verteidigen. Er schwieg.

Dann wird die anscheinend zentrale Frage des Prozesses gestellt, aber von wem? Nach Lukas ist es der gesamte »Hohe Rat«.[16] Nach Markus und Matthäus will es lediglich der Hohepriester wissen.[17] Was? »Bist du der Christus, der Sohn Gottes?« Es ist kaum anzunehmen, dass diese Frage in einem von gelehrten Juden geleiteten Prozess gestellt wurde. Die Fragestellung offenbart nämlich, dass wer auch immer sie formulierte und im Prozess an Jesus richten ließ, wenig oder keine Ahnung von den Grundprinzipien der jüdischen Glaubenswelt hatte.

Die Frage unterstellt, dass Christus und Messias als ein und dieselbe Person angesehen wurden. Diese spätere christliche Vorstellung wäre einem Juden völlig fremd vorgekommen. Sie wäre ihm als so absurd erschienen, dass er nie und nimmer die Begriffe so verquickt hätte. Der Christus (eigentlich Christos) war der Gesalbte, der damit nicht gleichzeitig der »Sohn Gottes« war. Kurios und befremdlich wirkt auch die Tatsache, dass man in einem von jüdischen Gelehrten und Kundigen geführten Prozess Jesus zum

Vorwurf machen wollte, er habe sich als »Sohn Gottes« bezeichnet.

Sich als »Sohn Gottes« zu bezeichnen, das war für einen Juden zu Zeiten Jesu kein Verbrechen. Den Vorwurf der nach dem mosaischen Gesetz mit dem Tode bedrohten »Gotteslästerei« hätte man deswegen nicht erhoben. Ein frommer, redlicher, gesetzestreuer und gottesfürchtiger jüdischer Mensch wurde ganz allgemein als »Sohn Gottes« bezeichnet.

Und was die Jesu unterstellte Behauptung, der Messias zu sein, anbelangt: Auch das wäre kein Vorwurf gewesen, der dazu ausgereicht hätte, Jesus vor Gericht zu stellen und anzuklagen! Im Laufe der jüdischen Geschichte gab es immer wieder Männer, die von sich behaupteten, der Messias zu sein. Gerade zu Lebzeiten Jesu war die Sehnsucht nach einem solchen Retter besonders groß, was dazu führte, dass noch mehr »Messiasse« auftraten als sonst. Gegen keinen dieser Männer wurde Anklage erhoben. Sollte man bei Jesus eine Ausnahme gemacht haben?

Die angeblich erhobenen Vorwürfe hätten zu Jesu Lebzeiten keinen Juden vor ein jüdisches Gericht gebracht, vor ein römisches schon gar nicht. Und doch behaupten die Evangelisten des »Neuen Testaments« genau das. Das macht ihre Berichte, was den historischen Gehalt anbelangt, nicht besonders glaubwürdig.

Uneins sind sich die Evangelisten, wenn es um die Antwort Jesu geht. Kaum zu glauben, dass da die Antwort ein und desselben Mannes in ein und demselben Prozess in drei Berichten so ganz unterschiedlich ausfällt.

– Nach dem Evangelium des Markus antwortet Jesus unumwunden und ganz eindeutig mit ja:[18] »Ich bin es! Ihr werdet sehen den Menschensohn sitzend zur Rechten des allmächtigen Gottes.«
– Bei Lukas weicht Jesus aus:[19] »Wenn ich es euch sage, so glaubt ihr es mir nicht! Und wenn ich frage, antwortet ihr nicht.«
– Die Antwort Jesu nach Matthäus schließlich ist kurz und knapp formuliert, dabei aber doppeldeutig:[20] »Du sagst es!«

Das kann sowohl als Ja gewertet werden (»Du sagst es wie es ist!«) als auch als Nein verstanden werden (»Das sagst du, aber so ist es nicht!«).

Wichtig ist: Man kann aufgrund der unterschiedlichen Berichte der Evangelisten nicht mehr rekonstruieren, wie der Prozess gegen Jesus tatsächlich verlaufen ist. Man kann auch nicht mehr eruieren, welche der unterschiedlichen Antworten den tatsächlichen Worten Jesu am nächsten kommt. Für welche der Varianten man sich aber auch entscheidet, für eine Verurteilung Jesu wegen Gotteslästerung hätte keine gereicht. So erscheint die Reaktion des Hohen Priesters, wie sie von Markus[21] und Matthäus[22] geschildert wird, befremdlich und unwahrscheinlich: Demnach zerriss der Hohepriester seine Kleidung und rief empört: Wozu benötigen wir da noch Zeugen! Reichte das dem Hohen Rat, um über Jesus die Todesstrafe zu verhängen?

Bei allen Unstimmigkeiten und Widersprüchen in den Evangelien über den jüdisch geleiteten Prozess gegen Jesus kann es nicht verwundern, dass es keine übereinstimmende Antwort auf eine simple Frage gibt: Wurde Jesus vom Gericht zum Tode verurteilt oder nicht?

- Markus:[23] »Sie sprachen alle das Urteil über ihn, nämlich dass er des Todes schuldig wäre.«
- Matthäus:[24] »Er ist des Todes schuldig!«

Nach dem nach Markus benannten Evangelium kommt es eindeutig zu einem Urteilsspruch. Er lautet auf: Tod! Das nach Matthäus benannte Evangelium hingegen vermeldet zwar, dass man Jesus für »des Todes schuldig« hielt. Ein Urteil wird aber nicht verhängt. Die Evangelien nach Lukas und nach Johannes erwähnen beide kein zusammenfassendes Wort nach den Verhören. Kein wie auch immer geartetes Urteil wird von den jüdischen Ratsherren gesprochen! Das war auch nicht möglich, denn nach den Schilderungen von Johannes und Lukas gab es gar keinen jüdischen Prozess gegen Jesus. Er wurde lediglich in einer Art Voruntersuchung befragt. Rechtsverbindlich war das in keinem Fall!

Eine kritische Analyse des von den Evangelisten geschilderten Prozessverlaufs lässt folgende Schlussfolgerungen zu:

- Die Berichte erlauben keine Feststellung darüber, wie der jüdische Prozess gegen Jesus wirklich verlief.
- So widersprüchlich die einzelnen Informationen auch sind, so kann es keinen Zweifel daran geben, dass der Prozess zu keinem gültigen Urteil geführt hätte, wenn er so, wie beschrieben, abgelaufen wäre.
- Die geschilderte Prozessführung widerspricht sämtlichen bekannten Vorschriften.

Würde man alle Verstöße gegen das damals gültige Recht auflisten, so würde das einen Text ergeben, der länger wäre als die Schilderung des gesamten Prozesses. Die wichtigsten seien genannt:

- Bei Prozessen, bei denen eine Verurteilung zum Tode zumindest in Betracht kam, wurden zum Beginn der Verhandlung zunächst ausgiebig Zeugen der Entlastung des Angeklagten befragt. Danach erst kamen die Zeugen der Anklage zu Wort. Gegen dieses fundamentale Prinzip der Rechtsprechung wurde verstoßen. Entlastungszeugen gab es ebenso wenig wie einen Anwalt für Jesus.
- Prozesse auf Leben und Tod durften nur am Tage stattfinden, nicht in der Nacht. Ein Todesurteil durfte nicht am Tag des Prozesses, sondern erst einen Tag danach gefällt werden. Auch gegen dieses Rechtsprinzip wurde verstoßen.
- Widersprüchliche Zeugenaussagen führten zum Freispruch des Angeklagten. Die Zeugenaussagen waren widersprüchlich, Jesus hätte eindeutig freigesprochen werden müssen.
- Waren die Zeugen gehört, hatten Ankläger und Verteidiger gesprochen, meldete sich zunächst der jüngste Richter zu Wort. Ihm schlossen sich die älteren Richter an. Erst zum Schluss ist der Vorsitzende des Rats an der Reihe. Auch diese prinzipiellen Vorschriften wurden nicht eingehalten. Ein in der beschriebenen Weise geführter »Prozess« wäre so extrem rechtswidrig gewesen, dass er zu keinem gültigen Urteil hätte führen können.

Fazit: So kann ein jüdischer Prozess gegen Jesus wirklich nicht stattgefunden haben. Es ist aber dennoch möglich, aus den teilweise sehr widersprüchlichen, teilweise auch falschen Behauptungen eine »Tatsache« herauszufiltern: Wenn Jesus tatsächlich zunächst vor den jüdischen Rat geschafft wurde, dann hat ihn der Rat anschließend den Römern ausgehändigt. In diesem einen Punkt sind sich die vier Evangelisten ausnahmsweise einmal völlig einig:[25] »Und sie banden ihn und führten ihn ab und überantworteten ihn dem Statthalter Pilatus.«

Bei den Römern lag die Gerichtsbarkeit, nicht bei den Juden. Todesurteile wurden ausschließlich von den Römern verhängt und vollstreckt, nicht von den Juden.

Quellen: Das Schweigen der Historiker

Im Zentrum des christlichen Glaubens steht Jesus. Das »Neue Testament« berichtet über Jesus. Außerhalb der Bibel gibt es nicht einen einzigen zeitgenössischen Hinweis auf Jesus, der nachweislich echt ist.

Die älteste außerbiblische Jesus-Erwähnung stammt vom Historiker Josephus Flavius (etwa 37–100 n. Chr.). Josephus hat jüdische Aufständische geführt. 67 wurde er von römischen Soldaten gefangen genommen. Er verfasste als älterer Herr ein umfangreiches Werk: »Jüdische Altertümer«. Da heißt es: »Zu jener Zeit lebte Jesus, ein Mensch voller Weisheit, wenn man ihn überhaupt einen Menschen nennen darf. Denn er wirkte Wunder und war der Lehrer wahrheitsliebender Menschen. Viele Juden und auch Heiden gewann er für sich. Er war der Christus. Obwohl ihn Pilatus auf Denunziation unserer angesehensten Männer bis hin zum Kreuzestod verurteilt hatte, verharrten die, welche ihn von Anfang an geliebt hatten, in seiner Verehrung. Er erschien ihnen nämlich am dritten Tag wieder als Lebendiger, nachdem schon die göttlichen Propheten die Auferstehung und tausend andere wunderbare Ereignisse über ihn vorausgesagt hatten. Auch heute noch existiert dieses Geschlecht der Christen, welches sich nach ihm benannt hat.«[1]

Geschrieben haben soll Josephus sein umfangreiches Werk im späten ersten Jahrhundert n. Chr., also in der Zeit, als die Evangelien entstanden. Allerdings entstand die erste erhaltene Abschrift der zitierten Stelle erst um 320: als Zitat in der Kirchengeschichte des Kirchenvaters Eusebius. Die älteste bekannte Ausgabe der »Jüdischen Altertümer« stammt aus dem 11. Jahrhundert.

Liest man das Zitat im Textzusammenhang, so drängen sich starke Zweifel auf. Da berichtet Josephus zunächst über einige Versuche jüdischer Aufständischer, aus Israel wieder einen eigenständigen jüdischen Staat zu machen. Dann schließt sich das Jesus-Zitat an. Anschließend geht es weiter mit: »Ebenfalls um diese Zeit traf auch noch ein anderes Unglück die Juden.« Textfluss und Inhalt legen nahe: Die Passage über Jesus wurde nachträglich eingefügt.

Schon der Lutheraner Lucas Osiander (1534–1604) erkannte: Wer das angebliche Josephus-Zitat verfasst hat, muss ein gläubiger Christ gewesen sein, was aber Josephus bis an sein Lebensende nicht war. Nach Osiander bringt der Text also etwas zum Ausdruck, woran Josephus selbst niemals glaubte.[2] Auch Origines (ca. 185–254) war bekannt, dass Josephus kein Christ war. Vorwurfsvoll moniert der Kirchenvater, dass Josephus eben leider zu jenen gehörte, die nicht an Jesus glaubten und die nicht den wahren christlichen Glauben angenommen haben.[3] Fazit: Das angebliche Josephus-Wort ist eine spätere Ergänzung von fremder Hand. Es stammt von einem überzeugten Christen, der aus Enttäuschung über das Fehlen einer historischen »Jesus-Quelle« selbst kreativ wurde und Josephus »ergänzte«.

War man in christlichen Theologenkreisen zunächst von der außerbiblischen Jesus-Spur bei Josephus begeistert, so obsiegte bald die Kritik. Die Zahl jener, die den Text für echt hielten, nahm rapide ab. Bedauernd stellen Gerd Theißen und Annette Merz fest, dass die Echtheit »nur noch selten vertreten« wird.[4]

Der zweite Historiker, der gern zitiert wird, wenn es um außerbiblische Hinweise auf Jesus geht, ist Tacitus (um 55–120). Der Historiker erwähnt den Brand von Rom und berichtet über die Maßnahmen Neros zur Bewältigung der gewaltigen Katastrophe. Tacitus rügt Neros sprichwörtliche Grausamkeit, kritisiert aber auch in scharfen Tönen die »christiani« wegen ihres Hasses gegen die Menschlichkeit. Tacitus sieht sich genötigt, den Begriff »christiani« zu erklären:[5] »Dieser Name stammt von Christus, der unter Tiberius vom Prokurator Pontius Pilatus hingerichtet worden war. Dieser verderbliche Aberglaube war für den Augenblick unterdrückt worden, trat aber später wieder hervor und verbreitete sich nicht nur in Judäa, wo er aufgekommen war, sondern auch in Rom, wo alle Gräuel und Abscheulichkeiten der ganzen Welt zusammenströmen und geübt werden.«

Auch Sueton (etwa 70–140) berichtet in seinem Werk »Caesarenleben« über die Probleme, die die Römer mit aufständischen Juden hatten. Eher nebenbei verweist er auf die harschen Maßnahmen von Claudius und von dessen Nachfolger Nero. Doch bei Sueton hört sich der Sachverhalt ganz anders an, als wir ihn aus der Bibel kennen. In der Bibel sind es die Schriftgelehrten der Juden, die die Römer dazu bringen, Jesus zu töten. Bei Sueton hingegen verläuft die Front ganz anders. Da musste der römische Kaiser militärisch gegen »die Juden, die von Chrestus aufgehetzt, fortwährend Unruhe stifteten«[6], vorgehen.

Tacitus wie Sueton machen aktenkundig, dass die Römer Probleme mit aufständischen Juden hatten. Tacitus erwähnt in diesem Zusammenhang beiläufig einen »Christus«, Sueton hingegen einen »Chrestus«. Ist damit wirklich Christus gemeint? Christus/Chrestus waren häufige Sklavennamen. Chrestus ist zudem ein Beiname der Gottheit Serapis. Anhänger von Chrestus könnten also, da nähere Angaben fehlen, auch Mitglieder einer Glaubensgemeinschaft gewesen sein, die einem nicht näher bekannten, aus Ägypten stammenden Kult frönten.

Plinius der Jüngere (etwa 62–113) diente Kaiser Trajan. 111 wurde er als kaiserlicher Gesandter nach Bithynien und Ponust abkommandiert. Er war wohl eher biederer Beamter als echter Historiker. Dennoch sind seine Briefe von historischem Wert. Aus der Fremde, fern von Rom, soll er per Brief im Zentrum des Imperiums nachgefragt haben, wie er denn mit den Christen umgehen solle. Ob er eine Antwort erhalten hat, ist nicht bekannt. Seine Informationen über die Mitglieder der ihm wohl etwas unheimlichen Glaubensgemeinschaft sind mager und vage. Demnach treffen sie sich »gewöhnlich an einem festgesetzten Tag vor Sonnenaufgang«, singen Loblieder auf »Christus als ihren Gott« und verpflichten sich gegenseitig durch Eid.[7]

Offenbar waren die Christen dem eifrigen Plinius suspekt. Wenig schreibt er über sie. Zwischen den Zeilen sind Misstrauen und Argwohn zu lesen. Aber anscheinend konnte der Historiker Böses nur vermuten. Was er aus welchen Quellen auch immer erfahren hat, war ausgesprochen positiv. Von diesen Christen ging keine Gefahr aus. Vielleicht etwas enttäuscht, auf alle Fälle aber erstaunt notiert Plinius der Jüngere, dass es sich dabei nicht (wie erwartet?) um Kriminelle handelt, die sich vor Anbruch des hellen Tages zu verbrecherischen Handlungen verabreden. Ganz das Gegenteil ist der Fall. Sie schwören, dass sie »Diebstahl, Raub, Ehebruch, Treulosigkeit und Unterschlagung von anvertrautem Gut« auf alle Fälle unterlassen wollen.

Bibelkritiker wie C. Dennis McKinsey behaupten, dass es letztlich keine verlässlichen Hinweise auf Christus in historischen Quellen außerhalb der Bibel gebe.[8] Trifft das zu? Josephus bietet eine kurze Passage, von der aber angenommen werden muss, dass es sich um eine Fälschung aus späteren Zeiten handelt.

Die Hinweise aus den Federn von Tacitus, Sueton und von Plinius dem Jüngeren entstanden allesamt, als es eine, wenn auch noch kleine, christliche Gemeinschaft gab. Als Primärquellen über das Wirken Jesu können sie kaum verwendet werden. Sie bieten eher Aufschluss auf Gerüchte und Glaubensbilder, die kursierten, als Jesus bereits einige Jahrzehnte lang tot war. Sie sind nicht als Beweise für historische Tatsachen brauchbar, sie belegen nur, dass schon einige Jahrzehnte nach Jesu Tod gewisse Traditionen existierten.

Zieht man nun aber in Betracht, welche Fülle an geschichtlichen Daten über die Zeit Jesu erhalten ist, so nehmen sich die wenigen Hinweise auf Jesus mehr als bescheiden aus. Man muss eigentlich von einem Schweigen der Historiker sprechen. Der historische Mensch Jesus entzieht sich unserem Zugriff. Vielleicht macht dieses Unwissen um den realen Jesus – so er gelebt hat – die Faszination des biblischen Jesus aus?

Reaktionen: Das Volk, Johannes und Jesus

Um 500 v. Chr. hatten sich die Propheten des »Alten Testaments« zu Wort gemeldet. Dann folgte Schweigen. So klafft eine Lücke in der Bibel. Warum schweigen die »Sprachrohre Gottes«? Das »Neue Testament« setzt bekanntlich ein gutes halbes Jahrtausend später ein. Wie war es um das religiöse Leben in der Zeit dazwischen bestellt? Woran glaubten die Menschen im »Heiligen Land«? Worauf hofften sie?

Schon in den letzten Jahrzehnten vor der Zeitwende wuchs eine Hoffnung unter den Israeliten. Sie spürten die Krise, in der ihr Land steckte. Sie beklagten den Verfall der Sitten. Die so präzise von Mose formulierten religiösen Vorschriften scheinen immer weniger wirklich beachtet worden zu sein. Nicht wenige sahen die Fremdherrschaft der Römer im eigenen Land als eine Strafe für den Abfall vom wahren Glauben an. Da konnte nur ein Messias helfen. So wie einst nach den Schriften des »Alten Testaments« Mose sein Volk aus ägyptischer Sklaverei in die Heimat zurückführte, so sollte der Messias seinem Volk im eigenen Land die Freiheit zurückgeben.

Eine Mehrheit der frommen Juden hoffte auf diesen messianischen Retter in der Not. Die Mitglieder des Essener-Ordens zogen sich in die Wüste zurück und warteten auf den heiß ersehnten »Lehrer der Gerechtigkeit«. Er sollte nicht nur die Menschen zum wahren religiösen Glauben zurückführen, sondern auch das Land der Juden vom Joch der Römer befreien. Ein neuer Staat sollte entstehen, ohne Fremdherrschaft. So manchem schwebte ein von fundamentalistischen Juden geleitetes Land vor. Die Menschen würden nicht mehr von heidnischen Römern, sondern von frommen Juden gelenkt werden. In dieser Zeit – um 25 n. Chr. – predigte und lehrte Johannes der Täufer nicht nur in räumlicher Nähe zu den Essenern. Er stand ihnen geistig und politisch sehr nahe.

Wie reagierte das jüdische Volk auf Johannes den Täufer? Vermutlich positiv. Denn seine Kritik wurde von weiten Teilen des jüdischen Volkes für angemessen gehalten. Es ist anzunehmen, dass er die politische Neuerung suchte, so wie alle Messiasgläubigen jener Zeit. Sicher ist, dass er ohne Rücksicht auf seine eigene Sicherheit gegen die Römer wetterte. Seine Aufrufe zu einem asketischen Lebenswandel, seine Forderung nach einer Rückbesinnung auf die alten religiösen Werte der mosaischen Schriften haben die Römer kaum interessiert. Sie dürften aber vielen Juden imponiert haben.

Interessant für die römische Obrigkeit und gefährlich für den Täufer wurde es, wenn er sie dazu aufforderte, auf Übergriffe auf die jüdische Bevölkerung zu verzichten:[1] »Fordert nicht mehr, als euch vorgeschrieben ist! Tut niemandem Gewalt oder Unrecht und lasst euch genügen an eurem Sold!« Die Römer reagierten rasch und nahmen den Störenfried fest. Das dürfte seine Beliebtheit im Volk nur noch gesteigert haben. In den Evangelien nach Matthäus, Markus und Lukas wird als Grund für das schnelle und harte Vorgehen der römischen Besatzungsmacht die Kritik Johannes des Täufers an Herodes angegeben.

Im Evangelium nach Matthäus wird deutlich, was die römische Macht gegen Johannes hatte und welche Position der Täufer im Volk besaß:[2] »Denn Herodes hatte Johannes ergriffen, gefesselt und in das Gefängnis geworfen wegen der Herodias, der Frau seines Bruders Philippus. Denn Johannes hatte ihm gesagt: ›Es ist nicht recht, dass du sie hast.‹ Und er hätte ihn gern getötet, fürchtete sich aber vor dem Volk; denn sie hielten ihn für einen Propheten.«

Johannes der Täufer muss also den Römern schon länger ein Dorn im Auge gewesen sein. Offensichtlich hatte man aber immer wieder gezögert, gegen ihn vorzugehen: aus Rücksichtnahme auf seine Beliebtheit im jüdischen Volk? Vermutlich! Johannes nahm kein Blatt vor den Mund und kritisierte heftig. Schließlich schlug die römische Staatsmacht zu. Im Evangelium nach Markus wird das so beschrieben:[3]

»Denn er, Herodes, hatte ausgesandt und Johannes ergriffen und ins Gefängnis geworfen um der Herodias willen, der Frau seines Bruders Philippus; denn er hatte sie geheiratet. Johannes hatte nämlich zu Herodes gesagt: ›Es ist nicht recht, dass du die Frau deines Bruders hast.‹«

Im Evangelium nach Lukas werden die moralischen Vorwürfe wie bei Markus erhoben, dann wird es aber allgemeiner:[4] »Der Landesfürst Herodes aber, der von Johannes zurechtgewiesen wurde wegen der Herodias, der Frau seines Bruders und wegen alles Bösen, das er getan hatte, fügte zu dem allen noch dies hinzu: Er warf Johannes ins Gefängnis.« Lukas rügt also auch das moralische Fehlverhalten des Herodes, wirft ihm aber darüber hinaus »Böses« vor.

Johannes der Täufer lebte in einer Zeit der gespannten Messias-Erwartungen. Wie reagierte das jüdische Volk auf Johannes? Ganz offensichtlich positiv, denn sonst hätte die oft rigoros von ihrer Macht Gebrauch machende römische Obrigkeit schon viel früher den Aufsässigen verhaften und hinrichten lassen.

Die jüdische Öffentlichkeit reagierte also positiv auf Johannes. Man hielt ihn für den Messias.[5] Wie verhielt sich das Volk Jesus gegenüber? Das »Neue Testament« gibt widersprüchliche Antworten. Im Evangelium nach Johannes steht die so genannte »Tempelreinigung« ganz am Anfang seiner Laufbahn. Jesus empört sich darüber, dass der Tempel in Jerusalem nicht mehr das ist, was er eigentlich sein sollte, nämlich ein Haus des Betens. Stattdessen wird da gefeilscht und gehandelt. Jesus vertreibt wütend die lautstarken Händler peitschenschwingend. Er stößt ihre Tische um und befiehlt:[6] »Tragt das weg und macht nicht meines Vaters Haus zum Kaufhaus!« Jesus positioniert sich klar und deutlich: Er möchte die alten Werte der Frömmigkeit wieder aufleben lassen.

Jesus gebärdet sich nach dem Evangelium des Johannes schon ganz am Anfang seines öffentlichen Auftretens als der Messias, auf den das Volk der Juden so dringend hofft. »Als er aber zu Jerusalem war am Osterfest, glaubten viele an seinen Namen, da sie die Zeichen sahen, die er tat.«[7] Jesus war demnach für viele der erhoffte wundertätige Messias. Nach Johannes wurde ihm schon am Anfang seines Wirkens in Jerusalem große Zustimmung zuteil.

Die Synoptiker hingegen sehen das ganz anders: Bei ihnen erfolgt die Anerkennung in Jerusalem erst am Ende von Jesu Laufbahn, kurze Zeit vor seiner Hinrichtung! Was nach Johannes am Anfang geschah, das erfolgte nach Matthäus, Markus und Lukas erst am Ende![8] Wer schildert nun den Sachverhalt richtig, wer falsch? Wer irrt?

Und wenn Jesus in der Metropole Jerusalem für so großes Aufsehen sorgte, sei es nun am Anfang oder am Ende seines Lebens, wieso nahm die Geschichtsschreibung davon keinerlei Kenntnis? Warum schwieg der jüdische Schriftsteller und Philosoph Philo? Philo war ein Zeitgenosse Jesu, etwa 20 Jahre vor Jesus geboren, überlebte er ihn um weitere 20 Jahre. 50 Abhandlungen aus seiner

Feder sind uns erhalten geblieben. Warum fehlt bei dem peniblen Chronisten jeder Hinweis auf Jesus in Jerusalem?

Warum gibt es zum Beispiel bei Josephus Flavius nicht eine einzige Zeile über den stürmischen Empfang Jesu in Jerusalem? Josephus Flavius war extrem römerfreundlich. Er lobt in seinem umfangreichen Werk Neros hartes Eingreifen gegen aufständische Juden. Warum preist er dann nicht auch den Sieg der Römer über Jesus und seine Anhänger? Denn so begeistert, wie Jesus auch angeblich in Jerusalem gefeiert wurde, so ließen ihn die Römer doch wenig später kreuzigen.

Warum ist das Josephus Flavius nicht eine einzige Zeile wert? Gleichzeitig erwähnt Josephus zwei Zeitgenossen Jesu. Er berichtet über Johannes den Täufer, über seine aufsässigen Reden und seine Hinrichtung am Kreuz. Er geht auf Jakobus, den ersten Bischof von Jerusalem, ein und vermeldet seine Hinrichtung durch Steinigung.

Warum verschweigt er dann die Begeisterungsstürme, die Jesus nach den Evangelien des »Neuen Testaments« in Jerusalem angeblich ausgelöst hat?

Reformation: Jesu größter Irrtum

Martin Luther wollte die katholische Kirche reformieren. Es lag nicht in seiner Absicht, eine Kirchenspaltung herbeizuführen. Jesus war Jude. Es gibt nicht den leisesten Hinweis darauf, dass er eine neue Religion gründen wollte. Wenn sich Jesus je grundlegend geirrt hat, dann in der vollkommen falschen Einschätzung der Konsequenzen seines Handelns. Was wollte Jesus, wenn es keine Loslösung vom Judentum war?

Die Essener zogen sich aus Jerusalem zurück und ließen sich in der Wüste nieder. Sie forderten eine Rückkehr zu mosaischen Gesetzen, die streng befolgt werden mussten. Jesus forderte eine

Verschärfung der mosaischen Gesetze in der Übertragung auf das tägliche Leben. Beispiel: Ehescheidung. Das mosaische Gesetz sah die Möglichkeit einer Scheidung vor. Dann musste ein »Scheidebrief« ausgestellt werden.[1]

An anderer Stelle blieb Jesus aber hinter den Forderungen der mosaischen Gesetze zurück. Die drei synoptischen Evangelien nach Markus, Matthäus und Lukas berichten übereinstimmend über eine Begegnung zwischen Jesus und einem reichen Jüngling,[2] der Jesus in einer zentralen religiösen Angelegenheit konsultierte und fragte: »Was soll ich Gutes tun, damit ich das ewige Leben erlange?« Der junge Mann erwartet konkrete Vorschriften. Jesus antwortet auch entsprechend: »Willst du zum Leben eingehen, so halte die Gebote.«

Damit sind, möchte man meinen, die Zehn Gebote gemeint. Jesus nimmt dann auch tatsächlich auf eben diese Gebote Bezug, indem er auflistet: »Du sollst nicht töten, du sollst nicht ehebrechen, du sollst nicht stehlen, du sollst nicht falsch Zeugnis reden, du sollst niemanden berauben, ehre Vater und Mutter!« Vergleicht man die Auflistung der Gebote, die Jesus dem jungen Mann nennt, mit den »Zehn Geboten«, so wie sie bei Mose nachzulesen sind,[3] so fällt etwas auf: Jesus nennt jene Gebote, deren Erfüllung zur Erreichung des ewigen Lebens genügen. Er lässt aber einige Gesetze, die bei Mose gleich zu Beginn stehen, weg. Und dabei handelt es sich keineswegs etwa um nebensächlich erscheinende Vorschriften über Kleidung oder Ernährung. Jesus »vergisst« vielmehr jene Vorschriften, die in den christlichen Kirchen als die ersten drei Gebote bekannt sind:

– »Das erste Gebot: Ich bin der Herr, dein Gott. Du sollst keine anderen Götter haben neben mir.«
– »Das zweite Gebot: Du sollst den Namen des Herrn, deines Gottes, nicht missbrauchen.«
– »Das dritte Gebot: Du sollst den Feiertag heiligen.«

Ist dies die Reform, die Jesus vorschwebte: Eine Öffnung des Judentums für Menschen mit anderen Gottesvorstellungen? Ein solcher Gedanke wäre über Jahrhunderte hinweg jedem christlichen Theologen als geradezu ketzerhaft erschienen. Ändert sich das?

Gerd Theißen und Annette Merz kommentieren in ihrem grundlegenden Werk »Der historische Jesus«:[4] »Während andere Erneuerungsbewegungen meist spezifisch jüdische Normen verschärfen, finden wir bei Jesus eine Thoraverschärfung bei allgemeinen ethischen Normen und gleichzeitig eine Entschärfung trennender ritueller Normen.«

Mit anderen Worten: Jesus verstärkt jene Vorschriften, die sich auf das seiner Ansicht nach allgemeine sittliche Verhalten beziehen. Gleichzeitig nimmt er aber jene Gebote zurück, in denen es um religiöses Brauchtum und Gottesdienstordnung geht. Die reformatorische Absicht ist deutlich zu erkennen: Jesus wollte keine neue Glaubensgemeinschaft neben dem Judentum gründen. Es ging ihm nicht um die Ausgrenzung anderer, sondern um Integration auf der gemeinsamen Basis moralisch-ethischer Glaubensvorstellungen.

Damit wird aber der große Irrtum Jesu deutlich: Sein Denken, Predigen und Handeln führte dazu, dass sich seine treue Anhängerschaft langsam vom traditionellen Judentum entfernte. Es kam aber keineswegs sofort zu einer Trennung. Die neue Bewegung wurde zunächst nur zu einer immer noch innerjüdischen Sekte. Erst um oder nach 70 n. Chr., also nach der endgültigen Zerstörung des Tempels von Jerusalem, kam es schließlich zur definitiven Trennung vom neuen Christentum einerseits und dem alten Judentum andererseits. In jener Zeit befand sich das Judentum in seiner historischen Krise, von der es sich sehr lange nicht mehr erholen zu können schien.

Die so folgenschwere Trennung erfolgte nach dem Tod Jesu, dessen Hoffnung auf eine reformatorische Veränderung des Judentums sich damit endgültig als großer Irrtum erwies. Sie führte zur Entstehung einer neuen Religion, die von Jesus nie beabsichtigt war.

Wer Jesus sucht, der muss ihn im Judentum suchen. Das Judentum ist und bleibt seine Heimat. Wer sich mit dem »historischen« Jesus auseinander setzen möchte, der kann dies nur, wenn er Jesus in seinen reformatorischen Bestrebungen im Judentum sieht. Wer Jesus aus seinem historisch-religiösen Zusammenhang herauslöst und vor dem Hintergrund eines zu Jesu Zeiten noch gar nicht existenten Christentums sieht, der kann nur in die Irre gehen.

Wer Jesus sucht, der findet ihn im Judentum. Über Jesus hat auch der Christ Zugang zum Judentum. Er ist die Verbindung mit dem Glauben, der seine tiefen Wurzeln in der lebendigen Welt des »Alten Testaments« hat.

Reinigungsritual: Irrtum und Widerspruch bei Lukas

Als das Jesusbaby acht Tage alt war, wurde es beschnitten, berichtet das nach Lukas benannte Evangelium. »Und als die Tage der Reinigung nach dem Gesetz des Mose vollendet waren, brachten sie ihn nach Jerusalem, so dass sie ihn darstellen konnten dem Herrn, so wie es geschrieben steht in dem Gesetz des Herrn!«[1]

Lukas berichtet von einem wichtigen Moment im religiösen Leben von Jesus und seinen Eltern. Nach den »Tagen der Reinigung« musste, so das Evangelium nach Lukas, Jesus im Tempel gezeigt werden. Was bedeuten die »Tage der Reinigung«, die offensichtlich vom mosaischen Gesetz gefordert werden? Dieser religiöse Brauch, von Jesu Familie vollzogen, wurde in den Kult des Christentums nicht übernommen.

In der katholischen Theologie spricht man von der »unbefleckten Empfängnis« Marias. Diese Bezeichnung wird von vielen Frauen als Beleidigung empfunden. Denn wenn Jesu Fall eine Ausnahme ist, so bedeutet das doch in letzter Konsequenz, dass die normale Empfängnis mit einer »Befleckung« verbunden ist. Im Judentum geht man davon aus, dass jede Frau sieben Tage »unrein« ist, »wenn sie ihre Tage hat«.[2]

Nach der Geburt eines Kindes ist die Frau, so hält es das mosaische Gesetz, ebenfalls »unrein«, für wie lange, das hängt vom Geschlecht des Kindes ab: nach Geburt eines Knaben eine Woche,[3] nach der Geburt eines Mädchens zwei Wochen.[4] Nach einer Geburt muss die Mutter erst einmal in Quarantäne zu Hause bleiben. Wiederum ist die Dauer abhängig vom Geschlecht des Kindes: 33 Tage sind es bei einem Buben,[5] 66 Tage sind es bei einem Mädchen,[6] eine wahrlich diskriminierende Festlegung! Die von Moses definierte und festgeschriebene »Verunreinigung« durch ein weibliches Baby hält also doppelt so lang an wie bei einem männlichen Baby.

Erst wenn diese genau bestimmte Zeit um ist, wenn die Frau wieder das Haus verlassen darf, muss sie den Tempel aufsuchen. Dann wird vom Priester eine Opferzeremonie abgehalten, die als kultische Reinigung verstanden wird,[7] »dann soll sie dem Priester ein einjähriges Schaf bringen zum Brandopfer und eine Taube oder Turteltaube zum Sündopfer«. Erst durch diese Handlung im Tempel, so schreibt es das mosaische Gesetz vor, wird sie wieder rein.

Der Verfasser der mosaischen Gesetze hatte dabei Verständnis für die arme Bevölkerung, die es sich nicht leisten konnte, ein Schaf opfern zu lassen. Dann genügte stattdessen eine weitere Taube.[8]

Zurück zu Lukas:[1] »Und als die Tage der Reinigung nach dem Gesetz des Mose vollendet waren, brachten sie ihn nach Jerusalem, so dass sie ihn darstellen konnten dem Herrn, so wie es geschrieben steht in dem Gesetz des Herrn!«

Was genau berichtet Lukas? Offensichtlich geht er davon aus, dass Mutter und Kind, ja vielleicht sogar Vater, Mutter und Kind im Tempel gereinigt werden mussten, weil dies die mosaischen Vorschriften so verlangen. Das ist falsch. Der Ritus bezog sich ausschließlich auf die Frau. Weder das neugeborene Kind noch der Ehemann mussten also den Tempel aufsuchen, wie Lukas behauptet. Und die von Lukas behauptete Pflicht, dass Jesus im Tempel »gezeigt« werden musste, hat nie existiert. Zu Recht kritisiert Theologieprofessor Gerd Lüdemann[9] »die Unkenntnis jüdischer Gesetzesvorschriften«.

Die von Lukas geschilderte Reinigungsepisode[10] muss als ein grober Irrtum bezeichnet werden. Sie kann sich so wie beschrieben nicht abgespielt haben. Oder liegt kein Irrtum vor, sondern Absicht? Lukas hat einen Grund, warum er die gesamte Familie und nicht nur Maria zur Reinigungszeremonie in den Tempel gehen lässt. Nur auf diese Weise ist es möglich, den kleinen Jesusbuben in Verbindung mit dem Tempel zu bringen und ihn von »Propheten« als Messias preisen zu lassen.

Beim Verlassen des Tempels inszeniert Lukas, und nur er, zwei denkwürdige Begegnungen: Der greise Simon hat, womöglich als Lohn für seine Frömmigkeit, vom »Heiligen Geist« etwas versprochen bekommen: Erst wenn er den Messias erblickt hat, wird er das Zeitliche segnen. Als das Jesusbaby aus dem Tempel gebracht wird, erkennt es Simon als den Messias. Überglücklich ruft er aus:[11] »Herr, nun lässt du deinen Diener in Frieden sterben, wie du gesagt hast, denn meine Augen haben den Messias gesehen!« Auch die vierundachtzig Jahre alte Prophetin Hanna wird vor dem Tempel in Position gebracht. Auch sie erkennt offensichtlich in dem Baby den Messias »und redete von ihm zu allen, die auf die Erlösung Jerusalems warteten«.[12]

Kritisch merkt Professor Lüdemann an:[13] »Die Geschichte projiziert den nachösterlichen Glauben an Jesus in seine Kindheit. Ihr historischer Wert ist deshalb gleich null.« Mit anderen Worten: Die Menschen glaubten nach Jesu Auferstehung an Jesus als den Messias. Diese Überzeugung wurde von Lukas durch eine geschickte Inszenierung zeitlich vorverlegt. Schon wenige Tage nach seiner Geburt wird Jesus als der Messias erkannt.

Jesu Eltern aber bereifen nicht, was sie da hören:[14] »Und sein Vater und seine Mutter wunderten sich über das, was von ihm (Jesus) geredet ward.« Diese staunende Reaktion der Jesus-Eltern steht im krassen Gegensatz zu den Schilderungen im Evangelium nach Lukas, die nur wenige Verse früher ausführlich dargestellt sind!

Nach Lukas' wurde nämlich die verblüffte Maria von einem Engel besucht, der ihr verkündete: [15] »Maria, du hast Gnade bei Gott gefunden. Siehe, du wirst schwanger werden und einen Sohn gebären, den wirst du Jesus nennen. Der wird groß sein und ein Sohn des Höchsten genannt werden. Und Gott der Herr wird ihm den Thron seines Vaters geben. Und er wird ein König sein über das Haus Jakob ewiglich und sein Reich wird immer andauern!« In blumiger Sprache prophezeite ein leibhaftiger Engel der Maria, dass sie den Messias gebären werde. Und als wenige Monate später zwei »Propheten« in dem nun geborenen Jesusbaby den Messias erkennen, wundert sich Maria über ihre Worte. Hat sie die Begegnung mit dem Engel schon vergessen?

Und was ist mit den Hirten? Auch ihnen hat der Engel des Herrn verkündet, dass der Messias geboren worden sei. Er schickte sie zu Maria und Josef und dem Kind. Die Hirten hasteten zu Maria und berichteten ihr von den Worten des Engels.[16]

Nach Lukas' eigenen Berichten war es der Maria sehr wohl bekannt, dass ihr Sohn Jesus der künftige Messias war. Dann hätte sie sich über die Bestätigung dieser Tatsache durch die beiden Propheten nicht wundern dürfen. Sie tut es aber doch. Somit widerspricht sich der Text des nach Lukas benannten Evangeliums selbst. Diesen Widerspruch gibt es nur bei Lukas.

Gibt es eine Erklärung für den Irrtum und den Widerspruch bei Lukas? Wurde das Evangelium nach Lukas nicht von einem Verfasser geschrieben, sondern von Redakteuren aus verschiedenen Teilstücken, die aus verschiedenen Quellen stammten, wie ein Puzzle zusammengesetzt? Befriedigend ist diese Antwort aber nicht wirklich. Denn wenn das Evangelium keine logische Einheit bildet, sondern aus sich teilweise widersprechenden Versatzstücken zusammengesetzt wurde, warum ließ man dann die einander ausschließenden Behauptungen stehen und hat sie nicht durch redaktionelle Überarbeitung beseitigt?

Richten – oder nicht richten?

»Richtet nicht, auf dass ihr nicht gerichtet werdet!«, mahnt Jesus nach Matthäus.[1] Bei Lukas heißt es fast wörtlich:[2] »Richtet nicht, so werdet ihr auch nicht gerichtet!« An dieses Gebot scheint sich auch Jesus selbst zu halten, zumindest nach Kapitel 8 im Evangelium nach Johannes. Da lesen wir, klar und eindeutig formuliert:[3] »Ihr richtet ..., ich richte niemand.« In diesem Sinn bekundet Jesus an anderer Stelle bei Johannes:[4] »Ich bin nicht gekommen, dass ich die Welt richte, sondern dass ich die Welt rette!«

Hält sich Jesus also an das Verbot zu richten? Wer wird dann am »Jüngsten Tag« der Apokalypse über die Menschen urteilen, wenn Jesus das nicht tun will? Etwa der Vater? Wiederum bei Johannes ist folgendes Wort zu finden, das eine klare Auskunft gibt:[5] »Denn der Vater richtet niemand, sondern alles Gericht hat er dem Sohn übergeben! ... Ihm hat er die Macht gegeben, das Gericht zu halten, weil er des Menschen Sohn ist!«

Richtet Jesus also doch, obwohl er selbst sagte, er sei nicht gekommen, um zu richten? Doch genau das Gegenteil erklärt Jesus selbst an anderer Stelle, aber wiederum bei Johannes:[6] »Und Jesus sprach: ›Ich bin zum Gericht in diese Welt gekommen!‹«

Es wäre nachvollziehbar, würde Jesus den Menschen das Richten verbieten, sich selbst aber das Recht vorbehalten, als Sohn Gottes über die Menschen zu Gericht zu sitzen. Ein Motiv für diese Haltung könnte Jesu berechtigter Zweifel am Gerechtigkeitssinn der Menschen sein. Das wäre unrealistisch, aber kein Widerspruch. Unrealistisch wäre diese Haltung, weil die menschliche Gesellschaft anscheinend ohne Gerichte nicht auskommt. Ein eklatanter Widerspruch ist es aber, wenn Jesus einerseits beteuert, er sei nicht zum Richten gekommen, während es an anderer Stelle – beim gleichen Evangelisten – heißt, das genau sei seine Aufgabe.

Rose: Irrtum im Kirchenlied

Anno 1609 komponierte Michael Prätorius zu Worten aus dem Volksmund eine Melodie, die auch heute noch zu den bekanntesten christlichen Kirchenliedern zählt. Der Urheber des Textes ist unbekannt. Vermutlich entwickelte es sich nach und nach und ging nicht auf einen einzelnen Verfasser zurück. Wer auch immer die anrührenden Worte formulierte, der fabrizierte einen Irrtum. In der ersten Strophe des Volksliedes aus dem 16. Jahrhundert heißt es:

»Es ist ein Ros' entsprungen
aus einer Wurzel zart.
Wie uns die Alten sungen,
aus Jesse kam die Art.
Und hat ein Blümlein bracht,
mitten im kalten Winter,
wohl zu der halben Nacht.«

Wer mit der Rose gemeint ist, ist klar: Jesus. In antiquiert wirkendem Deutsch gibt der Liedtext einen wichtigen Hinweis: »Aus Jesse kam die Art.« Der kundige und kombinierfreudige Bibelleser weiß: Hier wird auf den Propheten Jesaja hingewiesen.

Da heißt es:[1] »Es wird ein Reis hervorgehen aus dem Stamme Isais und ein Zweig aus einer Wurzel wird Frucht bringen.«

Von einer Rose ist bei Jesaja nirgendwo zu lesen, wohl aber von einem »Reis«. Aus dem »Reis« wurde durch einen Lesefehler die Rose. Und was sagt das hebräische Original? Da wird ein »chotär« hervorgebracht. Eine »schwankende Rute«.[2] Korrekt übersetzt müsste der Jesajavers also lauten: »Es wird eine schwankende Rute hervorgehen aus dem Stamme Isais …« Genau so übersetzte auch Martin Luther:[3] »VND ES WIRD EINE RUTE AUFGEHN VON DEM stam Jsai/vnd ein Zweig aus seiner wurtzel Frucht bringen.«

Warum wurde aus der »schwankenden Rute« ein »Reis«? Vermutlich aus theologischen Überlegungen: Wenn man das Jesajawort als Prophezeiung verstehen wollte, dann empfand man »schwankende Rute« für Jesus als unpassend. Also suchte man nach einem positiver besetzten Wort.

Man zog zwei weitere Jesajastellen heran. Da heißt es einmal:[4] »In der Zeit wird des Herrn Zweig lieb und wert sein.« Im Hebräischen steht: »zemach«: »Gespross«.[5] Und zum anderen, an anderer Stelle:[6] »Und es stieg auf wie der Schössling …« Im Hebräischen findet sich wiederum ein anderes Wort: »jonek«. »Jonek« kann bedeuten:[7] Säugling, Trieb, Schössling.

Drei Verse bietet Jesaja:

»Es wird eine schwankende Rute hervorgehen aus dem Stamme Isais …«[1] Die »schwankende Rute« wollte man in einer angeblichen Prophezeiung nicht als Symbol für Jesus stehen lassen. Aber da gab es ja noch ein zweites Jesajawort:

»In der Zeit wird des Herrn Zweig lieb und wert sein.«[4] Und ein drittes lautete: »Und es stieg auf wie der Schössling …«[6] Jesaja bot also selbst Alternativen für die »schwankende Rute: »Schössling« oder »Zweig«. In manchen Übersetzungen entschied man sich für das altertümliche Reis. Und der unbekannte Verfasser des berühmten Kirchenliedes, das inzwischen in zahlreiche Fremdsprachen übersetzt wurde, machte aus dem Reis die Rose. Und so ging die Rose im Lied um die Welt.

Es sind sich auf dem Gebiet der Theologie alle Experten für das »Alte Testament« darüber einig, dass das Reis, das zur Rose mutierte, mit Jesus nicht das Geringste zu tun hat. Wissenschaftliche Erkenntnis ist eine, Volksglaube eine andere.

Bei der Formulierung des Liedtextes übte dann die europäische Vorstellung vom Weihnachtsidyll einen starken Einfluss aus: jungfräulich weißer Schnee glitzert bei klirrender Kälte. Und er wird von einer Rose durchbrochen – »mitten im kalten Winter«.

Mit der historischen Realität Jesu hat dies nichts zu tun. Ein Lesefehler führte zu einem Lied, dessen Bild von der Rose fest im Volksglauben verwurzelt ist.

Schwert: Rief Jesus zur Gewalt auf?

So weit verbreitet die Bibel auch ist, so wird sie doch nur wenig wirklich gründlich gelesen. Irrtümer über den Inhalt der Bibel entstehen. Manche Vorurteile erweisen sich als recht dauerhaft. So gilt *das* »Alte Testament« als martialisch roh, *das* »Neue Testament« hingegen wird als friedlicher Gegenpol gesehen.

Doch *die* Aussage *des* »Alten Testaments« gibt es nicht. So fordert auf der einen Seite der Prophet Joel zur Gewalt auf:[1] »Macht aus euren Pflugscharen Schwerter und aus euren Sicheln Spieße!« Auf der anderen Seite aber wird auch die Hoffnung auf eine friedliche Zukunft formuliert. Da wird dann die Aussage des Propheten ins Gegenteil verkehrt:[2] »Sie werden ihre Schwerter zu Pflugscharen und ihre Spieße zu Sicheln machen. Es wird kein Volk gegen das andere das Schwert erheben, und sie werden hinfort nicht mehr lernen, Krieg zu führen.« Dieses Szenario wird fast wortgleich auch beim Propheten Jesaja geschildert.[3]

Zu welcher Haltung neigt nun Jesus? Ist er der friedvolle Pazifist, für den ihn viele gern halten? Oder konnte er auch militant sein? Offensichtlich. Denn Lukas lässt Jesus sagen:[4] »Da sprach er (Jesus) zu ihnen: ›Aber nun, wer einen Beutel hat, der nehme ihn, desgleichen auch die Tasche, und wer's nicht hat, verkaufe seinen Mantel und kaufe ein Schwert!‹« Ruft Jesus also zur Gewalt auf?

Um Jesus richtig zu verstehen, muss man den Hintergrund der Szene kennen, vor allem aber auch die Sprache Jesu. Das »Neue Testament« ist in griechischer Sprache verfasst. Jesus aber sprach nicht Griechisch, sondern das galiläische Aramäisch seiner Landsleute.

George M. Lamsa, profunder Kenner des Aramäischen, weist darauf hin:[5] »Die von Jesus an die Jünger gerichteten Worte sind eine aramäische Redensart, die eine alarmierende Lage bezeichnet. Er meinte damit nicht buchstäblich, sie sollten ihre Kleider für Schwerter eintauschen … Jesus wollte seine Jünger auf die nahende Gefahr hinweisen.«

Lamsas Erklärung macht den Verlauf des Geschehens verständlich. Was sonst als scheinbar unüberbrückbarer Widerspruch erscheinen müsste, wird plausibel. Jesus rief eben nicht zur Gewalt auf, sondern benutzte eine Redensart, um auf die nahende Gefahr hinzuweisen. Und die war ja auch höchst akut! Wenige Zeit später erscheinen dann römische Soldaten und wütende Juden, geführt von Judas, um Jesus zu verhaften. Die Situation eskaliert. Lukas schildert die Situation so:[6] »Als aber die, die um ihn waren, sahen, was geschehen würde, sprachen sie: ›Herr, sollen wir mit dem Schwert dreinschlagen?‹«

Wie würde Jesus antworten? Nachdem er wenige Momente zuvor scheinbar dazu aufgefordert hatte, Schwerter zu kaufen, müsste man jetzt erwarten, dass er zum Gegenangriff auffordert. Das Gegenteil ist der Fall. Bei Lukas heißt es weiter:[7] »Und einer von ihnen schlug nach dem Knecht des Hohen Priesters und hieb ihm sein rechtes Ohr ab. Da sprach Jesus: ›Lasst ab! Nicht weiter! Und er rührte sein Ohr an und heilte ihn.«

Vordergründig betrachtet, ist Jesu Handeln widersprüchlich: Eben fordert er seine Jünger auf, notfalls den Mantel oder sonstige persönliche Habe zu verkaufen, um mit dem Erlös Waffen zu kaufen. Und kaum kommen Waffen zu seinem Schutz zum Einsatz, reagiert Jesus ablehnend gegen gewaltsame Verteidigung im Moment der Gefahr.

Im Evangelium nach Matthäus spielt sich die bewegende Szene ganz ähnlich ab:[8] »Und siehe, einer von denen, die bei Jesus waren, streckte die Hand aus und zog sein Schwert und schlug nach dem Knecht des Hohen Priesters und hieb ihm ein Ohr ab. Da sprach Jesus zu ihm: ›Stecke dein Schwert an einen anderen Ort. Denn wer das Schwert nimmt, der soll durch das Schwert umkommen.‹«

Markus berichtet den Sachverhalt genauso, wenn auch etwas knapper.[9]

Und selbst das Evangelium nach Johannes, das sonst nicht immer mit den Texten der synoptischen Kollegen konform geht, geht auf den Vorfall ein.[10] Er enthüllt, dass Simon Petrus es war, der dem Knecht des Hohen Priesters das rechte Ohr abhaut. Auch der Name des Verletzten wird genannt: Malchus. Barsch befiehlt Jesus:[11] »Steck dein Schwert in die Scheide!«

Man kann einem Irrtum auch dann unterliegen, auch wenn man sich scheinbar an den Text des »Neuen Testaments« hält. Um so manche Aussage richtig zu verstehen, muss man den sprachlichen Hintergrund kennen. Klärt man solche Jesus-Irrtümer, dann verschwinden plötzlich scheinbare Widersprüche.

Seligpreisungen: Gott im Passiv

Zu den schönsten Texten des »Neuen Testaments« gehören die so genannten »Seligpreisungen«. Sie finden sich im Evangelium nach Matthäus[1] und Lukas[2]. Liest man die dem Gläubigen Hoffnung spendenen Worte, bleibt aber eine Frage offen. Jesus sagt zum Beispiel:[3] »Selig sind die, die das Leid tragen, denn sie sollen getröstet werden.« Wer aber soll sie trösten? Jesus sagt:[4] »Selig sind die Barmherzigen, denn ihnen wird Barmherzigkeit widerfahren.« Aber von wem? Eine klare Antwort bietet der biblische Text nicht, nicht in der Übersetzung.

Jesu Worte werden im »Neuen Testament« in Griechisch wiedergegeben. Das heißt, sie wurden übersetzt. Denn Jesus sprach nicht Griechisch, sondern das dem Hebräischen sehr verwandte Aramäisch. Wenn fromme Juden über Gott redeten, so versuchten sie den als heilig angesehenen Namen möglichst nicht zu nennen. Denn damit hätten sie gegen eines der Gebote verstoßen:[5] »Du sollst den Namen des Herrn, deines Gottes, nicht missbrauchen, denn der Herr wird den nicht ungestraft lassen, der seinen Namen missbraucht.«

Um solchen Missbrauch durch alltägliches Verwenden des Namen Gottes zu vermeiden, wählten sie Ersatzbegriffe wie »der Herr« oder »der Heilige«. Ja sie entwickelten sogar eine besondere grammatikalische Form, die es in keiner zweiten Sprache der Welt gibt: das »passivum divinum«. Wenn im Hebräischen im »passivum divinum« einem Menschen geholfen wird, so wird ihm die Unterstützung durch Gott zuteil, ohne dass der Name Gottes verwendet werden muss, um dies zum Ausdruck zu bringen. Jeder Gläubige wusste, was gemeint war.

Der fromme Jude erkannte sofort, wenn von Gott die Rede war, ohne dass in Worten ausgedrückt werden musste, dass es Gott ist, der Hungernden Speise und Dürstenden Trank zukommen lässt. Jesus benutzte wohl als gläubiger Jude das »passivum divinum«. Es verschwand durch die Übersetzung ins Griechische und durch weitere Übertragungen in moderne Sprachen.

So zeigt es sich, dass eine rein formal korrekte Übersetzung trotzdem in die Irre führen kann. Das »passivum divinum« existiert als grammatikalische Umschreibung von Gottes Tun, Wirken und Handeln ausschließlich im Hebräischen und im Aramäischen. Bei Übersetzungen muss es verloren gehen, da es keine Entsprechungen in den anderen Sprachen gibt.

Senfkorn: Jesus und die falschen Superlative

Jesus ist bekannt für seine bildhaften Gleichnisse. Er versucht, religiöse Themen durch plastische Vergleiche verständlicher zu machen. Die drei synoptischen Evangelien Matthäus, Markus und Lukas überliefern übereinstimmend das »Gleichnis vom Senfkorn«:[1] »Das Himmelreich gleicht einem Senfkorn, das ein Mensch nahm und auf seinem Acker säte, das ist das kleinste unter den Samenkörnern, wenn es aber gewachsen ist, so ist es größer als alle Pflanzen und wird ein Baum.«

Jesu geradezu poetischer Vergleich, der uns in seiner Schlichtheit besonders anspricht, enthält mehrere Irrtümer:

- Das Senfkorn ist nicht »das kleinste unter den Samenkörnern«, es gibt kleinere wie die von Orchideen.
- Das Senfkorn wird keineswegs so groß, dass es alle Pflanzen überragt. Manche Arten werden zwar »bis zu 3,30 Meter groß«,[2] sie sind aber keineswegs größer als »alle Pflanzen«.
- Schließlich wird aus keinem Senfkorn der Welt ein Baum.

Der Theologe Gleason Archer versucht, Jesu Irrtümer weg zu erklären:[3] »Es ist höchst fraglich, dass Jesus alles Pflanzenleben der Welt einbezogen hat.« Sagt also Jesus, das Senfkorn sei der kleinste Samen in Galiläa, oder Judäa? Falsch. Die Parallelstelle bei Markus lautet klipp und klar:[4] »Das ist das Senfkorn, wenn es gesät wird aufs Land, so ist's das kleinste unter allen Samenkörnern der Erde.« Und auch wenn Senfpflanzen im »Heiligen Land« zu beachtlicher Größe heranwachsen, so sind sie doch auch in Israel noch nie »Bäume« gewesen.

Fazit: Jesus machte konkrete naturwissenschaftlich verifizierbare Aussagen. Sie sind ganz eindeutig falsch. Jesus hat sich geirrt. Da es daran keinen Zweifel geben kann, ist es geradezu absurd, durch »Erklärungen« Jesu Irrtümer zu beseitigen. Das ist unmöglich. Konkrete Aussagen sind entweder falsch oder richtig. Jesu Aussagen über Senf sind falsch.

Sepphoris – die verschwiegene Stadt[1]

Einst war Sepphoris ein blühendes kleines Städtchen im Galiläischen. Dann gab es um die Zeitenwende messianische Versuche, das Regiment der Römer zu beenden. Sepphoris geriet mit in den Konflikt, soll den Aufständischen nahe gestanden haben. Das blieb nicht ohne Folgen. Die religiös motivierten Revoluzzer wurden niedergemetzelt. Quinctilius Varus, hauptsächlich wegen seiner Niederlage gegen Hermann den Cherusker im Teutoburger Wald bekannt, zerstörte im Jahre 4 v. Chr. die galiläische Stadt Sepphoris.

Die Römer vermuteten, dass sich hier Aufrührer versteckt hielten, die einem messianischen »König der Juden« an die Macht helfen wollten. Manche Stadt in Galiläa wurde von den Römern mit Militärgewalt unterworfen, gegen keine zweite ging man aber so grausam vor. Kein Stein blieb auf dem anderen. Die Bewohner wurden gefangen genommen und als Sklaven verkauft.

Herodes Antipas (4 v. Chr. – 39 n. Chr.) baute Sepphoris wieder auf. Sie wurde zu einer glanzvollen kleinen »Metropole«, die kulturelle Vielfalt bot. In ihren Stadtmauern gab es ein prachtvolles Theater, in dem immerhin rund fünftausend Menschen Platz fanden. Jesu Vater kann beim Bau des Theaters beteiligt gewesen sein.

Wo immer Jesus auch aufwuchs, wohin auch immer ihn seine Wege während der Wanderungen durch Galiläa führten: Jesus muss Sepphoris gekannt haben. Es ist umstritten, wie lange Jesus öffentlich auftrat: Waren es mehrere Jahre? War es nur ein Jahr? Selbst wenn man davon ausgeht, dass Jesus mit seinen Jüngern nur ein Jahr durch Galiläa zog, so muss er mehrfach durch die einstige Hauptstadt gekommen sein. Jesu Heimat Galiläa ist klein. Man kann es selbst bei gemächlichem Gang bequem in zwei bis drei Tagen durchwandern. Wer Wochen, Monate oder gar Jahre durch Galiläa zog, der kam an Sepphoris nicht vorbei. Und doch wird die Stadt mit keiner einzigen Silbe in den Texten des »Neuen Testaments« erwähnt. Die Evangelisten verschweigen es ebenso wie die eifrigen Briefeschreiber.

Warum? Warum wird Sepphoris nie genannt? Der Theologe Willibald Bösen vermutet,[1] dass Jesus die Stadt gekannt und dort auch gepredigt haben müsse. Jesus sei aber in der »Zierde von Galiläa«, wie Sepphoris auch gelobt wurde, bei der Bevölkerung nicht angekommen. Dort, wo Jesus aufwuchs und von Kind an bekannt war, konnte er keine Anhänger finden. Daraus leitet Bösen ab: Da die Kleinstadt in der Nähe von Jesu Ursprung in Galiläa lag, war auch dort sein Misserfolg vorprogrammiert.[2] Ist es aber glaubwürdig, dass eine Stadt verschwiegen wurde, weil Jesus dort bei der Bevölkerung durchfiel?

Es mag sein, dass die Evangelien geschönt und Misserfolge des Jesus da und dort getilgt wurden. Schließlich wollte man für den Messias werben und ihn so positiv wie nur möglich darstellen. Dennoch wurden Misserfolge des Wanderpredigers Jesus keineswegs verschwiegen. So vermelden alle vier Evangelien eines der bekanntesten Jesus-Worte:[3] »Ein Prophet gilt nichts im eigenen Lande!«

Wenn Jesus, anders als sonst im Sepphoris keine besonders große Faszination auf die Menschen ausübte, muss das aber nicht an der Nähe zur engeren Heimat gelegen haben! Zur Erinnerung: Sepphoris war einige Jahrzehnte vorher in antirömische Aufstände verwickelt und fürchterlich abgestraft worden. Die Bevölkerung war verschleppt, in die Sklaverei verkauft worden. Nun war die Stadt von Herodes Antipas neu erbaut worden und blühte wieder in hellem Glanz. Man hatte sich mit den römischen Machthabern arrangiert. Man wollte seine Ruhe und seinen Frieden behalten. In dieser Situation hatte man in der Bevölkerung vor Jesus mit seinen Messias-Ansprüchen, die man ihm nachsagte, Angst. Nur zu verständlich wäre es gewesen, wenn man deshalb gerade in Sepphoris mit einem Mann, der in den Augen der Römer verdächtig nach einem Aufständischem aussah, bewusst nichts zu tun haben wollte.

Das Schweigen über Sepphoris ist und bleibt rätselhaft. Wir sind auf Spekulationen angewiesen, denn die Texte des »Neuen Testaments« geben uns keinerlei Anhaltspunkt. Und die sonst so wortgewandten römischen Geschichtsschreiber hüllen sich auch in Schweigen: Sagt es mehr aus über Jesu Behauptung, der Messias zu sein, als manch beredtes Wort?

Steinigung: Milde rettet Menschenleben

Zu den bekanntesten Szenen aus dem »Neuen Testament«, ja der Bibel überhaupt, gehört Jesu Rettung der Ehebrecherin vor dem sicheren Tode. So einfach der bei Johannes[1] geschilderte Sachverhalt auch zu sein scheint, so gehört die Interpretation des Textes zu den am häufigsten begangenen Jesus-Irrtümern. Laien wie Theologen verstehen häufig die eigentliche Bedeutung des Textes nicht.

Jesus wird von den Schriftgelehrten und Pharisäern mit einer Ehebrecherin konfrontiert. Man hält ihm vor, dass Mose für dieses Vergehen die Todesstrafe durch Steinigung fordert.[2] Man will Jesus provozieren, um ihn »verklagen« zu können. Wozu wollte man ihn verleiten? Hoffte man, Jesus würde die Frau freisprechen und vom Tod durch Steinigung bewahren? Wollten die Schriftgelehrten und Pharisäer an Jesu Mitleid appellieren, um ihn dann als Brecher alttestamentarischen Gesetzes anzuklagen? Genau das wird gern unterstellt: Die »hartherzigen Juden« hoffen, dass Jesus Mitleid über das biblische Gesetz stellt. Irrtum!

Zu Jesu Zeiten galt im »Heiligen Land« römische Rechtsprechung. Hätte Jesus dem Buchstaben nach das »Alte Testament« befolgen wollen, dann hätte er zur Steinigung der Frau auffordern müssen. Dann aber hätte er eindeutig gegen geltendes römisches Recht verstoßen! Eine Aufforderung Jesu, die Ehebrecherin zu steinigen, wäre ein Aufruf zum Aufstand gegen Rom gewesen.

Wer altes, längst nicht mehr gültiges jüdisch-mosaisches Recht über geltendes römisches Recht stellt, wendet sich gegen die römische Obrigkeit. Er ist damit ein Rebell, der nach römischer Rechtsprechung nur die Kreuzigung als Urteil erwarten kann.

Jesus rettet mit seiner »Milde« sein eigenes Leben. Und das der Juden, die ihn herausforderten. Denn hätten sie das Todesurteil vollstreckt, wären sie als Aufständische gekreuzigt worden.

Taufe: Wurde Jesus getauft – oder nicht?

Zu den besonders markanten Begebenheiten in Jesu Leben gehört ganz ohne Zweifel seine Taufe durch Johannes. Liest man die Berichte der nach Markus, Matthäus, Lukas und Johannes benannten Evangelien, so entdeckt man erhebliche Diskrepanzen. Die Verfasser der vier Evangelien sind sich nicht einmal darin einig, ob denn Jesus nun überhaupt von Johannes getauft wurde oder nicht. Vier Evangelien wurden in den »Kanon« des »Neuen Testaments« aufgenommen. Sie bieten vier deutlich voneinander abweichende Schilderungen des Taufgeschehens.

- Version 1: Bei Markus erfolgt die Taufe Jesu fast beiläufig. Kurz und bündig wird vermeldet:[1] »Und es geschah zu der Zeit, dass Jesus aus Nazareth in Galiläa kam und sich taufen ließ.«
- Version 2: Bei Matthäus[2] sträubt sich Johannes zunächst. Er meint, dass nicht Jesus getauft werden müsse. Er selbst, Johannes, sei es, der es nötig habe, getauft zu werden. Schließlich willigt er ein, um »alle Gerechtigkeit zu erfüllen«. Manche Interpreten[3] verstehen diese Aussage so, dass Jesus getauft wird, obwohl er ein »Gerechter« war.
- Version 3: Nach Lukas wird Jesus zwar getauft, aber von wem, das wird nicht gesagt. Jesus mischt sich unters Volk:[4]

»Und es begab sich, als das Volk sich taufen ließ, und Jesus ebenso getauft worden war ...« Johannes kann die Taufe an Volk und Jesus nicht vollzogen haben, erfolgt sie doch eindeutig nach der Verhaftung und Einkerkerung von Johannes, dem Täufer![5]

– Version 4: Auch bei Johannes[6] ist Jesus von eigenen Sünden und Verfehlungen frei. Er trägt aber die »Sünde der Welt«. Wenn Jesus zur Vergebung der Sünden der Welt stellvertretend für die Menschheit am Kreuz sterben soll, so wirft dies jetzt ein Problem auf. Würden durch die Taufe die Sünden der Welt von Jesus genommen, wäre ja die Kreuzigung überflüssig. Konsequenter Weise beschreibt das Evangelium nach Johannes zwar auch, dass »Jesus ... zu ... Johannes kommt«. Eine Taufe findet aber nicht statt. Johannes der Täufer hat im Evangelium nach Johannes eine ganz andere Funktion als bei den Kollegen. Er bekundet Jesu Überlegenheit. Er selbst, Johannes, taufe mit Wasser, Jesus aber »mit dem Heiligen Geist«.

Taufte »Johannes der Täufer« den Jesus, oder taufte er ihn nicht? Die Frage muss vielleicht grundsätzlicher gestellt und beantwortet werden: Taufte »Johannes der Täufer« überhaupt? Prof. Dr. Pinchas Lapide, profunder Kenner des »Neuen Testaments« und des Judentums, verneint dies ganz entschieden:[7] »Johannes war kein ›Täufer‹ im deutschen Sinne dieses Wortes, sondern nur ein Aufrufer zur Selbsttaufe und dann der Taufzeuge.« Diesen aus heutiger christlicher Sicht etwas befremdlichen Sachverhalt bestätigt eine Fassung des Evangeliums nach Lukas, die so nicht in das »Neue Testament« aufgenommen wurde. Sie existiert nur in einem Codex, der allerdings zu den wichtigsten erhaltenen Handschriften überhaupt gezählt wird. Da steht im Griechischen, wortwörtlich übersetzt, nichts von einem aktiven Täufer und einem passiven Täufling. Vielmehr wird der Täufling als Selbsttaufender beschrieben, während Johannes allenfalls noch die Position eines Zeugen hat:[8] »Und sie tauften sich (selbst) *vor*[9] Johannes.«

Wurde Jesus getauft – oder nicht? Von Johannes? Wenn nicht von Johannes, von wem? Oder taufte sich Jesus selbst, vor den Augen des Johannes? Die Selbsttaufe war anscheinend ein verbreiteter Brauch. Außerdem hatten die ersten Christen vielleicht ein Problem: Wenn Johannes »ihren« Jesus taufte, stand Johannes dann über Jesus?

Zur Tauf-Frage finden sich widersprüchliche Angaben im »Neuen Testament«. Fakt ist: Ob Jesus getauft wurde oder nicht, wir wissen es nicht. Fest steht, dass Jesus selbst nicht taufte. Damit einem Menschen die Sünden vergeben werden, muss er seinen falschen Lebenspfad erkennen und Buße tun.[10] Viel Zeit blieb dem Menschen damals nach Ansicht Jesu nicht: Er war davon überzeugt, dass der Weltuntergang unmittelbar bevorstand. Wer nicht rechtzeitig seine Sünden erkannte, musste damit rechnen, beim nahen Gericht keine Chancen mehr auf ein mildes Urteil zu haben.

Tempelzerstörung: Ist Jesus eine Kopie des Messias Menachem?

Im Jahre 70 n. Chr. wurde der Tempel von Jerusalem, das zentrale Heiligtum, zerstört. Damit bewahrheitete sich eine Prophezeiung Jesu, die von den Evangelisten Matthäus, Markus und Lukas festgehalten wurde.[1] In wenigen Worten wird eine plausibel erscheinende Situation geschildert. Jesu Jünger, überwiegend einfache Menschen vom Lande, besuchen mit Jesus die Hauptstadt Jerusalem, das kulturelle und religiöse Zentrum. Staunend bewundern sie die Tempelanlage:[2] »Siehe, was für Steine und was für Bauten!« Zum Befremden seiner treuesten Anhänger verkündet Jesus ein Szenario, das für jeden frommen Juden der Horror schlechthin gewesen sein muss:[3] »Es wird die Zeit kommen, in der von allem, was ihr seht, nicht ein Stein auf dem anderen gelassen wird, der nicht zerbrochen werde.«

In der Tat: 70 n. Chr. wurde der Tempel vollkommen zerstört. Damit wird Jesu präzise Sehergabe bestätigt. Kritische Bibelforscher sehen den Sachverhalt allerdings nüchterner: Demnach wurde Jesu vermeintliche Vision von der Verwüstung des Tempels erst zehn bis zwanzig Jahre nach den Ereignissen schriftlich fixiert. Das heißt: Erst Jahre nach der Zerstörung wurde die Vorhersage Jesus nachträglich in den Mund gelegt.[4]

Hat nun Jesus die Zerstörung des Zentralheiligtums von Jerusalem richtig vorhergesagt oder nicht? Verwirrender wird der Sachverhalt dadurch, dass die Vision Jesu im »Neuen Testament« erneut zur Sprache gebracht wird, nämlich beim Verhör Jesu durch »die Hohen Priester«.

Nach der Prozessordnung konnte ein Mensch nur dann zum Tode verurteilt werden, wenn ausreichend Zeugen seine Schuld belegten. Nach den Evangelisten Matthäus[5] und Markus[6] waren die Hohen Priester, die Jesus nach dem Leben trachteten, in einer ungünstigen Position: Da Jesus nach Ansicht der Evangelisten unschuldig war, konnten natürlich keine Menschen gefunden werden, die echte Verfehlungen bezeugen konnten. Also musste auf falsche Zeugen zurückgegriffen werden. Und diese, wie die Evangelisten beteuern, falschen Zeugen geben zu Protokoll, was Jesus angeblich gesagt hat:[7] »Wir haben gehört, dass er gesagt hat: ›Ich will diesen Tempel abbrechen und in drei Tagen einen anderen bauen, der nicht mit Händen gemacht ist.«

Hat nun Jesus die Zerstörung des Tempels vorhergesagt, oder hat er es nicht?

Die Antwort scheint auf der Hand zu liegen! Liest man die erste Beschreibung von Jesu Vision[1] und vergleicht sie mit der Verhörszene,[5/6] so fällt ein bedeutsamer, gravierender Unterschied auf. Denn es ist schon ein Unterschied, ob man ein Verbrechen vorhersagt, oder ob man verkündet, es selbst begehen zu wollen.

Jesus hat ganz allgemein die Zerstörung des Tempels prophezeit. Mit keinem Wort hat er behauptet, dass er selbst den Tempel zerstören werde. Über einen Wiederaufbau ließ er demnach auch nichts vernehmen. Bestand also das »falsche Zeugnis« gegen Jesus darin, dass ihm unterstellt wurde, er selbst werde Hand anlegen und den »Tempel abbrechen«? Der Textvergleich legt diese Vermutung mehr als nahe: Jesus äußerte vor Zeugen, dass der Tempel zerstört werde, die falschen Zeugen machten daraus die angebliche Absicht, das Werk der Vernichtung selbst auszuführen.

Damit hätte sich Jesus selbst als zerstörungswütiger Terrorist geoutet, dessen Hinrichtung auch im Interesse der römischen Machthaber liegen musste. Das war aber nach Matthäus und Markus nur mit falschen Zeugenaussagen möglich.

Man könnte den Fall als »gelöst« zu den Akten legen, wäre da nicht das Evangelium nach Johannes. Und dort wird behauptet, dass Jesus etwas ganz anderes gesagt hat als Matthäus und Markus behaupten:[8] »Jesus antwortete (den Juden) und sprach zu ihnen: ›Brecht diesen Tempel ab, und in drei Tagen will ich ihn aufrichten.‹«

Bei Johannes wird die Sache mit der Tempelzerstörung zu einer ganz anderen Prophezeiung, die aber niemand versteht. Nach Johannes meinte Jesus nämlich gar nicht das Heiligtum in Jerusalem, sondern … sich selbst:[9] »Er aber redete von dem Tempel seines Leibes.« Das verstanden seine Jünger aber erst nach Jesu Auferstehung von den Toten. Da erinnerten sie sich seiner Worte und »glaubten der Schrift und dem Wort, das Jesus gesagt hatte«.[10]

Die Tempelzerstörung wird zum Bild für die Zerstörung von Jesu Leib und Leben. Jesu Äußerung, den Tempel in drei Tagen wieder aufzubauen, wird zur Prophezeiung über seine Auferstehung nach drei Tagen. Doch wieder muss darauf hingewiesen werden, dass zwischen Kreuzestod und Auferstehung eben nicht drei Tage, sondern deutlich weniger Zeit lag.

Warum aber fehlt der Vorwurf der angeblich beabsichtigten Tempelzerstörung, den Matthäus und Markus vermelden, im Prozessbericht des Johannes? Und warum haben Nikodemus und

Gamaliel, gelehrte Mitglieder jenes Rates, der Jesus angeblich verhörte, später kein Wort über die Sache mit der Tempelzerstörung verloren?

Je intensiver man sich mit der »angekündigten Zerstörung des Tempels« auseinander setzt, desto unklarer wird der Sachverhalt. Was hat Jesus nun gesagt? Ja hat er überhaupt etwas über die Zerstörung des Tempels gesagt? Der Theologe Rudolf Pesch meint, dass die angebliche Tempelvision gar nicht von Jesus stammt.[11] Anno 40 n. Chr., also Jahre nach Jesu Tod, ließ der größenwahnsinnige Kaiser Caligula ein gewaltiges Caligula-Standbild im Tempel von Jerusalem aufrichten. Dieser Akt löste nicht nur bei den frommen Juden helle Empörung aus. Auch wer kein gläubiger Jude war, musste darin einen unglaublichen Affront gegen jüdische Grundwerte sehen.

Als Reaktion auf das Kaiserstandbild erschien eine Art »Flugblatt«, das sich gegen die Entweihung des Tempels durch den Kaiser wandte. Aus dieser Schmähschrift, so Pesch, wurde etwa 30 Jahre später, als der Tempel in Jerusalem zerstört wurde, das angebliche Jesuswort entnommen. Oder war es ganz anders?

66 n. Chr. kam ein gewisser Menachem ums Leben. Der selbsternannte Messias scheint aus einer Dynastie von Aufständischen zu stammen, die allesamt maßlosen Hass gegen die Römer empfunden haben müssen. Menachem wurde nicht von den Römern hingerichtet, sondern von dem Tempelpriestertum nahe stehenden Juden ermordet. So endete auf unerwartete Weise die Karriere eines Mannes, der zumindest zu tun versuchte, was so mancher Anhänger von Jesus erhofft und erwartet hatte. Menachem, zu Deutsch »Tröster«, drang in die Waffenkammer der Festung Massada ein und rief seine Landsleute zum Sturz der Römer auf. Sein Fehler war es vermutlich, dass er die verschiedenen Widerstandsgruppen nicht erst vereinte, bevor er losschlug. So waren seine Erfolgschancen gering. Hoffte er vielleicht, ihm würde durch seine Aktionen so etwas wie eine Initialzündung für den großen jüdischen Aufstand gelingen? Nach Josephus soll er, beglei-

tet von wehrhaften Rebellen, in Jerusalem wie ein König eingezogen sein.[12]

Parallelen zu Jesus sind augenfällig: So wie Jesus empört die Geldwechsler und Händler aus dem Tempel vertrieb, so zog auch Menachem im Tempel ein: stolz, als messianischer König. Das ließ sich die Priesterschaft nicht gefallen. Es kam zu einer blutigen Auseinandersetzung, bei der mehrere Anhänger und Gefolgsleute Menachems getötet wurden. Er selbst konnte fliehen, wurde aber vor den Toren Jerusalems gestellt und grausam zu Tode gebracht.

Mit der Zerstörung des Tempels wurde er auch in Verbindung gebracht. So wurde von einigen seiner Anhänger nach der Verwüstung des Heiligtums gemutmaßt:[13] »Wenn er die Zerstörung des Tempels verursacht hat, so wird er ihn auch wieder aufbauen.«

Aus der Sicht der römischen Obrigkeit war er ein gefährlicher Terrorist. So attackierte er das städtische Archiv und zündete es an. So wollte er die dortigen Archive zerstören, um so ein Eintreiben von Schulden unmöglich zu machen. Sein militärisches Geschick machte ihn zum gefürchteten Mann. Die Angriffe auf die römische Feste Antonia organisierte er ebenso wie die systematische Belagerung. Wenn je ein Anführer der antirömischen Bewegung echte Chancen auf Erfolg hatte, dann war es Menachem. Es kann keinen Zweifel daran geben: Menachem wäre von den Römern hingerichtet worden, wäre man ihnen nicht zuvorgekommen. Hätte er bei mehr Erfolgen eine echte messianische Großinitiative entwickeln können, gegen Rom und für ein neues »Heiliges Land«?

Der Theologe Hugo Gressmann glaubt, dass Menachems Einfluss auf das Christentum größer gewesen sein könnte als weithin angenommen wird. War es der Einzug von Menachem mit seinen Gefolgsleuten in Jerusalem, der den Verfasser des Evangeliums nach Markus inspirierte?[14] Ist Jesu begeisterter Empfang in Jerusalem eine Kopie der Begrüßung des Menachem durch das Volk?

Galt der Jubel in Wirklichkeit dem militanten Umstürzler, der das Volk von den Römern befreien wollte? Wurden für die Evangelien der Bibel nur die Hauptpersonen ausgetauscht?

Und geht vielleicht das angebliche Jesus-Wort über die Zerstörung des Tempels von Jerusalem in Wirklichkeit auf Menachem zurück?[15] Eigentlich passt es, nimmt man es wortwörtlich und deutet es nicht symbolisch, besser zu Menachem als zu Jesus!

Auffällig ist, dass Menachem weitaus deutlichere Spuren hinterlassen hat als Jesus. Ist vielleicht manches, was Jesus zugeschrieben wird, von den Evangelisten aus der Biographie Menachems übernommen worden? Ist vielleicht Jesus in Teilen seines ihm nachgesagten Verhaltens eine Kopie Menachems? Oder wurden beide von eifrigen Anhängern nach einem Idealbild vom Messias gestaltet?

Kaum war Menachem tot, da kehrte er auch schon ins Leben zurück – in der märchenhaften Legende. Seine Anhänger wollten nicht wahrhaben, dass ihr Messias ermordet worden war, noch bevor er seine Pläne in die Tat umsetzen konnte. Ihre Hoffnungen durften einfach noch nicht brutal zunichte gemacht worden sein, bevor sie eine Chance hatten. Deshalb wurde er in der Volkslegende wieder geboren: in einem Königspalast von Bethlehem.

Todesstunde: Wann starb Jesus wirklich?

So hoch die Auflage der Bibel auch ist, so wenig sind viele Zeitgenossen mit den Aussagen der Bibel vertraut. Zu zentralen Aussagen auch der Biographie Jesu gibt es keineswegs immer nur eine, sondern mehrere, teilweise widersprüchliche Aussagen.

Die theologische Wissenschaft ist einhellig zu dem Ergebnis gekommen, dass die Evangelien erst Jahrzehnte nach den geschilderten Ereignissen schriftlich fixiert wurden. Da darf es nicht verwundern, wenn es zu Unstimmigkeiten in der Berichterstattung kommt. Andererseits ist es aber nahe liegend zu vermuten, dass am ehesten besonders wichtige Daten von den verschiedenen Verfassern übereinstimmend wiedergegeben werden: zum Beispiel die Todesstunde Jesu. Man ist geneigt zu vermuten, dass solch wesentliche Fakten auch mündlich richtig tradiert wurden, bevor man zum Beispiel die Texte der Evangelien schriftlich festhielt. Ein vorsichtiger Vergleich deckt aber Diskrepanzen auf, die nur einen Schluss zulassen: Es müssen sich Irrtümer in den Kanon des »Neuen Testaments« eingeschlichen haben. Aber: Wer irrte?

Folgt man dem nach Markus benannten Evangelium, dann geschah es »um die dritte Stunde, da sie ihn kreuzigten«[1] – am »Karfreitag«. Wie kann das angehen, wenn nach Johannes drei Stunden später Jesu Verhör noch nicht beendet war:[2] »Es war der Rüsttag auf Ostern um die sechste Stunde. Und er spricht zu den Juden: ›Sehet, das ist euer König!‹« Wie kann Jesus nach Markus um die dritte Stunde gekreuzigt werden, wenn nach Johannes zur sechsten Stunde der Pöbel Jerusalems von Pilatus fordert[3]: »Weg, weg mit dem! Kreuzige ihn!«

Die Diskrepanz ist eindeutig. In Theologenkreisen suchte man nach einer Erklärung. Der vermeintliche Widerspruch verschwinde, wenn man einen Lesefehler in Betracht ziehe. Im Manuskript steht ein großes »gamma« für die Drei, ein »diagamma« für die Sechs. Sollte also ein Textkopist bei Johannes eine Drei versehentlich als eine Sechs gelesen haben? Mag sein, aber damit ist das Problem nach wie vor nicht gelöst! Denn dann bleibt nach wie vor der Widerspruch zwischen den beiden Texten bestehen: Nach Markus wurde Jesus zur dritten Stunde gekreuzigt. Selbst wenn Jesus nach der »bereinigten« Johannes-Fassung nicht zur sechsten, sondern bereits zur dritten Stunde verhört wurde, sind beide Texte immer noch nicht miteinander vereinbar.

Irrt also einer der beiden? Und wer: Markus oder Johannes? Oder sind die konträren Aussagen der beiden Autoren doch noch miteinander in Einklang zu bringen? Nach Plinius dem Älteren begann der Tag bei den Babyloniern mit dem Sonnenaufgang und endete mit dem folgenden Sonnenaufgang. Die Athener hingegen zählten von Sonnenuntergang zu Sonnenuntergang. Für die Ägypter wie für die Römer gab es wieder eine andere Zeitrechnung: Von Mitternacht zu Mitternacht. Das Gedankengut des nach Johannes benannten Evangeliums ist häufig sehr stark vom römischen Standpunkt geprägt.[4] Das darf nicht verwundern, entstand es doch in Ephesus, einer wichtigen römischen Hauptstadt in Asien. Wenn also das Evangelium nach Johannes von der »sechsten Stunde« spricht, so ist das nach römischer Zählweise die sechste Stunde nach Mitternacht. Umgerechnet auf unsere Zeiteinteilung: 6.00 Uhr morgens wurde Jesus noch verhört. Seine Kreuzigung stand kurz bevor. Nach der Vorstellung der hebräischen Priesterschaft begann der Tagesablauf um 6.00 Uhr morgens. Nach Markus wurde Jesus zur »dritten Stunde« gekreuzigt, also nach römischer Zeit um neun Uhr morgens. Die Hinrichtung erfolgte also um neun Uhr, somit drei Stunden nach dem letzten Verhör Jesu durch Pontius Pilatus.

Berücksichtigt man also, dass das Evangelium nach Markus nach jüdischer, das Evangelium nach Johannes hingegen nach römischer Zeit rechnet, dann gibt es die vermeintliche Diskrepanz zwischen den beiden Evangelien nicht mehr. Sie ist das Ergebnis eines Interpretations-Irrtums. Die Tatsache, dass das »Evangelium nach Johannes« so stark dem römischen Denken verhaftet ist, muss bei der Interpretation berücksichtigt werden. Man kann nicht mit einem wertneutralen Bericht rechnen. Vielmehr ist davon auszugehen, dass die römische Seite, etwa Pontius Pilatus, in günstigem, die jüdische Seite hingegen in eher negativem Licht gesehen und beschrieben wird. Das gilt in besonderem Maße bei der Frage nach den Verantwortlichen für Jesu Tod. Es verwundert nicht, wenn das Evangelium nach Johannes historisch falsch die römische Seite von jeglicher Schuld freispricht und »die Juden« als alleinige Verantwortliche betrachtet.

Tote: Wie sollen Tote Tote begraben?

»Ein anderer der Jünger sprach zu ihm (Jesus): ›Herr, erlaube mir, dass ich nach Hause gehe und meinen Vater begrabe!‹ Und Jesus spricht zu ihm: ›Folge mir und lass die Toten ihre Toten begraben!‹«

Dieser kurze Dialog findet sich im Evangelium nach Matthäus,[1] aber auch bei Lukas.[2] Mehr als merkwürdig, ja geradezu als unsinnig muss das kurze Gespräch anmuten: Wie sollen denn, so wie Jesus fordert, Tote Tote begraben? Die Antwort liegt auf der Hand, wenn man weiß, dass Jesus Aramäisch sprach und nicht Griechisch.

Zunächst muss man den Zusammenhang erfassen: Jesus wird von einem Jünger gebeten, ihn doch seinen Vater begraben lassen zu dürfen. Damit scheint ausgedrückt zu werden, dass der Vater des Jüngers gestorben sei und nun bestattet werden müsse. Das ist aber nicht so. »Lass mich erst meinen Vater begraben!« kann von der Bedeutung her – als aramäische Redewendung – viel weiter gefasst sein: »Mein Vater ist alt, ich will ihn erst bis zu seinem Tode versorgen!«

Darauf erwidert Jesus, der Jünger möge doch mitkommen auf Jesu Reisen durch die Lande: »Lass die Toten die Toten begraben!« Angenommen, der Jünger folgt Jesu Aufforderung und der Vater des Jüngers stirbt. Wenn dann keine direkten Verwandten des Verstorbenen vor Ort leben, übernimmt die Stadt die Bestattung.

Im Aramäischen heißt Stadt »matta« und tot heißt »metta«. Wenn die Stadt die Toten beerdigen soll, dann steht im Text auf Aramäisch: »matta« beerdigt »metta«. Vermutlich liegt ein Abschreibfehler vor: Noch bevor der Text, nachdem er bereits unzählige Male kopiert worden war, aus dem ursprünglichen Aramäischen ins Griechische übertragen wurde! Jesus sagte zu seinem Jünger: »Folge mir nach und lass die Stadt die Toten begraben!« Durch einen Schreibfehler entstand das absurde »Lass die Toten die Toten begraben!«

Jetzt wird deutlich, wie sich die kurze Szene wohl tatsächlich abgespielt hat: Jesus zieht predigend durch Galiläa. Er spricht Aramäisch, die Sprache des Landes. Immer wieder schließen sich Menschen dem Zug an, begeistert von seinen Reden. Ein Mann möchte Jesus als Jünger folgen. Der Mann zögert noch. Sein Vater ist alt. Er will erst nach Hause gehen und seinen Vater pflegen. Jesus fordert den Zaudernden auf: »Komme mit und lass die Stadt die Toten begraben!« Auch er meint das begraben wieder allgemeiner: »Folge mir! Lass die Stadt für den Vater sorgen!«

Ein absurd wirkender Befehl wird, berücksichtigt man den Schreibfehler, verständlich. Und doch wirken Jesu Worte immer noch unpassend. Warum soll der besorgte Sohn nicht zum Vater heimkehren und ihn versorgen – bis zu seinem Tode? Warum soll er stattdessen Jesus nachfolgen? Man muss Jesu großen Irrtum berücksichtigen: Jesus war davon überzeugt, dass der Weltuntergang unmittelbar bevorstand. Seine Aufforderung, ihm zu folgen, hatte eine tiefere Bedeutung im übertragenen Sinn: Jesu religiösen Vorstellungen zu folgen. Jesus war davon überzeugt: Wer ihm folgte und entsprechend lebte, der war für die herannahende Apokalypse bestens vorbereitet. Dies sah Jesus offensichtlich als wichtiger an als die Versorgung des greisen Vaters. Das sollte die Stadt erledigen. Was hartherzig klingt, war zur Zeit Jesu keineswegs so gemeint. George M. Lamsa:[3] »Orientalen … teilen nicht nur miteinander die Nahrung, sondern pflegen auch die Alten und begraben die Toten der Gemeinde.«

UFO: Modernes Jesus-Märchen

Jesus ist ein Phänomen. Seit fast zwei Jahrtausenden bewegt er die Gemüter. Seit fast zwei Jahrtausenden werden Jesus-Erklärungen gesucht. Weil dabei meist nur jeweils einzelne Texthinweise aus der Bibel als Grundlage genommen werden, entstehen immer wieder neue Irrtümer. Die vielleicht modernste Variante bringt Jesus mit Außerirdischen in Verbindung.[1] Demnach war der »Stern von Bethlehem« ein außerirdisches Raumschiff. Und Jesus wurde durch künstliche Befruchtung gezeugt.

These 1: Der »Stern von Bethlehem« war ein UFO und lockte die »Weisen« an den Ort des Geschehens.

Das ist ein großer Irrtum! Der »Stern« war nur scheinbar ein einzelnes Objekt am Himmel. In Wirklichkeit handelte es sich um eine Planetenkonstellation, die für persische Astrologen von besonderem Interesse war.[2] Dieser Sachverhalt kann durch ungenaue Übersetzungen entstellt werden. So heißt es im Evangelium nach Matthäus richtig übersetzt:[3] »Da rief Herodes heimlich die Weisen und erkundete eifrig von ihnen, wann der Stern erschienen wäre.« Der »Stern« war also kein »UFO«, das gezielt die »Weisen« anlockte. Es war ein allgemein am nächtlichen Himmel sichtbares Phänomen. Ein »UFO« wäre nur örtlich einem kleinen Kreis von Menschen sichtbar gewesen. Dann hätte der Bibeltext lauten müssen: »Da rief Herodes heimlich die Weisen und erkundete eifrig von ihnen, wann *ihnen* der Stern erschienen wäre.« Das »ihnen« taucht nur in falschen Übersetzungen auf.

In den Aufzeichnungen der Astronomieschule Sippar bei Baylon heißt es:[4] »Mulu-babar u kaiwanu ina zibbati.« Zu Deutsch: »Jupiter und Saturn in den Fischen.« Beobachtet und interpretiert wurden Planetenkonstellationen, die manchmal scheinbar zu einem »Stern« verschmolzen.

These 2: Die »jungfräuliche Geburt« des Jesuskindes weist auf eine künstliche Befruchtung hin.

Irrtum: Auch eine künstliche Befruchtung führt zu einer ganz normalen, keineswegs jungfräulichen Geburt. Einwand: Streng genommen spricht das »Neue Testament« allenfalls von einer jungfräulichen Empfängnis:[5] »Das alles ist geschehen, damit sich erfülle, was Gott durch den Propheten gesagt hat, der da spricht: ›Siehe, eine Jungfrau wird schwanger sein und einen Sohn gebären …‹« Nüchtern betrachtet ist das kein rätselhaftes Ereignis.

Jede Mutter war einmal Jungfrau. Und von jeder Frau, die ein Kind gebären wird, kann man sagen: »Siehe, sie ist heute eine Jungfrau. Sie wird einen Sohn gebären.« Dann wird sie allerdings nicht mehr Jungfrau sein.

Der prophetische Text, auf den Bezug genommen wird, lautet zudem korrekt übersetzt:[6] »Siehe, eine junge Frau ist schwanger und wird einen Sohn zur Welt bringen ...« Junge Frauen, die schwanger sind, stellen alles andere als ein ungewöhnliches Phänomen dar. Eine künstliche Befruchtung ist gewöhnlich nicht erforderlich.

Fazit: Die »UFO-Theorie« ist ein typischer Irrtum. Er entsteht dadurch, dass man ein vorgefasstes Bild auf Jesus projiziert. Das dürfte die Hauptursache für die meisten interpretativen Irrtümer sein!

Umkehr: Was fordern Johannes und Jesus wirklich?

»Tut Buße!«, fordert Johannes der Täufer nach dem Evangelium nach Matthäus.[1] »Tut Buße!«, fordert auch Jesus im gleichen Evangelium.«[2] Und warum? Die Begründung ist bei Johannes und Jesus die gleiche: »Das Himmelreich ist nahe gekommen!«

Doch seit Luther wird dieser Aufruf falsch übersetzt: Denn wo im Deutschen »Tut Buße!« steht, da heißt es im Griechischen »metanoiete!«. Richtig übersetzt müssten also Johannes und Jesus nicht zur Buße, sondern zur Umkehr ermahnen: »Kehrt um! Das Himmelreich ist nahe!«

Die wortwörtliche richtige Übersetzung aber wäre irreführend, denn wohin sollten denn die Jünger des Johannes wie des Jesus zurückkehren? Jesu Anhänger waren noch fest im Judentum verwurzelt. Allerdings sahen sie, im Gegensatz zu den übrigen Juden, Jesus als den Messias an. Die Evangelien richteten sich aber nicht an die ersten Christen. Zu Jesu Lebzeiten existierten sie ja noch gar nicht. Die Adressaten der Evangelien waren zunächst einmal die Juden-Christen und erst später die ersten Christen: Zur Umkehr sollen sie aber auf keinen Fall aufgefordert werden, denn das hätte ja Abwendung vom neuen Glauben und Rückkehr zum Judentum bedeutet. Und umkehren sollten die Heiden-Christen schon gar nicht. Sie waren ja erst vom Heiden- zum Christentum übergetreten. Sie sollten dem neuen Glauben treu bleiben, nicht zum alten zurückkehren.

Wozu fordern Johannes und Jesus ihre Anhänger also auf, wenn sie auf das nahe Weltende hinweisen und »Kehrt um!« rufen? Sie verlangen *nicht* die Rückkehr ins Alte, sondern das Umsinnen, wobei die Gläubigen im Neuen bleiben: Denkt an die neue Lehre! Entsinnt euch wieder der neuen Lehre und lebt nach ihr!

Das meinten Johannes und Jesus wirklich. Eine wörtliche Übersetzung (»Kehrt um!«) hätte völlig unerwünschte Reaktionen auslösen können.

Umsturz: Messiasse vor und nach Jesus

Die Bezeichnung »König der Juden« wurde zur Zeit Jesu von den Vertretern der politischen Macht und von den in Unselbständigkeit lebenden Juden unterschiedlich interpretiert. Die Römer sahen den Titel als gefährliche Anmaßung an. Sie vermuteten Gefahr: Schließlich hatten die Juden keinerlei Autorität. Und wenn jemand im Land Judäa von einem »König der Juden« träumte, dann verstanden die Römer das als verbotene Hoffnung auf den politischen Umsturz. Nur eine Revolution, die den Römern jede Macht nahm, konnte zu einem »König der Juden« führen.

Wenn Psalm 110 vom »Krönungsfest des Königs« schwärmt, dann war dies zur Zeit Jesu nicht ohne Brisanz, je nachdem, wie man den Text interpretierte. Die Verfasser der nach Matthäus, Markus und Lukas benannten Evangelien lassen Jesus einen der berühmtesten Psalme interpretieren. Wenn Jesus dabei von einem Psalm Davids spricht, so unterläuft ihm ein Irrtum. Der wirkliche Verfasser ist unbekannt. Jesus interpretiert den »Königspsalm«[1] rein messianisch im religiösen Sinne.

Zunächst erkundigt er sich:[2] »Was denkt ihr von dem Christus?« Damit meint er den Messias. »Wessen Sohn ist er?« Die Evangelisten lassen die Menschen Jesus antworten: Der Messias sei der Sohn Davids. Damit soll die alte Vorstellung bekräftigt werden, dass der Messias aus dem Hause David kommen wird. Jesus zitiert erneut den Psalmisten, indem er fragt: » So nun David ihn (den Christus) einen Herrn nennt, wie ist er denn sein Sohn?« Mit dieser »Frage« legen die unbekannten Verfasser der Evangelien Jesus eine klare Aussage in den Mund. Theologieprofessor Dr. Louis A. Barbieri:[3] »Die Komplexität dieser theologischen Erörterung war zu viel für die Pharisäer, die nicht bereit waren, die Gottheit des Davidsohnes anzuerkennen.«

Demnach bezieht Jesus den Psalm auf sich und bekräftigt gleichzeitig seinen eigenen Anspruch darauf, aus dem Hause Davids abzustammen, aber als Messias und Sohn Gottes weit über dem legendären König der Juden David zu stehen. So viel zur Aussage des Evangelientextes, der von den drei synoptischen Evangelisten Matthäus, Markus und Lukas in sehr ähnlicher Weise gebracht wird.

Die wissenschaftliche Theologie streitet dem Text aber jeden historischen Wert ab. Er beschreibt demnach kein echtes Jesus-Wort, sondern spiegelt eine Diskussion in der frühen christlichen Gemeinde lange nach Jesu Tod wider: Wer ist der erwartete Messias? Welche Abstammung hat er? Wie ist seine Position gegenüber dem König der Juden David? Theologieprofessor Lüdemann:[4] »Der geschichtliche Wert der Perikope (Bibelausschnitt) ist gleich null, da sie ausschließlich aus Diskussionen in der Gemeinde erklärt werden kann.« Der von den Verfassern der Evangelien Jesus zugeordnete Anspruch auf die Position des messianischen Königs der Juden wird somit neu interpretiert: Nicht Jesus hielt sich für den König der Juden, sondern seine Anhänger in der jungen christlichen Gemeinde sahen ihn so, nach seinem Tod am Kreuz, also Jahrzehnte später.

War nun Jesus auf Umsturz bedacht oder nicht? Sah er sich als den Messias an, der die Vorherrschaft der Römer brechen würde? Mit Sicherheit kann man diese Frage nicht beantworten. Fest steht aber, dass Jesus in einer Zeit der messianischen Träume und versuchten Umstürze lebte. Schon Herodes I. setzte in den letzten Jahren »vor Christus« massive Repressalien ein, um das Land unter Kontrolle zu halten. Die Söhne des Herodes schafften es nur mit Hilfe mehrerer Legionen, messianische Gruppen davon abzuhalten, den Umsturz herbeizuführen.

Manche der Umstürzler versuchten offenbar, die messianische Sehnsucht im Volk zu nutzen. Sie wollten dadurch, dass sie sich selbst zum »König der Juden« ernannten, Zeichen setzen. Würde man dem Volk erst einmal einen neuen jüdischen König aus den eigenen Reihen bieten, konnte das als Signal dienen und das Volk zum Umsturz ermutigen. Diese Hoffnung erwies sich allerdings als trügerisch. Simon, ein früherer Sklave, wurde sogar als »König« ausgerufen. Der Hirte Athronges erklärte sich zum »neuen David«. Judas, ein Sohn des Hezekias, Judas, der Galiläer und Johannes von Gischala versuchten den messianisch motivierten Umsturz. Sie scheiterten aber ebenso wie spätere »Messias-Anwärter« wie Lukas von Kyrene (115 n. Chr.) und Simon bar Kochba (132–135).

Religiöse Erneuerungen an sich interessierten die Römer nicht. Doch wurden jüdische Bemühungen der Rückbesinnung auf ursprüngliche religiöse Werte meist (oder immer?) mit dem Versuch des politischen Umsturzes kombiniert. Judas Galilaios formulierte zwei fundamentale Grundthesen, die dies verdeutlichen: Gott ist der alleinige Herrscher, der allein die Gewalt über das Volk ausübt. Daher ist der Anspruch der Römer, die Herren von Judäa zu sein, ein Angriff auf Gott selbst. Daraus folgt für Judas Galilaios: Jeder Jude ist daher aus religiösen Gründen dazu verpflichtet, die Ansprüche Gottes gegen die Römer durchzusetzen. Aus religiöser Rückbesinnung auf Jahwe und seine bei Mose nachzulesenden Gesetze wurde der versuchte Umsturz. Die Römer sahen solche Bewegungen als durchaus ernst zu nehmende Gefahr an, die man – auf entsprechende Geheimdienste bauend – so früh und so brutal wie möglich niederschlug.

Um 36 n. Chr. sammelte ein samaritanischer Messias eine Gruppe von Anhängern um sich. Er versprach, dort weiterzumachen, wo Moses aufgehört hatte. Zusammen mit einer Schar besonders treuer Jünger wollte er die von Mose vergrabenen Tempelgeräte bergen. Dazu kam es nicht. Pilatus ließ die Gefolgschaft des samaritanischen Erneuerers, dessen Namen wir nicht mehr kennen, blutig bekämpfen und schließlich umbringen.

Auch Theudas wollte um 45 n. Chr. an Mose anknüpfen. So wie einst Mose das »Meer« geteilt habe, so werde er ein neues Wunder bewirken. Der Jordan werde seinem Befehl gehorchen und zurückweichen, so dass man ihn (wie einst Mose mit dem Volk Israel das Meer) trockenen Fußes werde durchqueren können. Die Römer warteten eine Blamage des »Messias« erst gar nicht ab. Mit grausamer Brutalität griffen sie durch. Aus Ägypten soll ein weiterer Messias nach Judäa gekommen sein. Sein Name ist nicht überliefert. Auch er versprach wahre Wunder. So wie einstmals Josua angeblich die Stadtmauern Jerichos zum Einsturz gebracht haben soll, so wollte er die Mauern Jerusalems zusammenfallen lassen. Prokurator Antonius Felix hatte keinerlei Probleme, die religiös motivierten potenziellen Umstürzler niederzumetzeln.

Im siebten Jahrzehnt des ersten Jahrhunderts n. Chr. machte ein »Jesus« von sich Reden. Seine dramatischen Reden über das Volk Judäas, über die Gerichtsbarkeit und Herrschaft ließen die Römer schnell einschreiten. Da man den charismatischen Umstürzler selbst nicht so schnell wie erhofft dingfest machen konnte, hielt man sich an die Elite der Juden und warf sie in den Kerker. Die Rechnung der Machthaber ging auf: Um selbst wieder freikommen zu können, wurde »Jesus, Sohn des Ananias«, den

Römern ausgehändigt. Der Prokurator wiederum hielt den anderen Jesus für einen wahnsinnigen, aber ungefährlichen Menschen. So wurde er wieder auf freien Fuß gesetzt. Von nun an ließ ihn die römische Gerichtsbarkeit in Ruhe. Der Messias kam vermutlich 64 n. Chr. bei der Zerstörung Jerusalems ums Leben.

Gleichzeitig traten auch in Jerusalem weitere Messiasse auf, die die unmittelbar bevorstehende »himmlische Rettung« verkündeten. Selbst als Jerusalem schon in weiten Bereichen in Schutt und Asche lag, selbst als der Tempel schon in Flammen stand, traten Messiasse auf und befahlen den verängstigten Menschen, ihnen zu folgen.

Es gab also schon vor Jesus Umstürzler, die ihre Autorität von ihrem angeblichen Messiastum herleiteten. Auch nach Jesus traten weitere Messiasse auf. Wie Jesus, so beriefen sich seine Vorgänger wie seine Nachfolger auf das »Alte Testament«. Wie Jesus forderten auch seine »Kollegen« das Volk auf, ihnen nachzufolgen. Bei den Messiassen vor wie nach Jesus griffen die Römer mit brachialer Gewalt ein. Sie versuchten einen möglicherweise drohenden Umsturz schon im Keim zu ersticken.

Wenn die Römer auch von Jesus eine zumindest potenzielle Gefahr ausgehen sahen, dann haben sie gewiss nicht damit gezögert, auch diesen »Unruheherd« zu ersticken. Dann haben sie – wie in den anderen Fällen – hart durchgegriffen. Eine Frage stellt sich: Warum lassen sich die anderen erfolglosen Umstürzler geschichtlich nachweisen, während Jesus außerhalb der Bibel keine brauchbare, verifizierbare Spur hinterlassen hat?

»Vater unser«: Ein Gebet in vier Variationen

Eines der am weitesten verbreiteten Gebete der Welt ist das »Vater unser«. Auch Nichtchristen und konfessionell nicht gebundene Menschen zeigen sich von dem schlichten Text beeindruckt. Nach zwei der drei synoptischen Evangelisten, nämlich nach Lukas und Matthäus, geht es direkt auf Jesus selbst zurück. Auf Drängen seiner Jünger trägt er ihnen das »Idealgebet« vor. *Das* Idealgebet? Es gibt nicht eine, sondern vier Varianten des »Vater unser«, die teilweise erheblich voneinander abweichen. Welche davon ist als die richtige anzusehen?

Die längste Fassung ist die heute gebräuchliche: »Vater unser, der du bist im Himmel, geheiligt werde dein Name, dein Reich komme, dein Wille geschehe, wie im Himmel so auch auf Erden. Unser tägliches Brot gib uns heute, und vergib uns unsere Schuld, wie auch wir vergeben unseren Schuldigern, und führe uns nicht in Versuchung, sondern erlöse uns von dem Bösen, denn dein ist das Reich und die Kraft und die Herrlichkeit in Ewigkeit. Amen.«

In dieser Form kann das Gebet, so kraftvoll und beeindruckend es auch erscheinen mag, allerdings nicht von Jesus stammen. Denn der Satz »denn dein ist das Reich und die Kraft und die Herrlichkeit in Ewigkeit« steht in keinem einzigen der älteren Handschriften. Er taucht erst im »Codex Basileensis« auf und wurde von Erasmus von Rotterdam in die griechische Ausgabe des »Neuen Testaments« aufgenommen, die zwischen 1516 und 1519 erschien. Martin Luther wiederum, der deutsche Reformator, übernahm den Zusatz bei seiner Übersetzung vom Griechischen ins Deutsche. Seither gehört er als fester Bestandteil zum »Vater unser«. Jesus hat ihn wohl weder gekannt noch gebetet: Es handelt sich um eine Erweiterung jüngeren Datums.

Die drei Evangelisten Matthäus, Lukas und Markus bieten drei Varianten des Gebets an, die sehr stark voneinander abweichen. Je nach Übersetzung besteht die Fassung nach Matthäus[1] etwa aus 60 Worten, die nach Lukas[2] aus 50 Worten und die nach Markus[3] gar nur aus etwa 21 Worten. Wie sind diese erheblichen Differenzen zu erklären?

Der Verfasser des nach Markus benannten Evangeliums streicht einfach den größten Teil des Gebets und begnügt sich mit den Schlussworten: »Und wenn ihr steht und betet, dann vergebt, so ihr gegen jemanden etwas habt, damit auch der Vater im Himmelreich vergebe.« Große Ähnlichkeiten mit dem heute gebräuchlichen »Vater unser« sind nicht auszumachen.

Die heutige Formel in ihrer knappen Schlichtheit ähnelt am ehesten der Fassung nach Lukas:[4] »Vater! Dein Name, er werde geheiligt, dein Reich, es komme, unser tägliches Brot, gib es uns Tag für Tag. Und vergib uns unsere Sünden, denn wir vergeben allen, die sich an uns versündigt haben.«

Die Fassung nach Matthäus ist deutlich länger. Bei ihm kommt eine Bitte hinzu, die bei Lukas nicht zu finden ist. Sie wurde in unsere heute gültige Fassung aufgenommen: »Dein Wille geschehe, im Himmel wie auf Erden!«[5]

Bei Matthäus wiederum findet sich ein Zusatz, der bei den anderen Evangelisten ebenso wenig wie in unserer heutigen Fassung zu finden ist. Da schärft der Verfasser noch einmal die Wichtigkeit der Vergebung ein.[6] Es wird das Handeln der Menschen mit dem Handeln Gottes verknüpft: So wie der Mensch anderen Menschen verzeiht, so vergibt auch Gott den Menschen. Es folgt geradezu eine Drohung: Wenn ihr Menschen den Mitmenschen aber nicht vergebt, dann verzeiht euch Gott auch nicht. Anders ausgedrückt: Wenn ihr wollt, dass Gott euch euere Sünden vergibt, dann müsst ihr Menschen eurerseits den Mitmenschen gegenüber nachsichtig sein und ihnen vergeben.

- Erstes Fazit: *Das* »Vater unser« gibt es nicht, sondern vier zum Teil doch ganz erheblich voneinander abweichende Fassungen. So ist beim besten Willen und unter Berücksichtigung modernster Wissenschaften nicht festzustellen, ob Jesus tatsächlich das »Vater unser« formuliert hat und wenn ja, welche Fassung.

Die in allen vier Versionen enthaltene Bitte »und führe uns nicht in Versuchung« geht wohl nicht auf Jesus zurück. Sie steht nämlich im krassen Gegensatz zu einer fundamentalen Aussage über Gott im Brief des Jakobus. Da wird bestimmt:[7] »Niemand sage, wenn er versucht wird, dass er von Gott versucht wird. Denn Gott kann nicht versucht werden zum Bösen, und er selbst versucht niemand.« Der jüdische Neutestamentler Prof. Dr. Pinchas Lapide fordert deshalb eine Neuübersetzung:[8] » Lass mich nicht der Versuchung unterliegen.«

Der noch heute übliche Text unterstellt, dass Gott boshafter Weise selbst aktiv den Menschen in Versuchung führen könnte, was der klaren Aussage des Jakobus-Briefes widerspricht. In der Neuübersetzung nach Lapide bittet der Beter Gott um Kraft, damit er eben nicht der Versuchung unterliegt. Die von Pinchas Lapide vorgeschlagene Übersetzung passt zum Geist des »Vater unser«, die auch heute noch gebräuchliche hingegen nicht.[9]

– Zweites Fazit: Die vier Fassungen des »Vater unser« weisen nicht nur erhebliche Diskrepanzen auf. Die Bitte »und führe uns nicht in Versuchung« taucht in allen vier auf, ist aber nicht echt.

Schlussfolgerung: *Das* »Vater unser« gibt es nicht und hat es vermutlich auch nie gegeben. Wenn Jesus mit Jüngern, Anhängern und Hilfesuchenden gebetet hat, dann benutzte er vermutlich nie formelhaft einen einheitlichen Gebetstext, sondern sich ständig ändernde Variationen. So können voneinander abweichende Traditionen entstanden sein. Es ist müßig, feststellen zu wollen, welche Gebetsformel wohl die »richtige« ist. Es gibt sie nicht. Und wer will wissen, wo ein Abschreiber irrte oder wo er einer anderen Tradition folgte? Und wer will rekonstruieren, wo falsch übersetzt wurde?

Verfluchung: Falsche Schuldzuweisung

Die Schriften des »Neuen Testaments« irren historisch, wo sie »den Juden« die Schuld am Kreuzestod Jesu zuweisen. Römer haben ihn verurteilt und hingerichtet. Aber ist es aus christlicher

Sicht überhaupt sinnvoll, im juristischen Sinne nach einem Verantwortlichen für die Kreuzigung zu suchen? Müßig sollte für den gläubigen Christen sein, die Schuldfrage zu stellen, heißt es doch in der Apostelgeschichte des Lukas:[1] »Jesus … durch den Ratschluss und Vorsehung Gottes dahingegeben.« Bei Paulus wird gleich zu Beginn seines Briefes an die Galater festgestellt:[2] »Jesus …, der sich selbst für unsere Sünden gegeben hat, dass er uns errette.«

Paulus fasst in seinem Brief an die Römer zusammen:[3] »Wir glauben an unsern Herrn Jesus, welcher ist um unsere Sünden willen dahingegangen und um unserer Rechtfertigung willen auferweckt.«

Der Tod Jesu ist also für den Christen nach seiner Glaubenslehre Teil des göttlichen Weltenplans. Ja die Kreuzigung ist das Fundament des christlichen Weltbildes. Wäre Jesus nicht verraten und hingerichtet worden, so wären ihm – so glaubt der Christ – die Sünden nicht genommen worden. Selbst wenn es Juden gewesen sein sollten, die die Schuld am Ende Jesu trugen, dann war dies doch auch Teil des göttlichen Plans. Wie können dann »die Juden« als »verflucht« bezeichnet werden? Wie können sie für etwas verdammt werden, was von Gott von Anbeginn der Zeit geplant und vorgesehen war?

Bei Matthäus sind es die Juden selbst, die »bekennen«:[4] »Da antwortete das ganze Volk: ›Sein Blut komme über uns und unsere Kinder.‹« Diese Aussage widerspricht klar jüdischem Glaubensgebot:[5] »Die Väter sollen nicht für die Kinder noch die Kinder für die Väter sterben, sondern ein jeder soll für seine (eigene) Sünde sterben.«

Wie kann das jüdische Volk verflucht sein, wenn Jesus nach dem Willen Gottes am Kreuz sterben musste, damit Friede gestiftet und alles Irdische mit dem Himmlischen versöhnt werde – nach Gottes Plan, zu Gottes »Wohlgefallen«?[6] Und so heißt es im berühmten »Weihegebet« von Papst Pius XI konkret über die Juden:[7] »Das Blut, das einst auf sie herabgerufen wurde, möge jetzt als Quell der Erlösung und des Lebens auf sie überströmen.«

Mehr als befremden muss, dass noch im 20. Jahrhundert gleichzeitig der Kreuzestod Jesu als segensreicher Gnadenakt gepriesen, die Juden als »Gottesmörder« aber verdammt werden. Im »Regensburger Neuen Testament« heißt es:[8] »Das jüdische Volk hat sich selbst verflucht.« Im »Neuen Testament Deutsch« lässt Julius Schniewind vernehmen:[9] »Das unschuldig vergossene Blut kommt über dieses Volk, über die Täter selbst und ihre Kinder.«

Auch Heinrich Schlier geht von einer Kollektivschuld aus – *der* Juden:[10] »Das ganze Volk Israel ist nicht nur an seinem Geist, es ist auch an seinem Leib gestraft.«

Die Geschichte des Christentums ist auch eine Geschichte des Antisemitismus. Antisemiten – bis hin zu Adolf Eichmann – sahen sich im Recht, weil es doch gegen die »Gottesmörder« ging. Es ist endlich an der Zeit, den wohl schlimmsten Irrtum über die Verfluchung der Juden aus der Welt zu schaffen. Erst dann kann es wirklich zum Versuch einer Normalisierung der Beziehungen zwischen Juden und Christen kommen. So schwer kann es einem gläubigen Christen nicht fallen, die »Schuld« für den Tod Jesu nicht mehr bei »den Juden« zu suchen.

Denn wie heißt es im Glaubensbekenntnis? »Ich glaube an Gott, den Vater, den Allmächtigen, den Schöpfer des Himmels und der Erde. Und an Jesus Christus, seinen eingeborenen Sohn, unsern Herrn, empfangen durch den Heiligen Geist, geboren von der Jungfrau Maria, gelitten unter Pontius Pilatus, gekreuzigt, gestorben und begraben …« Gelitten unter Pontius Pilatus, nicht »unter den Juden« steht da.

Die Geschichte des Christentums ist vom Antisemitismus geprägt. Es würde die Normalisierung zwischen Judentum und Christentum wesentlich erleichtern, wenn sich beide Seiten der gemeinsamen Wurzeln bewusster würden. Jesus war Jude. Das »Heilige Abendmahl« basiert auf jüdischer Tradition.

Verhaftung und Verhör: Falsche Schuldzuweisung

In den jungen christlichen Gemeinden kursierten Abschriften einzelner biblischer Texte. Man las auch Evangelien. Doch »die Bibel« als kompaktes Buch gab es in den Anfangszeiten des Christentums noch nicht. So fielen die oftmals eklatanten Widersprüche zwischen verschiedenen Berichten zum gleichen Geschehen kaum oder überhaupt nicht auf.

Bei Markus führt Judas[1] »eine Schar mit Schwertern und mit Stangen« an, die Jesus ergreifen soll. Das war dem Verfasser des Evangeliums nach Matthäus wohl zu wenig. Er lässt die Häscher Jesu zu einer »großen Schar« anwachsen.[2]

Lukas trägt noch eine deutliche Spur dicker auf: Auch bei ihm tragen die Häscher »Schwerter und Stangen«,[3] doch kommen auch noch *die* Hohen Priester und »Hauptleute des Tempels« hinzu. Die Verhaftungsgruppe kann aber keineswegs von Hohen Priestern begleitet worden sein, denn es gab stets nur einen Hohen Priester im Amt.

Johannes beschreibt eine Massenaktion:[4] »Da nun Judas zu sich genommen hatte die Schar der Kriegsknechte und der Diener und der Hohen Priester und Pharisäer, kommt er dahin mit Fackeln, Lampen und Waffen.«

Warum machen sich bei Matthäus und Markus nur Juden auf, um Jesus zu verhaften? Wieso fehlen bei ihnen in der Berichterstattung die Römer, die von Lukas und Johannes ausdrücklich genannt werden? Nach Johannes marschierte immerhin eine Kohorte, das sind 600 Mann, auf, um Jesus zu überwältigen. Nur im griechischen Original erkennt man die Speira, die Kohorte. In den Übersetzungen wird sie, in Anpassung an die Evangelien nach Matthäus, Markus und Lukas zur nicht näher bestimmbaren »Schar«. Glaubten selbst die Übersetzer nicht daran, dass so ein gewaltiges Aufgebot aufgestellt wurde, um einen einzigen Mann vor Gericht zu zerren? Es ist mehr als unwahrscheinlich, dass die römische Obrigkeit dem jüdischen Hohen Priester eine Kohorte zur Verfügung gestellt hat, um einen religiösen Querulanten dingfest zu machen.

Historisch falsch ist sicherlich aber auch der Verlauf des Verhöres Jesu durch Pilatus und durch Herodes. Wenn Pilatus und Herodes zur Überzeugung gekommen wären, dass Jesus unschuldig sei, hätten sie ihn freigesprochen. Die Römer der Realität setzten manchen Hohen Priester der Juden ab, der ihnen nicht genehm war. Die Römer der Bibel scheinen Angst vor den Juden und ihren Anführern zu haben. So heißt es bei Johannes:[5] »Als ihn (Jesus) die Hohen Priester und die Knechte sahen, schrien sie: ›Kreuzige, kreuzige!‹ ... Als Pilatus dies hörte, fürchtete er sich noch mehr.«

Historisch falsch ist auch der Kunstgriff des Pilatus, Jesus zur Verurteilung an Herodes zu überstellen, wie es bei Lukas[6] steht. Dazu Jesus-Biograf Marcello Craveri:[7] »Diese Version ist nicht nur anfechtbar, sondern eindeutig falsch. Juristisch gesehen bestand keine Notwendigkeit einer Verweisung des Angeklagten, weil als Richter einzig und allein der römische Statthalter zuständig war; es hätte nicht zu dessen Stil gepasst und wäre mit der Würde seines Amtes unvereinbar gewesen, gegenüber dem kleinen jüdischen Tetrarchen (untergeordneter Landesfürst) eine derartige Unterwürfigkeit zu zeigen.«

Pilatus war die juristische Autorität. Hätte Pilatus Jesus – so wie es bei Lukas steht[8] – für unschuldig gehalten, Jesus wäre freigelassen worden.

Die biblischen Berichte über Jesu Verhaftung und Jesus im Verhör sind teilweise widersprüchlich und über weite Strecken hin historisch nicht korrekt. Es ist ein Irrtum anzunehmen, dass es den Autoren um den Versuch der historisch korrekten Wiedergabe geht. Klar und unverkennbar ist die falsche Schuldzuweisung am Tod Jesu. Die Römer werden allenfalls zum Werkzeug der Schriftgelehrten, die den Tod Jesu wollen. Besonders deutlich wird dies, als Pilatus zu einem Trick greift, um Jesus freigeben zu können:[9] Einem angeblichen Brauch folgend überlässt es der mitleidige Römer dem jüdischen Volk zu entscheiden, ob Jesus oder ein Aufrührer und Mörder namens Barabbas hingerichtet werden soll. Das Volk aber fordert schreiend den Tod Jesu und die Begnadigung des Barabbas.

Dabei sah es wohl zunächst so aus, als ob das Volk Barabbas am Kreuz und Jesus wieder in Freiheit sehen wollte:[10] »Aber die Hohen Priester reizten das Volk auf, dass er ihnen viel lieber den Barabbas losgäbe.« Der Text nach Markus suggeriert, dass bislang das Volk auf Seiten Jesu stand. Als die Schriftgelehrten Jesus nachstellten, hatten sie Angst vor dem Volk und wagten nicht, ihre Pläne gegen Jesus durchzusetzen:[11] »Und sie (die Schriftgelehrten) trachteten danach, wie sie ihn ergriffen, und fürchteten sich doch vor dem Volk.«

Theologieprofessor Gerd Lüdemann:[12] »Die Barabbas-Geschichte soll die Schuld der Juden vergrößern, die einen Mörder dem Erlöser vorziehen ... Die jüdischen Oberen haben auch noch darin Erfolg, das bisher auf Jesu Seite stehende Volk gegen diesen einzunehmen. Das Volk fordert jetzt – was sicher unhistorisch ist – sogar Jesu Kreuzigung. Jetzt steht ganz Israel gegen Jesus.« Aber könnte die Barabbas-Episode nicht trotzdem wahr sein? Professor Lüdemann verneint dies eindeutig:[13] »Der Brauch der Einzelbegnadigung durch einen römischen Präfekten ist sonst unbekannt und kommt deshalb als historischer Kern an dieser Stelle nicht in Frage ... Die Szene ist unhistorisch.«

Der angebliche Brauch, das Volk einem Verbrecher zur Freiheit verhelfen zu lassen, wäre zudem ein eklatanter Verstoß gegen das damals geltende römische Recht gewesen. Ein Strafverfahren konnte nur mit Zustimmung des Kaisers selbst eingestellt werden. Das galt auch für den Straferlass für einen bereits Verurteilten. Wenn Pilatus so gehandelt hätte, wie die Evangelien nach Matthäus, Markus, Lukas und Johannes[14] behaupten, so hätte er sich einer schweren Pflichtverletzung schuldig gemacht. Es galt, »den Juden« die Schuld am Tod Jesu zuzuschieben. Von korrekter Berichterstattung kann nicht die Rede sein!

Verräter: Judas hat Jesus nicht verraten

Judas Ischariot ist nach den Schriften des »Neuen Testaments« der Jünger, der Jesus verriet. Zumindest sind davon viele Zeitgenossen überzeugt: echte Bibelkenner und Menschen, die sich dafür halten. Und auch wer sonst kaum einmal zur Bibel greift, ist sich sicher, dass Judas *der* böse Verräter im »Neuen Testament« ist.

Im Verlauf der letzten zwei Jahrtausende wurde Judas mehr und mehr zur Symbolgestalt, auch losgelöst von der Bibel. Judas, das ist im Bewusstsein auch bibelferner Menschen der Verräter schlechthin. Wer Verrat begeht und dafür Geld erhält, bekommt seinen »Judaslohn«.

Was wissen wir aber über den historischen Judas? Sucht man ihn, so muss man versuchen, sich wie ein Archäologe heranzutasten. Ein Archäologe gräbt Tonscherben aus. Er reinigt sie, fotografiert jedes noch so kleine Bruchstück. Dann fügt er sie sorgsam zusammen, klebt Teilchen an Teilchen. Schließlich gelingt ihm – zum Beispiel – die Rekonstruktion eines antiken Krugs. Wenn einzelne Teilchen fehlen, werden sie ergänzt. Je mehr Stücke fehlen, desto mehr ersetzt die Fantasie.

Der wissenschaftlich arbeitende Theologe befindet sich grundsätzlich in einer ähnlichen Position. Die Bibel bietet unzählige Bruchstücke an Informationen. Allerdings sind sie oft sehr spärlich. Man gewinnt den Eindruck, als habe man von einer ganzen Reihe von unterschiedlichen Gefäßen jeweils einzelne Teilchen. Will man daraus wieder ganze Gefäße machen, ersetzt vielmals die Fantasie die fehlenden Fakten.

Über Judas Ischariot stellen Theologen seit Jahrhunderten widersprüchliche Überlegungen an. Eine Einigung wurde bislang nicht erzielt: Hat er wirklich gelebt, oder ist er nur eine Fiktion? Wie ist sein Name zu erklären? Ist Judas eine Fantasiegestalt? Oder war er ein Freiheitskämpfer? Wie ist es möglich, dass die Theologie keine schlüssige Antwort anzubieten hat?

Der Theologe J. M. Robertson hält Judas für eine frei erfundene Gestalt, erschaffen von der frühen christlichen Kirche, als Propaganda gegen Juden und Judentum.[1]

Frank Kermode[2] glaubt nicht an Judas als personifiziertes Negativbild vom Juden, sondern hält ihn für das Ergebnis literarischen Schaffens. Wenn es auf der einen Seite den guten Jesus gab, so forderte die Ausgewogenheit die Existenz eines negativen Gegenspielers auf der anderen Seite. Vladimir Propp[3] wies den Judastypen als typischen Part in zahlreichen folkloristischen Erzählungen nach. Ist Judas also nie eine wirkliche Person gewesen, sondern ein fiktiver literarischer Typ?

Andere Theologen wieder sind davon überzeugt, dass Judas wirklich gelebt hat. Sie meinen sogar, von seinem Namen auf seine Herkunft schließen zu können. Allerdings einig sind sie sich nur in der Überlegung, dass der Name geographische Hinweise enthält. Uneinigkeit herrscht vor, wenn es um die konkrete geographische Auswertung geht.

So wird »Ischariot« zerlegt in die Bestandteile »ish« (Hebräisch: Mensch) und »queriyoth« (Ortsbezeichnung: Kerioth). Is(c)hariot wird also als »Mann aus Kerioth« gedeutet. Für diese Interpretation sprechen zwei Verse aus dem Evangelium nach Johannes:[4] demnach hieß der Vater des Judas Ischariot Simon Ischariot. Ischariot könnte also ein erklärender Beiname gewesen sein. Nachnamen in unserem heutigen Sinn gab es nicht. Da manche Namen – wie Judas – sehr häufig waren, fügte man, um die verschiedenen Judasse unterscheiden zu können, die Ortsbezeichnung hinzu. Vater und Sohn kamen aus dem gleichen Ort.

Wir müssen also konstatieren: Die Gestalt des biblischen »Judas« ist alles andere als historisch gesichert. Judas kann sehr wohl eine frei erfundene Figur sein. Vom historischen Hintergrund, der wohl niemals zweifelsfrei geklärt werden wird, einmal abgesehen: Was sagt *das* »Neue Testament« über Judas aus?

Das negativste Bild von Judas finden wir im Evangelium nach Johannes. Da heißt es, ohne dass auch ein noch so kleiner Beweis für diese Anschuldigung geliefert wird, Judas sei ein gemeiner »Dieb«[5] gewesen. Davon weiß keiner der anderen drei Evangelisten etwas. Nur im Evangelium nach Johannes wird Judas als »der Teufel« bezeichnet:[6] »Jesus antwortete den Jüngern: ›Und einer von Euch ist der Teufel!‹ Er sprach von Judas, vom Sohn des Simon Ischariot.«

Nach dem Evangelium nach Johannes war Judas »der Teufel«. Nach Johannes fuhr vor dem Verrat »der Satan in Judas«.[7] Wie soll man sich das vorstellen: Der Teufel fuhr in den Teufel? Wie auch immer: Die explizite Gleichsetzung des Jüngers Judas mit dem Teufel, also mit dem personifizierten Bösen, findet sich ausschließlich im Evangelium nach Johannes, nirgendwo sonst.

Und wie schildert *das* »Neue Testament« den Verrat? Widersprüchlich!

- Im Evangelium nach Johannes[8] verkündet Jesus, ein Jünger werde ihn verraten ..., aber welcher? Nur Jesu Lieblingsjünger Johannes erfährt den Namen: Judas! Das Szenario wirkt unglaubwürdig: Jesus prophezeit, dass einer der Jünger ihn verraten wird. Nur einer fragt nach, nämlich Johannes. Und Johannes unternimmt nichts, um Jesus zu retten. Auch die übrigen Jünger handeln nicht.
- Im Evangelium nach Matthäus[9] gibt es diese merkwürdige Geheimniskrämerei nicht. Jesus offenbart eindeutig den »Schuldigen«: Judas. Wie bei Johannes löst diese dramatische Aussage keinerlei Reaktion aus. Die Jünger nehmen es tatenlos hin, dass ihr Meister durch Verrat aus ihren Reihen »ans Messer« geliefert wird.
- Merkwürdig knapp schildert das Evangelium nach Lukas die so wichtige Szene beim »Heiligen Abendmahl«:[10] »(Jesus:) ›Siehe, die Hand meines Verräters ist mit mir über Tische! Denn des Menschen Sohn geht zwar hin, so wie es beschlossen ist. Doch weh dem Menschen, durch welchen er verraten wird!‹ Und sie fingen an, sich zu fragen unter sich, welcher es wohl wäre von ihnen, der das tun würde.«

Es bleibt unklar, ob Jesus überhaupt den Namen des Verräters kennt. Anders als in den Evangelien nach Johannes und Matthäus wird kein Name genannt, weder laut vor allen Jüngern noch vertraulich unter vier Augen einem Jünger.

– Im Evangelium nach Markus wird der Sachverhalt etwas ausführlicher geschildert als im Text nach Lukas.[11] Aber auch hier, wie bei Lukas, spricht Jesus allgemein von einem Jünger als dem Verräter. Wiederum wird nicht klar, ob Jesus den Namen kennt. Wiederum reagieren die Jünger seltsam gelassen. Trotz der Nachricht, die doch alle erschüttern, empören und in Aufruhr versetzen müsste, bleiben alle seltsam gelassen.

Was sagt *das* »Neue Testament« über Judas aus? *Eine* Aussage über Judas gibt es nicht im »Neuen Testament«. Vielmehr liegen deutliche Widersprüche klar auf der Hand: Wusste Jesus, wer ihn verraten würde … oder war ihm das unbekannt? Teilte Jesus seinen Jüngern den Namen des Verräters mit … oder nicht? Offenbarte er allen Jüngern den Namen … oder nur einem der Jünger?

In einem Punkt stimmen die vier kanonischen Evangelien, bei allen Widersprüchen, überein: Jesus weiß beim letzten Abendmahl mit seinen Getreuen, dass ihn einer seiner Jünger verraten wird. Das besagt eindeutig der Text aller gängigen Ausgaben des »Neuen Testaments« …, allerdings nur in Übersetzungen. Im griechischen Originaltext wird man aber vergeblich nach dem Verb »verraten« suchen. Da wird stets das Griechische »paradidonai« benützt.

Was aber bedeutet »paradidonai«? Das geht aus dem Brief des Paulus an die Galater deutlich hervor:[12] Paulus preist Jesus, der sich als Sohn Gottes für den Menschen Paulus freiwillig hingab. Für den Neutestamentler Pinchas Lapide ist somit Judas nicht der bösartige Verräter Jesu, sondern der treue Jünger Jesu, der mithalf, den göttlichen Plan im Einverständnis mit Jesus selbst in Erfüllung gehen zu lassen.

So fordert Jesus Judas im Evangelium nach Johannes – in der wörtlichen Übersetzung – konkret auf:[13] »Was Du zu tun im Begriff bist, das tue schneller.« Möglich ist auch die Übersetzung: »Was Du tun musst, dass tue schneller!« Der große Kirchenleher Origines (etwa 185–254 n. Chr.) verstand den Kreuzestod Jesu deshalb auch nicht als Folge eines teuflischen, bösartigen Verrats, sondern als heilgeschichtliche Unvermeidlichkeit im großen Plan Gottes. Jesu Tod war demnach kein Unglück als Folge eines Verbrechens, sondern planmäßiges Geschehen.

Geht man den vier Evangelientexten nach Johannes, Markus, Lukas und Matthäus im griechischen Original auf den Grund, so wird aus einem Verrat durch Judas die »Dahingabe« mit Jesu Einverständnis. Die Evangelientexte bringen, bei aller Widersprüchlichkeit, eine theologische Überzeugung zum Ausdruck.

Aus theologischer Sicht war Judas kein verbrecherischer Verräter, der durch seine Tat an der Ermordung Jesu beteiligt war. Aus theologischer Sicht war Judas ein Mitwirkender am göttlichen Plan. Der kritische Bibelwissenschaftler aber muss hinterfragen: Entsprechen die theologisch gedeuteten Texte der historischen Wirklichkeit?

Zweifel sind angebracht! Vor seiner Verhaftung befand sich Jesus an mehreren Tagen im Tempel von Jerusalem und predigte vermutlich zu Tausenden. Zumindest in jenen Tagen muss Jesus, glaubt man dem »Neuen Testament«, stadtbekannt gewesen sein. Ein verräterischer Freund wäre also überhaupt nicht erforderlich gewesen.[14]

Noch bevor die vier kanonischen Evangelien entstanden, verfasste Paulus seine berühmten Briefe, die in den Text des »Neuen Testaments« aufgenommen wurden. Paulus, der älteste Kronzeuge des »Neuen Testaments«, verliert kein Wort über einen Verrat, den Judas begangen haben soll. Paulus berichtet, dass Jesus nach der Auferstehung zunächst dem Kephas, dann den zwölf Jüngern erschienen sein soll, also auch Judas.[15] Glaubt man aber den Evangelisten, dann war der vermeintliche »Verräter« zu diesem Zeitpunkt längst tot, weil er sich aus Schuldbewusstsein das Leben genommen hatte.

Von einem Verrat Jesu durch Judas weiß aber der älteste Kronzeuge Paulus ebenso wenig wie von seinem angeblichen Selbstmord.

Resümee: Judas hat Jesus nicht verraten!

Vorbote: Widersprüche zwischen Jesus, Lukas und Maleachi

Allerspätestens die junge christliche Gemeinde im ersten Jahrhundert nach Christus war davon überzeugt: Jesus war der Messias. Doch der erwartete und erhoffte Messias sollte nicht still und leise, schon gar nicht ohne Vorankündigung kommen. Er würde von einem Vorboten angemeldet werden. Wer aber würde diese Funktion ausüben?

Nach Überzeugung der frommen Juden zu Jesu Zeiten würde das der Prophet Elia aus dem »Alten Testament« sein. Der weise Gerechte, einst von Gott »entrückt«, würde zur Erde zurückkommen und als Prophet für Gott sprechen: Bald wird der Messias kommen!

Wenn man Jesus als den Messias betrachtet, stellt sich eine wichtige Frage: Wer war dann sein Vorbote? Wenn Jesus der Messias war, dann müsste vor ihm sein Vorbote erschienen sein. Nach dem Evangelium des Johannes sah sich Johannes der Täufer als diesen »Vorboten« Jesu:[1] »Am nächsten Tag sieht Johannes, dass Jesus kommt. Und er spricht: ›Siehe, das ist Gottes Lamm, das die Sünde der Welt trägt!‹ Dieser ist's, von dem ich gesagt habe: Nach mir kommt ein Mann, der vor mir gewesen ist, denn er war eher als ich.« Der Täufer bezeichnet sich als Jesu Ankündiger, wovon allerdings die drei anderen Evangelisten Matthäus, Markus und Lukas nichts wissen.

Wenn Johannes dieser Vorbote war, dann müsste er mit Elia identisch sein.

Der Täufer weist aber eben diese Annahme, er sei der wiederkehrende Elia, weit von sich.[2] Johannes bestreitet einerseits, Elia zu sein. Andererseits beharrt er aber darauf, der Mann zu sein, der die Ankunft des Messias verkündet und vorbereitet:[3] »Ich bin eine Stimme eines Predigers in der Wüste: Bereitet dem Herrn den Weg!«

Jesu Aussage zum Thema ist klar:[4] »Jesus antwortete und sprach zu ihnen: ›Elia soll freilich kommen und alles zurechtbringen.‹« Jesus lässt keinen Zweifel daran, dass es Elia sein wird, der ihm den Weg bahnt: Und Jesus verrät auch, wer dieser Elia ist, auch wenn er seinen Namen nicht offen ausspricht:[5] »Doch ich sage euch: Elia ist schon gekommen, aber sie haben ihn nicht erkannt, sondern haben mit ihm getan, wie sie wollten. So wird auch des Menschen Sohn leiden müssen durch sie.« Für die Jünger war damit alles klar:[6] »Da verstanden sie, dass er von Johannes dem Täufer zu ihnen geredet hatte.«

Der Widerspruch ist eklatant: Einerseits behauptete Jesus, dass der Täufer Johannes kein anderer als Elia war, der auf die Erde zurückkam. Seine Aufgabe bestand darin, Jesus anzumelden. Nach Jesus wurde sein Vorbote Johannes der Täufer bereits hingerichtet, so wie auch er selbst hingerichtet werden würde. Andererseits bestritt Johannes selbst, eben dieser Elia zu sein. Müsste er das nicht eigentlich wissen? Wer irrt sich? Jesus oder Elia?

Das Evangelium nach Lukas schreibt über den Vorboten Jesu:[7] »Er wird vor ihm (vor Jesus) hergehen in Geist und Kraft des Elia.« Das heißt doch, dass Jesus nicht von Elia selbst, sondern von einem Mann »in Geist und Kraft des Elia« avisiert werden würde. Diese Aussage widerspricht den klar formulierten Worten Jesu.

Die Aussage aus dem Evangelium nach Lukas steht nicht nur im Widerspruch zu Jesus, sondern auch zum »Alten Testament«. Da heißt es im letzten Buch, also bei Maleachi, eindeutig:[8] »Siehe ich will euch senden den Propheten Elia, ehe denn da komme der große und schreckliche Tag des Herrn.« Maleachi prophezeit also Elia als Vorboten der Apokalypse. Und da der Messias zur Apokalypse erwartet wird, ist nach Maleachi eindeutig Elia der Vorbote Jesu, wenn Jesus der Messias ist. Auf diesen Text mag sich Jesus bezogen haben.

Offen bleibt: War Johannes der Wegbereiter Jesu, oder war er es nicht? Und wenn er es nicht war, wer war es dann? Das »Neue Testament« bietet widersprüchliche Antworten auf diese Fragen.

Wunder: Wie viele Blinde heilte Jesus?

»Wunder sind des Glaubens liebstes Kind«, heißt es bei Goethe im Faust. Zu den bekanntesten Wundern der Bibel zählt die »Blindenheilung«. Sie findet sich bei den Evangelisten Matthäus, Markus und Lukas![1] Liest man die kurzen Texte aber genauer, so fallen wichtige Unterschiede auf:

- Lukas: »Es begab sich aber, als er (Jesus) in die Nähe von Jericho kam …« Das wundersame Ereignis wird geographisch und zeitlich definiert. Es geschah, als Jesus auf dem Weg nach Jericho kam.
- Matthäus: »Und als sie von Jericho fortgingen …« Auch Matthäus setzt einen zeitlichen und örtlichen Rahmen: Das Wunder geschah, als Jesus und seine Gefolgsleute von Jericho weggingen. Auch Markus setzt das Wunder an das Ende des Jerichoaufenthaltes. Wann wurde nun der Blinde geheilt? Als Jesus und seine Jünger Jericho betraten? Oder als sie ihren Besuch in Jericho absolviert hatten und wieder weggingen?

Bei Matthäus sind es »zwei Blinde am Wege« die auf Jesus warten. Während bei Matthäus zwei anonyme »Blinde« hoffen, von Jesus das Augenlicht zurückzuerhalten, ist es bei Lukas nur ein Blinder. Auch Markus weiß nur von einem Blinden, den er als einziger Evangelist beim Namen nennt: Bartimäus. Bar bedeutet

Sohn. Bar-timäus lässt sich also mit »Sohn des Timäus« übersetzen.

Heilte nun Jesus einen Blinden oder zwei? Kam es zum Wunder auf dem Weg nach Jericho, oder als man Jericho nach dem Besuch wieder verließ? Die unterschiedlichen Angaben zur Zahl der Blinden lässt sich nicht harmoniseren. Bei der Lokalisation wurde es versucht, die Geschichten miteinander in Einklang zu bringen. Lösung: Zu Jesu Zeiten gab es zwei Ortsteile von Jericho, Alt-Jericho und das neuere, herodianische Jericho lagen einige Kilometer voneinander entfernt. Die Wunderheilung habe stattgefunden, als Jesus aus Altjericho wegging: So wie es bei Matthäus und Markus stehe. Aber auch Lukas habe Recht. Denn als sich Jesu und seine Jünger aus Alt-Jericho entfernten, bewegten sie sich gleichzeitig auf Jericho zu. Und Lukas lässt ja vernehmen, die Wunderheilung sei erfolgt, als »sie … nach Jericho … kamen«.

Diese »Erklärung mutet mehr als nur fadenscheinig an. Wenn sich Jesus und seine Mannen innerhalb Jerichos bewegten, von der Alt- in die Neustadt, dann waren sie bereits in der Stadt. Dann kamen sie weder in Jericho an, noch gingen sie aus Jericho weg. Dann stimmen, streng genommen, alle drei Evangelientexte nicht.

In einem Punkt stimmen die Schilderungen der drei Evangelisten überein: Jesus erklärt dem oder den Geheilten, dass ihr Glaube geholfen hat. Bei Markus heißt es zum Beispiel:[2] »Jesus aber sprach zu ihm: ›Geh hin, dein Glaube hat dir geholfen.‹ Und sogleich wurde er sehend.« Bei der »Heilung eines Blinden vor Betsaida« reichte das offenbar nicht aus. Dieses Wunder wird allerdings nur im Evangelium nach Markus überliefert:[3] Jesus kam mit seinen Jüngern nach Betsaida. Offenbar war Jesu Ruhm als Wunderheiler weit verbreitet. Man brachte ihm voller Hoffnung einen Blinden.

Jesus »tat Speichel auf seine Augen, legte die Hände auf ihn und sagte: ›Siehst du etwas?‹ Und er sah auf und sprach: ›Ich sehe die Menschen als sähe ich Bäume umhergehen.‹ Danach legte er abermals die Hände auf seine Augen. Da sah er deutlich und er wurde wieder zurückgebracht, so dass er alles scharf sehen konnte.«

Von »Glauben«, der geholfen hat, ist nicht die Rede. Auch erfolgt das Wunder nicht sofort, sondern in zwei Stufen. Zunächst kann der Blinde wieder schemenhaft sehen. Das volle Augenlicht erhält er erst, nachdem sich Jesus ein zweites Mal bemüht hat.

Wunder sind des Glaubens liebstes Kind, heißt es bei Goethe im Faust. Der kannte wohl die manchmal messerscharfe Logik der Theologen nicht, die Wunder als einen ganz normalen Vorgang erkennen lassen. Das »Handbuch der Bibelkunde« hat einen recht bodenständigen Lösungsvorschlag:[4] Nicht zuletzt »die oft zur Gewohnheit gewordene Unsauberkeit« hätte oftmals zur Erblindung geführt. Jesu Spucke war dann kein Wunder, sondern sozusagen ein etwas ungewöhnlicher »Waschvorgang«, der dem Mann seine Sehkraft wiedergab. Bibelkritiker Gerd Lüdemann weiß gar zu berichten:[5] »Der Wunderbericht mag auf eine geschichtliche Begebenheit zurückgehen. Die Verwendung von Speichel als Augenheilmittel war bereits zur Zeit Jesu im antiken Judentum üblich.«

Der Speichel kam auch bei der Heilung eines Taubstummen zum Einsatz. Sollte Jesus also nicht nur Augen gereinigt, sondern auch Ohren geputzt haben? Bei Markus heißt es:[6] »Und er legte ihm die Finger in die Ohren und berührte mit Speichel seine Zunge.« Selbst wenn man frei interpretierend Jesus unterstellt, er habe so etwas wie einen Ohrpfropf beseitigt: Mag sein, dass er so einen Tauben wieder hören ließ. Dass der Stumme aber wieder reden konnte, lässt sich so nicht erklären. Vor allem: In diesem Fall erbittet Jesus göttlichen Beistand:[7] »Und er sah auf gen Himmel, und er seufzte und sprach: ›Tu dich auf!‹«

Wie viele Blinde hat nun Jesus wieder sehend gemacht? Waren es zwei oder nur einer in Jericho? Wurde der Blinde von Betsaida also als zweiter oder als dritter wieder sehend? Und wie sind die zwei Glücklichen einzuordnen, die wiederum nur bei Matthäus in den Genuss eines Wunders kommen?[8] Waren sie Jesu »Augenpatienten« Nr. 3 und 4 oder 4 und 5? Wie ist der »Blindgeborene« einzuordnen, über den nur Johannes schreibt?[9] Muss er als weiterer »Fall« in die Liste der geheilten Blinden aufgenommen werden? Oder gab es gar nur einen einzigen echten Fall, der dann variiert und vielfach kopiert wurde?

Wie viele Blinde heilte Jesus? Einen? Zwei, drei, vier oder fünf? Oder waren es sechs? War es nun der Glaube der Blinden, der ihnen half? Wurden sie sehend, weil sie es selbst wollten? Oder weil ihr Glaube an den »Wundermann« Jesus so stark war? War es im medizinischen Sinne Jesu Spucke? Half Jesus als Aufklärer und Verfechter der Gesetze der Hygiene? Oder floss aus Jesu Händen die Kraft Gottes?

Wunder mögen des Glaubens liebstes Kind sein. Die Ungereimtheiten speziell der »Jericho-Heilungen« aber sind so erheblich, dass sie dem Glaubenden schon große Bereitschaft abverlangen.

Gustav Mensching versuchte in seinem Werk »Das Wunder im Glauben und Aberglauben der Völker«[10] über alle Widersprüche hinweg die Voraussetzungen für ein Wunder zu klären. Es sei die »erlebnishafte Begegnung des Menschen mit dem Heiligen und das antwortende Handeln des vom Heiligen bestimmten Menschen«. Um das Geheimnisvolle salonfähig zu machen, seziert und klassifiziert er Wunder. Er spricht von mehreren Kategorien, nämlich

- von mythischen Wundern einer märchenhaften Urzeit,
- von magischen Wundern, die von Menschen mit übernatürlichen Kräften bewirkt werden,
- von Bestätigungswundern, die die Autorität einer göttlichen Person bekräftigen sollen und
- von religiösen Wundern, die für ihn »unter Staunen und Verwunderung geschehenen Begegnungen mit dem Heiligen« sind.

Nun kann man versuchen, Jesu Blindenheilungen zu klassifizieren. Die Rubrik »mythische Wunder« kommt nicht in Frage. Die drei anderen Gruppen könnten alle zutreffen, je nachdem, welchen Standpunkt man einnimmt: Wurden die Blinden wieder sehend, weil Jesus ein Mensch mit übernatürlichen Fähigkeiten war? Oder bestätigten sie vielmehr seine Autorität als göttliche Person? Oder erfolgten sie unter »Staunen und Verwunderung« als »Begegnung mit dem Heiligen«?

Wunderheilungen lassen den glaubenden Menschen ehrfurchtsvoll, vielleicht auch ein wenig schaudernd staunen. Er fühlt sich dem großen Mysterium gegenüber unendlich klein. Jesu Wunderheilungen bestätigen ihm die Richtigkeit seines Glaubens, weil er glaubt. Der rein rational denkende Mensch hingegen sieht die Irrtümer der biblischen Berichterstatter im Vordergrund und lehnt Mirakel als unmöglich ab, weil für sie kein Platz ist in seinem Weltbild. Beiden, dem Glaubenden wie dem Rationalisten, wird mit Analysen à la Mensching in keiner Weise geholfen.

Wüste: Wer versuchte Jesus wirklich?

40 Tage lang fastete Jesus in der Wüste, berichten die Evangelien nach Matthäus, Markus und Lukas.[1] Am kürzesten wird der Sachverhalt bei Markus geschildert: »Und alsbald trieb ihn (Jesus) der Geist in die Wüste vierzig Tage und wurde versucht von dem Satan und war bei den wilden Tieren.« Worin die »Versuchung« bestanden haben soll, verschweigt Markus. Umso gesprächiger sind Matthäus und Lukas. Allerdings widersprechen sich die beiden Texte, was die Reihenfolge der Versuchungen angeht.

- Matthäus: Der Teufel fordert zunächst den hungrigen Jesus auf, doch Steine in Brot zu verwandeln. Dann soll er von der Zinne des Tempels von Jerusalem springen und schließlich bietet der Teufel ihm die Weltherrschaft an, für den Fall, dass Jesus vor ihm niederkniet und ihn anbetet.

- Lukas: Der Teufel fordert Jesus wie bei Matthäus zunächst auf, Steine in Brot zu verwandeln, dann bietet er ihm die Weltherrschaft an, wenn Jesus ihn anbetet, und schließlich soll Jesus von der Zinne des Tempels springen.

So einfach die kleine Geschichte auch zu sein scheint, muss es doch verwundern, dass sich Matthäus und Lukas nicht über die Reihenfolge der Versuchungen einigen können. Logischer aufgebaut ist die Version nach Matthäus: Die Versuchungen steigern sich vom Brot gegen den knurrenden Magen bis hin zur Herrschaft über die gesamte Welt.

In allen drei Texten gibt es aber keine Frage, wer denn für die Versuchungen verantwortlich ist. Gewiss, in der Wüste selbst ist es der Teufel, der Jesus herausfordert. Jesus soll ein Wunder vollbringen und Stein zu Brot verwandeln. Dann soll er sich in Todesgefahr bringen. Bevor er umkommt, soll er sich von den Engeln retten lassen. Und er soll sich schließlich zum Herrscher über die gesamte Welt aufschwingen, wenn auch von Teufels Gnaden. Um sich alles untertan zu machen, muss Jesus »nur« den Teufel anbeten, also Götzendienst betreiben.

Ursächlich verantwortlich für Jesu Konflikt mit dem Teufel ist aber der »Heilige Geist«. Denn der »Heilige Geist« ist es, der Jesus in die Wüste treibt. Er ist es, der den sprichwörtlichen Stein ins Rollen bringt. Das wiederum wirft eine ketzerisch anmutende Frage auf, nämlich ob denn gar dem »Heiligen Geist« selbst die Gebote der Bibel nicht bekannt sein sollten? Im Brief des Jakobus heißt es nämlich explizit:[2] »Niemand sage, wenn er versucht wird, dass er von Gott versucht wird. Denn Gott kann nicht versucht werden zum Bösen, und er selbst versucht niemand.«

Der Sachverhalt ist klar: Der »Heilige Geist« treibt Jesus – gegen seinen Willen? – in die Wüste, wo er in Versuchung geführt wird. Dazu stellt das »Handbuch der Bibelkunde« fest:[3] »›Vom Geiste‹ heißt hier ›vom Heiligen Geiste‹, nicht vom ›bösen Geiste‹. Der Katechet Matthäus legt Wert auf die Feststellung, dass die

Versuchung gottgewollt war.« So beschreiben das auch Markus und Lukas.

Nach Jakobus versucht Gott nicht zum Bösen. Was heißt das? In der Wüstenepisode ist es doch der »Heilige Geist«, der Jesus versuchen lässt. Nach der Lehre der Trinität (Dreifaltigkeit) sind aber Gott und Heiliger Geist eines. Also ist es doch Gott, der als Versucher auftritt. Aber nach Jakobus tut Gott genau das nicht. Nach der Trinitätslehre ist aber auch Jesus und Gott eins. Nach Jakobus kann aber Gott nicht versucht werden. Wird aber in der Wüste nicht doch Gott in Gestalt Jesu versucht? Widersprüche über Widersprüche ergeben sich, die nicht aufgelöst werden können. Eine Ausflucht ist denkbar: Den Verfassern der Wüstenepisode, also den Autoren der nach Matthäus, Markus und Lukas benannten Evangelien, war die Trinitätslehre unbekannt.

»40 Tage« war Jesus, wenn die Geschichte überhaupt einen wahren Kern haben sollte, wohl nicht in der Wüste. Man unterliegt einem typischen und weit verbreiteten »Jesus-Irrtum«, für bare Münze zu nehmen, was symbolhaft gemeint ist. Zu Jesu Lebzeiten war die Hoffnung auf den Messias groß. Das jüdische Volk sah sich von den Römern geknechtet. Dieses drückende Joch sollte der so sehnsüchtig erwartete Messias abwerfen helfen. Man schwelgte in Erinnerungen an den »Messias« des »Alten Testaments«. So wie Mose laut frommer Überzeugung das Volk Israel aus ägyptischer Gefangenschaft führte, so sollte der neue Messias das Volk aus der Unterdrückung durch die Römer geleiten. Mose zog angeblich nicht nur 40 Jahre durch die Wüste. Er stieg auch in dieser Zeit auf den Berg Sinai, um die Gesetzestafeln zu erhalten. 40 Tage lang blieb er auf dem Gipfel. Deshalb ließen die Evangelisten in ihren »Berichten« Jesus auch 40 Tage lang in der Wüste darben.

Heinrich A. Mertens hält in seinem Standardwerk »Handbuch der Bibelkunde« fest:[4] »›Vierzig Tage‹ ist eine schematische Zahl, die auf den vierzigtägigen Sinaiaufenthalt des Moses anspielt. Jesus wird damit als neuer Gesetzgeber in Parallele zum Gesetzgeber Moses gesetzt ... Es kam darauf an, Jesus als den Stifter des

Neuen Bundes aufzuzeigen. Dies konnte er am besten, indem er ihn in Parallele setzte zu Moses, der vor dem ersten Bundesschluss ›vierzig Tage und vierzig Nächte‹ auf dem Sinai blieb.«

Die »Wüstenepisode« widerspricht dem neutestamentlichen Grundsatz, dass Gott nicht in Versuchung führt. Und sie steht, vorsichtig ausgedrückt, im Konflikt mit der Trinitätslehre. Vermutlich waren den Verfassern weder Trinität noch das Verbot des In-Versuchung-Führens bekannt. Prof. Hans Schindler-Bellamy:[5] »Der Text wurzelt nicht in der Vorstellungswelt des ›Neuen Testaments‹, sondern in der der rabbinischen Literatur. Nach rabbinischer Vorstellung führt Gott besonders solche Menschen in Versuchung, die für hohe Ziele vorgesehen sind. Rabbi Jonathan soll diese Auffassung in einem Gleichnis verdeutlicht haben: Ein Flachshändler klopft auf seinen Flachs nur zaghaft, wenn er meint, er sei von schlechter Qualität. Denn dann befürchtet er, er könne sich in seine Fasern auflösen. Ist er aber von der hervorragenden Qualität seines Flachses überzeugt, so schlägt er hart darauf, denn dadurch nimmt er keinen Schaden, sondern wird immer schöner und besser.

Heute wird im Gebirge westlich von Jericho ein etwa 500 Meter hoher Berg gezeigt. Einst stand hier die Makkabäerfestung Duk. Heute nennt man ihn »dschebel karantál«, was so viel wie »Berg der vierzig Tage« heißen soll. In nahe gelegenen Höhlen hausten in antiker Zeit sporadisch Menschen. Hier soll Jesus in Versuchung geführt worden sein. Die Lokalisation ist rein willkürlich gewählt worden für ein Ereignis, das in der Realität kaum so wie von den Evangelisten beschrieben stattgefunden hat.

Die eigentliche Aussage ist märchenhaft verklausuliert: Es geht um den Unterschied zwischen dem jüdischen und dem christlichen Messias. Der gläubige Jude anerkennt Jesus nicht als den Messias. Er erwartet ihn vielmehr in der Zukunft. Dann wird er kommen und den Satan besiegen. Was in der Glaubenswelt zu Jesu Lebzeiten der jüdische Messias der Zukunft irgendwann noch tun wird, das hat der Messias der Wüstenepisode bereits erledigt: Er ist in der von List und Tücke geprägten Auseinandersetzung mit dem Satan als Sieger hervorgegangen.

Kurz und bündig kommentiert Prof. Gerd Lüdemann die Kurzfassung der »Wüstenepisode« so:[6] »Die Tradition ist unhistorisch.«

X – wie Christos, der Gesalbte

Schon in der jungen christlichen Gemeinde sah man in Jesus den »Gesalbten« und den Messias in Personalunion. Jesus Christos (Griechisch, übersetzt »der Gesalbte«) und der Erlöser (»Messias«) waren ein und dieselbe Person. Für diese Gleichsetzung lassen sich unzählige Belege in den Schriften des »Neuen Testaments« anführen.

Nach dem nach Johannes benannten Evangelium bekennt eine Samariterin:[1] »Ich weiß, dass der Messias kommt, der da Christus heißt.« Die Frau identifiziert also Christus und den Messias als eine Person. Andreas »erkennt« in Jesus ebenfalls den Messias. Begeistert berichtet er seinem Bruder Simon:[2] »Wir haben den Messias gefunden, das ist verdolmetscht: der Gesalbte.«

Christos, der Gesalbte, ist im »Neuen Testament« mit besonderen Befugnissen ausgestattet. Er kann Kranke heilen, ihnen die Sünden vergeben. Es gehört fast ritualmäßig zu Jesu segensreichem Wirken für die Siechen und Kranken wie im Fall des »Gichtbrüchigen« zu sprechen:[3] »Sei guten Mutes mein Sohn, deine Sünden sind dir vergeben!«

Der Christos des »Neuen Testaments« wird als himmlische, gottgleiche Gestalt betrachtet, den die Menschen kommen sehen »in der Herrlichkeit seines Vaters mit seinen Engeln«.[4] Ihm unterstehen die himmlischen Wesen, die Engel. Er wird sie »senden und sie werden sammeln aus seinem Reich alle, die Ärgernis geben und die Unrecht tun«.[5]

Sogar beim Verhör vor dem jüdischen Rat wird den jüdischen Gelehrten unterstellt, Christos (den Gesalbten) mit Gottes Sohn gleichzusetzen, anders ist die Frage des Hohen Priesters nicht zu erklären:[6] »Bist du der Christus, der Sohn Gottes?« Nur so kann der Gesalbte »in der Herrlichkeit des Vaters«[7] erscheinen.

So sehr das »Neue Testament« Jesu Autorität von echten oder vermeintlichen »prophetischen« Worten aus dem »Alten Testament« ableitet, so ist der Messiasbegriff im »Alten Testament« doch ein ganz anderer als im »Neuen«. Vor allem haben im »Alten Testament«, im Gegensatz zum »Neuen«, Messias und Gesalbter überhaupt nichts miteinander zu tun. Eine Gleichsetzung von »Messias« und »Gesalbtem« hätte Unverständnis und Befremden ausgelöst. Unter dem »Gesalbten« versteht man einen Menschen aus Fleisch und Blut, keine Idealgestalt ohne Fehl und Tadel.

Ein »Gesalbter« ist zum Beispiel der höchst irdische König Cyrus der Perser – von Gott selbst gesalbt![8] Man muss also nicht einmal Mitglied des Volkes Israel sein, um von Gott durch die Salbung ausgezeichnet zu werden. Ein anderer »Gesalbter Gottes« ist König David.[9] Cyrus wie David waren alles andere als sündenfreie Menschen! Im Gegenteil: Aus heutiger Sicht begingen sie auch Verbrechen. Und nach dem dritten Buch Mose wird genau festgelegt, welches Opfer gesalbte Priester darzubringen haben, wenn sie gesündigt haben.[10]

Der Messias war ein letztlich politischer Hoffnungsträger, keine göttliche Lichtgestalt. Der jüdische Nationalismus erhoffte sich vom Messias einen neuen König David, der das irdische Israel zur Vollendung führte. Das »Alte Israel« sollte wieder entstehen, als geschlossenes, eigenständiges Land, geleitet nach den mosaischen Regeln. Frei von römischer Unterdrückung sollte es sein.

An den Messias glauben, das hieß keinesfalls automatisch, sich als Rebell gegen Rom zu erheben. Die Pharisäer hofften zwar auch auf den Messias, der dann die Fremdherrschaft der Römer beenden würde. So lange aber man noch auf den Messias wartete, wollte man sich mit den Römern arrangieren. Immerhin hatte man noch einen Rest von »Machtbefugnissen« von den Römern zugestanden bekommen. Diese bescheidenen Privilegien wollte man nicht riskieren. Und dennoch glaubten auch die Pharisäer, etwas zum Kommen des Messias beitragen zu können.

Sie versuchten geradezu verzweifelt, penibel die mosaischen Gesetze zu erfüllen. Der Messias würde kommen, wenn die »göttlichen Gesetze« so gewissenhaft wie nur möglich befolgt würden. Dann, so glaubte man, würde der Messias kommen, allerdings nicht als wunderwirkende Heilsgestalt vom Himmel, sondern aus den Reihen der Pharisäer. Der Mensch, der gerecht wie kein zweiter nach den Gesetzen wie kein anderer lebte, würde von Gott zum Messias gemacht werden. Dieser menschliche Messias würde dann Gericht abhalten über die Heiden und die gottlosen vom Gesetz abgefallenen Juden. Er würde Israel zu einem geeinten, wieder frommen Land machen, ein Land der Gesetzestreue und gottgefälligen Lebens würde entstehen.

Mag der Messiasbegriff des »Alten Testaments« auch komplex gewesen sein, er unterschied sich grundlegend vom Messias-Glauben der Anhänger Jesu. Der Messias des »Alten Testaments« besaß nicht die Macht der Sündenvergebung und konnte nicht den Menschen die geistige Rettung schenken. Der Messias wurde nicht als himmlische Lichtgestalt gesehen, der, unterstützt von den Heerscharen der Engel zur Erde herabstieg. Auf keinen Fall wurde der Messias als gottähnlich oder gottgleich gesehen. Der Messias war ein Mensch, kein Gott oder Gottes Sohn. Der überlieferte Messiasbegriff des »Alten Testaments« hat mit Sündenfreiheit oder gar Heiligkeit nichts zu tun.

Das X steht für das griechische Chi. Mit dem Chi beginnt der Titel Christos. Christos lässt sich mit der Gesalbte übersetzen. Jesus und seine Anhänger verstanden darunter den Sohn Gottes, den Erlöser. Auch der Begriff Messias lässt sich mit der Gesalbte übersetzen. Doch für den frommen Juden des »Alten Testaments« war der Messias kein gottähnliches oder gar gottgleiches Wesen.

Er sah in ihm einen Menschen der Zukunft, den Gott dereinst dafür einsetzen würde, Gericht abzuhalten. Auch der Messias des jungen Christentums wurde als künftiger Richter verstanden, aber als himmlisches Wesen, ausgestattet mit der Allmacht des Vaters: zu richten über die Lebenden und die Toten.

Richter sind sie beide, der Messias des »Alten Testaments« wie der »Christos« des »Neuen«. Doch der Messias wurde als für irdische Gerechtigkeit zuständig angesehen, während der »Christos« des »Neuen Testaments« das ewige Leben zu vergeben hat.

Vermutlich hat sich die Vorstellung vom »Christos«, dem Weltenrichter, aus der Sehnsucht nach einem irdischen »Messias« entwickelt. Träumte man erst von einem Menschen, der Israel wieder nach mosaischen Vorstellungen in Ordnung bringen würde? Entstand daraus die Idee vom göttlichen Richter über Tod und ewiges Leben? Wer aber »Messias« und »Christos« gleichsetzt, unterliegt einem großen Irrtum. Man kann nicht das Bild vom Jesus-Christus dazu verwenden, um den Messias des »Alten Testaments« zu verstehen.

Y – wie Jesus

»Jesus« war Jude. Als solcher trug er einen hebräischen, also jüdischen Namen. Und er lebte in jüdischer Umgebung, in einer Welt mit ganz spezifischen Problemen. Das erste Jahrhundert nach der Zeitenwende war in Judäa von meist unterschwelligen Auseinandersetzungen zwischen den »Kindern Israels« und den römischen Besatzungstruppen geprägt. Immer wieder kam es zu Gewaltausbrüchen. Die Judäer fühlten sich geknechtet und wollten das fremde Joch abwerfen. Die Römer sahen sich als legitime Herrscher. Sie gingen immer wieder mit brachialer Gewalt gegen Aufständische vor. In dieser Zeit und Situation gab keine jüdische Familie einem Sohn einen lateinischen Namen wie »Jesus«.

Wenn nun der Name »Jesus« falsch ist, wie lautete dann der richtige? Wie entstand das lateinische »Jesus«? Das »Neue Testament« ist in griechischer Sprache verfasst. Die griechischen Texte schreiben »Iesous«. Daraus wurde im Lateinischen unser »Jesus«. Das griechische »Iesous« ist eine Anpassung des aramäischen »Yesu«. Das aramäische »Yesu« wiederum ist die Kurzform von »Yesua«. »Yesua« selbst ist wiederum auch eine verkürzte Version eines längeren Namens, von »Yehosua«.

»Yehosua« war einer der wichtigsten Männer der Geschichte Israels. Yehosua, aus dem unsere Bibel einen Josua macht, war engster Vertrauter von Mose. Schließlich wurde er Mose' Nachfolger. Yehosua war es, der Mose an geheimem Ort beerdigte und anschließend das Volk Israel ins »Gelobte Land« führte, nicht Mose.[1]

Auch wenn gern von theologischen Interpreten behauptet wird, die Bedeutung des Namens sei restlos geklärt, so muss man doch eher von Spekulationen sprechen. Vermutlich lässt sich »Yehosua« auf zwei Worte zurückführen: auf die Kurzfassung »yahu« von Jahwe und auf das hebräische Tätigkeitswort »sw« (helfen). Zusammen ergibt das dann etwa »Yahwe hilft« oder »Yahwe möge helfen«.[2] Erst vor diesem Hintergrund kann ein Vers bei Matthäus verständlich werden. In der gängigen Übersetzung bleibt er eigentlich rätselhaft: [3] »Und sie wird einen Sohn gebären, den sollst du Jesus nennen, denn er wird sein Volk retten von den Sünden.« Ersetzt man aber das latinisierte »Jesus« durch das ursprünglichere »Yehosua«, so wird alles klar.

Der Name ist jedoch weitaus bedeutungschwangerer als man auf den ersten Blick vermuten möchte: Es war Mose, der das Volk Israel aus der ägyptischen Knechtschaft führte. Sein Nachfolger »Yehosua« vollendete das Werk und geleitete die Israeliten ins »Heilige Land«. »Jesus«, eigentlich »Yehosua«, wird als Nachfolger Mose' und neuerlicher Erretter gesehen, nicht nur von der Knechtschaft der Römer, sondern auf spiritueller Ebene. Der »Yehosua« des »Neuen Testaments« soll die wichtigere Rettung bringen: jene, die das ewige Leben beschert.

Eine weitere Parallele zwischen »Altem« und »Neuem Testament« lässt sich leicht herausarbeiten: Josef war der Mann, der im »Alten Testament« das Volk Israel vor dem Hungertod bewahrte. Und dabei wollten ihn seine eigenen Brüder erst ermorden, verkauften ihn dann aber nach Ägypten. Jesus wurde ebenfalls nach dem Leben getrachtet. Jesus wurde auch verkauft, ja gekreuzigt. Das unbeschreiblich Böse, das man ihm antat, vergalt er mit Gutem – genauso wie der Josef des »Alten Testaments«.

Jesus, der »Yehosua« des »Neuen Testaments«, war ein Sohn des Josef. Nach frühchristlichem Verständnis bringt er, wie sein Vorgänger im »Alten Testament«, auch Brot: Bei der wundersamen »Speisung der Fünftausend«, die von allen vier Evangelisten vermeldet wird.[4] Jesu Mutter, Frau des Josef, heißt Maria – in unseren Übersetzungen. Der ursprüngliche hebräische Name ist aber Miriam oder Mirjam. Wieder gibt es eine »Ägypten-Connection«: Mirjam war die Schwester des Mose.[5]

»Unser« Jesus hieß in Wirklichkeit »Yehosua«. Daraus wurde auf dem Umweg über das Griechische ins Lateinische der heute allgemein gebräuchliche Name »Jesus«.[6] Die historischen Eltern Jesu hätten nie und nimmer ihrem Kind einen lateinischen Namen gegeben. Und Jesus selbst hätte seinen Namen als schlimme Beleidigung aufgefasst. Jesus hätte er sich nie und nimmer nennen lassen.

Wir irren, wenn wir meinen, den wirklichen Jesus zu kennen. Schon durch den Namen, den wir für ihn ausgewählt haben, entfernen wir uns von »Yehosua« und nähern uns ihm nicht!

Zarathustra: Satan war ein Gefolgsmann Zarathustras

In der Wüste, so berichten die Evangelien nach Matthäus[1], Markus[2] und Lukas[3] trat Jesus der Teufel gegenüber, um ihn in Versuchung zu führen. Jesus war firm in den Schriften des »Alten Testaments«. Er wusste, dass er beim Propheten Sacharja[4] zum Hofstaat Gottes gehört. Er übt die Funktion eines Staatsanwaltes aus, der Anklage gegen sündige Menschen erhebt. Auch »Buch Hiob« sieht Satan im Gefolge Gottes.[5] Von diesem Teufel sprach Jesus, wenn er von Satan redete: Vom Versucher aus dem »Alten Testament«.

Jesus irrte aber, wenn er davon ausging, dass Satan biblischen Ursprungs ist.

Um 500 v. Chr. wurden Jesu Vorfahren fern der Heimat, in Babylonischer Gefangenschaft, auf andere Weise in Versuchung geführt als Jesus. Sie lernten fremde Glaubenswelten kennen: Da gab es nicht den einen Gott Jahwe, aber auch keine Vielzahl von Göttern, sondern nur zwei: Ahura Mazda, den Gott des Guten und seinen Gegenspieler Ahriman, den Gott des Bösen. Zwischen diesen beiden, so besagt es die Lehre des Zarathustra, muss der Mensch sich entscheiden.

Aus der Babylonischen Gefangenschaft brachten die heimkehrenden Juden den Teufel mit. Die Essenermönche vom Toten Meer behielten den Dualismus bei. In ihren Schriftrollen treten die Geister der Finsternis gegen die Kräfte des Lichts zum Kampf an. Und Jesus selbst übernimmt die positive Seite, in Konfrontation mit dem bösen Widerpart stehend. Jesus fordert die Menschen dazu auf, sich zu entscheiden. Sein Weltbild ist dualistisch, wie das des Zarathustra. Wer sich Jesus anschließt, der folgt den Kräften des Lichts. Wer nicht Jesu Jünger wird, der verfällt dem Bösen:[6] »Ich bin das Licht der Welt. Wer mir nachfolgt, der wird nicht wandeln in der Finsternis, sondern wird das Licht des Lebens haben.« Jesus fordert die Menschen auf, sich den »Kindern des Lichts« anzuschließen:[7] »Solange ihr das Licht habt, glaubt ihr an das Licht, auf dass ihr (selbst) Kinder des Lichts werdet.«

Aus Babylon nahmen die Juden den Teufel mit nach Israel und in die Welt des Glaubens, aber nicht nur den einen Bösen, sondern mehr. Zarathustras guter Gott hatte sieben Engel, genannt »amesha spentas«, »unsterbliche Geister«. Aus ihnen wurden die sieben Erzengel. Sie gingen in jüdische wie christliche Überlieferungen ein.

Während der »typische« Engel des »Alten Testaments« als Bote für Gott wirkte, etwa Lot und Verwandtschaft vor der nahenden Zerstörung von Sodom und Gomorra warnt,[8] gab es im Reich von Zarathustra gemäß uralter Lehren »Favashi-Engel«. Diesen beflügelten Wesen oblag es, einzelne Menschen zu beschützen. Diese Schutzengel finden wir erst im »Neuen Testament« wieder. Jesus warnt:[9] »Seht zu, dass niemand von den Kleinen (Kindern) verachtet. Denn ich sage euch: ›Ihre Engel im Himmel sehen allezeit das Gesicht meines Vaters im Himmel.‹« Mit anderen Worten: Jedes Kind hat einen Schutzengel im Himmel. Wer einem Kind zu nahe tritt, dessen Schutzengel kann sich dann direkt an Gott selbst wenden.

Zu Beginn von Jesu öffentlichem Wirken trat ihm der Teufel entgegen. Woher kam er? Nach dem Evangelium, das nach Lukas benannt wurde, gab Jesus an:[10] »Ich sah den Satan vom Himmel fallen wie einen Blitz.«

Aus welchem Himmel fiel der Teufel? Letztlich stammt er weder aus dem christlichen noch aus dem jüdischen Firmament, sondern er kam schon Jahrhunderte früher auf die Welt. Satan war ein früherer Gefolgsmann Zarathustras!

Zeichen: Verweigert und doch gegeben

War Jesus der erwartete Messias, der Sohn Gottes? Darüber soll es schon zu Jesu Lebzeiten heftige Streitigkeiten gegeben haben. Gläubige Jünger waren von Jesus überzeugt, Skeptiker hingegen zweifelten. Sie forderten Beweise, »Zeichen«. Für ihn als Sohn Gottes musste es doch Jesus ein Leichtes sein, die Menschen »ein

Zeichen vom Himmel sehen zu lassen«.[1] Dann wäre der Beweis geliefert.

Dieses Szenario muss den Synoptikern besonders wichtig gewesen sein, denn es wird im Evangelium nach Matthäus noch ein zweites Mal, in den Evangelien nach Markus und Lukas je einmal beschrieben.[2]

Jesus antwortet bei allen drei synoptischen Evangelisten fast gleichlautend im Wortlaut ähnlich barsch und verweigert einen Beweis, also ein Zeichen:[3] »Und er seufzte in seinem Geist und sprach: ›Was fordert diese Generation ein Zeichen? Wahrlich, ich sage euch: Es wird dieser Generation kein Zeichen gegeben werden!‹« Jesus ist ob des Ansinnens der Fragenden regelrecht empört. Er beschimpft sie als »böse und abtrünnig«.

Worüber ärgert sich Jesus? Er ist empört darüber, dass die Fragenden nicht glauben zu können scheinen, ohne dass ihnen Beweise geboten werden. Er fordert aber Glauben – und verweigert die erbetenen Zeichen ..., zumindest in der beschriebenen Szene.

Das genaue Gegenteil ist im Evangelium nach Johannes zu lesen! Der Verfasser bekundet da:[4] »Noch viele andere Zeichen tat Jesus vor den Jüngern, die nicht geschildert sind in diesem Buch.« Demnach lieferte Jesus also nach dem Evangelium nach Johannes so viele Beweise, dass der emsige Chronist gar nicht alle schriftlich festhalten konnte.

Nach Matthäus, Markus und Lukas verweigerte Jesus Zeichen, nach Johannes lieferte er sie sogar im Übermaß. Warum? Der Verfasser des Evangeliums nach Johannes jedenfalls erklärt, warum er sie beschrieben hat, nämlich[5] »damit ihr glaubt, Jesus sei der Christus, der Sohn Gottes, damit ihr dadurch den Glauben ... habt«.

Der Widerspruch ist evident: Hat nun Jesus Beweise geliefert oder nicht? Forderte er aus Prinzip Glauben, der keines Beweises bedarf? Oder lieferte er doch Zeichen? Beide Extreme werden von den Evangelisten bestätigt.

Zimmermann: Josef war kein Zimmermann

Bevor die nach Matthäus, Markus, Lukas und Johannes benannten vier Evangelien entstanden, schrieb bereits Paulus seine Briefe. Evangelisten und Paulus formulierten ihre Texte aus ganz unterschiedlichen Motiven. In den ersten Jahrzehnten nach Christi Kreuzigungstod waren die Erinnerungen so mancher Zeitzeugen noch frisch. Nun galt es, zu missionieren. Als die Erinnerungen an Jesus nach und nach schwächer wurden, war es an der Zeit, für die Nachwelt festzuhalten, was einst geschah – oder wovon man glaubte, dass es geschah, oder wovon man überzeugt war, dass es eigentlich hätte geschehen müssen. Paulus schreibt viel über Jesus, schweigt sich aber über seine Eltern aus: Maria und Josef kommen bei ihm als »Eltern Jesu« nicht vor. Nach Paulus soll als nächstes Schriftzeugnis das nach Markus benannte Evangelium entstanden sein. Auch darin lesen wir nichts von »Vater Josef«. Hieß Jesu Vater nun Josef oder nicht?

Bei Matthäus fragen die Menschen, die nicht so viel von Jesus zu halten scheinen:[1] »Ist das nicht der Sohn des Zimmermanns? Ist nicht Maria seine Mutter?« Der Name des Vaters wird nicht genannt, wohl der der Mutter. Das Evangelium nach Markus variiert. Da fragen die Leute:[2] »Ist das nicht der Zimmermann, der Sohn Marias?« Den kleinen Widerspruch darf man nicht überbewerten: Wenn Jesu Vater »Zimmermann« war, kann man davon ausgehen, dass sein Sohn Jesus dieses Handwerk bei ihm erlernt hat.

Lukas und Johannes berichten ebenfalls über die Menschen von Nazareth und ihre eher ablehnende Haltung Jesus gegenüber. Nach beiden Evangelientexten wird aber nicht der Beruf des Vaters genannt, wohl aber sein Name: »Ist das nicht Josefs Sohn?« heißt es bei Lukas[3] und fast wortgleich bei Johannes.[4]

Wo unsere Bibeln von »Zimmermann« sprechen, da steht in den griechischen Texten »tekton«. »Tekton« wird immer als »Zimmermann« verdeutscht. Auch ohne Fremdsprachenkenntnisse erkennt man den »Zimmermann« immer wieder.

– »Is not this the carpenter, the son of Mary?«[5]
– »N'est-ce pas le charpentier, le fils de Marie?«
– »Non è costui il carpentiere, il figlio de Maria?«
– »Dit is toch de timmerman, de zoon van Maria?«
– »Er denne ikke Tommermanden, Marias son?«

So einig sich also weltweit die Übersetzer auch sind, sie alle begehen den gleichen Irrtum. Weder Josef noch Sohn Jesus haben den Beruf eines Zimmermanns ausgeübt. Denn den Beruf des Zimmermanns hat es zur Zeit Jesu überhaupt nicht gegeben. Niemand vermag so recht zu sagen, was denn ein »tekton« wirklich war.

Holz war im Lande Judäa zu Jesu Zeiten relativ selten und teuer. Es wurde daher wenig verarbeitet. Holzarbeiten fielen schon aus finanziellen Gründen bei der einfachen Bevölkerung wenig an. Wenn bei einer Dachkonstruktion Holz eingesetzt wurde, dann übernahm dies der Maurer. Holz wurde manchmal verwendet, wenn in eine der einfachen Lehmhütten oder der besseren Steinhäuser Türen eingesetzt wurden. War also Josef ein Mann vom Bau? Oder war er eine Art Steinmetz, der aber neben Stein im Bedarfsfall auch Holz bearbeitete? Justin (etwa 100–165 n. Chr.) verneint. Nach seinen Ausführungen ist ein »tekton« ein Handwerker, der Pflüge und Joche herzustellen vermag.

Der römische Geschichtsschreiber Tertullian (etwa 160–220 n. Chr.) hält in seinem Werk »De spectaculis« fest, dass Jesus in sketchartigen kurzen Stücken oftmals böse verunglimpft werde. Von besonderem Interesse war es, den von den Christen so sehr verehrten und zum Gott erhobenen Mann aus Nazareth zu entmystifizieren. An die Jungfrauengeburt und den Heiligen Geist mochte man nicht so recht glauben. Also suchte man nach irdischeren Lösungen und zögerte dabei nicht, derbe Ausdrücke zu verwenden.

Jesu Herkunft wurde immer wieder beleidigend herabgesetzt: »Hic est ille fabri et quaestuariae filius!«[6] heißt es da nach Tertullian. Übersetzt wird dieser lateinische Satz gewöhnlich mit: »Dies ist der berühmte Sohn eines Zimmermanns und einer Hure.« Wieder taucht der Zimmermann auf, wohl weil man es als Gegebenheit voraussetzt, dass Josef eben diesen Beruf ausübte. Tatsächlich bedeutet aber das lateinische »faber« viel allgemeiner »Handwerker« und manchmal, etwas spezifischer, Schmied. Schmied aber dürfte Josef auf keinen Fall gewesen sein. Was war er dann? Vermutlich gab es im Umfeld der Familie Jesu auf dem Lande in Galiläa nicht viele auf einem ganz bestimmten, scharf abgegrenzten Tätigkeitsfeld arbeitende Handwerker. Der Anteil der Bauern dürfte sehr hoch gewesen sein. Man bestellte das Feld, hielt sich vielleicht etwas Kleinvieh – und verrichtete die meisten Arbeiten so gut man das vermochte selbst.

Welchen Beruf übte also Josef, Jesu Vater aus? Welchen Beruf erlernte Jesus von seinem Vater? Wir müssen zugeben: Wir wissen es nicht. Klar ist nur, dass er kein »Zimmermann« nach unserem heutigen Verständnis war. Nun mag es für die Jesusforschung von untergeordneter Bedeutung sein, welchem Broterwerb Josef nachging. Und doch ist es wichtig festzustellen, dass wir uns irren, wenn wir ihn einen »Zimmermann« nennen. Denn gerade diese falsche Bezeichnung verdeutlicht geradezu symbolhaft, wie viele Irrtümer uns unterlaufen. Was wir über Jesus, sein Leben und Wirken zu wissen meinen, das entspricht häufig gar nicht den biblischen Texten. Es ist vielmehr das Ergebnis einer Entwicklung von vielen Jahrhunderten: Ein Volksglaube mit Bildern und Vorstellungen, die mit dem wirklichen Jesus wenig oder nichts zu tun haben. Auch wenn es als schmerzlich empfunden werden mag: Wir wissen über den realen historischen Menschen Jesus sehr wenig.

Zölibat: Falsche Jesusinterpretation oder Weiterentwicklung?

Das Fundament des religiösen Judentums sind die Schriften des »Alten Testaments«. Für die christlichen Konfessionen kommt noch das »Neue Testament« hinzu. Die Bibel stellt so etwas wie die Basis des Glaubens dar. Die Ausgestaltung des christlichen Lebens aber ist keineswegs bereits vor rund zwei Jahrtausenden in allen Einzelheiten festgelegt worden. Manch fester Bestandteil des heutigen Christentums ist das Ergebnis einer lang anhaltenden Entwicklung. Der Zölibat[1], also der keusche Lebenswandel und der Verzicht auf Ehe, als Voraussetzung für den Geistlichen, ist im »Alten Testament« völlig unbekannt.

Im »Neuen Testament« wird für die religiösen Würdenträger der noch jungen Kirche der Verzicht auf die Ehe nicht gefordert. Im Gegenteil! So lobt Paulus zunächst und befiehlt geradezu:[2] »So jemand ein Bischofsamt begehrt, der begehrt ein köstlich Werk. Es soll aber ein Bischof unsträflich sein, eines Weibes Mann, nüchtern, mäßig, sittig ...« Der Bischof, so fordert Paulus weiter, soll ein ehrbarer Hausvorstand sein, wozu er »gehorsame Kinder«[3] zählt. Ein Bischof muss also verheiratet sein und Kinder haben.

Titus wurde von Paulus selbst in Kreta eingesetzt, um dort darauf zu achten, dass das Leben der christlichen Obrigkeit bestimmte Kriterien zu erfüllen hat. In seinem Brief an Titus befiehlt Paulus geradezu[4]: »Derhalben ließ ich dich in Kreta, dass du solltest vollends ausrichten, was ich gelassen habe, und besetzen die Städte ... mit Bischöfen (Ältesten) ..., wo einer ist untadelig, eines Weibes Mann, der gläubige Kinder habe ... Denn ein Bischof soll untadelig sein.« Wiederum ist nicht vom Zölibat die Rede, im Gegenteil: Für das wichtige Amt des Bischofs sollten nur verheiratete Männer mit frommen Kindern eingesetzt werden.

Wie kam es dann zum Zölibat? Wann wurde der Zölibat eingesetzt? Die heute gültige Regelung ist nicht in den Anfängen der frühen christlichen Kirche festgelegt worden. Sie ist vielmehr das Ergebnis einer viele Jahrhunderte währenden Entwicklung. Einige Schlaglichter auf wichtige Entscheidungen sollen dies belegen.[5]

– In den ersten drei Jahrhunderten nach Christus waren Geistliche im Allgemeinen verheiratet. 306 wurde auf dem Konzil von Elvira »Dekret Nr. 43« erlassen: »Ein Geistlicher, der die Nacht vor der Messe im Beischlaf mit seiner Frau verbringt, wird seines Amtes enthoben.« Nach wie vor gab es also keinen Zölibat.

- 325: Das Konzil zu Nicäa verbietet im Nikänischen Glaubensbekenntnis die Eheschließung von Geistlichen nach der Ordination. Das heißt: Wer vor der Verleihung der Priesterwürde verheiratet war, der blieb es danach auch.
- 562: Scharfe Töne werden auf dem 2. Konzil zu Tours angeschlagen. Offenbar gilt jetzt zwar immer noch nicht der Zwangszölibat, aber Geistliche müssen abstinent leben. Jeder Priester, der überführt wird, mit seiner Ehefrau Intimitäten ausgetauscht zu haben, wird exkommuniziert und für ein Jahr lang »auf den weltlichen Stand erniedrigt«.
- 580: Papst Pelagius II. duldet verheiratete Geistliche mit Kindern, wenn sie ihren weltlichen Besitz nach dem Tode nicht Frau und Kindern, sondern der Kirche vermachen.
- 7. Jahrhundert : Die Mehrheit der Geistlichkeit in Frankreich ist verheiratet.
- 8. Jahrhundert : Der heilige Bonifatius berichtet nach Rom, dass es in Deutschland »kaum einen unverheirateten Priester oder Bischof gibt«. Das missfällt Rom sehr. Drastische Strafen sollen den Zölibat durchsetzen helfen. Ein Priester, der gegen die Vorschrift verstößt, muss mit zwei Jahren Kerker und öffentlichem Auspeitschen rechnen.
- 1074: Papst Gregor VII. fordert: Voraussetzung für das Priesteramt ist der Zölibat. Wer zum Priester geweiht werden will, muss sich vorher durch ein Gelübde zum zölibatären Leben verpflichten.
- 1075: Erzbischof Siegfried von Mainz organisierte eine Synode in der Stadt am Main. Der Bischof von Chur übermittelte einen strikten Auftrag vom Papst. Der Erzbischof sollte endlich die ihm unterstellten Priester dazu zwingen, den Zölibat zu akzeptieren und sofort den Ehefrauen zu entsagen. Andernfalls werde er Rang und Amt verlieren. Ein zeitgenössischer Bericht vermeldet, dass die überwiegende Zahl der anwesenden Vertre-

ter der Geistlichkeit mit höchster Empörung reagierten. Offenkundig lehnten sie den Zölibat ab. Sie gingen nicht nur mit Argumenten gegen den Bischof von Chur vor. Sie griffen ihn rabiat an und überwältigten ihn. Von Stund an beschäftigte sich der Schweizer nicht mehr mit der Frage, ob Priester auf die Ehe verzichten müssen oder nicht.

- 1123: Papst Calixtus II. erklärt auf dem ersten Laterankonzil die Ehen der Geistlichen für ungültig. Kurz darauf, nämlich 1139, bestätigte Papst Innozenz II. auf dem zweiten Laterankonzil den Beschluss vom ersten Laterankonzil. Der Heilige Vater verkündet: »Wir befehlen, dass niemand bei denen die Messe hören darf, die bekanntermaßen Ehefrauen und Konkubinen haben.«
- 1545–1563: Das Konzil zu Trient diskutiert langwierig theologische Fragen. Es wird festgestellt: Zölibat und Keuschheit sind besser als die Ehe. Wer das Gegenteil behauptet, muss mit der Exkommunikation rechnen.
- 1791: Die Revolution tobt in Frankreich. Der Zölibat wird verboten. Tausende katholische Geistliche heiraten. Auch Bischof Talleyrand geht eine Ehe ein. 1801 beschließen Napoleon und Pius VII. im Konkordat die Wiederbelebung des Zölibats.
- 1962–1965: Das 2. Vatikanische Konzil besteht auf der Einhaltung des Zölibats. Es fordert ausdrücklich: »So bittet die heilige Synode nicht nur die Priester, sondern alle Gläubigen, sie möchten sich die kostbare Gabe des priesterlichen Zölibates ein wirkliches Anliegen sein lassen, und alle mögen Gott bitten, dass er dieses Geschenk seiner Kirche stets in Fülle zukommen lasse.
- 1983: In seinem Geleitwort zum neuen Kirchenrecht hält Kardinal Josef Höffner in der deutschsprachigen Ausgabe fest, dass die neu formulierten Regelungen »allen Gliedern des Volkes Gottes ihren Platz in der kirchlichen Rechtsordnung, ihre Rechte und Pflichten, ihre rechtlichen Möglichkeiten« klar umschreiben. Ganz eindeutig heißt es dann (Can. 277 §1): »Die

Kleriker sind gehalten, vollkommen und immerwährende Enthaltsamkeit um des Himmelreiches willen zu wahren; deshalb sind sie zum Zölibat verpflichtet.«

– 1993: Der bis heute gültige »Katechismus der katholischen Kirche« hält fest:[6] »Die Priester sind in der Priesterwürde mit den Bischöfen vereint und zugleich in der Ausübung ihrer seelsorgerlichen Aufgaben von ihnen abhängig … In der lateinischen Kirche wird die Weihe zum Presbyterat[7] normalerweise nur solchen Kandidaten gespendet, die bereit sind, freiwillig das Zölibat auf sich zu nehmen, und die öffentlich ihren Willen bekunden, an ihm festzuhalten aus Liebe zum Reich Gottes und um den Menschen zu dienen.«

Der Zölibat ist heute, so umstritten es ist, fester Bestandteil des Lebens der katholischen Kirche. Es hat ihn in der jungen Kirche noch nicht gegeben. Und doch gibt es eine Aufforderung Jesu zum »Zölibat«. Sie stammt also aus einer Zeit, als von einer »christlichen Kirche« noch gar nicht gesprochen werden kann. Von »Zölibat« im heutigen Sinn kann also streng genommen nicht gesprochen werden. Der Zusammenhang ist für das Verständnis sehr wichtig. Im Evangelium nach Matthäus[8] geht es um das Thema Ehe und Ehescheidung. Pharisäer fragen Jesus, ob es denn für einen Mann statthaft sei, sich von seiner Frau scheiden zu lassen. Jesus verneint:[9] »Was Gott zusammengefügt hat, das soll der Mensch nicht scheiden.« Die Pharisäer verweisen auf Mose, der die Scheidung doch gestattet habe. Jesus sieht dies als Zugeständnis Mose' an, das eigentlich zu weit ging. Jesus wiederholt seine Ablehnung der Scheidung.

Wenn eine Ehe nicht mehr getrennt werden dürfe, so wenden die Jünger ein, so sei es doch für einen Mann sowieso besser, erst gar nicht zu heiraten. Darauf geht Jesus ein und gibt eine rätselhaft anmutende Antwort:[10] »Er sprach aber zu ihnen: Dies Wort versteht nicht jedermann … Denn etliche enthalten sich der Ehe, weil sie von Geburt an zur Ehe unfähig sind, etliche enthalten sich, weil sie von Menschen zur Ehe untauglich gemacht sind. Und etliche enthalten sich, weil sie um des Himmelreichs willen auf die Ehe verzichten. Wer es verstehen kann, der verstehe es.«

Es ist ein Irrtum anzunehmen, Jesus habe vom Priesterzölibat gesprochen. Seine Rede bezieht sich allgemein auf das Heiraten in einer ganz speziellen Situation! Jesus war der Ansicht, dass die Apokalypse unmittelbar bevorstand. Das war seiner Ansicht nach nur einem eingeweihten Kreis bekannt. Darüber wussten nur seine Jünger Bescheid und die Menschen, die seine warnenden Predigten ernst nahmen. Deshalb würden – so Jesus – nicht alle den Sinn seiner Worte verstehen, sondern nur jene, die über das Ende aller Dinge Bescheid wussten. Die Nichtinformierten lebten weiter sorglos in den Tag hinein, als würde das Leben immer weiter in den gewohnten Bahnen verlaufen. Jesus aber war der festen Überzeugung, dass sich alle Menschen bald vor einem himmlischen Gericht würden rechtfertigen müssen. Darauf galt es sich vorzubereiten:

Es ging um geistige Einkehr, um eine Neugestaltung des Lebens in Erwartung des himmlischen Gerichts, nicht mehr um die Freude des Augenblicks! In der wenigen noch zu verbleibenden Zeit sollte man sich besinnen, der Welt der Genüsse entsagen. In dieser Endzeit verzichteten manche Zeitgenossen Jesu »um des Himmelreichs willen auf die Ehe«.[11]

Fazit: Der Zölibat für Geistliche lässt sich nicht auf einen Auftrag Jesu zurückführen. Ist es ein theologischer Irrtum? Oder ist der Zölibat eine Weiterentwicklung von Jesu Gedanken? Jesus empfahl allen den Verzicht auf Ehe angesichts der vermeintlich direkt bevorstehenden Apokalypse. Irdische Freuden sollten nicht von der Vorbereitung auf das »Jüngste Gericht« ablenken. Sollen sich katholische Geistliche ausschließlich mit Religion beschäftigen und sich nicht durch irdische Freuden ablenken lassen? Die Ostkirche lehnt den Zwangszölibat ab und weiht verheiratete Männer zu Priestern und Diakonen. Allerdings ist es auch in der Ostkirche geweihten Priestern nicht mehr gestattet zu heiraten.

Für protestantische Geistliche gilt der Zölibat nicht. Es ist für protestantische Geistliche möglich, nach der Heirat zum katholischen Glauben zu wechseln und als verheiratete Männer römisch-katholische Geistliche zu werden.

Zwölf: Irrtümer um den Verräter

Zwölf Jünger hatte Jesus. Dann verriet einer der Jünger Jesus. Jesus wurde verhaftet, verurteilt und hingerichtet. Nach christlicher Überzeugung ist Jesus auferstanden von den Toten. Um den Glauben zu verifizieren, nämlich dass Jesus tatsächlich den Tod besiegt hat, erschien er nach seiner Grablegung und vor seiner Himmelfahrt verschiedenen Menschen. So heißt es im Brief des Paulus an die Korinther:[1]

»Ich erinnere euch aber, liebe Brüder …, dass er (Jesus) gestorben ist für unsere Sünden, dass er begraben ist, und dass er auferstanden ist, und dass er gesehen worden ist von Kephas, danach von den zwölfen.«

Hier irrte, wer auch immer den Brief schrieb: Jesus ist, so er auferstanden ist, nicht »den zwölfen« erschienen. Das konnte er gar nicht! Denn nach dem Selbstmord des Judas war das Dutzend nicht mehr vollzählig. Die Jünger waren nur noch elf. Der neue zwölfte Jünger, ein gewisser Matthias, war zu diesem Zeitpunkt noch nicht gewählt worden.[2] Das Evangelium nach Matthäus vermeidet diesen Irrtum:[3] »Aber die elf Jünger gingen nach Galiläa auf den Berg, wohin sie Jesus beschieden hatte.«

Zur Ehrenrettung einiger fleißiger Abschreiber muss gesagt werden, dass einige Handschriften des Korintherbriefes eine Korrektur aufweisen. In einigen wenigen Codices (Handschriften) ist von nur elf und nicht zwölf Jüngern als Zeugen der Auferstehung die Rede. Diese richtige Zählweise setzte sich aber nicht durch. Man beließ es lieber – irriger Weise – bei der falschen Zwölf.

Folgt man dem Evangelium, das nach Matthäus benannt wurde, so unterlief ein ganz ähnlicher Fehler Jesus selbst. Jesus äußert sich zunächst[4] über die Ehe, Ehescheidung und Ehelosigkeit. Dann segnet er Kinder und spricht sich über die Chancen für Reiche in den Himmel zu kommen.[5] Die Frage »Wie kommt man in den Himmel« interessiert die zwölf Jünger Jesu. Schließlich erkundigt sich Petrus, was denn aus ihnen, den Jüngern, werde, die sie doch alles verlassen hätten und Jesus nachgefolgt seien.[6] Jesus antwortet, und dabei ist es ganz klar, dass er seine zwölf Jünger meint, die ihn begleiten:[7]

»Wahrlich, ich sage euch: ›Ihr, die ihr mir seid nachgefolgt, werdet dereinst bei der Wiedergeburt, da des Menschen Sohn wird sitzen auf dem Thron seiner Herrlichkeit, auch sitzen auf zwölf Thronen und richten die zwölf Stämme Israels.‹«

Jesus befand sich in Begleitung seiner zwölf Jünger. Und diese zwölf Jünger würden am Ende der Zeit wie Jesus auf Thronen sitzen und als Richter fungieren. Dem Verfasser des Texts ist dabei etwas entgangen: Zu den zwölfen gehörte damals noch auch der spätere »Verräter« Judas. Und nach der Prophezeiung würde Judas wie seine Kollegen auf einem Thron zu sitzen kommen. Nach dem Verständnis des »Neuen Testaments« konnte Judas nicht einer der Richter werden. Irrte also auch Jesus?

Oder irren wir uns, wenn wir die Zahl zu wörtlich nehmen? Ist sie viel mehr nicht wirklich in ihrer nummerischen Bedeutung zu verstehen, sondern als Symbol für das Volk Israel, das aus zwölf Stämmen bestand? Studiert man gründlich die Evangelien des »Neuen Testaments«, so stellt man fest, dass sich die Autoren nicht so ganz einig waren, wer zum Kreis der privilegierten zwölf gehörte.

Welche Männer mögen das echte Jüngerteam gebildet haben? Waren es tatsächlich zwölf? Konsultieren wir das »Neue Testament«! Markus und Matthäus listen einen Thaddäus auf, der aber fehlt bei Lukas. Lukas hingegen hat stattdessen einen zweiten Judas, den Sohn des Jakobus, im Repertoire. Einig sind sich die synoptischen Evangelien aber in der Zahl der Jünger: zwölf sollen es gewesen sein.

Bei Johannes hingegen fehlt jeder Hinweis auf diese Zahl zwölf. An keiner Stelle zählt der Verfasser des Evangeliums auf, wie viele Männer es genau waren, die zum »inneren Kreis« um Jesus gehörten. Ihm scheint die Ziffer nicht so wichtig gewesen zu sein. Auf Namensnennungen verzichtet aber natürlich auch Johannes nicht. In seinem nach ihm benannten Evangelium entdeckt man als Jünger einen gewissen »Nathanael« und einen Mann namens »Thomas«, die man beide vergeblich in den Auflistungen der anderen Evangelisten suchen wird.[8]

Wieder stellt sich die Frage: Wer irrte sich?

Nachwort: Vom Irrtum befreien …

»Wer die Wahrheit sucht, der sucht Gott, ob es ihm klar ist oder nicht.«

Edith Stein
(1891–1942, ermordet im KZ, heilig gesprochen)

Die Bibel ist menschliches Reden über Gott. Das »Alte Testament« versucht nicht vordergründig, im Sinne wissenschaftlicher Forschung, die Welt zu beschreiben. Es geht nicht um eine exakte Weltchronik. Vielmehr gilt es, das Wirken Gottes aus gläubiger Sicht zu dokumentieren.

Das »Alte Testament« beschreibt, wovon der Gläubige überzeugt ist: Gottes Wirken in der Geschichte und Gottes Zuwendung zum Menschen. Der Mensch aber geht, davon ist der christliche Interpret des »Alten Testaments« überzeugt, den falschen Weg der Sünde, indem er sich von Gott abwendet.

Das »Neue Testament« ist menschliches Reden über Gott. Da der Mensch irrt, enthält das »Neue Testament« – wie das »Alte« – Widersprüche und Irrtümer. Wer diese Fehler leugnet, weigert sich, das »Neue Testament« ernst zu nehmen. Wer aber die offensichtlichen Irrtümer nicht nur zur Kenntnis nimmt, sondern auch gründlich untersucht, der kommt den Menschen ein gutes Stück näher, die die Texte der Bibel verfassten … und ihrem Glauben.[1]

Ja einige eklatante Irrtümer verbergen sogar die zentrale religiöse Aussage des »Neuen Testaments«. Klärt man sie auf, so wird deutlich, was die »Frohe Botschaft« dem Glaubenden verkündet:

Der Erlöser Jesus opfert sich, göttlichem Plan folgend, für den Menschen, der sich von Gott abgewendet hat. Sein Tod am Kreuz soll den Menschen zu Gott zurückführen und den Menschen erlösen. Judas war kein Verräter, der gegen Gottes Plan handelte, er führte ihn aus – mit Jesu Einverständnis. Eine Analyse des griechischen Urtextes verdeutlicht dies.

Die verschiedenen Verfasser des »Neuen Testaments« waren nicht vordergründig daran interessiert, dem historischen Leben Jesu auf den Grund zu gehen. Sie suchten nicht nach biographischen Dokumenten. Sie formulierten, woran sie glaubten. Von der vollkommenen Wahrheit ihres Glaubens waren sie überzeugt. Und diesen Glauben versuchten sie zu vermitteln.[2]

So ist das »Neue Testament« dokumentierter Glaube. Aber man kann auch heute noch mit den Mitteln der akribischen Recherche versteckte Wahrheiten im »Neuen Testament« ans Tageslicht fördern ..., wenn man den Mut dazu aufbringt, biblische Irrtümer auch im »Neuen Testament« ausfindig zu machen.[3]

Martin Luther konstatierte bewundernd: »Ich hab' nun 28 Jahr', seit ich Doktor geworden bin, stetig in der Biblia gelesen und daraus gepredigt, doch ich bin ihrer nicht mächtig und find' noch alle Tage etwas Neues drinnen.«

So ist es in der Tat. Das vorliegende Buch machte auf biblische Irrtümer im »Neuen Testament« aufmerksam. Doch geschrieben wurde es nicht gegen die Bibel, sondern für ein besseres Verständnis der Bibel.

Arthur Schopenhauer stellte fest: »Einen Menschen vom Irrtum zu befreien, heißt geben, nicht wegnehmen. Wissen, dass etwas falsch ist, ist eine Wahrheit. Irrtum schadet immer: Früher oder später wird er demjenigen, der ihn hegt, Nachteile bringen.«

Die biblischen Irrtümer erkennen zu können, das setzt eine offene Auseinandersetzung mit der Bibel voraus. Wer sich so mit der »Heiligen Schrift« beschäftigt, verliert keineswegs den Respekt vor dem »Buch der Bücher«. So stellte Rudolf Augstein (1923–2002), Autor des umfassenden Buches »Jesus Menschensohn«[4] und profilierter Kirchenkritiker, fest: »Die Bibel ist das menschlichste, das vielfältigste, das tiefste und höchste Erzählwerk der Welt.«[5]

Quellenverzeichnis

Hinweis des Verfassers: Unterschiedliche Bibelausgaben können in der Verszählung leicht differieren!

Vorwort: Judas, Jesus und die Irrtümer des »Neuen Testaments«

1 Siehe hierzu: »Apokalypse: Prophezeiungen, die sich nicht erfüllten«, S. 22
2 Siehe hierzu: »Reformation: Jesu größter Irrtum«, S. 214
3 Siehe hierzu: »Astrologie: Korrektur eines Übersetzungsfehlers«, S. 26
4 Siehe hierzu: »Auge ausreißen: Was Jesus wirklich damit meint!«, S. 33
5 Siehe hierzu: »Hand abhacken: Was Jesus wirklich damit meint«, S. 104
6 Siehe hierzu: »Betrug: Lobt Jesus einen Gauner?«, S. 45
7 Siehe hierzu: »Abendmahl: Jesus feierte kein christliches Abendmahl«, S. 19
8 Siehe hierzu: »Schwert: Rief Jesus zur Gewalt auf?«, S. 224
9 Siehe hierzu: »Jungfrauengeburt: Jesus war nicht der Erste«, S. 129
10 Siehe hierzu: »Götzendienst: Falsch übersetzt, falsch interpretiert«, S. 100
11 Siehe hierzu: »Flucht: Warum musste das Jesuskind nach Ägypten gebracht werden?«, S. 76
12 Siehe hierzu: »Nathan: Ein klarer Irrtum bei Lukas«, S. 183
13 Siehe hierzu: »Taufe: »Wurde Jesus getauft – oder nicht?«, S. 232
14 Siehe hierzu: »Bergpredigt: Wo hat Jesus gesprochen?«, S. 40
15 Siehe hierzu: »Diener – oder doch Bedienter?«, S. 54
16 Siehe hierzu: »Richten – oder nicht richten?«, S. 221
17 »Tempelzerstörung: »Ist Jesus eine Kopie des Messias Menachem?«, S. 234
18 Siehe hierzu: »Todesstunde: Wann starb Jesus wirklich?«, S. 239
19 Siehe hierzu: »Auferstehung: Wann und wo verließ Jesus die Welt?«, S. 29
20 Siehe hierzu: »Prozess: Widersprüchliches und Falsches über Jesus vor ›jüdischen Richtern‹«, S. 200
21 Siehe hierzu: »Kreuzigung: Wer ließ Jesus kreuzigen?«, S. 139
22 Siehe hierzu: »Feiertag: Brach Jesus das Sabbatgebot?«, S. 71
23 Siehe hierzu: »Zölibat: Falsche Jesusinterpretation oder Weiterentwicklung?«, S. 285
24 Siehe hierzu: »Jenseitsreisen: Jesus als Schamane«, S. 119
25 Siehe hierzu: »Jungfrauengeburt: Jesus war nicht der Erste«, S. 129

26 Siehe hierzu: »Tempelzerstörung: Ist Jesus eine Kopie des Messias Menachem?«, S. 234

Abba: Durfte nur Jesus Gott »Vater« nennen?

1 Jeremias, Joachim: »Neutestamentliche Theologie«, Teil 1, »Die Verkündung Jesu«, 4. Auflage, Göttingen 1988, S. 73
2 Schweizer, Eduard: »Das Evangelium nach Markus«, 18. Auflage, Göttingen 1998, S. 170
3 Das Evangelium nach Markus Kapitel 14, Vers 36
4 Das Evangelium nach Matthäus Kapitel 26, Vers 39
5 Das Evangelium nach Lukas Kapitel 22, Vers 42
6 Das Evangelium nach Johannes Kapitel 12, Vers 27
7 Taan 23a
8 »Die Sprüche Jesus', des Sohnes Sirachs«, Kapitel 23, Verse 1 sowie 4 und 5, zitiert nach Kautzsch, E.: »Die Apokryphen und Pseudepigraphen des Alten Testaments«, Band 1, »Die Apokryphen des Alten Testaments«, 4., unveränderter Nachdruck, Darmstadt 1975, S. 345 und 347

Abendmahl: Jesus feierte kein christliches Abendmahl

1 Das Evangelium nach Markus Kapitel 14, Vers 13. Siehe auch: Das Evangelium nach Lukas Kapitel 22, Vers 10
2 Das Evangelium nach Markus Kapitel 14, Vers 14. Siehe auch: Das Evangelium nach Lukas Kapitel 22, Vers 11
3 Übersetzung des Verfassers aus dem Griechischen
4 Das Evangelium nach Markus Kapitel 14, Vers 15. Siehe auch: Das Evangelium nach Lukas Kapitel 22, Vers 12
5 Übersetzung des Verfassers aus dem Griechischen
6 Siehe 4!
7 Zitiert aus dem Evangelium nach Matthäus Kapitel 26, Verse 26–29. Siehe auch: Das Evangelium nach Markus Kapitel 14, Verse 22–25 und das Evangelium nach Lukas Kapitel 22, Verse 15–20
8 Spiegel Online, 06. Juni 2003, http://www.spiegel.de/leserbriefe/0,1518,252027,00.html

Apokalypse: Prophezeiungen, die sich nicht erfüllten

1 Das Evangelium nach Markus Kapitel 13, Verse 24–26
2 Ebenda, Verse 29 und 30

3 Weber, Timothy P.: »The Future Explored«, Wheaton, Illinois, USA, 1978, Seite 46
4 Walvoord, John F. und Zuck, Roy B., Herausgeber: »Das Neue Testament«, Band 4, 3. Auflage, Holzgerlingen 2000, Seite 214. Hervorhebung im zitierten Original.
5 Das Evangelium nach Markus Kapitel 13, Vers 30. Übersetzung aus dem Griechischen durch den Verfasser
6 Das Evangelium nach Matthäus Kapitel 16, Vers 28
7 Das Evangelium nach Markus Kapitel 9, Vers 1
8 Braun, Herbert: »Jesus. Der Mann aus Nazareth und seine Zeit«, erweiterte Taschenbuchausgabe, Gütersloh 1988, Seiten 14 und 49

Arm – an Geld, im Geist?

1 Das Evangelium nach Matthäus Kapitel 5, Vers 3
2 Lamsa, George M.: »Die Evangelien in aramäischer Sicht«, Gossau 1963, S. 72
3 Das Evangelium nach Lukas Kapitel 6, Vers 20

Astrologie: Korrektur eines Übersetzungsfehlers

1 Das Evangelium nach Matthäus Kapitel 2, Vers 1
2 Das Evangelium nach Matthäus Kapitel 2, Vers 2
3 Ebenda, vom Verfasser aus dem Griechischen übersetzt
4 Das Evangelium nach Matthäus Kapitel 2, Vers 2
5 Das Evangelium nach Matthäus Kapitel 2, Verse 9 und 11
6 Das Evangelium nach Lukas Kapitel 2, Vers 12

Auferstehung: Wann und wo verließ Jesus die Welt?

1 Das Evangelium nach Lukas Kapitel 24, Verse 1–52
2 Ebenda, Verse 50 und 51
3 Die Apostelgeschichte des Lukas Kapitel 1, Verse 1–4
4 Das Evangelium nach Lukas Kapitel 24, Vers 50
5 Das Evangelium nach Matthäus Kapitel 28, Vers 10
6 Das Evangelium nach Matthäus Kapitel 28, Verse 19 und 20
7 Brown, Raymond E.: »An Introduction to the New Testament«, New York 1997, S. 281
8 Siehe hierzu auch: »Wüste: Wer versuchte Jesus wirklich?«, S. 270

9 Der 1. Brief des Paulus an die Korinther Kapitel 15, Verse 5–8
10 Zahrnt, Heinz: »Jesus aus Nazareth«, 3. Auflage, München, S. 302
11 Siehe hierzu auch: »Erscheinungen: Wem begegnete der Auferstandene wann und wo?«, S. 68
12 Lüdemann, Gerd: »Die Auferstehung Jesu«, Stuttgart 1994, hinterer Buchdeckel
13 Ebenda, S. 198
14 Lüdemann, Gerd: »Der große Betrug/Und was Jesus wirklich sagte und tat«, Lüneburg 1998, S. 11

Auge ausreißen: Was Jesus wirklich damit meint!

1 Das Evangelium nach Matthäus Kapitel 5, Vers 29
2 Schindler-Bellamy, Hans: »Bedeutung hinter Bildern«, unveröffentlichtes Manuskript
3 Das Evangelium nach Matthäus Kapitel 6 Verse 22 und 23, Übersetzung des Verfassers

Aussehen: War Jesus hässlich?

1 Das Evangelium nach Johannes Kapitel 8, Vers 57
2 Lamsa, George M.: »Die Evangelien in aramäischer Sicht«, Gossau 1963, S. 400
3 Eisler, Robert: «Jesus«, 2 Bände, Heidelberg 1929 und 1930, Band 2, S. 349
4 Das Evangelium nach Lukas Kapitel 4, Vers 23
5 Persönliche Mitteilung an den Verfasser
6 Tertullian Adversus Marcionem, III,17,1
7 Der Prophet Jesaja Kapitel 52, Vers 14
8 Schneemelcher, Wilhelm: »Neutestamentlich Apokryphen«, 5. Auflage, Band II, »Apostolisches, Apokalypsen und Verwandtes«, Tübingen 1989, S. 319
9 http://www.dike.de/evangelischeshoechst/bild.html
10 »BBC One«: »Son of God«, Sendereihe im April 2001 ausgestrahlt

Bergpredigt: Wo hat Jesus gesprochen?

1 Das Evangelium nach Matthäus Kapitel 5, Verse 1 und 2
2 Das Evangelium nach Matthäus Kapitel 5–7
3 Das Evangelium nach Lukas Kapitel 6, Verse 20–49
4 Das Evangelium nach Lukas Kapitel 6, Vers 17

Berufung: Widersprüchliches über Jünger und Apostel

1 Das Evangelium nach Matthäus Kapitel 4, Verse 18–22, das Evangelium nach Markus Kapitel 1, Verse 16–20
2 Das Evangelium nach Lukas Kapitel 5, Verse 1–11
3 Das Evangelium nach Johannes Kapitel 1, Verse 35–51
4 Das Evangelium nach Matthäus Kapitel 9, Verse 1–8
5 Das Evangelium nach Matthäus Kapitel 9, Vers 9
6 Siehe hierzu: Langbein, Walter-Jörg: »Lexikon der biblischen Irrtümer«, München 2003, S. 212–217
7 Das Evangelium nach Markus Kapitel 2, Vers 14
8 Das Evangelium nach Lukas Kapitel 5, Verse 27 und 28
9 Das Evangelium nach Matthäus Kapitel 10, Verse 1–4, das Evangelium nach Markus Kapitel 3, Verse 13–19 und das Evangelium nach Lukas Kapitel 6, Verse 12–16 sowie die Apostelgeschichte des Lukas Kapitel 1, Vers 13
10 Craveri, Marcello: »Das Leben des Jesus von Nazareth«, Stuttgart 1970, S. 148

Betrug: Lobt Jesus einen Gauner?

1 Das Evangelium nach Lukas Kapitel 16, Verse 1–9
2 Wilckens, Ulrich: »Das Neue Testament«, 7. Auflage, Gütersloh 1970, S. 270 und 271
3 Das Evangelium nach Lukas Kapitel 1, Verse 1–4
4 Lapide, Pinchas: »Ist die Bibel richtig übersetzt«, Band 1, 5. Auflage, Gütersloh 1995, S. 92

Blutacker: Sehnsucht nach Prophetie

1 Das Evangelium nach Matthäus Kapitel 27, Vers 3
2 Das Evangelium nach Matthäus Kapitel 27, Verse 6–10
3 Der Prophet Sacharja Kapitel 11, Verse 12 und 13
4 Der Prophet Jeremia Kapitel 32
5 Ebenda, Vers 15
6 Der Prophet Jeremia Kapitel 32, Vers 9

Christenverfolgungen: Hat Jesus sie vorausgesehen?

1 Das Evangelium nach Markus Kapitel 10, Vers 30
2 Das Evangelium nach Markus Kapitel 10, Verse 29 und 30

Chronologie: Wie lange wirkte Jesus?

1 Siehe hierzu: Mertens, Heinrich A.: »Handbuch der Bibelkunde«, Düsseldorf 1966, S. 679
2 Siehe hierzu: Das Evangelium nach Johannes Kapitel 2, Vers 13, Kapitel 6, Vers 4 und Kapitel 11, Vers 55 sowie das Evangelium nach Johannes Kapitel 5, Vers 1
3 Das Evangelium nach Markus Kapitel 1, Vers 14
4 Das Evangelium nach Matthäus Kapitel 4, Vers 12
5 Das Evangelium nach Markus Kapitel 1, Vers 14
6 Das Evangelium nach Johannes Kapitel 3, Verse 22 und 24
7 Das Evangelium nach Johannes Kapitel 2, Verse 13–25
8 Siehe: Das Evangelium nach Matthäus Kapitel 21, Verse 12–17, das Evangelium nach Markus Kapitel 11, Verse 15–19 sowie das Evangelium nach Lukas Kapitel 19, Verse 45–48

Diener – oder doch Bedienter?

1 Das Evangelium nach Matthäus Kapitel 20, Vers 28
2 Das Evangelium nach Markus Kapitel 10, Vers 45
3 Das Evangelium nach Lukas Kapitel 22, Vers 27
4 Der Prophet Daniel Kapitel 7, Verse 14 und 27
5 Psalm 72, Vers 11
6 Das Evangelium nach Matthäus Kapitel 2, Verse 1 und 2

Drei: Vom Wal zum Grab und zum Irrtum Jesu

1 Persönliche Mitteilung an den Verfasser
2 Das Evangelium nach Matthäus Kapitel 12, Vers 40
3 Archer, Gleason: »Encyclopedia of Bible Difficulties«, Grand Rapids, Michigan, USA, 1982, S. 327–329
4 Sigal, Gerald: »The Jew and the Christian Missionary« Jersey City, New Jersey, USA, 1981, S. 239–241
5 DeHaan, M. R.: »508 Answers to Bible Questions«, Grand Rapids, Michigan, 1982, S. 55
6 Der Prophet Jona, Kapitel 2, Verse 1 und 2
7 Mertens, Heinrich A.: »Handbuch der Bibelkunde«, Düsseldorf 1966, S. 46

Duplizität: Josef und Jesus

1 Das 1. Buch Mose Kapitel 35, Kapitel 37, Kapitel 39–50
2 Das 1. Buch Mose Kapitel 39, Verse 19–23 und Kapitel 40
3 Das 1. Buch Mose Kapitel 40, Vers 19, Übersetzung des Verfassers
4 Das 1. Buch Mose Kapitel 40, Vers 9–11
5 Das 1. Buch Mose Kapitel 40, Vers 14
6 Das Evangelium nach Lukas Kapitel 23, Vers 42
7 Schnackenberg, Rudolf: »Das Johannes-Evangelium«, Teil 3, 6. Auflage, Basel 1992, S. 352
8 Das Evangelium nach Matthäus Kapitel 27, Verse 39 und 43
9 Psalm 22, Verse 8 und 9

Ehescheidung: Dachte Jesus wie ein Römer?

1 Das Evangelium nach Markus Kapitel 10, Vers 12
2 Das 5. Buch Mose Kapitel 24, Vers 1
3 Das Evangelium nach Markus Kapitel 7, Verse 3 und 4

Elia: Erwartetes Ende

1 Siehe auch: »Himmelfahrt«, S. 107
2 Siehe auch: »Apokalypse«, S. 22
3 Das Evangelium nach Matthäus Kapitel 17, Verse 10–12
4 Ebenda Vers 13
5 Das Evangelium nach Markus Kapitel 9, Verse 11–13
6 Calvocoressi, Peter: »Who's who in der Bibel«, Stuttgart 1993, S. 67
7 Lüdemann, Gerd: »Jesus nach 2000 Jahren«, Lüneburg 2000, S. 85
8 Ebenda, S. 87

Erscheinungen: Wem begegnete der Auferstandene wann und wo?

1 Das Evangelium nach Johannes Kapitel 20, Vers 16
2 Das Evangelium nach Lukas Kapitel 24, Verse 22 und 23 und Vers 31
3 Der erste Brief des Paulus an die Korinther Kapitel 15, Vers 5
4 Das Evangelium nach Markus Kapitel 16, Verse 6 und 7
5 Theißen, Gerd und Merz, Annette: »Der historische Jesus/Ein Lehrbuch«, 3. Auflage, Göttingen 2001, S. 268

6 Siehe hierzu: Das Evangelium nach Markus Kapitel 9, Verse 2–8 sowie das Evangelium nach Matthäus Kapitel 17, Verse 1–13 und das Evangelium nach Lukas Kapitel 9, Verse 28–36!
7 Mertens, Heinrich A.: »Handbuch der Bibelkunde«, Düsseldorf 1966, S. 836

Feiertag: Brach Jesus das Sabbatgebot?

1 Das 1. Buch Mose Kapitel 2, Verse 2 und 3
2 Das 2. Buch Mose Kapitel 20, Vers 8
3 Das 5. Buch Mose Kapitel 5, Vers 12
4 Das 2. Buch Mose Kapitel 31, Vers 14
5 Das Evangelium nach Markus Kapitel 8, Verse 22–26 und das Evangelium nach Johannes Kapitel 9, Verse 1–41
6 Das Evangelium nach Johannes Kapitel 5, Verse 1–18
7 Lapide, Pinchas: »Ist die Bibel richtig übersetzt?«, Band 2, Gütersloh 1994, S. 52
8 Das Evangelium nach Lukas Kapitel 5, Verse 17–26
9 Ebenda, Vers 18
10 Das Evangelium nach Matthäus Kapitel 5, Verse 17 und 18
11 Lapide, Pinchas: »Er predigte in ihren Synagogen«, Gütersloh 1980, S. 63
12 Das Evangelium nach Johannes Kapitel 9, Vers 16

Feigenbaum: Von der symbolhaften Sprache Jesu

1 Das Evangelium nach Matthäus Kapitel 21, Verse 18–19 und das Evangelium nach Markus Kapitel 11, Verse 12–14 und 20–24
2 Barthel, Manfred: »Was wirklich in der Bibel steht«, völlig überarbeitete und ergänzte Neuausgabe, Düsseldorf, Wien, New York 1987, S. 311
3 Das Evangelium nach Lukas Kapitel 13, Verse 6–9

Fels: Wann nannte Jesus Petrus »Fels«?

1 Das Evangelium nach Markus Kapitel 3, Vers 16
2 Das Evangelium nach Matthäus Kapitel 16, Vers 18
3 Ebenda
4 Das Evangelium nach Matthäus Kapitel 10, Vers 2

Flucht: Warum musste das Jesuskind nach Ägypten gebracht werden?

1 Das Evangelium nach Matthäus Kapitel 2
2 Das 2. Buch Mose Kapitel 4, Verse 22 und 23
3 Der Prophet Hosea Kapitel 11, Vers 1
4 Das Evangelium nach Lukas Kapitel 2

Fresser: Asket oder Prasser?

1 Das Evangelium nach Johannes Kapitel 1, Verse 35–37
2 Das Evangelium nach Matthäus Kapitel 11, Vers 19
3 Das 3. Buch Mose Kapitel 11, siehe auch: Das 5. Buch Mose Kapitel 14, Verse 3–20
4 Das Evangelium nach Markus Kapitel 7, Vers 18
5 Das Evangelium nach Matthäus Kapitel 5, Verse 17 und 18
6 Das Evangelium nach Matthäus Kapitel 5, Vers 20

Galiläa: Jesu unmögliche Reise

1 Das Evangelium nach Matthäus Kapitel 4, Vers 12, zitiert aus: »Die Heilige Schrift/Aus dem Grundtext übersetzt/Elberfelder revidierte Fassung, 4. Sonderauflage, Zürich 1995, S. 12
2 Ebenda

Gebet: Wünsch dir was?

1 Das Evangelium nach Matthäus Kapitel 6, Vers 7
2 Das Evangelium nach Johannes Kapitel 14, Vers 14
3 Das Evangelium nach Matthäus Kapitel 21, Vers 22. Siehe auch: Das Evangelium nach Markus Kapitel 11, Vers 24
4 Lüdemann, Gerd: »Jesus nach 2000 Jahren«, Lüneburg 2000, S. 110
5 Ebenda

Gebote: Müssen alle Vorschriften befolgt werden?

1 Das 3. Buch Mose Kapitel 11, Verse 13–19
2 Das 3. Buch Mose Kapitel 11, Vers 20

3 Das 3. Buch Mose Kapitel 11, Vers 21
4 Siehe hierzu: Langbein, Walter-Jörg: »Lexikon der biblischen Irrtümer«, München 2003, S. 149–151
5 Das Evangelium nach Matthäus Kapitel 23, Vers 9
6 Der 1. Brief des Paulus an die Korinther Kapitel 11, Vers 14
7 Der 1. Brief des Paulus an die Korinther Kapitel 14, Vers 34
8 Der 1. Brief des Paulus an die Korinther Kapitel 11, Verse 4 und 5
9 Das Evangelium nach Matthäus Kapitel 6, Vers 25
10 Das Evangelium nach Matthäus Kapitel 5, Vers 19

Geschwister: Hatte Jesus Brüder und Schwestern?

1 Siehe hierzu: Das Evangelium nach Lukas Kapitel 1, Verse 26–38
2 Siehe hierzu: Das Evangelium nach Matthäus Kapitel 1, Verse 18–24
3 Daniel-Rops, Henri: »Die apokryphen Evangelien des Neuen Testamentes«, Zürich 1956, S. 33–50
4 Ebenda, Seiten 46 und 47
5 »Katechismus der Katholischen Kirche«, München 1993, S. 158
6 Ebenda
7 Der Prophet Jesaja Kapitel 7, Vers 14
8 Das Evangelium nach Matthäus Kapitel 13, Verse 55 und 56
9 Das Evangelium nach Markus Kapitel 6, Vers 3
10 »Katechismus der Katholischen Kirche«, München 1993, S. 158
11 Das Evangelium nach Matthäus Kapitel 27, Vers 56
12 Das Evangelium nach Matthäus Kapitel 13, Vers 55
13 Ebenda
14 Das Evangelium nach Markus Kapitel 3, Vers 21
15 Ebenda, Verse 31–35
16 Das Evangelium nach Matthäus Kapitel 12, Verse 46–50
17 Das Evangelium nach Lukas Kapitel 8, Verse 19–21
18 Das Evangelium nach Markus Kapitel 3, Vers 35
19 Das Evangelium nach Matthäus Kapitel 12, Vers 50
20 Das Evangelium nach Lukas Kapitel 8, Vers 21
21 Theißen, Gerd und Merz, Annette: »Der historische Jesus«, 3. durchgesehene und im Literaturnachtrag ergänzte Auflage, Göttingen 2001, S. 193
22 Der Brief des Paulus an die Galater Kapitel 1, Vers 19
23 Der Brief des Paulus an die Galater Kapitel 2, Vers 9
24 Bienert, Wolfgang A.: »Jesu Verwandtschaft«, in: Schneemelcher, Wilhelm: »Neutestamentliche Apokryphen«, Band I, »Evangelien«, 6. Auflage, Tübingen 1990, S. 373–386

Gethsemane: Jesu erfundener Irrtum

1 Das Evangelium nach Johannes Kapitel 12, Verse 27–29
2 Das Evangelium nach Matthäus Kapitel 26, Verse 36–46
3 Das Evangelium nach Markus Kapitel 14, Verse 32–42
4 Das Evangelium nach Lukas Kapitel 22, Verse 39–46
5 Das Evangelium nach Matthäus Kapitel 26, Vers 38 und das Evangelium nach Markus Kapitel 14, Vers 34
6 Das Evangelium nach Lukas Kapitel 22, Vers 45
7 Bultmann, Rudolf: »Die Geschichte der synoptischen Tradition«, 10. Auflage, Göttingen 1995, S. 288
8 Ebenda, S. 306
9 Conzelmann, Hans und Lindemann, Andreas: »Arbeitsbuch zum Neuen Testament«, 12. Auflage, Tübingen 1998, S. 501
10 Lüdemann, Gerd: »Jesus nach 2000 Jahren«, Lüneburg 2000, S. 134

Glaube: Wie kommt man in den Himmel?

1 Der Brief des Paulus an die Römer Kapitel 3, Vers 20
2 Der Brief des Paulus an die Galater Kapitel 2, Vers 16
3 Der Brief des Jakobus Kapitel 2, Vers 20
4 Ebenda, Vers 24
5 Das Buch Hiob Kapitel 7, Vers 9
6 Der 1. Brief des Paulus an die Korinther Kapitel 15, Vers 52

Gotteslästerung: Manipulierte Übersetzungen

1 Das Evangelium nach Markus Kapitel 3, Verse 28 und 29. Zitiert wurde: »Die Bibel oder die ganze Heilige Schrift des Alten und des Neuen Testaments nach der Übersetzung D. Martin Luthers«, Kleinoktav-Ausgabe, Stuttgart 1915, S. 38
2 Zitiert nach: »Die Bibel oder die ganze Heilige Schrift des Alten und Neuen Testaments nach der Übersetzung Martin Luthers«, Stuttgart 1972, S. 48
3 »Ik wil u dit zeggen: U kunt vergeving krijgen voor alle zonden die u hebt gedaan, zelfs voor elke vorm van belasteren. Maar wie de Heilige Geest belastert, zal nooit vergeving krijgen. Die zonde blijft eeuwig bestaan.« Internetversion
4 »Listen to this carefully. I'm warning you. There's nothing done or said that can't be forgiven.« Internetversion. Übersetzung durch den Verfasser

5 Das Evangelium nach Markus Kapitel 2, Vers 7
6 Das Evangelium nach Matthäus Kapitel 26, Vers 65
7 Luther, zitiert bei: Gnilka, Joachim: »Das Evangelium nach Markus«, Band 1, 5. Auflage, Zürich 1998, S. 153
8 Schweizer, Eduard: »Das Evangelium nach Markus«, 18. Auflage, Göttingen 1998, S. 41

Götzendienst: Falsch übersetzt, falsch interpretiert

1 Das 2. Buch Mose Kapitel 20, Vers 4 und das 5. Buch Mose Kapitel 5, Vers 8
2 Das 2. Buch Mose Kapitel 20, Verse 2 und 5 und das 5. Buch Mose Kapitel 5, Verse 7 und 9
3 Zitat aus: Lapide, Pinchas: »Ist die Bibel richtig übersetzt«, Band 2, Gütersloh 1995, S. 57
4 Persönliche Mitteilung an den Verfasser
5 Das Evangelium nach Matthäus Kapitel 22, Vers 17 und das Evangelium nach Lukas Kapitel 20, Vers 22
6 Das Evangelium nach Matthäus Kapitel 22, Verse 19–21 und das Evangelium nach Lukas Kapitel 20, Verse 24 und 25
7 Heussi, Karl: »Kompendium der Kirchengeschichte«, 14. Auflage, Tübingen 1976, Seiten 308 und 309: »Kirche und Staat«
8 Lapide, Pinchas: »Ist die Bibel richtig übersetzt«, Band 2, Gütersloh 1995, S. 58

Hand abhacken: Was Jesus wirklich damit meint!

1 Siehe hierzu: Lamsa, George M.: »Die Evangelien in aramäischer Sicht«, Gossau 1963, S. 84
2 Das Evangelium nach Matthäus Kapitel 5, Vers 30
3 Das 3. Buch Mose Kapitel 20, Vers 13

Haus: Jesus – Obdachloser oder Hausbesitzer?

1 Das Evangelium nach Matthäus Kapitel 8, Vers 20. Siehe auch: Das Evangelium nach Lukas Kapitel 9, Vers 58
2 Das Evangelium nach Markus Kapitel 10, Verse 17–27, siehe auch: Das Evangelium nach Matthäus Kapitel 19, Verse 16–26 und das Evangelium nach Lukas Kapitel 18, Verse 18–27

3 McKinsey, C. Dennis: »The Encyclopedia of Biblical Errancy«, Amherst, New York 1995, S. 133
4 Das Evangelium nach Markus Kapitel 2, Vers 15
5 Das Evangelium nach Lukas Kapitel 5, Verse 28 und 29
6 Das Evangelium nach Matthäus Kapitel 9, Vers 10

Himmelfahrt: Jesus war nicht der Erste!

1 Das Evangelium nach Johannes Kapitel 3, Vers 13, hier zitiert nach: »Die Bibel oder die ganze Heilige Schrift des Alten und Neuen Testaments nach der deutschen Übersetzung D. Martin Luthers«, Kleinoktav-Ausgabe, Stuttgart 1915, S. 91
2 Übersetzung aus dem Griechischen durch den Verfasser
3 Brief an die Hebräer Kapitel 11, Vers 5
4 Das 1. Buch Mose Kapitel 5, Vers 24
5 Uhlig, Siegbert: »Das Äthiopische Henochbuch«, Reihe »Jüdische Schriften aus hellenistisch-römischer Zeit«, Band V, Lieferung 6, Gütersloh 1984, Seite 578
6 Das 2. Buch der Könige Kapitel 2, Vers 11

Hinrichtung: Wie starb Jesus wirklich?

1 Siehe: Langbein, Walter-Jörg: »Lexikon der biblischen Irrtümer«, München 2003
2 Das Evangelium nach Matthäus Kapitel 26, Vers 65
3 Das Evangelium nach Markus Kapitel 14, Vers 64
4 Das 3. Buch Mose Kapitel 24, Vers 16
5 Das 5. Buch Mose Kapitel 21, Vers 22
6 Das Evangelium nach Matthäus Kapitel 27, Verse 32–40, das Evangelium nach Markus Kapitel 15, Verse 21–30, das Evangelium nach Lukas Kapitel 23, Vers 26 und das Evangelium nach Johannes Kapitel 19, Verse 17–19 sowie 25
7 Carotta, Francesco: »War Jesus Caesar?«, München 1999
8 Das Evangelium nach Markus Kapitel 15, Vers 22
9 Carotta, Francesco: »War Jesus Caesar?«, München 1999, S. 46–49
10 Das Evangelium nach Matthäus Kapitel 27, Vers 26, das Evangelium nach Markus Kapitel 15, Vers 15, das Evangelium nach Lukas Kapitel 23, Vers 16 und das Evangelium nach Johannes Kapitel 19, Vers 1

Ich aber sage euch: Zustimmung, nicht Widerspruch

1 Das Evangelium nach Johannes Kapitel 1, Vers 38
2 Das Evangelium nach Matthäus Kapitel 5, Verse 33 und 34
3 Das Evangelium nach Matthäus Kapitel 12, Verse 35 und 36

Ich will: Sei rein!

1 Das Evangelium nach Matthäus Kapitel 8, Verse 1–4, das Evangelium nach Markus Kapitel 1, Verse 40–44 und das Evangelium nach Lukas Kapitel 5, Verse 12–14
2 Zitiert nach: Matthäus Kapitel 8, Verse 2 und 3, fast wortgleich bei Markus und Lukas, siehe 1
3 Siehe hierzu: Lapide, Pinchas: »Ist die Bibel richtig übersetzt?«, Band 1, 5. Auflage, Gütersloh 1995, S. 126
4 Das 3. Buch Mose Kapitel 13
5 Ebenda, Verse 6, 13, 17, 23, 28, 34 und 37
6 Zitiert nach dem Evangelium nach Matthäus Kapitel 8, Vers 4. Siehe auch: Das Evangelium nach Markus Kapitel 1, Vers 44 und das Evangelium nach Lukas Kapitel 5, Vers 14

Immanuel – war nicht Jesus

1 Der Prophet Jesaja Kapitel 7, Verse 14–17
2 Das Evangelium nach Matthäus Kapitel 1, Vers 23

Israelit: Tadel oder Lob?

1 Der Brief des Paulus an die Römer Kapitel 1, Vers 31
2 Das Evangelium nach Johannes Kapitel 20, Vers 27
3 Das Evangelium nach Johannes Kapitel 1, Vers 47
4 Lapide, Pinchas: »Ist die Bibel richtig übersetzt?«, Band 2, Gütersloh 1994, S. 59

Jenseitsreisen: Jesus als Schamane

1 Hartmann, Frederik: »Jenseitsreisen«, Freiburg 1999
2 Lang, Bernhard: »Jahwe«, München 2002, S. 35
3 Ebenda, S. 34

4 Siehe: Lambert, Wilfried G.: »Emmeduranki and Related Matters«, »Journal of Cuneiform Studies« 21, 1967, S. 126–138
5 »Ezechiel der Tragiker«, siehe hierzu: Eusebius: »Ausgewählte Schriften«, eingeleitet von Andreas Bigelmair, Kempten 1913
6 Jesus Sirach Kapitel 45, Vers 2, zitiert nach: »Die Bibel oder die ganze Heilige Schrift des Alten und Neuen Testaments nach der Übersetzung D. Martin Luthers«, Kleinoktav-Ausgabe, Stuttgart 1915
7 Siehe hierzu auch: Lang, Bernhard: »Jahwe«, München 2002, S. 36. Hintergrundinformationen bietet Kautzsch, E.: »Die Apokryphen und Pseudepigraphen des Alten Testaments«, Band I, Tübingen 1900, S. 230–261
8 Bühner, Jan Adolf: »Der Gesandte und sein Weg im vierten Evangelium«, Tübingen 1977
9 Das Evangelium nach Johannes Kapitel 3, Vers 13
10 Pilch, John: »The Transfigurationn of Jesus«, in: »Modelling Early Christianity«, herausgegeben von Esler, Philip F., London 1995, S. 47–64
11 Das Evangelium nach Markus, Kapitel 9, Verse 2–8
12 Lang, Bernhard: »Jahwe«, München 2002, S. 243
13 Cohen, Shaye J. D. (Herausgeber): »Studies in the Cult of Yahweh«, Leiden 1996, Band II, S. 67. Übersetzung aus dem Englischen durch den Verfasser
14 Siehe hierzu auch: DeConick, April D.: »Voices of the Mystics«, Shaffield 2001

Jojachin: Jeremias vertuschte Prophezeiungen gegen Jesus

1 Das Evangelium nach Matthäus Kapitel 1, Verse 11 und 12
2 Der Prophet Jeremia Kapitel 22, Vers 30
3 Das Evangelium des Matthäus Kapitel 2, Vers 23 als »Erfüllung« der »Prophetie« von Jesaja Kapitel 11, Verse 1 und 2. Siehe hierzu: »N wie Nazoräer: Probleme mit Nazareth«
4 Das 1. Buch der Chronik Kapitel 3, Vers 16
5 Der Prophet Jeremia Kapitel 36, Vers 30

Josef von Arimathäa: Jesu Grab und der »Gottesknecht«

1 Das Evangelium nach Johannes Kapitel 19, Vers 38
2 Das Evangelium nach Matthäus Kapitel 27, Vers 57

3 Das Evangelium nach Markus Kapitel 15, Vers 43
4 Das Evangelium nach Lukas Kapitel 23, Vers 51
5 Das apokryphe Evangelium nach Petrus, in: Schneemelcher, Wilhelm: »Neutestamentliche Apokryphen in deutscher Übersetzung«, Band 1, 6. Auflage 1990, S. 185
6 Wilckens, Ulrich: »Das Evangelium nach Johannes«, 17. Auflage, Göttingen 1998, S. 302
7 Crossan, Dominic: »Der historische Jesus«, 2. Auflage, München 1995, S. 517 und 518
8 Braun, Herbert: »Der Mann aus Nazareth und seine Zeit«, Taschenbuchausgabe, Gütersloh 1988, S. 41
9 Der Prophet Jesaja Kapitel 53, Verse 4 und 5
10 Ebenda, Vers 9
11 Das Evangelium nach Matthäus Kapitel 27, Vers 60. Entsprechend formulieren auch die übrigen Evangelisten. Siehe das Evangelium nach Markus Kapitel 15, Vers 46 und das Evangelium nach Lukas Kapitel 23, Vers 53
12 Das Evangelium nach Johannes Kapitel 19, Verse 41 und 42

Judas: Widersprüche um seinen Tod

1 Das Evangelium nach Matthäus Kapitel 27, Vers 3
2 Ebenda, Vers 5
3 Die Apostelgeschichte des Lukas Kapitel 1, Vers 18a
4 Das Evangelium nach Matthäus Kapitel 27, Verse 6–8
5 Die Apostelgeschichte des Lukas Kapitel 1, Vers 18b
6 Archer, Gleason L.: »Encyclopedia of Bible Difficulties«, Grand Rapids, Michigan, 1982, S. 344
7 Das Evangelium nach Matthäus Kapitel 27, Vers 51
8 Der 1. Brief des Paulus an die Korinther Kapitel 15, Verse 4 und 5
9 Die Apostelgeschichte des Lukas Kapitel 1, Verse 23–26
10 Das Evangelium nach Markus Kapitel 15, Verse 6–15

Jungfrauengeburt: Jesus war nicht der Erste

1 Siehe hierzu auch: Langbein, Walter-Jörg: »Lexikon der biblischen Irrtümer«, München 2003, S. 228–235
2 Barth, Karl: »Die kirchliche Dogmatik«, Band I,2. 8. Auflage, Zürich 1990, S. 198

3 Das Evangelium nach Matthäus Kapitel 1, Verse 18–25
4 Das Evangelium nach Lukas Kapitel 1, Verse 26–38
5 Wheless, Joseph: »Is it God's Word?«, New York 1926, S. 318. Übersetzung aus dem Englischen durch den Verfasser
6 Doane, T. W.: »Bible Myths and their parallels in other religions«, 1882, Faksimilenachdruck, Brampton, Kanada, keine Jahresangabe, etwa 2002
7 Die folgenden Beispiele wurden exemplarisch ausgewählt aus Doanes Werk, siehe »The miraculous birth of Christ Jesus«, S. 111–139
8 Ebenda zitiert, S. 124 unten und 125 oben
9 Zitiert bei Walker, Barbara G.: »Das geheime Wissen der Frauen«, Frankfurt 1993, S. 499 unten und S. 500 oben

Kanon: Von den Stiefkindern des »Neuen Testaments«

1 Das Evangelium nach Lukas Kapitel 1, Verse 1–3
2 Siehe hierzu: Langbein, Walter-Jörg: »Lexikon der biblischen Irrtümer«, München 2003, S. 80–83: »Kanon: Übersetzungsfehler und die Qual der Auswahl«
3 Siehe Mertens, Heinrich A.: »Handbuch der Bibelkunde«, Düsseldorf 1966, S. 56–59
4 Siehe hierzu: Schneemelcher, Wilhelm: »Neutestamentliche Apokryphen«, 6. Auflage, Band I, »Evangelien«, S. 7–40: »Zur Geschichte des neutestamentlichen Kanons«
5 Fohrer, Georg: »Das Alte Testament«, Band 1, überarbeitete Auflage, Gütersloh 1969, S. 10
6 Sisson, Richard: »Answering Chrsitianity's Most Puzzling Questions«, Chicago 1982, Band 1, S. 6
7 Lüdemann, Gerd: »Jesus nach 2000 Jahren«, Lüneburg 2000, S. 817

König der Juden – oder nicht?

1 Das Evangelium nach Matthäus Kapitel 27, Vers 11, das Evangelium nach Markus Kapitel 15, Vers 2, das Evangelium nach Lukas Kapitel 23, Vers 3 und das Evangelium nach Johannes Kapitel 18, Vers 33
2 Ebenda
3 Das Evangelium nach Johannes Kapitel 18, Verse 33–36
4 Ebenda, Vers 37
5 Das Evangelium nach Matthäus Kapitel 27, Vers 12

Kreuzigung: Wer ließ Jesus kreuzigen?

1 Das Evangelium nach Johannes Kapitel 19, Verse 14–18. Siehe hierzu auch: Langbein, Walter-Jörg: »Lexikon der biblischen Irrtümer«, München 2003, S. 258–260, Stichwort Pilatus
2 Das Evangelium nach Matthäus Kapitel 20, Verse 18 und 19
3 Das Evangelium nach Lukas Kapitel 18, Verse 32 und 33
4 Das Evangelium nach Matthäus Kapitel 20, Vers 18
5 Lüdemann, Gerd: »Jesus nach 2000 Jahren«, Lüneburg 2000, S. 274
6 Ebenda, S. 99
7 Das 5. Buch Mose Kapitel 21, Verse 22 und 23
8 Der Brief des Paulus an die Galater Kapitel 3, Vers 13
9 Der 1. Brief des Paulus an die Thessalonicher Kapitel 2, Verse 14 und 15
10 Der 1. Brief des Paulus an die Korinther Kapitel 2, Verse 7 und 8

Krippe: Irrtümer über die weihnachtliche Geburt

1 Ben-Chorin, Schalom: »Mutter Maria/Maria in jüdischer Sicht«, München 1994, S. 34
2 Das Evangelium nach Matthäus Kapitel 2, Verse 22 und 23
3 Der Prophet Jesaja Kapitel 11, Verse 1 und 2
4 Siehe hierzu: Langbein, Walter-Jörg: »Lexikon der biblischen Irrtümer«, München 2003, S. 250–254
5 Der Prophet Micha Kapitel 5, Vers 1
6 Siehe »Astrologie: Korrektur eines Übersetzungsfehlers«, S. 26
7 Das Evangelium nach Lukas Kapitel 2, Verse 1–4
8 Das Evangelium nach Lukas Kapitel 2, Vers 7
9 Persönliche Mitteilung an den Verfasser
10 Mertens, Heinrich A.: »Handbuch der Bibelkunde«, Düsseldorf 1966, S. 700
11 Ebenda, siehe S. 700 unten und S. 701 oben!
12 Daniel-Rops, Henri: »Die apokryphen Evangelien des Neuen Testaments«, Zürich, 1956, S. 44
13 Ebenda, S. 58
14 Ebenda, S. 71
15 Das Evangelium nach Matthäus Kapitel 2, Verse 10 und 11
16 Meier, John P.: »A Marginal Jew«, Band 1, »The Roots of the Problem and the Person«, New York, Juni 1991, S. 216
17 Theißen Gerd und Merz, Annette: »Der historische Jesus/Ein Lehrbuch«, 3. durchgesehene und um Literaturnachträge ergänzte Auflage, Göttingen 2001, S. 111
18 Der Prophet Micha Kapitel 5, Vers 1

»Lästai«: Räuber-Propaganda für Rom

1 Das Evangelium nach Johannes Kapitel 19, Vers 18
2 Das Evangelium nach Lukas Kapitel 23, Vers 33
3 Das Evangelium nach Matthäus Kapitel 27, Vers 38
4 Das Evangelium nach Markus Kapitel 15, Vers 27
5 Das Evangelium nach Markus Kapitel 15, Vers 28
6 Der Prophet Jesaja Kapitel 53, Vers 12
7 Flavius Josephus: »Altertümer«, 14, 9, 4

Legitimation: Zwei Irrtümer und eine versuchte Fälschung

1 Bornkamm, Günther: »Jesus von Nazareth«, 15. Auflage, Stuttgart 1995
2 Barthel, Manfred: »Was wirklich in der Bibel steht«, aktualisierte und ergänzte Neubearbeitung, Düsseldorf 1987, S. 272
3 Ebenda, S. 273
4 Das Evangelium nach Lukas Kapitel 1, Verse 31 und 32
5 Das Evangelium nach Lukas Kapitel 2, Verse 10 und 11
6 Siehe hierzu: Das Evangelium nach Matthäus Kapitel 1, Verse 2–17 und das Evangelium nach Lukas Kapitel 3, Verse 23–38
7 Das Evangelium nach Lukas Kapitel 1, Vers 34
8 Das Evangelium nach Matthäus Kapitel 1, Vers 18
9 de Rosa, Peter: »Der Jesus-Mythos«, Taschenbuchausgabe, München September 1993, S. 183 und 184
10 Das Evangelium nach Lukas Kapitel 2, Vers 4
11 Siehe hierzu: Nestle/Aland: »Novum Testamentum Graece«, 27. Auflage, Stuttgart 1993, S. 26
12 Das Evangelium nach Markus Kapitel 1, Vers 11
13 Das Evangelium nach Matthäus Kapitel 3, Verse 3–17, das Evangelium nach Lukas Kapitel 3, Verse 21 und 22 sowie das Evangelium nach Johannes Kapitel 1, Verse 29–34

Lücken: Weiße Flecken auf Jesu »Lebenskarte«

1 Das Evangelium nach Lukas Kapitel 1, Vers 1-Kapitel 2, Vers 40
2 Das Evangelium nach Lukas Kapitel 2, Verse 41–52
3 Das Evangelium nach Matthäus Kapitel 1, Vers 1 – Kapitel 2, Vers 12
4 Das Evangelium nach Matthäus Kapitel 2, Vers 21

5 Das Evangelium nach Matthäus Kapitel 3
6 Schneemelcher, Wilhelm: »Neutestamentliche Apokryphen«, Band I, »Evangelien«, 6. Auflage, Tübingen 1990, S. 349–360
7 Ebenda, Kapitel 10, Verse 2 und 3
8 Grönbold, Günter: »Jesus in Indien/Das Ende einer Legende«, München 1985. Siehe hierzu auch: »Lebte Jesus in Indien?« und »Jesu Grab in Srinagar?«, Armin Risi, http://www.druwida.ch/jesus_in_indien.htm und http://www.druwida.ch/jesus_in_indien2.htm, Stand 03. 09. 2003
9 Siehe hierzu auch: Landmann, Salcia: »Jesus starb nicht in Kaschmir«, München 1996

Magie: Glaube statt Zauber wirkt Wunder

1 Das Evangelium nach Matthäus Kapitel 9, Verse 32–34
2 Das Evangelium nach Markus 3, Vers 22
3 Smith, Morton: »Jesus der Magier«, München 1981
4 Theißen, Gerd und Merz, Annette: »Der historische Jesus«, 3., durchgesehene und um Literaturnachträge ergänzte Auflage, Göttingen 2001, S. 276
5 Twelftree, Graham H.: »Jesus: The Miracle Worker«, Grand Rapids 1999 und »Jesus; The Exorcist«, Tübingen 1993
6 Theißen, Gerd und Merz, Annette: »Der historische Jesus«, 3., durchgesehene und um Literaturnachträge ergänzte Auflage, Göttingen 2001, S. 277
7 Das Evangelium nach Markus Kapitel 6, Vers 5
8 Das Evangelium nach Matthäus Kapitel 9, Vers 22
9 Das Evangelium nach Markus Kapitel 9, Verse 14–29, das Evangelium nach Matthäus Kapitel 17, Verse 14–21 sowie das Evangelium nach Lukas Kapitel 9, Verse 37–42
10 Lüdemann, Gerd: »Jesus nach 2000 Jahren«, Lüneburg 2000, S. 426

Mammon: Geld oder Gott – Göttin oder Gott?

1 Das Evangelium nach Lukas Kapitel 16, Vers 13
2 Ebenda, Vers 9
3 Das Gilgameschepos, Stuttgart 1958, S. 107
4 »Östlich von Mamre« lesen wir im 1. Buch Mose Kapitel 23, Verse 17 und 19 und im Kapitel 25, Vers 9
5 Das 1. Buch Mose Kapitel 13, Vers 18

6 Schindler-Bellamy, Hans: »Glaubensformen gestern und vorgestern«, unveröffentlichtes Manuskript
7 Das 1. Buch Mose Kapitel 18, Vers 1
8 Cavendish, Richard: »The Powers of Evil«, New York 1975
9 Die Apostelgeschichte des Lukas Kapitel 19, Vers 27.
10 Walker, Barbara G.: »Das Geheime Wissen der Frauen«, Frankfurt 1993, S. 651 und 652
11 Das Evangelium nach Lukas Kapitel 16, Vers 13
12 Ebenda, Vers 9
13 Ebenda

Menschensohn: Erfindung der ersten Christen?

1 »Jüdische Schriften aus hellenistisch-römischer Zeit«, Band V, Lieferung 6: »Das Äthiopische Henochbuch«, Gütersloh 1984, S. 586 und S. 587
2 Der Prophet Daniel Kapitel 7, Verse 13 und 14
3 Das Evangelium nach Matthäus Kapitel 10, Verse 17–23. Hinweis auf »Menschensohn«: Vers 23!
4 Das Evangelium nach Matthäus Kapitel 16, Vers 27, siehe hierzu auch: Das Evangelium nach Markus Kapitel 8, Vers 38 und das Evangelium nach Lukas Kapitel 21, Vers 27
5 Das Evangelium nach Matthäus Kapitel 24, Vers 29. In Übereinstimmung dazu: das Evangelium nach Markus Kapitel 13, Vers 26 und das Evangelium nach Lukas Kapitel 21, Vers 25
6 Das Evangelium nach Matthäus Kapitel 24, Verse 30 und 31, aber auch das Evangelium nach Markus Kapitel 13, Verse 26 und 27 sowie das Evangelium nach Lukas Kapitel 21, Verse 26 und 27
7 Siehe zum Beispiel das Evangelium nach Markus Kapitel 2, Vers 10, aber auch das Evangelium nach Matthäus Kapitel 9, Vers 6 und das Evangelium nach Lukas Kapitel 5, Vers 24
8 Siehe das Evangelium nach Matthäus Kapitel 17, Verse 22 und 23, das Evangelium nach Markus Kapitel 9, Vers 31 sowie das Evangelium nach Lukas Kapitel 9, Vers 44. Bei Lukas fehlt der Hinweis auf die Auferstehung.
9 Persönliche Mitteilung an den Verfasser
10 Conzelmann, Hans: »Jesus Christus«, Beitrag zu: »Die Religion in Geschichte und Gegenwart«, 6 Bände, Tübingen 1957–1965, Band 3, Spalte 631
11 Vögtle, Anton: »Die ›Gretchenfrage‹ des Menschensohnproblems«, 3. Auflage, Freiburg 1997, S. 7 und 8 sowie S. 176–179
12 Psalm 146, Vers 3

Missionsbefehl: Widersprach sich Jesus?

1 Das Evangelium nach Matthäus Kapitel 28, Vers 19
2 Das Evangelium nach Matthäus Kapitel 10, Vers 5
3 de Rosa, Peter: »Der Jesus-Mythos«, München September 1993, S. 184
4 Lamsa, George M.: »Die Evangelien in aramäischer Sicht«, Gossau 1963, S. 120

N wie Nazoräer: Probleme mit Nazareth

1 Das Evangelium nach Matthäus Kapitel 2, Vers 23
2 Das Buch der Richter Kapitel 13, Verse 3–5
3 König, Eduard: »Hebräisches und aramäisches Wörterbuch zum Alten Testament«, 2. und 3. Auflage, Leipzig 1922, S. 270
4 Der Prophet Jesaja Kapitel 11, Verse 1 und 2
5 Lüdemann, Gerd: »Jesus nach 2000 Jahren«, Lüneburg 2000, S. 170

Nachfolger: Größere Wunder als Jesus

1 Das Evangelium nach Markus Kapitel 16, Verse 17 und 18
2 Das Evangelium nach Johannes Kapitel 14, Vers 12

Nächstenliebe: Jesu »neues Gebot«?

1 Jeremias, Joachim: »Neutestamentliche Theologie«, Teil I, Göttingen 1970, S. 203
2 Schlier, Heinrich: »Die Zeit der Kirche«, Freiburg 1975, S. 46
3 Das Evangelium nach Matthäus Kapitel 22, Vers 36, das Evangelium nach Markus Kapitel 12, Vers 28 und das Evangelium nach Lukas Kapitel 10, Vers 25
4 Hier zitiert nach dem Evangelium nach Matthäus Kapitel 22, Verse 37–39. Siehe auch: Das Evangelium nach Markus, Kapitel 12, Verse 29–31 und das Evangelium nach Lukas Kapitel 10, Vers 27
5 Das Evangelium nach Johannes Kapitel 13, Vers 34
6 Siehe weiter oben: 3
7 Das 5. Buch Mose Kapitel 6, Vers 5
8 Das 3. Buch Mose Kapitel 19, Vers 34

Narr: Wer im Glashaus sitzt ...

1 Das Evangelium nach Matthäus Kapitel 5, Vers 22
2 Das Evangelium nach Matthäus Kapitel 23, Vers 17
3 Das Evangelium nach Lukas Kapitel 11, Vers 40
4 Lüdemann, Gerd: »Jesus nach 2000 Jahren«, Lüneburg 2000, S. 185, S. 291 und S. 432

Nathan: Ein klarer Irrtum bei Lukas

1 Das Evangelium nach Lukas Kapitel 3, Vers 31
2 Das 1. Buch der Chronik Kapitel 29, Vers 1

Offenbarung: Theorie und Praxis

1 Das Evangelium nach Johannes Kapitel 9
2 Ebenda, Vers 3
3 Das Evangelium nach Matthäus Kapitel 9, Verse 29–31
4 Das Evangelium nach Matthäus Kapitel 8, Verse 1–4, das Evangelium nach Markus Kapitel 1, Verse 40–45 und das Evangelium nach Lukas Kapitel 5, Verse 12–16
5 Das Evangelium nach Matthäus Kapitel 4, Verse 24 und 25
6 Das Evangelium nach Markus Kapitel 3, Verse 7 und 8. Siehe hierzu auch: Das Evangelium nach Matthäus Kapitel 4, Vers 25 sowie das Evangelium nach Lukas Kapitel 6, Vers 17
7 Das Evangelium nach Markus Kapitel 3, Vers 12. Siehe hierzu auch: Das Evangelium nach Matthäus Kapitel 12, Vers 16
8 Das Evangelium nach Markus Kapitel 8, Verse 22–26

Passah-Amnestie: Fiktion zu Lasten der Juden

1 Siehe hierzu: Langbein, Walter-Jörg: »Lexikon der biblischen Irrtümer«, München 2003, S. 22–30: »Auszug aus Ägypten – eine erfundene Story«
2 Das Evangelium nach Markus Kapitel 15, Verse 5–7, siehe auch: Das Evangelium nach Matthäus Kapitel 27, Vers 15, das Evangelium nach Lukas Kapitel 23, Vers 17 und das Evangelium nach Johannes Kapitel 18, Vers 39

3 Das Evangelium nach Markus Kapitel 15, Vers 7
4 Das Evangelium nach Matthäus Kapitel 27, Vers 16
5 Das Evangelium nach Johannes Kapitel 18, Vers 40
6 Das Evangelium nach Lukas Kapitel 23, Vers 25 sowie die Apostelgeschichte des Lukas Kapitel 3, Vers 14
7 Winter, Paul: »On the Trial of Jesus«, Berlin 1966, S. 99
8 Deißmann, Adolf: »Licht vom Osten«, 4. Auflage, Tübingen 1923, S. 228: »Papyrus Florentinus Nr. 61«
9 Hesemann, Michael: »Die Jesus-Tafel«, Freiburg 1999, S. 94

Pharisäer: Arme Witwen, Jesus und die Pharisäer

1 Das Evangelium nach Matthäus Kapitel 23, Vers 14
2 Das Evangelium nach Lukas Kapitel 20, Vers 47
3 Das Evangelium nach Markus Kapitel 12, Vers 40
4 Das 2. Buch Mose Kapitel 22, Vers 21
5 Ebenda, Vers 23
6 Maccoby, Hyam: »Jesus the Pharisee«, London 2003, S. 52–63: »The Pharisees, the Poor and Authority«
7 Josephus Flavius: »Altertümer«, 13. 10. 298
8 Das Evangelium nach Matthäus Kapitel 22, Verse 35–40, das Evangelium nach Lukas Kapitel 10, Verse 25–28 und das Evangelium nach Markus Kapitel 12, Verse 28–34
9 Das Evangelium nach Markus Kapitel 12, Verse 29–31. Parallelstellen: Siehe: 8
10 Maccoby, Hyam: »Jesus the Pharisee«, London 2003, S. 121

Propaganda: Jesus als Herr der Tiere

1 Das 1. Buch Mose Kapitel 17, Vers 1
2 »Lexikon alte Kulturen«, herausgegeben von Hellmut Brunner, 3. Band, Leipzig 1993, S. 335
3 Toorn, Karel van der: »Dictionary of Deities and Demons in the Bible«, 2. Auflage, Leiden 1999, S. 749–753
4 Psalm 50, Verse 10 und 11 in der Übersetzung des Verfassers aus dem Hebräischen
5 Siehe hierzu: Schneider, Gerhard: »Evangelia infantiae apokrypha – Apokryphe Kindheitsevangelien«, Freiburg 1995
6 Ebenda, S. 234/236
7 Lang, Bernhard: »Jahwe«, München 2002, S. 136
8 Siehe Vor- und Nachsatz dieses Buches!

Prophetenworte: Auch Jesus irrte

1 Das Evangelium nach Lukas Kapitel 24, Vers 44
2 Das Evangelium nach Johannes Kapitel 7, Vers 38
3 Das Evangelium nach Matthäus Kapitel 22, Verse 31 und 32
4 Das 2. Buch Mose Kapitel 3, Vers 6
5 Das Evangelium nach Matthäus Kapitel 4, Verse 14 und 15
6 Der Prophet Jesaja Kapitel 8, Vers 23 und Kapitel 9, Vers 1
7 Lapide, Pinchas: »Ist die Bibel richtig übersetzt?«, Band 1, 5. Auflage, Gütersloh 1995, S. 52
8 Das Evangelium nach Matthäus Kapitel 12, Vers 40
9 Der Prophet Jona Kapitel 2, Vers 1
10 Das Evangelium nach Lukas Kapitel 23, Vers 43
11 Das Evangelium nach Markus Kapitel 10, Verse 17–31
12 Das Evangelium nach Lukas Kapitel 18, Verse 18–27
13 Das Evangelium nach Markus Kapitel 10, Verse 29 und 30
14 Das Evangelium nach Lukas Kapitel 18, Verse 28–30
15 Barth, Markus: »Was kann ein Jude von Jesus glauben und dennoch Jude bleiben?«, Newsletter Nr. 2 des »Kommittee Kirche und das Jüdische Volk«, herausgegeben vom Weltkirchenrat, Genf, Mai 1965, siehe S. 6 und 7

Prozess: Widersprüchliches und Falsches über Jesus vor »jüdischen Richtern«

1 Das Evangelium nach Markus Kapitel 14, Vers 53, das Evangelium nach Matthäus Kapitel 26, Vers 57 und das Evangelium nach Lukas Kapitel 22, Vers 54
2 Das Evangelium nach Johannes Kapitel 18, Vers 13
3 Das Evangelium nach Markus Kapitel 14, Vers 53 und das Evangelium nach Matthäus Kapitel 26, Vers 57
4 Das Evangelium nach Markus Kapitel 14, Vers 55 und das Evangelium nach Matthäus Kapitel 26, Vers 59
5 Das Evangelium nach Markus Kapitel 15, Vers 1 und das Evangelium nach Matthäus Kapitel 27, Vers 1
6 Das Evangelium nach Lukas Kapitel 22, Vers 66
7 Das Evangelium nach Johannes Kapitel 18, Verse 12–29
8 Das Evangelium nach Matthäus Kapitel 26, Vers 61
9 Das Evangelium nach Markus Kapitel 14, Vers 58
10 Die Apostelgeschichte des Lukas Kapitel 6, Vers 14
11 Das Evangelium nach Markus Kapitel 14, Vers 57
12 Ebenda, Vers 56

13 Die Apostelgeschichte des Lukas Kapitel 6, Vers 13
14 Das Evangelium nach Markus Kapitel 14, Verse 60 und 61
15 Das Evangelium nach Matthäus Kapitel 26, Verse 62 und 63
16 Das Evangelium nach Lukas Kapitel 22, Verse 66 und 67
17 Das Evangelium nach Markus Kapitel 14, Vers 60 und das Evangelium nach Matthäus Kapitel 26, Vers 62
18 Das Evangelium nach Markus Kapitel 14, Vers 62
19 Das Evangelium nach Lukas Kapitel 22, Verse 67 und 68
20 Das Evangelium nach Matthäus Kapitel 26, Vers 64
21 Das Evangelium nach Markus Kapitel 14, Vers 63
22 Das Evangelium nach Matthäus Kapitel 26, Vers 65
23 Das Evangelium nach Markus Kapitel 14, Vers 64
24 Das Evangelium nach Matthäus Kapitel 26, Vers 66
25 Zitiert nach dem Evangelium nach Matthäus Kapitel 27, Vers 2. Übereinstimmend sind: Das Evangelium nach Markus Kapitel 15, Vers 1, das Evangelium nach Lukas Kapitel 23, Vers 1 sowie das Evangelium nach Johannes Kapitel 18, Verse 28 und 29

Quellen: Das Schweigen der Historiker

1 Eusebius: »Kirchengeschichte«, Studienausgabe, Darmstadt 1997, I, 11,7–8
2 Osiander, Lucas: »Epitome historiae ecclestiasticae«, Band 1, Tübingen 1592
3 Origines: »Contra Celsum«, Cambridge 1953, I, 47
4 Theißen, Gerd und Merz, Annette: »Der historische Jesus«, 2. Auflage, Göttingen 1997, S. 76
5 Tacitus: »Annalen«, Zürich, München 1982, 15,44,3, zitiert bei Hesemann, Michael: »Die Jesus-Tafel«, Freiburg 1999, S. 35
6 Sueton, in: »Caesarenleben«, Stuttgart 1986, zitiert bei Hesemann, Michael: »Die Jesus-Tafel«, Freiburg 1999, S. 36
7 Plinius der Jüngere: »Briefe«, München 1990, zitiert bei Hesemann, Michael: »Die Jesus-Tafel«, Freiburg 1999, S. 36
8 McKinsey, C. Dennis: »The Encyclopedia of Biblical Errancy«, Amherst, New York 1995, S. 100–108

Reaktionen: Das Volk, Johannes und Jesus

1 Das Evangelium nach Lukas Kapitel 3, Verse 13 und 14
2 Das Evangelium nach Matthäus, Kapitel 14, Verse 3–5
3 Das Evangelium nach Markus Kapitel 6, Verse 17 und 18

4 Das Evangelium nach Lukas Kapitel 3, Verse 19 und 20
5 Das Evangelium nach Johannes Kapitel 1, Vers 20, siehe auch: Das Evangelium nach Lukas Kapitel 3, Vers 15
6 Das Evangelium nach Johannes Kapitel 2, Vers 16
7 Ebenda, Vers 23
8 Siehe: Das Evangelium nach Matthäus Kapitel 21, Verse 1–9, das Evangelium nach Markus Kapitel 11, Verse 1–10 und das Evangelium nach Lukas Kapitel 19, Verse 28–40

Reformation: Jesu größter Irrtum

1 Das 5. Buch Mose Kapitel 24, Vers 1. Siehe hierzu auch: Langbein: »Das Lexikon der biblischen Irrtümer«, München 2003, S. 201–203: »E wie Ehe, Ehescheidung und Ehebruch«
2 Das Evangelium nach Matthäus Kapitel 19, Verse 16–22, das Evangelium nach Markus Kapitel 10, Verse 17–22 und das Evangelium nach Lukas Kapitel 18, Verse 18–23
3 Das 2. Buch Mose Kapitel 20, Verse 1–17 und das 5. Buch Mose Kapitel 5, Verse 6–21
4 Theißen, Gerd und Merz, Annette: »Der historische Jesus«, 3. durchgesehene und im Literaturnachtrag ergänzte Auflage, Göttingen 2001, S. 143

Reinigungsritual: Irrtum und Widerspruch bei Lukas

1 Das Evangelium nach Lukas Kapitel 2, Verse 22 und 23
2 Das 3. Buch Mose Kapitel 15, Vers 19
3 Das 3. Buch Mose Kapitel 12, Vers 2
4 Ebenda, Vers 5
5 Ebenda, Vers 4
6 Ebenda, Vers 5
7 Ebenda, Vers 6
8 Ebenda, Vers 8
9 Lüdemann, Gerd: »Jesus nach 2000 Jahren«, Lüneburg 2000, S. 346
10 Das Evangelium nach Lukas Kapitel 2, Verse 22–39
11 Ebenda, Verse 29 und 30
12 Ebenda, Vers 38
13 Lüdemann, Gerd: »Jesus nach 2000 Jahren«, Lüneburg 2000, S. 348
14 Das Evangelium nach Lukas Kapitel 2, Vers 33
15 Das Evangelium nach Lukas Kapitel 1, Verse 30–33
16 Das Evangelium nach Lukas Kapitel 2, Verse 8–17

Richten – oder nicht richten?

1 Das Evangelium nach Matthäus Kapitel 7, Vers 1
2 Das Evangelium nach Lukas Kapitel 6, Vers 37
3 Das Evangelium nach Johannes Kapitel 8, Vers 15
4 Das Evangelium nach Johannes Kapitel 12, Vers 47
5 Das Evangelium nach Johannes Kapitel 5, Verse 22 und 27
6 Das Evangelium nach Johannes Kapitel 9, Vers 39

Rose: Irrtum im Kirchenlied

1 Der Prophet Jesaja Kapitel 11, Vers 1
2 König, Eduard: »Hebräisches Wörterbuch zum Alten Testament«, 2. und 3. vermehrte Auflage, Leipzig 1922, S. 105
3 Luther, D. Martin: »Die gantze Heilige Schrift/Wittenberg 1545/Letzte zu Luthers Lebzeiten erschienene Ausgabe«, Faksimiledruck, Herrsching ohne Jahresangabe, Band 2, S. 1189, Schreibweise nach Luther
4 Der Prophet Jesaja Kapitel 4, Vers 2
5 König, Eduard: »Hebräisches Wörterbuch zum Alten Testament«, 2. und 3. vermehrte Auflage, Leipzig 1922, S. 390
6 Der Prophet Jesaja Kapitel 53, Vers 2
7 Fohrer, Georg, Herausgeber: »Hebräisches und aramäisches Wörterbuch zum Alten Testament«, Berlin, New York 1971, S. 105

Schwert: Rief Jesus zur Gewalt auf?

1 Der Prophet Joel Kapitel 4, Vers 10
2 Der Prophet Micha Kapitel 4, Vers 3
3 Der Prophet Jesaja Kapitel 2, Vers 4
4 Das Evangelium nach Lukas Kapitel 22, Vers 36
5 Lamsa, George M.: »Die Evangelien in aramäischer Sicht«, Gossau 1963, S. 346
6 Das Evangelium nach Lukas Kapitel 22, Vers 49
7 Das Evangelium nach Lukas Kapitel 22, Verse 50 und 51
8 Das Evangelium nach Matthäus Kapitel 26, Verse 51 und 52
9 Das Evangelium nach Markus Kapitel 14, Vers 47
10 Das Evangelium nach Johannes Kapitel 18, Verse 2–12
11 Das Evangelium nach Johannes Kapitel 18 Vers 11

Seligpreisungen: Gott im Passiv

1 Das Evangelium nach Matthäus Kapitel 5, Verse 1–12
2 Das Evangelium nach Lukas Kapitel 6, Verse 20–23
3 Das Evangelium nach Matthäus Kapitel 5, Vers 4
4 Ebenda, Vers 7
5 Das 2. Buch Mose Kapitel 20, Vers 7 und das 5. Buch Mose Kapitel 5, Vers 11

Senfkorn: Jesus und die falschen Superlative

1 Zitiert nach dem Evangelium nach Matthäus Kapitel 13, Verse 31 und 32, siehe auch: Das Evangelium nach Markus Kapitel 4, Verse 30–32 und das Evangelium nach Lukas Kapitel 13, Verse 18–19
2 Archer, Gleason L.: »Encyclopedia of Bible Difficulties«, Grand Rapids 1982, S. 329
3 Ebenda
4 Das Evangelium nach Markus Kapitel 4, Vers 31

Sepphoris – die verschwiegene Stadt

1 Siehe hierzu: Batey, Richard A.: »Jesus and the Forgotten City: New Light on Sepphoris and the Urband World of Jesus«, Grand Rapids 1991
2 Bösen, Willibald: »Galiläa als Lebensraum und Wirkungsfeld Jesu«, Freiburg 1985
3 Das Evangelium nach Matthäus Kapitel 13, Vers 57, das Evangelium nach Markus Kapitel 6, Vers 4, das Evangelium nach Lukas Kapitel 4, Vers 24 und das Evangelium nach Johannes Kapitel 4, Vers 44

Steinigung: Milde rettet Menschenleben

1 Das Evangelium nach Johannes Kapitel 8, Verse 1–11
2 Das 3. Buch Mose Kapitel 20, Vers 10

Taufe: Wurde Jesus getauft – oder nicht?

1 Das Evangelium nach Markus Kapitel 1, Vers 9
2 Das Evangelium nach Matthäus Kapitel 3, Verse 13–15

3 Theißen, Gerd und Merz, Annette: »Der Historische Jesus«, 3. durchgesehene und um Literaturnachträge ergänzte Ausgabe, Göttingen 2001, S. 193
4 Das Evangelium nach Lukas Kapitel 3, Vers 21
5 Das Evangelium nach Lukas Kapitel 3, Vers 20
6 Das Evangelium nach Johannes Kapitel 1, Verse 29–34
7 Lapide, Pinchas: »Ist die Bibel richtig übersetzt?«, Band 2, Gütersloh 1994, S. 70
8 Version des »Codex Bezae« vom Evangelium nach Lukas Kapitel 3, Vers 7
9 Im Griechischen »enopion«, sich taufen vor, sich selbst taufen vor
10 Siehe hierzu: Das Evangelium nach Lukas Kapitel 13, Vers 3

Tempelzerstörung: Ist Jesus eine Kopie des Messias Menachem?

1 Das Evangelium nach Matthäus Kapitel 24, Verse 1 und 2, das Evangelium nach Markus Kapitel 13, Verse 1 und 2 sowie das Evangelium nach Lukas Kapitel 21, Verse 5 und 6
2 Ebenda, zitiert nach Markus
3 Ebenda, zitiert nach Lukas
4 Siehe hierzu: Theißen, Gerd und Merz, Annette: »Der historische Jesus«, 3. durchgesehene und um Literaturnachträge ergänzte Auflage, Göttingen 2001, S. 46
5 Das Evangelium nach Matthäus Kapitel 26, Verse 59–61
6 Das Evangelium nach Markus Kapitel 14, Verse 55–59
7 Ebenda, Vers 58. Siehe auch: Das Evangelium nach Matthäus Kapitel 26, Vers 61
8 Das Evangelium nach Johannes Kapitel 2, Vers 19
9 Ebenda, Vers 21
10 Ebenda, Vers 22
11 Pesch, Rudolf: »Naherwartungen«, Düsseldorf 1968, S. 215–243. Text des Flugblatts: S. 208 und 209
12 Siehe Josephus: »Jüdischer Krieg«, II, 17,8–9
13 Hengel, Martin: »Die Zeloten«, 2. Auflage, Leiden und Köln 1976, S. 299–302
14 Gressmann, Hugo: »Das religionsgeschichtliche Problem des Ursprungs der hellenistischen Erlösungstradition«, in: »Zeitschrift für Kirchengeschichte«, Jahrgang 40, 1922, S. 189
15 Meyer, Rudolf: »Der Prophet aus Galiläa. Studie zum Jesusbild der drei ersten Evangelien«, Leipzig 1940

Todesstunde: Wann starb Jesus wirklich?

1 Das Evangelium nach Markus Kapitel 15, Vers 25
2 Das Evangelium nach Johannes Kapitel 19, Vers 14
3 Ebenda, Vers 15
4 Siehe hierzu auch: »Verhaftung und Verhör: Falsche Schuldzuweisung«, S. 256

Tote: Wie sollen Tote Tote begraben?

1 Das Evangelium nach Matthäus Kapitel 8, Verse 21 und 22
2 Das Evangelium nach Lukas Kapitel 9, Verse 59 und 60
3 Lamsa, George M.: »Die Evangelien in aramäischer Sicht«, Gossau 1963, S. 111

UFO: Modernes Jesus-Märchen

1 Exemplarisch sei genannt: Steinhäuser, Gerhard R.: »Jesus Christus – Erbe der Astronauten«, Wien 1973
2 Siehe auch: »Astrologie: Korrektur eines Übersetzungsfehlers«, S. 26
3 Das Evangelium nach Matthäus Kapitel 2, Vers 7
4 Mertens, Heinrich A.: »Handbuch der Bibelkunde«, Düsseldorf 1966, S. 706
5 Das Evangelium nach Matthäus Kapitel 1, Verse 22 und 23
6 Der Prophet Jesaja Kapitel 7, Vers 14

Umkehr: Was fordern Johannes und Jesus wirklich?

1 Das Evangelium nach Matthäus Kapitel 3, Vers 2
2 Das Evangelium nach Matthäus Kapitel 4, Vers 17

Umsturz: Messiasse vor und nach Jesus

1 Psalm 110
2 Das Evangelium nach Matthäus Kapitel 22, Verse 41–44, siehe aber auch: Das Evangelium nach Markus Kapitel 12, Verse 35–37 sowie das Evangelium nach Lukas Kapitel 20, Verse 41–44

3 Barbieri Jr., Louis A. : »Matthäus«, in: Walvoord, John F. und Zuck, Roy B., Herausgeber: »Das Neue Testament«, Band 4, 3. Auflage, Holzgerlingen 2000, S. 81
4 Siehe hierzu: Lüdemann, Gerd: »Jesus nach 2000 Jahren«, Lüneburg 2000, S. 120
5 Siehe hierzu: Langbein, Walter-Jörg: »Lexikon der biblischen Irrtümer«, München 2003, S. 71–75: »Jericho – Erdbeben statt Posaunen«

»Vater unser«: Ein Gebet in vier Variationen

1 Das Evangelium nach Matthäus Kapitel 6, Verse 9–13
2 Das Evangelium nach Lukas Kapitel 11, Verse 2–4
3 Das Evangelium nach Markus Kapitel 11, Vers 25. Vers 26 ist eine spätere Ergänzung und wurde bei der Wortzählung nicht berücksichtigt.
4 Das Evangelium nach Lukas Kapitel 11, Verse 2–4, in der Übersetzung des Verfassers aus dem Griechischen. Die wörtliche Übersetzung ist etwas kürzer als die meisten gängigen Übersetzungen
5 Das Evangelium nach Matthäus Kapitel 6, Vers 10
6 Das Evangelium nach Matthäus Kapitel 6, Verse 14 und 15
7 Der Brief des Jakobus Kapitel 1, Vers 13
8 Lapide, Pinchas: »Ist die Bibel richtig übersetzt?«, Band 1, Gütersloh 1995, S. 124
9 Siehe hierzu: Langbein, Walter-Jörg: »Lexikon der biblischen Irrtümer«, München 2003, S. 287–290: »Versuchung – Übersetzungsfehler im Vater unser«

Verfluchung: Falsche Schuldzuweisung

1 Die Apostelgeschichte des Lukas Kapitel 2, Verse 22 und 23
2 Der Brief des Paulus an die Galater Kapitel 1, Verse 3 und 4
3 Der Brief des Paulus an die Römer Kapitel 4, Verse 24 und 25
4 Das Evangelium nach Matthäus Kapitel 27, Vers 25
5 Das 5. Buch Mose Kapitel 24, Vers 16
6 Siehe hierzu: Der Brief des Paulus an die Kolosser Kapitel 1, Verse 19 und 20!
7 Zitiert bei Lapide, Pinchas: »Wer war schuld an Jesu Tod?« Gütersloh 1987, S. 90
8 »Regensburger Neues Testament«, Regensburg 1969, S. 371
9 »Das Neue Testament Deutsch«, Stuttgart 1971, S. 267
10 »Zeit und Kirche«, 1966, zitiert bei Lapide, Pinchas: »Wer war schuld an Jesu Tod?«, Gütersloh 1987, S. 89

Verhaftung und Verhör: Falsche Schuldzuweisung

1 Das Evangelium nach Markus Kapitel 14, Vers 43
2 Das Evangelium nach Matthäus Kapitel 26, Vers 47
3 Das Evangelium nach Lukas Kapitel 22, Vers 52
4 Das Evangelium nach Johannes Kapitel 18, Vers 3
5 Das Evangelium nach Johannes Kapitel 19, Verse 6 und 8
6 Das Evangelium nach Lukas Kapitel 23, Verse 6 und 7
7 Craveri, Marcello: »Das Leben des Jesus von Nazareth«, Stuttgart 1970, S. 390
8 Das Evangelium nach Lukas Kapitel 23, Vers 4
9 Das Evangelium nach Markus Kapitel 15, Verse 6–15
10 Das Evangelium nach Markus Kapitel 15, Vers 11
11 Das Evangelium nach Markus Kapitel 12, Vers 12. Siehe hierzu auch: Das Evangelium nach Matthäus Kapitel 21, Vers 46 und das Evangelium nach Lukas Kapitel 20, Vers 19
12 Lüdemann, Gerd: »Jesus nach 2000 Jahren«, Lüneburg 2000, Seite 142
13 Ebenda, Seite 143
14 Das Evangelium nach Matthäus Kapitel 27, Verse 15–23, das Evangelium nach Markus Kapitel 15, Verse 6–14, das Evangelium nach Lukas Kapitel 23, Verse 17–23 und das Evangelium nach Johannes Kapitel 18, Verse 39 und 40

Verräter: Judas hat Jesus nicht verraten

1 Robertson, J. M.: »Jesus and Judas: a Textual and Historical Investigation«, London 1927. Siehe hierzu auch: Robertson, J.M.: »Die Evangelienmythen«, Jena 1910
2 Siehe hierzu: Kermode, Frank: »The Genesis of Secrecy«, Cambridge 1979
3 Propp, Vladimir: »Morphology of Folktale«, Bloomington 1958
4 Das Evangelium nach Johannes Kapitel 6, Vers 71 und Kapitel 13, Vers 26
5 Das Evangelium nach Johannes Kapitel 12, Vers 6
6 Das Evangelium nach Johannes Kapitel 6, Verse 70 und 71
7 Siehe hierzu: Das Evangelium nach Johannes Kapitel 13, Vers 27
8 Siehe: Das Evangelium nach Johannes Kapitel 13, Verse 21–30
9 Das Evangelium nach Matthäus Kapitel 26, Verse 20–25
10 Das Evangelium nach Lukas Kapitel 22, Verse 21–23
11 Das Evangelium nach Markus Kapitel 14, Verse 18–21
12 Der Brief des Paulus an die Galater Kapitel 2, Vers 20
13 Das Evangelium nach Johannes Kapitel 13, Vers 27

14 Siehe hierzu: Das Evangelium nach Matthäus Kapitel 26, Vers 55
15 Der 1. Brief des Paulus an die Korinther Kapitel 15, Vers 5

Vorbote: Widersprüche zwischen Jesus, Lukas und Maleachi

1 Das Evangelium nach Johannes Kapitel 1, Verse 29 und 30
2 Das Evangelium nach Johannes Kapitel 1, Verse 21 und 22
3 Das Evangelium nach Johannes Kapitel 1, Vers 23
4 Das Evangelium nach Matthäus Kapitel 17, Vers 11
5 Ebenda, Vers 12
6 Ebenda, Vers 13
7 Das Evangelium nach Lukas Kapitel 1, Vers 17
8 Der Prophet Maleachi Kapitel 4, Vers 5. In vielen Bibelausgaben werden die 6 Verse von Kapitel 4 noch zum Kapitel 3 gerechnet. Kapitel 4, Verse 1–6 finden sich dann als Kapitel 3, Verse 19–24. Der Prophet Maleachi Kapitel 4, Vers 5 entspricht dann Kapitel 3, Vers 23

Wunder: Wie viele Blinde heilte Jesus?

1 Das Evangelium nach Matthäus Kapitel 20, Verse 29–34, das Evangelium nach Markus Kapitel 10, Verse 46–52 und das Evangelium nach Lukas Kapitel 18, Verse 35–43
2 Das Evangelium nach Markus Kapitel 10, Vers 52. Siehe auch: Das Evangelium nach Matthäus Kapitel 9, Vers 29 sowie das Evangelium nach Lukas Kapitel 18, Verse 42 und 43!
3 Das Evangelium nach Markus Kapitel 8, Verse 22–26
4 Mertens, Heinrich A.: »Handbuch der Bibelkunde«, Düsseldorf 1966, S. 789
5 Lüdemann, Gerd: »Jesus nach 2000 Jahren«, Lüneburg 2000, S. 80
6 Das Evangelium nach Markus Kapitel 7, Vers 33
7 Ebenda, Vers 34
8 Das Evangelium nach Matthäus Kapitel 9, Verse 27–31
9 Das Evangelium nach Johannes Kapitel 9
10 Mensching, Gustav: »Das Wunder im Glauben und Aberglauben der Völker«, Leiden 1957

Wüste: Wer versuchte Jesus wirklich?

1 Das Evangelium nach Matthäus Kapitel 4, Verse 1–11, das Evangelium nach Markus Kapitel 1, Verse 12 und 13 und das Evangelium nach Lukas Kapitel 4, Verse 1–13

2 Der Brief des Jakobus Kapitel 1, Vers 13
3 Mertens, Heinrich A.: »Handbuch der Bibelkunde«, Düsseldorf 1966, S. 715
4 Ebenda, S. 680 und 716
5 Schindler-Bellamy, Hans: »Glaubensformen gestern und vorgestern«, unveröffentlichtes Manuskript
6 Lüdemann, Gerd: »Jesus nach 2000 Jahren«, Lüneburg 2000, S. 23

X – wie Christos, der Gesalbte

1 Das Evangelium nach Johannes Kapitel 4, Vers 25
2 Das Evangelium nach Johannes Kapitel 1, Vers 41
3 Das Evangelium nach Matthäus Kapitel 9, Vers 2. Siehe auch: Das Evangelium nach Lukas Kapitel 5, Vers 20
4 Das Evangelium nach Matthäus Kapitel 16, Vers 27
5 Das Evangelium nach Matthäus Kapitel 13, Vers 41
6 Das Evangelium nach Markus Kapitel 14, Vers 61
7 Das Evangelium nach Matthäus 16, Vers 27
8 Der Prophet Jesaja Kapitel 45, Vers 1
9 Das 2. Buch Samuel Kapitel 23, Vers 1
10 Das 3. Buch Mose Kapitel 4, Vers 3

Y – wie Jesus

1 Das 5. Buch Mose Kapitel 34
2 Siehe hierzu: Meier, John P.: »A Marginal Jew«, Band I, New York 1991, S. 207
3 Das Evangelium nach Matthäus Kapitel 1, Vers 21
4 Das Evangelium nach Matthäus Kapitel 14, Verse 13–21, das Evangelium nach Markus Kapitel 6, Verse 32–44, das Evangelium nach Lukas Kapitel 9, Verse 9–17 und das Evangelium nach Johannes Kapitel 6, Verse 1–15
5 Das 4. Buch Mose Kapitel 26, Vers 59
6 Der Verfasser bleibt aber bei dem Namen Jesus für »Yehosua«, um unnötige Verwirrung zu vermeiden

Zarathustra: Satan war ein Gefolgsmann Zarathustras

1 Das Evangelium nach Matthäus Kapitel 4, Verse 1–11
2 Das Evangelium nach Markus Kapitel 1, Verse 12 und 13

3 Das Evangelium nach Lukas Kapitel 4, Verse 1–13
4 Der Prophet Sacharja Kapitel 3, Verse 1 und 2
5 Das Buch Hiob Kapitel 1, Verse 6–12
6 Das Evangelium nach Johannes Kapitel 8, Vers 12
7 Das Evangelium nach Johannes Kapitel 12, Vers 35
8 Das 1. Buch Mose Kapitel 19
9 Das Evangelium nach Matthäus Kapitel 18, Vers 10
10 Das Evangelium nach Lukas Kapitel 10, Vers 18

Zeichen: Verweigert und doch gegeben

1 Das Evangelium nach Matthäus Kapitel 16, Vers 1
2 Das Evangelium nach Matthäus Kapitel 12, Verse 38 und 39, das Evangelium nach Markus Kapitel 8, Verse 11 und 12, sowie das Evangelium nach Lukas Kapitel 11, Verse 16 und 29
3 Zitiert nach Markus, siehe 2
4 Das Evangelium nach Johannes Kapitel 20, Vers 30
5 Ebenda, Vers 31

Zimmermann: Josef war kein Zimmermann

1 Das Evangelium nach Matthäus Kapitel 13, Vers 55
2 Das Evangelium nach Markus Kapitel 6, Vers 3
3 Das Evangelium nach Lukas Kapitel 4, Vers 22
4 Das Evangelium nach Johannes Kapitel 6, Vers 42
5 Das Evangelium nach Markus Kapitel 6, Vers 3 in englischer Übersetzung, gefolgt von Französisch, Italienisch, Niederländisch und Dänisch
6 Zitiert nach Craveri, Marcello: »Das Leben des Jesus von Nazareth«, Stuttgart 1970, S. 283

Zölibat: Falsche Jesusinterpretation oder Weiterentwicklung?

1 Grammatikalisch richtig sind sowohl der als auch das Zölibat.
2 Der 1. Brief des Paulus an Timotheus Kapitel 3, Verse 1 und 2. Zitiert nach: »Die Bibel oder die ganze Heilige Schrift des Alten und Neuen Testaments nach der deutschen Übersetzung D. Martin Luthers«, Kleinoktav-Ausgabe, Stuttgart 1915, S. 203
3 Ebenda, Vers 4
4 Der Brief des Paulus an Titus Kapitel 1, Verse 5 und 7

5 Folgende Quellen wurden für die komplexe Thematik der »Geschichte des Zölibats« herangezogen: »Pflichtzölibat«, http://www.vigi-sectes.org/catholicisme/pflichtzoelibat.html, »Geschichte des Zölibats«, Manuskript, »Future Church«, Cleveland 2003, »Auserwählte Quellen zur deutschen Geschichte des Mittelalters«, Freiherr-von-Stein-Gedächtnisausgabe 13, 1962 sowie Ranke-Heinemann, Uta: »Eunuchen für das Himmelreich«, München 2003
6 Katechismus der Katholischen Kirche, München 1993, S. 430
7 Stufe der Priesterweihe
8 Das Evangelium nach Matthäus Kapitel 19
9 Ebenda, Vers 6
10 Ebenda, Verse 11 und 12, Übersetzung vom Verfasser leicht modernisiert
11 Pagels, Elaine: »Adam, Eve and the Serpent«, New York 1988, S. 17

Zwölf: Irrtümer um den Verräter

1 Der 1. Brief des Paulus an die Korinther Kapitel 15, Verse 1 und 3–5
2 Die Apostelgeschichte des Lukas Kapitel 1, Verse 23–26
3 Das Evangelium nach Matthäus Kapitel 28, Vers 16
4 Das Evangelium nach Matthäus Kapitel 19, Verse 1–10
5 Ebenda, Verse 11–26
6 Ebenda, Vers 27
7 Ebenda, Vers 28
8 Siehe hierzu: de Rosa, Peter: »Der Jesus-Mythos«, München September 1993, S. 185

Nachwort: Vom Irrtum befreien ...

1 Meyer, Eduard: »Urgeschichte des Christentums – Ursprünge und Anfänge/Die Evangelien«, Gütersloh ohne Jahresangabe
2 Price, Robert M.: »Deconstructing Jesus«, New York 2000
3 Ebenda, siehe Kapitel 7 und 8, S. 213–263
4 Augstein, Rudolf: »Jesus Menschensohn«, 3. Auflage, Hamburg 1999
5 Alle Zitate im Nachwort aus Langbein, Walter-Jörg: »Kleine Zettelbibliothek«, unveröffentlichtes Manuskript